Los All Blacks

Los All Blacks
Los secretos detrás del mejor equipo del mundo

Peter Bills

Traducción de Genís Monrabà

CÓRNER

Título original: *The Jersey*

© 2020, Peter Bills

Primera edición: marzo de 2021

© de la traducción: 2021, Genís Monrabà
© de esta edición: 2021, Roca Editorial de Libros, S.L.
Av. Marquès de l'Argentera, 17. Pral.
08003 Barcelona
actualidad@rocaeditorial.com
www.rocalibros.com

Impreso por Liberdúplex

ISBN: 978-84-949807-6-3
Depósito legal:B 2267-2021
Código IBIC: KJMB; WSJF

RC80763

Para Hannah, Katie y James.

Con mis disculpas por las largas
ausencias a lo largo de los años.

Índice

Nota del autor

*E*l autor desea agradecer la ayuda de New Zealand Rugby por la recopilación de material durante la escritura de este libro. Sin embargo, también quiero dejar claro que las opiniones aquí expresadas son exclusivamente mías y, a menos que sean directamente atribuibles por medio de citas, no son necesariamente compartidas por los empleados de New Zealand Rugby. De la misma manera, cualquier error, ya sea de los hechos, estadísticas o simplemente accidental, no es responsabilidad de New Zealand Rugby, sino solo mío.

Otro punto que agregar. Este libro fue escrito para una audiencia global, no solo para lectores de Nueva Zelanda. Si a veces algunos puntos ya son conocidos por estos últimos, les pido paciencia. Se han incluido para ayudar a explicar toda la historia a los lectores de todo el mundo.

Prólogo

*E*n la calma antes de la tempestad, se retiró por un instante precioso y minúsculo de su mundo, de la exposición pública. El clamor, la adulación y la confrontación física lo esperaban, como un torero y su presa. Sin embargo, dentro de esas cuatro paredes era diferente.

En su tierra, el capitán de los All Blacks de Nueva Zelanda es propiedad pública. Su vida no le pertenece, es de todos. Se lo analiza con lupa. Pero allí, escondido de los ojos inquisitivos de su audiencia y del foco de los medios, realizaba por última vez su ritual privado.

Caminó hacia la esquina del vestuario, llegó a su percha y abrió el cierre de su bolsa. Allí estaba el Valhalla de todo neozelandés, la codiciada camiseta de los All Blacks. Era y continúa siendo un premio tan especial que se halla junto a los objetos más sagrados y legendarios del deporte que el mundo ha conocido, como la chaqueta verde del Masters de Augusta.

Pero esta camiseta era negra. Siempre lo ha sido y siempre lo será. Si el simbolismo se plasma en un campo de juego, entonces, esta simple camiseta de rugby, idolatrada en el mundo entero, posee un aura diferente. Venerados universalmente, los All Blacks son sin lugar a duda el equipo más importante de la historia del deporte. A primera vista, la famosa camiseta inspira un profundo respeto. En algunos casos, miedo.

Había sido el sueño de su vida. Cuando era joven e inocente, había creído que enfundarse esta legendaria prenda tan solo una vez saciaría esa ambición que nació en su infancia. Ahora, reflexionando para sí, se reía de lo equivocado que estaba; la experiencia le había resultado tan adictiva que, lejos de desaparecer, el deseo solo había aumentado con el tiempo.

Entonces se encontraba en Inglaterra, de cara a una pared en lo más profundo de las entrañas del Estadio de Twickenham: un hombre con sigo mismo. La batalla que se aproximaba era la final del Mundial de Rugby de 2015 frente a Australia, a quien los All Blacks ganarían 34-17. De ese modo, se convertirían en el primer equipo en alzarse con la segunda Copa Webb Ellis. Sería física y mentalmente increíble. Pero eso venía con el juego. Ambas naciones eran como algunos amantes: no pueden vivir juntos, pero no pueden estar separados por mucho tiempo.

Sin embargo, antes de escuchar el estruendo que daría la bienvenida a los combatientes en el campo de batalla, era el momento para este ritual tan familiar: coger la codiciada camiseta con las manos y sacarla de la bolsa con la delicadeza con la que un padre sostiene a un recién nacido.

Acercó su rostro y lo hundió en ella. Pero esto fue algo más que solo una liberación personal e indulgente de emociones. No fue un ejercicio catártico, dada la naturaleza única de sus circunstancias. Tras ciento cuarenta y ocho veces, esa era la última vez. Por un momento, Richie McCaw dejó de prestar atención a sus compañeros. Por un instante, se encerró en sí mismo.

En esos momentos, veía al niño que por primera vez había caminado en un campo de rugby: en un simple campo de juego de la pequeña comunidad de Kurow, en el valle de Waitaki, en la hermosa isla sur de Nueva Zelanda, entre el río Waitaki y la cordillera Saint Mary.

Viajó en el tiempo hasta encontrar la emoción que experimentó aquel chaval cuando participaba en cualquier actividad relacionada con una pelota de rugby. Allí estaba, con solo siete años; las rodillas embarradas como todos los niños, vistiendo una camiseta y unos pantalones cortos que le quedaban un poco grandes, con los calcetines que le sobraban en los talones. Desde la línea de *touch*, el niño miraba atentamente un partido de los seniors del club. Deseaba profundamente jugar con ellos.

McCaw sonrió mientras recordaba al niño que corría por detrás de la línea cuando la pelota salía del terreno de juego para ser el primero en tomar la sagrada pieza de cuero en sus manos y llevarla de vuelta al campo. Pensó en lo impaciente que estaba para entrar al campo y jugar un partido de verdad.

Asimismo, recordó las lecciones de su primer mentor, Barney McCone. Este enseñó tanto a su hijo como a uno de sus mejores amigos, Richard McCaw júnior, hijo de un granjero de un valle cercano, las reglas básicas de ese juego que había sido parte de la identidad de su nación desde sus comienzos, a mediados de la década de 1870.

Ahora, en silencio, reflexionó sobre todo ese trabajo, el prodigioso esfuerzo físico realizado durante tantos años, el verdadero esfuerzo por dominar lo básico de este juego y adquirir las habilidades que lo ayudarían a llegar a la cima del mundo del rugby. Vio de nuevo el largo y arduo camino que había recorrido, sus giros, curvas y subidas. Recordó el sudor, la sangre y el aplastante esfuerzo físico.

En ese momento de privacidad, vio también al niño que se convertía en hombre; a ese niño que esperaba ponerse una camiseta de los All Blacks y que soñaba con el honor de ser el capitán del equipo de rugby de Nueva Zelanda.

Con el rostro oculto en la camiseta, aún lejos del mundo exterior, se recordaba a sí mismo que esto era lo que siempre había soñado. Buscaba esos momentos de reflexión porque no quería tomárselo como algo rutinario. Incluso hoy, con ocasión de su partido número ciento cuarenta y ocho, además de su último capítulo.

Hacer esto siempre me dio un poco de perspectiva. Porque a veces llegas ahí, solo para salir y jugar. Me tomaba el tiempo de pensar antes de cada partido: «Aquí es donde quiero estar, a disfrutarlo». Me llenaba la cabeza. Y el pensamiento de «no darlo por sentado» dominaba mi mente. Era solo una cosa mía. Nunca quise salir a un partido, jugarlo y luego pensar: «¿Sabes qué? No di el cien por cien». Entonces hacía eso antes de cada partido solo para asegurarme. Era un pequeño recordatorio sobre el privilegio que significaba llevar esa camiseta y nunca darlo por sentado.

Sus compañeros respetaban el ritual. Comprendían que necesitaba su tiempo y su espacio.

Por supuesto, era el trabajo de su vida. Obviamente, al retirarse, todo sería muy distinto. Pero siempre, sin importar el tiempo o el lugar, el rugby buscaría llevarlo de vuelta a su infancia, como aquel joven entusiasta que reclama tan solo un ratito más a su papá en el campo de juego, cuando oscurecía y se retiraba el sol de invierno.

Años más tarde, reflexionaría sobre estos momentos, se maravillaría por su recuerdo y agradecería el privilegio de jugar ese partido. No celebraba sus propios logros en los campos de rugby de todo el mundo, sino el imperecedero legado de la camiseta que había usado con tanta distinción y orgullo. La gloria máxima era para su país, para Nueva Zelanda.

Él era el afortunado, no el equipo que lo había acogido tan cálidamente durante tanto tiempo. Como el entrenador Steve Hansen, que fue el genio que estuvo detrás del triunfo de Nueva Zelanda en el Mundial de 2015 y que intentaría doblar la apuesta y alcanzar la inmortalidad en el Mundial de Japón en 2019. McCaw usó una sola palabra para describir su relación con la legendaria camiseta: privilegio.

Es una palabra tan familiar entre los hombres del rugby de Nueva Zelanda como un campo embarrado en un día de invierno en Dunedin. Es la camiseta, no el hombre, quien ha ganado ese honor. La sociedad neozelandesa venera esa camiseta. Es algo que, en realidad, pasa en todo el mundo. Desde el granjero de Canterbury hasta el pescador de ostras de Bluff; desde el burócrata de Wellington hasta el empresario de Auckland; hombres y mujeres de todo el país se sacan el sombrero ante esa camiseta.

Inclinan la cabeza con un fervor casi religioso al ver el icono. Quienes la portan son respetados y se les tiene por seres especiales por haberse ganado el derecho de lucir esa prenda sagrada.

Existen miles de razones para ello. Para comprenderlas, uno debe adentrarse en lo profundo del alma de Nueva Zelanda, una nación que, en palabras de uno de sus ciudadanos, es «un pequeño país del que nadie ha oído una palabra, situado en el fin del mundo». En 2017, pasé casi cinco meses viajando por ese país, hablando no solo con hombres y mujeres que juegan o siguen el deporte rey de su nación, sino también con personas de todos los rincones de la sociedad de los kiwis. ¿Existe alguna explicación para la supremacía de Nueva Zelanda en este juego? De hecho, ¿cómo una nación de solo 4,8 millones de personas había conquistado por completo un deporte practicado en todo el mundo? ¿Cuáles fueron los factores que permitieron a los kiwis dominar este deporte durante tanto tiempo?

Con la ayuda de la gente del rugby, tanto de Nueva Zelanda como del resto del planeta, esta historia ofrece un punto de vista exclusivo y revelador sobre lo que ha ocurrido para convertir a Nueva Zelanda en la campeona del mundo de rugby.

Algo sabemos. Estadísticas y hechos contaminan los campos de rugby de Nueva Zelanda, como papel viejo que el viento agita por el suelo. Pero hay algo indiscutible: cuando juegas al rugby contra Nueva Zelanda, juegas contra una nación, no contra un equipo.

1

El ADN de los pioneros

Contribuciones de
sir WILSON WHINERAY, sir BRIAN LOCHORE,
RICHIE MCCAW y WAISAKE NAHOLO.

El dolor que se siente cuando somos trasplantados de nuestra tierra por primera vez, cuando se corta la rama viva del árbol madre, es uno de los más punzantes que tenemos que soportar en la vida.

Un viajero del siglo XIX,
rumbo a Nueva Zelanda

$\mathcal{L}$o llamaban estilo de vida colonial. Como si lo anunciara una compañía de cruceros moderna que ofreciera una «odisea por el Mediterráneo». Sí, tentador. Sin embargo, no se trataba de una experiencia encantadora, no se servían canapés al atardecer.

De los atareados puertos, grandes y pequeños, esparcidos por las costas británicas e irlandesas de mediados del siglo XIX, se zarpaba con pocas posesiones. Los corazones latían, pesados como anclas, mientras los barcos de madera crujían y gruñían camino del mar. El viaje podía durar entre quince y dieciséis semanas, dependiendo de los vientos. Aquello era tan intimidante como los agitados y amenazantes mares.

Todos ellos estaban unidos por una horrible certeza. Casi todos los que habían tomado la desesperada decisión de navegar hasta la otra punta del mundo, en busca de una nueva vida, ocultaban una espantosa realidad. Con su decisión, admitían el fracaso de su vida pasada.

Los pasajes ofrecían una nueva oportunidad para aquellos que estaban agotados de las luchas intestinas de su hogar. Se presentaron arrastrando los pies, con sus nombres en los billetes y el equipaje bien preparado. Procedían de todos los rincones de Gran Bretaña e Irlanda. En un siglo marcado por la desigualdad social, la llegada de la mecanización, la consecuente pérdida de empleo en la industria, la gran hambruna irlandesa y la constante crueldad de muchos propietarios y terratenientes sin escrúpulos no les habían dejado otra alternativa. La mayoría solo conocía una vida de miseria. No podía ser mucho peor en el otro lado del mundo, pensaban. Pero hay que tener cuidado con lo que se desea.

Hacía mucho que los hombres del mar conocían su destino. Abel Tasman, el gran marinero holandés, había llegado a la costa oeste de aquella tierra en 1642, al frente de una expedición de exploración de la Compañía Holandesa de las Indias Orientales. Llamó a ese país que se encontró «Nieuw-Zeeland», en honor a la provincia de su Holanda natal.

Sin embargo, incluso Tasman tuvo que conceder a los marineros de la Polinesia el descubrimiento de esta llamada «nueva» tierra. Muchísimo antes, exploradores de las islas polinesias habían subido a sus canoas hawaianas, conocidas como *waka hourua*, y habían seguido a aves que volaban hacia el sur para escapar de la temporada de ciclones. Sus principales guías de navegación fueron el sol, las estrellas y las corrientes oceánicas.

Un antiguo marinero tongo escribió: «La brújula puede equivocarse, pero el sol y las estrellas nunca».

Por ello, aquella tierra no tenía nada de «nuevo». Durante siglos, los antepasados maoríes habían realizado aquel arriesgado viaje en diminutas embarcaciones a través de las imprevisibles aguas desde las islas de la Polinesia. Sin lugar a duda, los pakeha, o blancos, que comenzaron a llegar durante la primera mitad del siglo XIX, fueron figuras intrigantes, pero, claramente, no eran pioneros. No lo eran si se tenía en cuenta la historia de los maoríes.

La tradición cuenta que Kupe fue el primer viajero del Pacífico en llegar a esta nueva tierra, tal vez ochocientos o incluso mil años atrás. Se dice que su esposa, cuando vio la costa, exclamó: «Una nube, una nube blanca, una nube blanca larga».

La palabra que usan los maoríes para referirse a una nube blanca larga es «aotearoa».

En el lejano destino con nombre maorí, comenzó el constante flujo de humanos atrapados en la miseria. Dicen que la primera mujer pakeha se instaló en la Isla Sur en 1832, ocho años antes de que los jefes maoríes y los funcionarios de la Corona británica firmaran el Tratado de Waitangi que permitía la hegemonía británica sobre esta «nueva» tierra.

La vida de muchos de estos nuevos habitantes había estado marcada por la miseria. Por ejemplo, los tejedores escoceses apenas ganaban lo necesario para subsistir y lamentarse cuando sus hijos caían enfermos y fallecían. Diversas enfermedades afectaban las áreas más pobres de ciudades británicas como Glasgow, Edimburgo, Londres, Birmingham, Leeds y Mánchester.

Tenían muy poco dinero. Por mucho más que trabajaran, su fortuna nunca cambiaba de signo. El hambre, la pobreza y el esfuerzo diario conformaban una trinidad de enemigos implacables, como si se tratara de una banda de atracadores que siempre estaba al acecho.

Algunos venían de lugares tan lejanos como las islas Shetland, en las heladas aguas del Atlántico Norte, en la costa noreste de Escocia. A veces, algún terrateniente cerraba quince humildes granjas y desalojaba a los isleños que las habitaban. Muchos setelandeses fueron a Nueva Zelanda y encontraron que su nueva vida era extraordinariamente parecida a su anterior, a excepción de la constante amenaza de desalojo.

Durante la segunda mitad del siglo XIX, la gran hambruna irlandesa provocó una emigración masiva. Tejedores de lino, granjeros y trabajadores domésticos vieron sus vidas amenazadas por el hambre y por el creciente desempleo que generaba el rápido avance tecnológico.

Granjeros irlandeses, tejedores escoceses y mineros de estaño de Cornualles... Una desesperada congregación de hombres y mujeres que llegó a la misma conclusión. Para mejorar su calidad de vida tenían que pagar el precio de viajar hasta los confines del mundo. Sin embargo, ninguno de ellos tenía la más mínima idea de lo que les esperaba en su destino.

No obstante, había asuntos más importantes que afligían sus mentes y sus corazones. Inglaterra era una nación marítima, pero solo los marineros profesionales conocían el mar realmente, así como su peligrosa naturaleza. Las mujeres o los niños de los hospicios de Plymouth o de cualquier barrio pobre de Mánchester desconocían los peligros que escondían estos hostiles, serpenteantes, ondulantes y estremecedores barcos.

El primer barco de colonos, el Aurora, zarpó desde Gravesend, en el estuario del Támesis en Kent, el 18 de septiembre de 1839, y llegó a Nueva Zelanda el 22 de enero de 1840: un viaje de dieciocho semanas. Nacieron dos bebés en altamar; primero un niño y luego una niña. Poco después, cuatro barcos más, el Oriental, el Duke of Roxburgh, el Bengal Merchant y el Adelaide llegaron a tierra de manera similar. Casi al mismo tiempo, colonos franceses comenzaron a llegar a Akaroa, en la costa este de Christchurch. La gran inmigración había empezado. Cincuenta y dos años después de que la primera flota llena de convictos navegara hacia la bahía de Botany en la costa este de Australia, Nueva Zelanda experimentaba la llegada de sus propios emigrantes europeos.

«Ollas, calderos, barriles, cajas, puertas que se cerraban y golpeaban… El rugido del mar, el silbido del viento, el crujido, el llanto de los niños…»

Estas fueron las palabras de un emigrante del buque Charlotte Jane en la década de 1850. En Nueva Zelanda, el sábado 18 de enero de 1851, el *Lyttelton Times* anunció la llegada de cuatro barcos del Reino Unido, entre ellos el Charlotte Jane. Lo capitaneaba un tal Alexander Lawrence, pesaba solo 720 toneladas y llevaba 154 pasajeros: 104 de ellos habían viajado en tercera clase, con pocos lujos. Unos afortunados 26 tuvieron camarotes privados.

Entre niebla y oscuridad, con la melancolía ahogando sus emociones, los pasajeros del Charlotte Jane habían visto por última vez la costa británica en la bahía de Plymouth Sound; noventa y nueve días más tarde, desembarcaban en Lyttelton, un puerto cerca de Christchurch en la Isla Sur de Nueva Zelanda.

Cuando llegaron, el 16 de diciembre de 1850, se dice que el gobernador de la colonia, sir George Gray, viajó hasta la costa este de la Isla Sur para darles la bienvenida en el HMS Fly, una balandra de guerra.

Un viajero que había realizado el largo recorrido escribió:

Cuando estábamos alejándonos lentamente de nuestra propia costa, experimenté una sensación muy extraña y triste. Permanecimos en la cubierta saludando hasta que perdimos de vista los pañuelos que nos devolvían el saludo. En ese momento, vinieron a mi mente algunos de mis versos favoritos…

Lenta, nuestra nave su espumosa huella marcaba
contra el viento que surcaba.
Su temblorosa bandera aún miraba
a esa querida isla que dejaba.
Reacios nos alejamos de todo lo que amamos,
de todos los lazos que nos ataban.
Nos ponemos en contra de nuestros corazones mientras remamos
por todos los que dejamos atrás.

Fue aterrador, por supuesto. Los barcos no dejaban de moverse y el viento era desgarrador. Tres entradas de un diario que escribió una de las pasajeras revelan los desafíos que presentaba cada día:

Viernes, 24 de julio: uno de los días más fríos que hemos tenido; noche muy dura, seguida de un día muy duro, altas montañas de mar y vientos muy fuertes. Ninguno de nosotros se aventuró a cubierta, solo pudimos ir al salón en busca de calor. Ha sido un día aburrido, lamentable y sombrío.

Sábado, 25 de julio: un buen día, pero frío y ventoso, recorrimos bastante. ¡Hoy se cumplen doce semanas a bordo! Cómo ansío la costa, pero temo al futuro nuevo y desconocido.

Lunes, 27 de julio: un día muy muy frío, lluvioso y ventoso; el mar está más alto que nunca; la cubierta, muy resbaladiza; muchos de los marineros sufrieron caídas; ninguno de nosotros se aventuró a cubierta; grandes olas llegan incluso por encima de la cubierta de popa… Tan pronto como nos alejamos de la mesa para realizar ejercicios de calentamiento, una monstruosa ola pasó por encima de la cubierta de popa y se filtró por la tela de la claraboya justo sobre nuestras mesas y bancos y todo. Yo, como de costumbre, estaba asustada. El barco se mecía y movía de una manera bastante poco placentera.

Aislamiento. Miedo. Temor. El viaje los había lanzado hacia un mundo para el que su vida no los había preparado. Eran como un jugador que apuesta su vida en una última tirada de dado. ¿Cuál sería el resultado? ¿Sobrevivirían al viaje? ¿Llegarían a vivir para ver esta nueva tierra a la que habían encomendado su futuro y el de toda su familia? Las instalaciones médicas en los barcos, tales como el Charlotte Jane, eran, en el mejor de los casos, primitivas. El mareo era inevitable, pero no era lo peor. Los problemas más serios eran los que preocupaban realmente. Aquellos que presencian un espectáculo tan triste como un entierro en alta mar, una pena difícil de explicar.

Todos procedían de lugares distintos: ciudades, pueblos, aldeas y del campo. En 1842, sesenta personas partieron desde un pueblo de Helston, en el río Cober en Cornualles, con destino a New Plymouth, en la costa oeste de la Isla Norte de Nueva Zelanda. Era lo mismo que comprarse un billete a la Luna, tal era la magnitud del viaje en aquel momento.

Cuando llegaron, no encontraron casi nada. Sin embargo, sus incontables penurias pasaron a formar parte de su sustento: experiencias de un valor incalculable que los prepararon para la enorme tarea de empezar una vida en un nuevo hogar. Acostumbrados a caminar kilómetros cada día y a trabajar durante horas en condiciones extremas, no tuvieron ningún problema en arremangarse y ponerse a trabajar. Querían demostrar que eran gente pacífica, perseverante, que tomaban buenas decisiones y que se involucraban en cualquier tarea. El estoicismo era como un bálsamo calmante para sus doloridos hombros.

El flujo constante de recién llegados a las costas de las dos islas parecía no tener lógica ni orden. En 1839, poco después del Tratado de Waitangi con los maoríes en el norte de la Isla Norte de Nueva Zelanda, ocurrió un extraño suceso.

Los maoríes llamaban a la zona que ahora conocemos como Wellington Harbour «*Te Whanganui a Tara*», que significaba «el gran puerto de Tara». Se cree que fue llamado puerto Nicholson por el capitán James Herd, quien llegó allí en 1826. Antes de irse, Herd le puso ese nombre en honor de John Nicholson, por aquel entonces, capitán del puerto de Sídney. Así se mantuvo hasta 1984, cuando se convirtió en Wellington Harbour.

Tan solo trece años después de la partida de Herd, llegaron otros hombres blancos. El teniente William Wakefield, el principal agente de la Compañía de Nueva Zelanda, arribó al puerto para negociar la compra de tierras.

Él y su séquito, que usaban gorgueras, trajes y sombreros formales, se sorprendieron cuando encontraron a un solitario hombre blanco viviendo allí, un exmarinero llamado Joe Robinson. Nadie sabía cómo había llegado a ese lugar, y Joe no pensaba contarlo. ¿Era, tal vez, un desertor o un convicto que había escapado de Australia? Nadie lo sabía. Pero Robinson había echado raíces de la mejor manera que pudo: había apostado por esa vida, se había casado y se había establecido como constructor de botes.

El descubrimiento de este solitario hombre blanco desconcertó a Wakefield y a su compañía. Pero su presencia y la posterior llegada de otros barcos repletos de inmigrantes amenazaban la aislada vida de Robinson. Su historia terminó tristemente. Tras beber demasiado en una celebración, se metió en una pelea, resultó herido de gravedad, y luego unos policías procedentes de Australia que estaban acostumbrados a tratar con convictos lo esposaron con unos grilletes de hierro. Más tarde, subieron a Robinson a un bote y se lo llevaron a una cárcel cercana. Nunca más se supo nada de él.

Mientras tanto, en Lyttelton, los intrépidos viajeros echaban un vistazo por primera vez a su nueva tierra. Decir que estaban «decepcionados» sería decir poco. El clima frío, crudo y neblinoso apagaba aún más sus espíritus.

> El puerto es un pequeño pueblo, pero ¡oh!, en este caso, es una decepción, todo alrededor era negro, solo se podía ver la agitación que encerraba al puerto; la apariencia era muy extraña para la mirada inglesa. Creo que lo que más me sorprendió de todo fue la pobreza que azotaba ese lugar. El puerto es claramente uno bueno…, pero allí parecía haber silencio y falta de brillo en todo.

Tampoco fue mucho mejor lo que vio esta viajera cuando se aventuró al interior de Christchurch propiamente:

> Generalmente se la llama «la Ciudad de las Llanuras» y lleva el nombre de Chirst Church, Oxford, y con razón merece el primer título. Es chata como una mesa de cocina, solo que girada y aplanada por la mano de un carpintero. Esta gran llanura se extiende por kilómetros y kilómetros; de hecho, cada calle mide un kilómetro, y si miras en esta dirección, en aquella, norte, sur, este, oeste, en cualquier dirección que quieras, no verás una curva, un giro, una ondulación, un montículo ni loma. El efecto es pésimo de una manera extrema y muy deprimente, ya sea en verano o en invierno… Es un lugar tan aburrido que nadie quisiera pasar sus días ahí, hay muy poco entretenimiento; todo es horriblemente local.

Ese sentimiento de decepción lo arrastraban desde el barco como si se tratara de un pesado equipaje. Pero, milagrosamente, también encontrarían algún pozo de esperanza. De él, tomarían generosamente las cualidades que, más tarde, se convertirían en la marca distintiva de la nación. Desde la profundidad de ese abatimiento, crecería un fervor interno. Y con el tiempo, la sensación de resistencia inquebrantable se alzaría inexorablemente a la superficie.

El deseo de lograr algo en la vida se mantenía inalterable. Se convertiría en un rasgo característico de esta gente. Logró acercar grupos de gente muy dispar que se encontraron unidos en la adversidad, en una colonia mal organizada en el otro extremo del mundo conocido.

Como no podía ser de otro modo, los primeros colonos se llevaron la peor parte. Cada mano era necesaria para dejar una huella humana en esta tierra. Pusieron a trabajar a hombres, mujeres y niños de cualquier manera que fuera provechosa; cada uno de ellos trabajaba para establecer su vida y la de su familia. En las décadas de 1850 y 1860, había una gran cantidad de profesiones en Akaroa: granjeros, asistentes de tiendas, carpinteros, aserradores, jornaleros, maestros, carteros, barqueros, hoteleros, fabricantes de ladrillos, toneleros, abogados, doctores y oficiales de aduana.

¿Cómo era de duro? Entre 1851 y 1860, en Akaroa, de un total de veinticuatro personas que fueron enterradas, solo cuatro de ellas tenían más de cuarenta años. La esperanza de vida era de menos de veintisiete. Según un documento, estas muertes prematuras «se debieron principalmente a la lucha contra la naturaleza, como muestran dolorosamente los registros». La brecha entre la esperanza de vida maorí y *pakeha* se acrecentó, porque los *pakeha* traían enfermedades nuevas a Nueva Zelanda. A finales de la década de 1870, los *pakeha* llegaban a vivir hasta los cincuenta años, una de las esperanzas de vida más altas del mundo. Pero los maoríes quedaban atrás. A principios de la década de 1890, la esperanza de vida de los hombres maoríes era de veinticinco años, y la de las mujeres, solo veintitrés. En consecuencia, la población maorí disminuía rápidamente: en 1769 alcanzaba los 100.000, pero en 1896 apenas llegaba a 42.000. Las enfermedades que trajeron los europeos, como el sarampión, las paperas, la tos ferina, la bronquitis o la tuberculosis, fueron responsables de la muerte de un gran número de maoríes.

El estoicismo que demostraron los recién llegados desarrollaría un rasgo característico en la población blanca de esta «nueva» tierra que pasaría de generación en generación. Convertirían a esta lejana y a la vez inhóspita tierra en un lugar único entre las naciones del mundo. Se mire por donde se mire, tales cualidades aún definen a las personas de Nueva Zelanda hasta un punto inimaginable: el trabajo en equipo, la resiliencia, la habilidad de pensar y de actuar frente a la adversidad, y la de resolver dificultades sin recurrir a otros. Además de la capacidad de tomar riesgos. Estas son las primeras pistas de lo que ha llevado a los neozelandeses a la cima del mundo del rugby.

Como diría el estimado miembro de los All Blacks, sir Brian Lochore: «Creo que somos una nación bastante física, y que eso comenzó hace mucho tiempo. Aún perdura en las personas en estos tiempos modernos. La gente que juega al rugby es gente física. Quieren contacto, les gusta ser físicos, y eso es una tradición».

La mayoría de los pioneros comenzaron a sacar provecho de esto en el momento en que bajaron del bote. Despejaron la tierra, cortaron los árboles y levantaron chozas para protegerse de los elementos. Vale la pena recordar que esto ocurrió solo cincuenta años antes del comienzo del siglo xx.

El pescado y las aves garantizaban la fuente de alimento. Luego, al acelerarse la segunda mitad del siglo xix, la cría de ovejas se convirtió en una industria esencial. Las primeras ovejas las introdujo en Nueva Zelanda el capitán James Cook durante sus viajes en la década de 1770. Más tarde, a principios de 1800, empezó la importación de animales, principalmente de Australia. Un inmigrante de Lituania escribiría: «Vimos esas colinas repletas de rocas desde el barco […] todos creíamos que era un país pedregoso. Pero cuando nos acercamos, las piedras comenzaron a moverse. Las colinas estaban llenas de ovejas».

Pronto se hizo evidente que la Isla Sur ofrecía mejores pastos que la Isla Norte. Había áreas de esta última que se utilizaban para la cría de animales, como el Wairarapa, al norte de Port Nicholson (actual Wellington). Pero la expansión de estas granjas de ovejas estaba limitada por la necesidad de limpiar vastas áreas cubiertas de arbustos y por las fuertes lluvias que no eran adecuadas para las ovejas merinas, que eran originarias de España, pero que habían llegado a Nueva Zelanda a través de Australia. Gran parte de la tierra de la Isla Sur había sido adquirida a los maoríes a finales de la década de 1850. El resto, tanto en la Isla Sur como en la Isla Norte, se alquilaba a la Corona. En las regiones más secas de las llanuras de Canterbury y Otago ocurría una situación totalmente distinta. Aquí prosperaron. Con la vastedad de este paisaje, extender las áreas para la itinerancia fue sencillo.

Los hermanos Deans, William y John, llegaron a Nueva Zelanda a principios de la década de 1840. Tomaron posesión de alrededor de cuatrocientos acres de tierra en Riccarton, Canterbury. Eran colonos preadamitas, que llegaron antes del asentamiento de Canterbury en 1850, cuando los primeros barcos de Inglaterra arribaron al puerto. En un principio criaban reses, pero gradualmente cambiaron a ovejas. Su tierra aún pertenece a la familia del propietario original. Robbie Deans, quien luego jugaría para los All Blacks y entrenaría a los Canterbury Crusaders, forma parte de ese árbol familiar. Su padre se dedicaba a la cría cerca de Cheviot, en North Canterbury. Antes de convertirse en entrenador profesional de rugby, Robbie Deans decía que su profesión era la de «pastor».

Gran parte de la región montañosa y de las llanuras de la costa este de la Isla Sur tenía grandes áreas de matorrales, adecuadas para el pastoreo de las ovejas merinas de lana fina. La Corona británica controlaba su desarrollo por medio de compañías de asentamiento de tierras, que vendían o alquilaban tierras a los pioneros. Pero los problemas surgieron principalmente en torno al Gobierno de Nueva Zelanda y a sus acciones ilegales, por las que aún están pagando hoy en día mediante los reclamos del Tratado de Asentamiento. Las Guerras de Nueva Zelanda entre el Gobierno y los maoríes se debieron a que la Corona expropió de manera arbitraria e ilegal sus tierras. La creciente demanda de lana fina de la industria textil británica, de Estados Unidos y de Europa en 1800, impulsó la industria de la ganadería ovina. De hecho, la ganadería ovina se convertiría en sinónimo de Nueva Zelanda. El beneficio de la cría de ovejas era claro; un solo animal ofrecía ganancias en dos tipos de mercados distintos: el de la carne y el de la lana.

La prosperidad agrícola fluctuó inevitablemente durante algunos años más. Pero no fue hasta finales del siglo xx cuando la situación cambió radicalmente. En ese entonces, con la caída mundial de la demanda de lana, Nueva Zelanda se vio atrapada a una industria en declive. Solo había una solución: una masacre masiva. A medida que se incrementaba la producción lechera, se estima que la población de ovejas se redujo en pocos años alrededor de entre setenta y veinte millones. Sin embargo, el precio del cordero apenas disminuyó, incluso siendo un producto de origen local.

A mediados del siglo xix, tanto la cría como el esquileo de ovejas eran prácticas esenciales. Si alguno de los primeros colonos hubiera imaginado una vida más fácil para su esposa e hijos, se sentirían tristemente desilusionados. Hombres y mujeres trabajaban sin descanso para despejar los arbustos y comenzar a cultivar. El género no daba acceso a un viaje más fácil.

Se dice que una mujer dio a luz a dieciséis niños, eso eran muchas manos para ayudar en la tarea de construir la nación. Se dice que una niña podía esquilar cien ovejas en un día. Su padre posiblemente pudiera hacer el doble. Las mujeres descubrieron que, en situaciones extremas, poseían habilidades tales como construir botes. Todos hacían su parte para ayudar, como un ejército que aumentaba el número de sus filas.

Pero si la cantidad de trabajo y la exigencia de este eran indispensables en esta «nueva» tierra, había un elemento de incluso mayor importancia: la resistencia mental. Sin ella, es poco probable que se hubiera podido forjar un nuevo país. De nuevo, en estas circunstancias, se pueden encontrar las claves que conformarán la base de los hombres que más adelante enfundarán la camiseta de los All Blacks.

Por este motivo, una inmigrante recién llegada en la década de 1880 que se mostraba deprimida por la imagen que presentaba la ciudad portuaria de Lyttelton, no dudaba en adoptar de vez en cuando un enfoque más positivo de su nuevo entorno alrededor de Christchurch:

> Hay otros edificios públicos… Está el hospital, que es un bonito edificio, agradablemente ubicado, con un buen jardín y terreno, y el río Avon, que es un bonito arroyo, está cerca; no muy lejos de aquí está el museo, considerado el mejor de Nueva Zelanda; luego sigue la biblioteca pública, gratis de diez a diez, y que también abre los domingos por la tarde, de siete a nueve, y bastante bien atendida… Para una comunidad pequeña, la biblioteca es muy buena. La escuela es un buen edificio… Recientemente, han construido un excelente hotel llamado Hereford en el centro de la ciudad [Cathedral Square] que sería un orgullo para cualquier ciudad del tamaño de Christchurch… Hay algunas tiendas buenas. Hay un muy buen club de trabajadores en Christchurch. Debo decir que he pasado dos o tres noches muy agradables en estos entretenimientos.

Aunque, por lo común, la escritora siempre regresaba a la melancolía:

> El aspecto general de la ciudad, en su conjunto, con la única excepción del centro cerca de la catedral, es miserable y de aspecto muy pobre, sin belleza arquitectónica ni nada que complazca el capricho o la imaginación.

Pero, finalmente, la realidad venció a la melancolía. Los colonos debían hacer algo con esta tierra, con sus vidas. Como así confesó la misma escritora a su hermano en una carta: «Aunque hasta ahora las cosas me resulten muy desagradables, debo tratar de mantener el ánimo». El trabajo duro era un antídoto para la mayoría de los lamentos; eso y compartir las experiencias con los demás. De alguna manera, a pesar de ser completamente distintos, la unión de estos inmigrantes lograría que ese enorme desafío funcionase a su favor. Sí, es cierto, les sangraban las manos y el corazón, pero nunca perdieron la firmeza. Y con el tiempo, en esa amalgama de pueblos, la fortaleza mental que demostraron sería una cualidad providencial para los equipos de rugby que en el futuro representarían a Nueva Zelanda.

Finalmente, gracias a cada gota de sudor de su frente, a lo largo de ambas islas empezaron a brotar los primeros retoños de algunas pequeñas comunidades. Parte de Dunedin, la ciudad principal del asentamiento de Otago, era conocida como «Little Paisley». La ciudad estuvo a punto de ser bautizada como «Nuevo Edimburgo», pero en 1843 el escritor y editor escocés William Chambers escribió una carta a la Compañía de Nueva Zelanda implorándoles que lo rechazaran. En su carta escribió:

> Señor, si aún no ha decidido, le recomiendo encarecidamente una reconsideración del nombre Nuevo Edimburgo, y la adopción de otro, infinitamente superior y al mismo tiempo aliado del antiguo Edimburgo. Me refiero a la adopción del nombre Dunedin, que es la antigua denominación celta de Edimburgo, y que ahora se aplica ocasionalmente en composiciones poéticas y de otro tipo a la metrópoli del norte. En todo caso, espero que los nombres de lugares con el prefijo «nuevo» se utilicen con moderación. Los «nuevos» en América del Norte son una abominación absoluta, que últimamente se han intentado eliminar del país. Será lamentable que la Compañía de Nueva Zelanda ayude a llevar la molestia a los territorios que la conciernen.
>
> W. Chambers

En 1846, el asentamiento fue conocido oficialmente como Dunedin; sus vínculos con la ciudad escocesa se fortalecieron a partir de entonces con su sobrenombre «el Edimburgo del Sur». Por lo tanto, fue completamente apropiado que el hijo de un escocés, de Edimburgo, diera a este nuevo país su actividad deportiva característica: el juego de *rugby union*.

Charles John Monro era un joven ocioso amante de los deportes. Nació cerca de Nelson, en el extremo norte de la Isla Sur, y estudió en el Nelson College. Vivía de las rentas de su herencia, y disfrutaba de todos los placeres de la vida, como cualquier joven afortunado de la época. Participó en el primer partido de polo que se jugó en Nueva Zelanda y ayudó a fundar el Manawatu Golf Club. Además, de vez en cuando, jugaba al cróquet en Craiglockhart —la enorme casa que había construido cerca de Palmerston North—, y era un visitante habitual del Manawatu Club, donde jugaba al billar y al *snooker*.

Hay quien dice que la popularidad del rugby en Nueva Zelanda fue un acontecimiento totalmente fortuito. Pero no fue así. Había una razón de peso para ello: la rudeza y las caídas que comportaba el juego se adaptaban perfectamente a sus jóvenes y enérgicos ciudadanos, tanto maoríes como pakeha. Las pequeñas comunidades rurales o los pueblos locales eran capaces de formar equipos de jóvenes jugadores con un físico extraordinario, endurecido por la vida de campo. Eran perfectos para un juego en el que se requería la capacidad física de placar a tu oponente, robarle la pelota y correr rápido con ella. El coraje y la valentía lo eran todo, y en ese momento Nueva Zelanda estaba plagada de ambas cualidades.

En 1867, cuando Monro tenía dieciséis años, se fue a Inglaterra para recibir una formación orientada hacia el servicio militar. Sin embargo, él no tenía ningún interés en ello. Se fue al norte de Londres, al Christ's College, en Finchley, una escuela que jugaba al «fútbol» —así es como se llamaba según las reglas de la Rugby School—. El propio Monro jugó en el equipo de la escuela, antes de completar sus estudios y regresar a Nueva Zelanda.

La historia cuenta que el inventor del rugby fue William Webb Ellis. En 1823, durante un partido de fútbol clásico, cogió el balón con las manos y echó a correr con él. Pasaría casi medio siglo antes de que se jugara el primer partido de rugby en el otro lado del mundo, en Nueva Zelanda, en la Reserva Botánica de Nelson. Monro tuvo la culpa. Tras haber persuadido a todo el Nelson Club para que probara este nuevo deporte, el siguiente hombre al que tuvo que convencer fue el director del Nelson College, el reverendo Frank Simmons, el cual también había estudiado en la Rugby School. Esto resultó fundamental. Simmons aceptó de inmediato y se fijó la fecha para el primer partido.

A las dos en punto del sábado 14 de mayo de 1870, dos equipos se reunieron en la hermosa arboleda de la Reserva Botánica para realizar el saque de centro. Árboles altos, maduros y majestuosos asomaban por encima de este extraño espectáculo. Por una feliz coincidencia, el lugar estaba en la región más soleada de toda Nueva Zelanda.

El partido fue entre el Nelson Club y el Nelson College. Pero tenía muy poco que ver con el rugby que conocemos hoy en día. Para empezar, los equipos contaban con dieciocho jugadores, y los goles se lograban cuando un equipo cruzaba la línea con la pelota. El Nelson Club ganó 2-0.

Los registros indican que alrededor de doscientos espectadores presenciaron este nuevo juego. Si estos tenían la más mínima idea de lo que estaba ocurriendo en el terreno de juego es discutible. Pero Nueva Zelanda había organizado su primer partido de rugby. Un poderoso puntal de esta futura gran nación había nacido en el césped de un terreno ovalado en Nelson. En un diario de Nelson lo calificaron como «un juego ruidoso, apresurado y gritón». Por otro lado, otra publicación, *The Colonist*, comentó: «El rugby parece amenazar con alcanzar grandes proporciones».

La voz del nuevo juego se expandió como la pólvora. El 9 de septiembre de 1871, se celebró un partido entre los estudiantes de la Universidad de Otago y los alumnos y exalumnos de la Boys High School. La idea fue del señor G. M. Thomson, un maestro que había jugado en Blackheath, el club de rugby más antiguo del mundo fundado en Londres en 1858. Se dice que Thomson simplemente estaba «buscando una forma de entretener a los niños los sábados por la tarde». Era mucho mejor que la fórmula victoriana de mandarlos a limpiar chimeneas.

El juego, con equipos de veintidós jugadores, parecía caótico. Un informe decía: «Con cuarenta y cuatro jugadores, más dos árbitros, metidos en un pequeño terreno de juego, ningún jugador puede llegar lejos antes de chocarse con alguien». Suena más parecido al juego moderno. Excepto que ahora hay treinta jugadores. Sin embargo, sigue faltando espacio.

Una de las virtudes del nuevo deporte era que resultaba muy sencillo. Todo lo que se necesitaba era un campo razonablemente plano y una vejiga de cerdo para la pelota. (Se dice que los colegiales de Christchurch habían usado la de un becerro.) Cualquiera que estuviera preparado para un cierto desafío físico era apto para el juego. En un campo de rugby, casi todo estaba permitido. Trabajadores, jornaleros, esquiladores de ovejas, constructores o carpinteros, daba lo mismo, todos estaban satisfechos.

En la isla Stewart, más allá del extremo sur de la Isla Sur, abundaban los aserraderos. En consecuencia, había muchos candidatos para formar un equipo de hombres jóvenes, rudos y musculosos. Con el tiempo, se organizaría un encuentro anual que enfrentaría a Stewart Island contra Bluff, la ciudad más meridional de la Isla Sur.

Jóvenes de cualquier clase social o entorno laboral, ansiosos por liberar las frustraciones o el exceso de energía de la vida cotidiana, se veían atraídos de forma natural por este juego. Su popularidad se extendió con rapidez. A finales de 1870, mientras Europa se consumía por la guerra Franco-Prusiana, se celebró el primer encuentro internacional: un partido entre Wellington y los marineros británicos. El concepto de confrontación física resultó muy atractivo para todos. Como explica uno de los exponentes del deporte en el siglo XXI, Waisake Naholo, ala de los All Blacks nacido en Fiyi, la esencia de este juego es la intensidad física. Naholo sabe de lo que habla. Está bien dotado en este sentido. No solo mide 1,86 y pesa 96 kilos, sino que, además, su potencia en carrera es asombrosa.

Cada jugador de las islas del Pacífico tiene ese estilo: es diferente de los jugadores locales. Tenemos un poder explosivo. Al crecer en las islas y venir de una familia de allí, he oído numerosas historias sobre el coraje de los isleños en el combate. Nadie quiere mostrarse débil. Con todos esos impactantes golpes y las carreras, todos quieren dominar el juego. Es diferente a muchos jugadores locales de Nueva Zelanda. Personalmente, me gusta el contacto físico en el rugby, lo encuentro estimulante. Me resulta interesante ver cuán rudo, cuán varonil se es. En el rugby, tienes que dominar o ser dominado. No quieres mostrarte débil.

Sin embargo, no puede pasarse por alto la necesidad de ser rápido y habilidoso. Quizá, por aquel entonces, estas cualidades eran muy rudimentarias, pero se crearon las bases para desarrollar una técnica de juego. Pronto se hizo evidente que los jugadores también necesitaban algo de materia gris para dominarlo por completo. Y en este aspecto, los neozelandeses también demostraron ser los más hábiles.

No hay duda de que este juego cumplió con las expectativas de una sociedad dominada por los hombres. En 1864, la revista *Southern Monthly Magazine*, al discutir si los neozelandeses heredarían el gusto británico por lo que se denominó un «deporte varonil», escribió que, hasta entonces, el bar y la sala de billar parecían ser los «principales centros de ocio de nuestra juventud». Era absurdo preocuparse por ello. A principios de siglo, el juego había despegado de manera sorprendente.

Por desgracia, el rugby no era suficiente. En la mente de los dirigentes, tanto de primeros ministros como de militares, este juego no podía hacer sombra a otro ejercicio de confrontación física: la guerra. De manera alarmante, algunos los vieron como una pareja perfecta. En 1902, un abogado maorí llamado Tom Ellison llamó al rugby «un juego para formar soldados». Si algunos neozelandeses, cualquiera que fuese su acervo, creían que la distancia por sí sola significaba un aislamiento total del resto del mundo, lamentablemente, a finales del siglo XIX y en la primera mitad del siglo XX, comprobarían que estaban equivocados.

Incluso dentro de Nueva Zelanda, la tentación codiciosa del siglo XIX por las guerras fue determinante. Las disputas entre las tribus maoríes empezaron en la década de 1820. Se conocieron como las guerras de los Mosquetes. El precio que pagaron por ello fue terrible. Michael King, en su *Historia de Nueva Zelanda*, escribió: «Si algún capítulo de la historia de Nueva Zelanda se ha ganado el título de "Holocausto" es este. En algunos casos…, centenares de hombres, mujeres y niños fueron asesinados, y muchos más, esclavizados. Algunas pequeñas tribus fueron aniquiladas, y solo una o dos familias sobrevivieron a la lucha y a las secuelas de las ejecuciones. […]. Algunas de estas acciones comportaban una considerable crueldad. A raíz de las batallas, por ejemplo, las viudas de los hombres que habían muerto en combate se entregaban a los asesinos de sus esposos, lo que generaba muertes prolongadas y dolorosas. Por ejemplo, en Waitangi Beach, en la isla Chatham, los Ngātiwai hapu de Ngāti Mutunga estacaron a las mujeres morioris al suelo, una junto a la otra, y las dejaron morir lentamente».

King dice que, durante un periodo de treinta años, la lucha provocó la muerte de al menos veinte mil maoríes, y posiblemente muchos más. Además, añade: «Estas cifras supondrían que esta guerra fue la más costosa de todas en las que los neozelandeses participaron anterior o posteriormente».

Entre 1845 y 1872, se libraron una serie de batallas entre los maoríes y el Gobierno de Nueva Zelanda que se conocieron como las «guerras de Nueva Zelanda» o «guerras maoríes». Es importante enfatizar que el Gobierno de Nueva Zelanda, establecido por la Corona británica, todavía está pagando los atropellos que cometió en el pasado contra el pueblo maorí.

Las disputas sobre la compra de tierras, e incluso sobre los detalles reales del Tratado de Waitangi de 1840, fueron el foco del conflicto.

En las batallas que ocurrieron durante la década de 1860 tomaron parte no menos de dieciocho mil soldados británicos, además de la caballería, la artillería y la milicia local. Los maoríes no podían hacer frente a tal potencia de fuego, pero sus tácticas de guerrilla, luchando desde los «pa» (pueblos fortificados), causaron pérdidas significativas entre sus enemigos.

Por fuerza, los maoríes lucharon con inmensa valentía; tal y como dictaba su tradición. Lamentablemente, muchos lo pagaron con sus vidas. Al final, más de quinientos jefes firmaron «Te Tiriti o Waitangi», la versión en maorí (te reo). Sin embargo, solo treinta y cinco jefes firmaron la versión en inglés, y solo porque no podían entenderlo.

Al hallarse en el otro lado del mundo, es posible que el vínculo con la Corona británica pudiera parecer débil. Sin embargo, fue lo suficientemente cercano como para costarles la vida a miles de jóvenes neozelandeses en las guerras libradas durante los últimos años del siglo XIX. La llamada «guerra de Sudáfrica» o «segunda guerra Bóer», que se libró desde 1899 hasta 1902, fue la primera guerra en el extranjero que involucró a tropas neozelandesas.

El Gobierno de Nueva Zelanda estaba tan interesado en apuntarse a las aventuras del Imperio británico como un zorro a un certamen de gallinas. Fue una época en que las guerras mancharon la historia de las naciones. Nadie, y quizá mucho menos los neozelandeses y australianos, se paró a pensar en lo sensato que era mandar a «la juventud de una nación» a una muerte espantosa en una tierra lejana. Seguramente, se consideraba que el sacrificio era esencial para la construcción de sus naciones.

Quizá la imagen más terrible de esta política se produjo en un acantilado que se alzaba sobre las aguas de la península de los Dardanelos, en el noroeste de Turquía, en el límite entre Europa y Asia. Esta fue una delirante aventura en el extranjero ideada por Winston Churchill, por entonces jefe de la Armada británica. El inspirador eslogan era: «Ataquen los Dardanelos». Las familias de todo el mundo pronto tuvieron motivos para maldecir esas palabras que condenaron a muchos jóvenes de naciones como Australia, Nueva Zelanda, Gran Bretaña, Francia e Irlanda. Los franceses perdieron 10.000 de sus 79.000 soldados; Gran Bretaña e Irlanda, más de 21.000.

Galípoli fue un desastre. Sin apenas formación, se envió a los ansiosos y jóvenes reclutas neozelandeses y australianos a un área de combate tan caliente que las únicas palabras apropiadas para describir lo que ocurrió fueron «masacre despiadada». El paso de la playa a la que llegaron apenas tenía ocho pasos de ancho en algunas partes. Como era de esperar, se convirtió en un campo de exterminio. Los turcos, desde el amparo que les ofrecía la altura, acribillaron de balas a los desafortunados hombres. Nada más salir al descubierto, los soldados se veían sometidos a una lluvia de fuego.

A pesar de eso, los maoríes sobresalían en el campo de batalla. En Chunuk Bair, según un informe, la unidad maorí superó su cometido, avanzando en silencio con bayonetas fijas y rifles sin munición hacia una posición conocida como el Puesto n.º 3. Esa noche, mientras cargaban, repitieron seis veces una extraordinaria *haka* para aterrorizar a los defensores turcos. Pensaron que esto asustaría incluso a los turcos. Y así fue. Cuando llegaron a la primera trinchera turca, no había nadie en ella. De hecho, las cargas en las laderas del 6 de agosto fueron el único aspecto exitoso del ataque en Chunuk Bair. Se dice que gran parte del éxito fue culpa del batallón maorí. Un batallón que como mucho podía contar con quinientos soldados en sus filas. Sin embargo, se los alabó como los «luchadores más feroces en la península de Galípoli».

En la actualidad, se calcula que alrededor de 14.000 soldados de Nueva Zelanda sirvieron en Galípoli, a diferencia de los 8.556 registrados en los documentos publicados en 1919, fruto de un error de cálculo por parte de un general británico. Nueva Zelanda perdió a 2.779 hombres, dos de los cuales eran miembros de los All Blacks en ese momento, Albert Downing y Henry Dewar. Un soldado de Nueva Zelanda, el cabo Robert Heaton Livingstone, del batallón de Canterbury, escribió un relato acerca del 23 de julio de 1915. Su simpleza resulta terrible:

Si alguna vez hubo un infierno en la Tierra, fue el sábado 8 de mayo. El suelo estaba verdaderamente repleto de balas, tuvimos que avanzar cerca de quinientos metros con ametralladoras y rifles disparando y barriendo la línea continuamente. Tres balas tocaron las puntas de mis botas y siguieron su trayectoria. Ese día, el primer batallón de Canterbury perdió a sesenta y cuatro de sus ciento sesenta soldados esperando entrar en acción. Demasiadas bajas para tan solo dos horas de trabajo. La tensión fue durísima en todo momento.

Luego, estaba el frente occidental. Allí, los bigotes de los generales aliados progresaban más en unos pocos días que el terreno que lograban avanzar sus hombres desde las miserables trincheras en una semana. En 1917, en apenas seis meses, los integrantes de la Fuerza Expedicionaria Neozelandesa tomaron parte en las principales batallas del Somme: Arras, Messines y Passchendaele. En esta última, el mundo del rugby perdió al legendario capitán de los All Blacks, Dave Gallaher, líder de los famosos Originals de 1905/06, el primer equipo que hizo una gira por el Reino Unido, Francia y América. Gallaher resultó gravemente herido en acción y murió pocas horas después.

En total, durante la Primera Guerra Mundial, fallecieron trece exjugadores de los All Blacks, cuatro de ellos en junio de 1917, durante el ataque en Messines Ridge. Como muchos jóvenes de la época, Gallaher, entusiasmado por el deseo de cumplir con su deber, había falsificado su fecha de nacimiento para poder alistarse y participar en la guerra de Sudáfrica, en 1901.

En 1915, la Universidad de Otago informó de que se encontraba «sin los servicios de catorce miembros del primer equipo del año anterior, y que, en total, cincuenta y seis jugadores estaban en el frente». En consecuencia, a este reclamo acudió gente de casi todas las ciudades, pueblos y clubes de rugby, grandes y pequeños, de toda Nueva Zelanda. Más tarde, cuando finalizó la guerra, el RFC de la Universidad de Otago informaría:

El fútbol volvió a su organización habitual en 1919, pero la guerra había reclamado un número terrible de jugadores aventureros del periodo inmediatamente anterior a la guerra. Doce de los quince miembros regulares de un equipo del sur habían sido asesinados, y todos los demás clubes habían sufrido aplastantes pérdidas.

Passchendaele, Messines, Galípoli, Chunuk Bair en la Primera Guerra Mundial; El Alamein, Tobruk y otros rincones de Libia, y Creta fueron el objetivo de los muchos kiwis enviados por la RAF contra las fuerzas enemigas en la Segunda Guerra Mundial. Estos fueron los nombres de los lugares que llegaron a definir el orgulloso registro de servicio militar de todos los neozelandeses en la primera mitad del siglo xx. Todos son recordados, muy emotivamente, cada Día ANZAC.

Sin embargo, a estas dos pequeñas islas perdidas en los confines del mundo seguían regresando héroes cada día. Un día, en Auckland, en 1941, una madre apresuraba a su hijo de seis años para que se preparara para el gran día. Había lustrado sus zapatos, cepillado cuidadosamente su chaqueta, planchado su camisa y le había atado la corbata de forma impecable. Todo para ver a las tropas.

«Todo el mundo estaba ahí. Nosotros nos quedamos en Queen's Street para verlos desfilar hacia los muelles, donde esperaban los barcos que los llevarían lejos de aquí —recordó el fornido excapitán de los All Blacks sir Wilson Whineray, años después—. Cuando regresaran, volveríamos a salir a la calle para recibirlos. Haríamos lo mismo. Pero no tardamos mucho en darnos cuenta de que regresaban muchos menos de los que se habían ido.» Whineray, para entonces apenas un jubilado de la nación, se limpió una lágrima en silencio.

Quizás, un solo texto representa mejor el coraje y el compromiso de las tropas de Nueva Zelanda. En su célebre *Desert Trilogy*, Alan Moorehead escribió las experiencias de primera mano que compartió con los hombres de Nueva Zelanda que participaron en la Segunda Guerra Mundial durante los combates en el desierto del norte de África:

> Finalmente, atravesamos un campo de cactus y encontramos la carretera principal al norte de Sousse. En la carretera principal, encontramos a la división de Nueva Zelanda frente a nosotros, así como el enemigo los vería venir. Pasaron con sus tanques, sus armas y sus carros blindados. Las mejores tropas de su género en el mundo: eran los hombres que habían luchado contra los alemanes en el desierto durante dos años, los vencedores de varias batallas campales.
>
> Estaban demasiado demacrados y flacos para ser guapos, demasiado duros y fibrosos para ser elegantes. Eran demasiado jóvenes y físicos para ser completos. Pero si alguna vez quisiste ver a los lu-

chadores más resistentes y entrenados del ejército anglosajon, sin duda, eran ellos.

Así es como es, dondequiera que esté, un neozelandés en batalla. Demacrado y delgado, duro y fibroso… El soldado guerrero. El hombre que se niega a contemplar la derrota. El hombre que se sacrifica en tiempos de crisis. El hombre que mira de frente al peligro, mantiene la calma y toma decisiones. Así serían, también, muchos jugadores de rugby neozelandés en el futuro. El luchador de rugby que lo da todo por la causa y acepta el dolor y el sufrimiento en beneficio de sus compañeros.

Existe una conexión directa entre la cultura fundadora de Nueva Zelanda y los valores que han formado a los All Blacks. Las penurias que padecieron los primeros colonos definen, en la actualidad, los rasgos de todos los neozelandeses. En una ocasión, tiempo después, se le preguntó a un superviviente de Galípoli qué los condujo hacia las líneas enemigas y a una muerte casi segura. Sin dudar un segundo, respondió: «Tus compañeros iban al fuego. No podías abandonarlos. Ibas con ellos. Nunca decepcionarías a tus compañeros».

Cuando por fin el ruido de las armas cesó, y solo dejó el sonido de los lamentos de aquellos que se quedaron atrás y el de la pala cavando innumerables tumbas, estas cualidades llegarían a formar la base de otra causa: el rugby. La afición por este juego.

Sin importar la época, estos factores se repiten en el tiempo. La negativa a aceptar la derrota, la capacidad de esforzarse y mantener la calma en la adversidad, la habilidad de tomar decisiones coherentes en medio del caos. La renuncia de las preocupaciones o causas personales por el mantra de ayudar a los compañeros. Es la filosofía de mantenerse unidos, la forma de mantener a flote la moral colectiva.

Es fácil imaginar a un joven ganadero como Richie McCaw con el uniforme de la Fuerza Expedicionaria de Nueva Zelanda en Galípoli en 1915, o en Passchendaele dos años después. Valiente, sin miedo, comprometido con la causa, dispuesto a dar su vida. Completamente comprometido con sus compañeros de filas.

¿Habría «él» ido a servir?

Recuerdo que, como equipo, hablábamos de esas cosas, y pone un poco en contexto lo que hacemos. La gente habla de ser valiente en el rugby, pero esta fue una valentía distinta. Nadie intenta dispararte en la cancha de rugby. Pero esperarías que si estuviéramos en ese mismo periodo hiciéramos lo mismo. Eso es lo que siempre me pregunto. ¿Irías? Espero que sí, absolutamente.

Los funcionarios del Gobierno que miraban desde lejos los festejos y buscaban una forma de sentirse bien consigo mismos tras el triunfo de Nueva Zelanda en la Copa Mundial de Rugby 2011 tantearon a McCaw sobre cómo se sentiría con respecto a un título de caballero. Se dice que respondió: «No solo para mí, solo era parte del equipo». ¿Qué hay de sus compañeros? La tradición perdura.

Muchos de los que fallecieron en las diversas guerras también habían sido jugadores de rugby, no necesariamente All Blacks. Pero seguían siendo aficionados. En su juventud habían corrido y hecho pases, pateado y placado. Habían celebrado y habían sufrido. Luego se fueron. Pero no fueron olvidados.

Entonces, ¿qué significaron los sacrificios de All Blacks como Dave Gallaher para McCaw?

Dejando de lado las cosas de los All Blacks, mi abuelo luchó durante la Segunda Guerra Mundial. Estuve con él en mi niñez, así que supongo que entendí un poco lo que hicieron. Pero no fue hasta que empezamos a hablar de ello, probablemente alrededor de 2005, en el centenario de los Originals, de los cuales Gallaher era capitán, cuando empecé a comprender.

Hablamos bastante con el equipo sobre lo que hicieron estos muchachos. Supongo que estar en esa parte del mundo y ver dónde había estado mi abuelo y todas las historias que me contaba cuando era pequeño, tenía sentido haber estado allí.

Te das cuenta de la suerte que tenemos, simplemente desde el punto de vista de una nación, de lo que hicieron esos tipos. Luego lo pones en un contexto de rugby... Esos tipos fueron allí en 1905 para preparar el camino. Fue algo enorme irme durante seis meses a las islas británicas, Francia y Estados Unidos para jugar esos partidos y luego irme de nuevo, a la guerra, unos años más tarde..., y algunos no volvieron.

Un pueblo guerrero, un pueblo más resistente.

McCaw confiesa que solo pensó en las similitudes recientemente, cuando alguien señaló el parecido casi extraño entre los soldados y los jugadores de rugby, porque compartían determinadas características.

Ahora lo ve con un prisma diferente.

Probablemente, tiene algo de verdad. Hablamos de que los antiguos neozelandeses eran bastante buenos para resolver las cosas y hacer que funcionasen. Pero uno piensa en los antepasados que vinieron aquí. Hay que imaginarse en el siglo XIX, subirse a un bote sin saber adónde va, venir a un país subdesarrollado y abrirse camino. Eso te hará bastante duro y supongo que si tienes ese tipo de perspectiva que se ha transmitido de generación en generación, creo que probablemente todos nos estemos beneficiando... de ese tipo de actitud. Eso tiene un poco de sentido.

Una vida dura, tanto emocional como físicamente.

Si estabas aquí en el siglo XIX y necesitabas hacer algo, no podías llamar a alguien y pedir ayuda, tenías que hacerlo tú mismo. Ese tipo de autosuficiencia se mantiene. Tal vez no sea tan fuerte como lo fue, pero aún la tenemos como pueblo. Mira a los maoríes y cómo solían sobrevivir en un entorno difícil. Pones todo eso junto y tienes un montón de gente de distintos lugares que tiene esa actitud resistente y dura.

Los neozelandeses son personas poco expresivas a su manera, sin banalidades. Rompen con las falsas glorias, con los falsos ídolos. Son resilientes, dedicadas y tienen determinación, cualidades que aún necesitan hoy en día. Estas características, estos rasgos definitorios, han estado con ellos desde el nacimiento de su nación o, en términos de nuestra historia, desde que se jugó al rugby por primera vez en esta tierra. Una cosa queda clara: si se construyera el retrato robot perfecto del hombre de rugby, sin duda, tendría muchas de estas cualidades.

2

Años de guerra: el máximo sacrificio

Contribuciones de, entre otros,
Wayne Smith, Willie Apiata y Tony Johnson.

Allá en Francia hicieron su trabajo, allá en Francia yacen.
Dejaron su marca en el corazón de la nación, su fama nunca morirá.
Duerme en campos donde crecen las amapolas,
duerme bajo el sol del verano,
duerme donde los campos están cubiertos de nieve blanca,
soldado, tu trabajo está hecho.

Extracto de un poema de 1916 escrito por ELINOR LAMONT,
cuñada de NISBET SHIRREFFS LAMONT, soldado raso 11178,
segundo batallón del Regimiento de Otago
(nacido el 2 de febrero de 1896 en Brooklands,
Southland, Nueva Zelanda; murió el 1 de octubre de 1916
en la batalla del Somme, cuando tenía veinte años).

$\mathcal{H}$abía zarpado sin preocupaciones. Con la mente ociosa y la felicidad en el alma. Estaba con sus colegas, sus compañeros de rugby. Para varios de ellos era el principio de una nueva era.

Robert Stanley *Bobby* Black era el hijo de Harry y Emily Black, de Grant Street, Dunedin. Nativo de Arrowtown, Invercargill. Como todos los neozelandeses que juegan en la élite de los All Blacks, estaba ansioso y orgulloso de enfundarse la famosa camiseta. A su alrededor, había otros novatos. Habían alcanzado el objetivo de su vida deportiva.

Se daban palmadas en la espalda y contaban chistes para celebrar el viaje. Todo era alegría. No había ningún rostro serio excepto cuando surgía un tema en particular: ganar. En ese aspecto, no eran distintos de la generación actual.

Mientras el barco seguía su curso medido hasta Australia, a través del mar de Tasmania, Bobby Black empezó a darle vueltas a un asunto. Esta era su oportunidad. La oportunidad soñada de convertirse en un All Black en un partido internacional.

Pocas semanas después de llegar a Sídney, jugaron el primer partido de prueba contra Australia. Era el 18 de julio de 1914 y ganaron. Lograron vencer 5-0 en el Sydney Sports Ground. Black había debutado en un partido de prueba a los veintiún años. Comenzaba una larga carrera como All Black.

Por desgracia, diecisiete días más tarde, el rey Jorge V anunció que Gran Bretaña y su imperio estaban en guerra contra las «potencias centrales». La Gran Guerra había empezado. A pesar de ello, antes de volver a casa, Nueva Zelanda jugó ese agosto dos partidos de prueba más en Australia. Ganaron el segundo, 17-0 en Brisbane, y el tercero, de nuevo en Sídney, 22-7. La guerra europea parecía lejana.

Lamentablemente, sin apenas tiempo para nada, Black zarpaba otra vez de Nueva Zelanda. Esta vez a la guerra. Las sonrisas habían desaparecido. Las pocas que se dibujaban servían para enmascarar grandes preocupaciones. La equipación de rugby no formaba parte de su equipaje.

Muy pronto, Black entraría en combate como miembro del segundo regimiento del batallón de Canterbury. Finalmente, el 21 de septiembre de 1916 perdería la vida en combate, con tan solo veintitrés años. Fue el All Black más joven que murió en la Primera Guerra Mundial. Jim McNeece, de la región de Southland, Nueva Zelanda, quien había marcado el único ensayo en ese primer partido de prueba contra Australia, también encontraría el mismo destino.

Si un solo conflicto puede definir el carácter de un pueblo, como los fríos vientos invernales de las estepas rusas caracterizan un paisaje severo, la guerra de 1914-1918 resonará para siempre en la historia de Nueva Zelanda. Galípoli, Chunuk Bair, Somme, Messines Ridge, Passchendaele… son lugares que estarán manchados eternamente por sangre neozelandesa.

Esa guerra ayudó a formar la nación que podemos observar hoy en día: decidida, orgullosa, preparada para aceptar la adversidad en todas sus formas, valiente, rica en espíritu, autosuficiente. Una nación formada por hombres de distinto origen dispuestos a aceptar el riesgo, unidos por una misma causa. Sin duda, esto también define a los mejores jugadores de rugby de la nación.

Con la perspectiva del tiempo, es evidente que Nueva Zelanda pagó su soberanía con la sangre de sus tropas. La Primera Guerra Mundial afectó a todo el mundo, hasta al último granjero que regresó a casa.

La gente que se quedó en Nueva Zelanda nunca entendería a esos hombres que, a pesar de estar heridos, intentaban reincorporarse tenazmente a sus filas y acababan sepultados bajo el lodo de Passchendaele. Tampoco entendería el significado de usar a los hombres como carne de cañón.

En los cementerios del norte de Francia y Bélgica, la inmortal frase de Rudyard Kipling, «conocido solo por Dios», se graba en la memoria de los visitantes como el hierro candente en la piel de un animal. Kipling conocía bien la agonía de las familias supervivientes. Su propio hijo John murió en la batalla de Loos, en 1915. Tenía dieciocho años.

Nueva Zelanda pagó un precio terrible por su participación en la Gran Guerra. En términos porcentuales, encabezó la lista de muertos y heridos. Según un informe, de una población de poco más de un millón de personas, Nueva Zelanda contribuyó con 110.000 hombres. De esos, 18.000 murieron y 55.000 quedaron heridos. En total, 73.000 bajas, es decir, el 66 por ciento de sus hombres.

No solo pertenecían a la Isla Norte y la Isla Sur. De hecho, en ambas guerras, Nueva Zelanda también reclutó hombres de la Polinesia. En la Primera Guerra Mundial, quinientos hombres de las islas Cook conformaron el primer contingente rarotongano, además, también se sumaron ciento cincuenta hombres de Niue. Otros vinieron de Fiyi, Samoa, Tonga y Tahití, así como de las islas Gilbert y Ellice. En la Segunda Guerra Mundial, un batallón maorí incluía hombres polinesios.

La pérdida de tantos hombres afectó gravemente a la nación. Dos tercios de los que murieron (estimados en casi doce mil quinientos) cayeron en el frente occidental. La guerra se definirá para siempre como una de las más costosas de Nueva Zelanda en cuanto a vidas humanas. Toda una generación quedó marcada por el sufrimiento. Fue una guerra en la que los hombres se abalanzaron hacia el fuego enemigo, contra todo impulso de preservación.

Nunca se encontró el cuerpo de Bobby Black. Uno entre tantos cuyos nombres figuran en el Memorial a los Desaparecidos de Nueva Zelanda, en el cementerio del valle de Caterpillar, en Longueval, en el Somme. En el cementerio están los nombres de 5.570 militares, de los cuales casi 3.800 no han sido identificados.

Un informe de la campaña en la que Black perdió la vida decía:

El ataque comenzó el viernes 15 de septiembre a las 6:20, con un gran fuego de artillería. Entraron en la batalla envueltos en humo y niebla. Al final del día, se habían apoderado de una porción de tierra del ejército alemán, al este de la aldea de Flers, y habían formado una línea defensiva.

Pero los neozelandeses, muchos de los cuales habían luchado en Galípoli, habían avanzado mucho más que las divisiones británicas más cercanas. Se encontraban defendiendo un extraño saliente expuestos al fuego asesino de las baterías de la artillería alemana que dispararon sin piedad desde sus posiciones.

Pasaron otros cinco días antes de que la división bordeara el saliente: durante ese tiempo, el batallón lanzó cuatro ataques más y sufrió muchas bajas. La Infantería de Nueva Zelanda estuvo en la línea del frente durante veintitrés días consecutivos. La lluvia les pasó por encima, creando mucho barro. Las trincheras que estaban desparramadas por el campo de batalla pronto se llenaron de agua. Los cadáveres estaban desparramados en tierra de nadie. El hedor a muerte estaba en todas partes.

Esta fue la infame batalla del Somme de 1916, que se prolongó del 1 de julio al 18 de noviembre. En algún lugar, incluso ahora, yacen los restos de Bobby Black.

Hoy, cuando uno se planta en el lugar desde el que los neozelandeses atacaron, solo una palabra viene a la mente. No es «agonía» ni «odio», tampoco «muerte», sino «paz».

Una brisa suave sopla desde High Wood, uno de los peores campos de batalla del Somme. En lo alto, una golondrina baja en picado por las corrientes de aire. A lo lejos, la cosechadora de un granjero avanza por el campo dorado, cortando el maíz. La calma, el silencio y la paz te golpean como una ola. La belleza del paisaje es una amarga ironía.

En contraste brutal, el ruido del ataque de esa mañana de septiembre fue devastador. Las explosiones de los proyectiles de la artillería británica, los silbatos para avanzar y los gritos de ánimo de los soldados que avanzaban, el trino de las ametralladoras alemanas en respuesta, y luego los gritos de los hombres abatidos, sus cuerpos rotos en medio del detrito de guerra.

El primer día de esta ofensiva del Somme, un conflicto en el que se desplegaron tanques por primera vez, cincuenta y ocho mil hombres murieron o resultaron heridos. Las pérdidas británicas y francesas en el Somme serían, en total, superiores a seiscientas mil. Más de dos mil neozelandeses perdieron la vida; seis mil más resultaron heridos. La mayoría de los muertos, como Bobby Black, no tienen sepultura conocida. Se decía que, por cada cien metros de terreno que ganaban los aliados, se perdían más de mil vidas en sus filas.

Dave Gallaher resultó herido por un fragmento de metralla que penetró su casco durante el ataque de Gravenstafel Spur, el 4 de octubre de 1917. Murió ese mismo día, más tarde, en un hospital de campaña australiano. Fue enterrado en el cementerio británico Nine Elms en Poperinge, Flandes Occidental, Bélgica. Es uno de los ciento diecisiete neozelandeses que descansan allí. Tenía cuarenta y tres años, y estaba allí por elección propia; su edad lo eximía del servicio militar, pero se había alistado como voluntario. Tres de los cuatro hermanos Gallaher murieron en servicio durante la guerra. Douglas y Henry también fallecieron. Solo Charles sobrevivió, aunque fue gravemente herido en Galípoli.

Los jugadores de los All Blacks descansan en la misma hilera que sus compañeros del ANZAC. A un lado de su lápida en la parcela III, fila D, número 3, se encuentra un hombre del Cuerpo de Ametralladoras de Australia; al otro, uno del 44.° Batallón de Infantería Australiana. En la misma hilera, hay otros kiwis de los regimientos de Auckland y Wellington.

La vida de los miembros más jóvenes del ANZAC fue segada sin piedad, como el maíz que aún hoy se cosecha allí.

A los pies de la lápida de Gallaher hay una pelota de rugby con una sentida inscripción:

> JAMÁS OLVIDAREMOS, PERO SIEMPRE RESPETAREMOS.
> EMPEZASTE EL MEJOR EQUIPO
> DE RUGBY EN LA HISTORIA DE ESTE DEPORTE.

Para los All Blacks de 1905, los llamados Originals, el rugby era un desafío varonil en un momento en que Nueva Zelanda aún era una nación ambiciosamente joven. Tony Johnson, comentarista de Sky TV en Auckland, ha estudiado este periodo a fondo:

Existía este deseo de ir a ayudar a la madre patria. Los maoríes también querían hacer su parte. Existía este deseo de decir después: «Miren lo que hemos hecho, ¿están orgullosos de nosotros?». Esa fue la motivación inicial.

El primer ministro Richard Johnston aseguró esa gira de Originals [en 1905]. Él vio que necesitábamos más gente en el país, por lo que consideró la gira como una excelente oportunidad para mostrarle a Gran Bretaña que esta gente, estos jóvenes, hombres del rugby en forma y fuertes, eran producto de un país con un estilo de vida saludable y al aire libre. De hecho, le decían a la gente del Reino Unido: «Vengan y vivan en nuestro país».

Entonces también comenzábamos a buscar nuestra propia identidad. Como nación, eso lo avivó. Los neozelandeses sintieron que esta era una forma de llegar a ser famosos en el escenario mundial. Se instaló la sensación de que el deporte era una forma de que este pequeño y remoto país lograra un sentimiento de éxito, para hacerse visible.

Más de cien años después, eso sigue siendo cierto. Es otra razón más que explica la continua superioridad de los equipos de rugby de Nueva Zelanda. La frase «Cuando juegas en Nueva Zelanda, no juegas en un equipo, sino en una nación» es conmovedora.

Los padres de Dave Gallaher, dijo Johnson, fueron a Nueva Zelanda con un plan estúpido.

A la gente se le vendió esta idea de vida de campo, pero la tierra aún necesitaba ser domesticada. Su padre era viejo cuando llegó aquí, y no tenía ninguna posibilidad de trabajar duro. Su madre se convirtió en el sostén de la familia, pero tuvo cáncer, y eso la mató.

Debe de haber sido una mujer increíblemente fuerte. Claramente, Gallaher obtuvo la fuerza de su madre. Ella fue una verdadera pionera; estaba decidida, pero soportó muchas dificultades, dolor y sufrimiento.

Él tuvo que cuidar a los hermanos menores y se convirtió en un líder natural. Fue un sargento en el ejército, un líder nato. El sentido de deber lo mandó allí. Para ellos, en aquellos días, fue una gran aventura.

En otra parte del norte de Francia, en otro de los cementerios hermosamente conservados, hay más víctimas neozelandesas de la masacre. La detonación de diecinueve minas bajo las líneas alemanas en Messines, en junio de 1917, causó un terremoto artificial. Estas explosiones fueron el resultado de dos semanas de bombardeos intensos y anunciaron el ataque de la infantería aliada el 31 de julio de 1917. Sin embargo, muchas de las ametralladoras alemanas habían sobrevivido a la cortina de fuego y desataron su cruel propósito sobre los soldados desconocidos.

En Messines Ridge yacen más hileras de tumbas de kiwis muertos. Su tarea había sido subir gradualmente por el terreno ascendente hasta la cresta en la cima. Fue un camino a la muerte. A campo abierto y expuestos. Sin apenas protección contra la lluvia de balas que los golpeaba.

Si hubiera nacido en otro momento, Ben Mason podría haber sido uno de ellos. El joven de Auckland siempre había querido visitar el Memorial de Nueva Zelanda en Messines, y ahora, aquí estaba. «Crecí en la era de Harry Potter, pero eso no me interesaba, solo la historia y los libros de guerra», me dijo. Junto con su novia, había viajado a esta parte del norte de Francia y había ido en bicicleta al memorial. Puso una bandera de Nueva Zelanda, un tributo personal a los tres miembros de su familia que habían servido en la Primera Guerra Mundial. Sorprendentemente, uno de ellos sobrevivió toda la guerra, incluso en Passchendaele.

Hoy, la escultura de un solitario soldado neozelandés se alza con orgullo sobre un pedestal junto a una plaza en Messines. En 2017, cien años después de la batalla, una simple exposición en un café local conmemoró el sacrificio de los neozelandeses.

George Sellars, que había jugado quince partidos para los All Blacks, incluidos dos *test match* en 1913, y que había estado en el primer equipo maorí de Nueva Zelanda que fue al extranjero, perdió la vida en la batalla de Messines. Murió mientras llevaba a cuestas un compañero herido hasta un lugar seguro. En su honor, su nombre se encuentra en el Memorial de Nueva Zelanda en Messines Ridge.

Sellars murió el 7 de junio de 1917, el mismo día que James Baird, otro componente de los All Blacks. Ese mes, cayeron dos más: Reginald Taylor y Jim McNeece. Taylor había estado en el equipo de Taranaki que venció a Auckland en la Ranfurly Shield en 1913, y jugó dos *test match* para los All Blacks el mismo año. Era un delantero formidable, tenía veintiocho años cuando murió.

McNeece, un hombre de Invercargill, jugó cinco *test match* para los All Blacks en 1913 y 1914. Baird representó a su país solo en uno, contra Australia con su Dunedin natal, en 1913.

Cerca de Messines hay un bosque. Subo una cerca y me quedo solo en ella; el inquietante silencio solamente se rompe por el canto ocasional de un gallo de una granja cercana. Solo de vez en cuando, el tractor de un granjero retumba cerca. Cuando la luz finalmente comienza a descender al final de un atardecer de verano que parecía interminable, el escalofriante silencio solo se ve interrumpido por el canto de los pájaros. Sin embargo, cien años atrás, un silencio tan tranquilo y sereno no era más que una fantasía en la mente de los soldados.

«Morí en el infierno, lo llamaban Passchendaele», escribió el poeta y soldado Siegfried Sassoon. Estas siete palabras contaron el horror indescriptible. Un viejo veterano del ANZAC relató vívidamente sus experiencias en Passchendaele. Esto es lo que recordaba:

12 de octubre, batalla de Passchendaele. Tuvimos que subir por este maldito camino. Era barro y agua. El suelo tenía aproximadamente cuatro centímetros de agua, de color marrón. Estaba lleno de trincheras de unos veinte o veinticinco centímetros de profundidad. Si no veías la diferencia de color del agua y las pisabas, ese era tu fin, no podías volver a subir.

Llegamos a una granja destartalada. Había un par de alemanes allí; uno estaba muerto, el otro estaba herido, así que lo derribamos. Yo intentaba comunicarme con la base, unos quinientos metros detrás de nosotros, con un reflector de señales eléctrico, un reflector Lucas. Mientras esperaba, una bala atravesó la pared que se encontraba detrás de mí. Mi nariz estaba pegada a la pared justo a esa pared. Así de cerca estaba. Eso solo pudo haber sido un francotirador que me había apuntado.

Entonces le dije al joven Rogers, uno de nuestros corredores que estaba allí: «Voy a bajar a esa trinchera y ver si puedo encontrar a este tipo». Él dijo: «Iré contigo». A duras penas distinguía un extremo del rifle del otro. Pero saltamos allí, y los dos estábamos buscando a este francotirador. Rogers lo encontró y me lo señaló. Estaba a unos trescientos metros de distancia, así que estaba bastante por encima de él.

Y, luego, de repente, desde aquí cerca de Passchendaele, una ametralladora comenzó a dispararnos desde esta colina. No desde la parte superior, sino por la mitad. Las balas golpeaban la pared de ladrillo justo detrás de nosotros, y rebotaban a nuestro alrededor. No podían seguir fallando por mucho tiempo. Mantuvimos la cabeza baja hasta que cesaron las detonaciones. Luego puse mi ojo justo encima de esta pared de ladrillos y se abrió fuego de nuevo, otra explosión. Vi un destello del extremo de la ametralladora, eso fue todo lo que pude ver. No pude ver a nadie, pero, tan pronto como se detuvo, ubiqué dónde estaba el destello, aparecí y disparé un par de balas allí, luego me agaché de nuevo.

Eso continuó durante una hora y media más o menos. De todos modos, se detuvieron de repente cuando dejé de dispararles, así que no tuvimos más problemas con eso. Pero lancé otras tres balas por si acaso.

Le dije a Rogers: «Bueno, eso es todo». Él estuvo de acuerdo. Entonces, de repente, *bang*, se abrió el fuego en otro lugar, a unos cien metros a la izquierda. Casi nos alcanzan. Pero también vi un destello de ellos, así que les lancé algunas balas de vez en cuando. Entonces, después de aproximadamente una hora o más, también cesaron.

Pero estaba seguro de que iban a abrir fuego justo frente a nosotros. Había tres ametralladoras allí. Bueno, tuvimos una batalla terrible con esa porque nos disparaban de frente, y ellas [las balas] venían… directamente a nosotros, así que tuvimos que mantenernos recostados contra esta pared de ladrillos. Te golpeaban en la espalda cuando pasaban.

Sin embargo, llegamos a ellos y se callaron. Por eso obtuve mi medalla militar, o así debería haber sido. ¿Sabes lo que dice la distinción? Que organicé comunicaciones y ese tipo de cosas. No hubo ningún tipo de comunicación hasta casi las doce en punto. Si hubiéramos enviado a un corredor, una de esas ametralladoras lo habría hecho pedazos.

Sin embargo, en la sección de Nueva Zelanda del museo en Passchendaele, bajo el título de «Ocio: lo que hacían los soldados», cuelga un curioso objeto: un par de botas viejas de rugby de cuero marrón, con cordones caqui. Alguien fue a la guerra con un par de botas de rugby. ¿Podemos dudar de que los neozelandeses estuvieron aquí? Su ADN está bien grabado en esta tierra.

Incluso hoy, el sacrificio de los hombres de Nueva Zelanda continúa inspirando respeto y asombro. Por esta razón, algunos equipos de All Blacks viajan hasta aquí para presentar sus respetos. Wayne Smith, entrenador asistente de los All Blacks hasta su retirada, a finales de 2017, recordó lo que sintió cuando visitó este lugar:

Lo primero que pensé fue: «¿Por qué no aprendimos todo esto en la escuela? ¿Cómo puede ser que no supiera nada de esto?». Cuando vi esa minúscula colina por la que luchaban, se me llenaron los ojos de lágrimas. Morían en los cráteres, se ahogaban en ellos. Imagina lo desalmado que debía ser todo aquello. Una enorme tragedia.

Hay un enorme monumento dedicado a los hombres del ANZAC que vinieron de Nueva Zelanda y Australia, para librar una guerra que probablemente ni siquiera entendían. Los pusieron en esta situación. Ni siquiera puedo imaginarme cómo sería.

Uno se enoja solo con leer sobre esto. Qué estupidez la de esos líderes que no tenían ni la más mínima idea de liderazgo y que enviaron a estos valientes jóvenes a la muerte. Realmente, fueron leones guiados por burros.

También recordó haber conocido a Willie Apiata, el último neozelandés en recibir la Cruz Victoria, al poco tiempo de haber visitado Galípoli. Apiata es, por naturaleza, un hombre de pocas palabras, pero Smith me dijo:

Le fue difícil hablar después de lo que pasó. Lo vi y le dije: «Te afecta el cambio de horario». Pero él me dijo: «No es el cambio de horario, sino que estoy destrozado por lo que vi».

Esos hombres, tan pronto como salieron de las trincheras, sabían que iban a morir. Empiezas a pensar: «¿Por qué salieron de la trinchera?». La respuesta es: «Por sus compañeros». No dejarían que sus compañeros murieran solos.

Solo hay que mirar atrás en la historia. El conflicto es algo que hacemos como humanos. Resulta decepcionante si pensamos en nuestros hijos, en la próxima generación. Eso es para lo que criamos a nuestros hijos en el mundo. Este es el mundo en el que van a vivir.

¿Un pueblo guerrero? Smith no se ve así. Pero reconoce que, «definitivamente, Nueva Zelanda rebosa de espíritu pionero. Todos tenemos un poco de eso en nuestro ADN. Soldados vibrantes y valientes».

Camino lenta y silenciosamente por una hilera de tumbas en el enorme cementerio Tyne Cot, donde hay 11.961 lápidas blancas que honran a los soldados de la Commonwealth asesinados durante la batalla de Passchendaele. Me pierdo en mis pensamientos. Sin embargo, la ironía es que, en medio de tanta brutalidad, hay belleza. Delante de mí, una delicada mariposa revolotea despreocupada, bailando alegremente entre las lápidas. Rosales rojos y otros arbustos atraen a las abejas que zumban suavemente. En otra sección, una libélula descansa por un momento sobre una lápida blanca, como un amable desconocido que apoya una mano sobre el hombro de un soldado caído. En la distinción se lee:

UN SOLDADO DE LA GRAN GUERRA,
UN REGIMIENTO DE NUEVA ZELANDA.

La aniquilación de un pueblo del otro lado del mundo tuvo graves consecuencias en Nueva Zelanda. La guerra reclamó el 58 por ciento de la mano de obra disponible del país. La producción se desplomó y los precios aumentaron. Solo con la introducción de las mujeres en el mercado laboral para continuar con las exportaciones hacia Gran Bretaña se evitó un colapso en la economía del país.

Por supuesto, muchas mujeres ya estaban involucradas directamente en la guerra. Más de quinientas cincuenta enfermeras neozelandesas sirvieron en hospitales militares del frente. Diez de ellas, la mayoría de las cuales eran de la Isla del Sur, estaban entre los treinta y un neozelandeses que se ahogaron cuando el barco hospital Marquette recibió el impacto de un torpedo de un submarino en el mar Egeo el 23 de octubre de 1915. Allí murieron ciento sesenta y siete personas. Otras quinientas enfermeras de Nueva Zelanda trabajaron como voluntarias en hospitales de Francia, Bélgica e Inglaterra. Varias fueron condecoradas con la Medalla de la Reina Isabel por su trabajo.

Por distintas razones, un pueblo francés se ha ganado un lugar destacado en el folclore neozelandés. Le Quesnoy (pronunciado «le kenuá») es un pequeño y típico pueblo francés que se encuentra cerca de la ciudad de Valenciennes. Es curioso comprobar que muchas de sus calles tienen nombres de origen neozelandés. La Rue Helen Clark está cerca de la Rue Adrian Macey (un reciente embajador de Nueva Zelanda en Francia). En esa misma calle, aparecen señales que mencionan la Rue Nouvelle Zelande y la Rue Aotearoa. No muy lejos se encuentra la Rue Graeme Allwright (autor y compositor neozelandés). Al doblar la esquina, está la Avenue des Néo-Zelandais, a pocos metros de Place des All Blacks. Luego encuentras una placa en la pared que dice «1914-1918: Avenue D'Honneur des Néo-Zelandais».

Lo que sucedió aquí, en los últimos días de la guerra, fue otra muestra del ingenio neozelandés. Ese tipo de mentalidad «dinámica» que siempre ha caracterizado la nación, sin mencionar a sus equipos de rugby. El 4 de noviembre de 1918, solo siete días antes del armisticio, se ordenó a las tropas neozelandesas que atacaran y tomaran la ciudad que estaba bajo poder alemán desde 1914. Pero los atacantes se encontraron con un problema: cuando llegaron a los muros interiores, se dieron cuenta de que eran demasiado altos para las escaleras que traían consigo. Toda la operación estaba en peligro.

Sin embargo, en ese momento, surgió el ingenio de los kiwis. Algunos centímetros por encima de una compuerta divisaron una pequeña repisa de ladrillo, lo suficientemente grande como para colocar la escalera. De uno en uno, los componentes de las tropas de Nueva Zelanda subieron la escalera y dispararon a un centinela alemán. Al oír disparos cerca y darse cuenta de que los muros interiores de la ciudad habían sido traspasados, la guarnición alemana principal entró en pánico. Bajaron las armas y se rindieron. La ocupación había terminado.

Casi cien años más tarde, Le Quesnoy sigue siendo un rincón de Nueva Zelanda en el extranjero, una ciudad en el norte de Francia en la cual ese país está bien arraigado a la tierra. Hoy en día, en las escuelas, las viejas hazañas de aquellos soldados se cuentan con orgullo a la nueva generación de neozelandeses.

3

La escuela: donde todo comienza

Contribuciones de, entre otros,
JEROME KAINO, BEAUDEN BARRETT, LIAM MESSAM,
WAYNE SMITH, REUBEN THORNE, STEVE COLE,
ALAN JONES, GRANT HANSEN, DOUG HOWLETT y
sir GRAHAM HENRY.

Creo que el sistema educativo de Nueva Zelanda es el secreto, la clave del éxito, de los All Blacks. Tiene que ver con la calidad de los jugadores jóvenes que surgen de las escuelas. El corazón de nuestro deporte está en la base, pero creo que es antes donde se realiza el trabajo clave. En mi opinión, el éxito de nuestro equipo de All Blacks comienza antes de ser juveniles. Creo que incluso antes ser alevines.

Delantero de los All Blacks, JEROME KAINO

*S*i se le pide a un chico o a una chica de Nueva Zelanda que nombre seis grandes jugadores de rugby y seis grandes primeros ministros del país, lo más probable es que recite doce nombres de la primera categoría y tenga que hacer un esfuerzo para recordar un par de la segunda.

En Nueva Zelanda, un país loco por el rugby, siempre ha sido así. Amar el deporte es algo casi innato.

Las historias de las grandes leyendas del rugby pasan de una generación a otra como las reliquias familiares. Nombres legendarios de generaciones pasadas acuden con facilidad al imaginario colectivo de la generación actual: Dave Gallaher, George Nepia, Cyril Brownlie, Bob Scott, Billy Wallace, Bob Deans, Colin Meads y Richie McCaw. Estos nombres y otros más ilustran las páginas de la historia del país y de la historia del rugby de Nueva Zelanda, siempre entrelazadas.

Todo ello se remonta atrás en el tiempo; de hecho, empieza antes de 1888 y a la sorprendente gira de los New Zealand Natives, el primer equipo en usar la ahora famosa camiseta negra. Ese fue el primer equipo representativo en recorrer Gran Bretaña; veintiún de los veintiséis jugadores eran maoríes, una muestra de la fuerte implicación de estos en los albores de este deporte. A principios de la década de 1880, ya había varios equipos maoríes.

El equipo de 1888 no creía en las medias tintas. Durante esa gira, jugaron ciento siete partidos, de los cuales ganaron setenta y ocho. Solo en las islas británicas, disputaron setenta y cuatro partidos con un balance de cuarenta y nueve victorias, veinte derrotas y cinco empates. El resto de la gira consistió en dieciséis partidos en Australia y diecisiete en Nueva Zelanda. Tuvo que ser una experiencia extraordinaria.

Luego vinieron los Originals de 1905, un equipo capitaneado por Dave Gallaher, nacido en Irlanda, de quien E. H. D. Sewell, escritor del

Evening Standard de Londres, diría: «Era un hombre de las colonias muy curtido, duro como el cuero». Cuentan que Gallaher se entrenaba para jugar a rugby corriendo por el campo con botas pesadas y que terminaba los entrenamientos con una sesión de ejercicios con la sierra para dos personas.

En su libro de 2005 *The Original All Blacks 1905-1906*, el periodista neozelandés Christopher Tobin escribió sobre Gallaher: «Trabajó como capataz en el difícil ambiente del matadero, que para los estándares modernos era un lugar bastante primitivo, de sangre y tripas. Era tenaz y, en el terreno de juego, despiadado. Su compañero de equipo de 1905, Ernie Booth, lo describía como un enemigo sin remordimientos. Como rival, no tenía piedad». Décadas más tarde, el centro exterior galés Cliff Morgan describiría a su compañero en 1955 en el British Lions, el galés Clem Thomas, carnicero de profesión, en términos similares: «Clem fue el único hombre que conocí —dijo Morgan con su melifluo acento galés— que llevó su profesión al campo de rugby».

Esos pioneros de 1905 recorrieron las islas británicas, Francia y Estados Unidos, soportando los tediosos viajes por mar. Su memoria sigue viva, sobre todo, por una razón importante. Después de vencer a Escocia (12-7), a Irlanda (15-0) y a Inglaterra (también 15-0), perdieron 3-0 ante Gales. Muchos hombres se fueron a la tumba insistiendo en que R. G. Deans, de los All Blacks, anotó un ensayo que habría equilibrado el marcador. Pero el árbitro, extrañamente vestido con ropa de calle y sin las botas adecuadas, estaba lejos de la acción cuando Deans posó la pelota sobre la línea. Cuando el árbitro llegó a la altura de la jugada, se negó a conceder el ensayo. De este modo, Nueva Zelanda perdió por un solo ensayo. A aquel partido lo siguió un siglo de discusiones, reclamaciones y reproches. Aún hoy en día continúan, junto con la obsesión de la nación por el deporte.

Aquellos primeros All Blacks de 1905 demostraron su valor de muchas maneras. Tal fue el interés que generaron que la gente acudía en masa a sus partidos. En consecuencia, los fondos de la recién fundada New Zealand Rugby Football Union cambiaron radicalmente. Habían viajado en tercera clase hacia el Reino Unido y se habían alojado en hoteles modestos, pero, cuando regresaron, la federación había recaudado ocho mil libras (más de novecientas mil libras actuales): una gran suma en aquellos tiempos.

Pronto se cumplirán cien años desde que los llamados «Invincibles» hicieron su gira histórica por las islas británicas, Irlanda, Francia y Canadá en 1924. Ese equipo logró la inmortalidad porque ganó los treinta y dos partidos que disputó en esa gira. En ella participaron las futuras leyendas del deporte mundial. Hombres como el gran *full-back* maorí George Nepia y Maurice Brownlie, que debutaron por primera vez. Sorprendentemente, Nepia jugó todos los partidos.

Durante su viaje, el capitán Cliff Porter y algunos de sus compañeros visitaron la tumba de Dave Gallaher, en Passchendaele. Aquello estableció un vínculo entre el pasado y el presente que garantizó que esos grandes hombres se veneraran para siempre.

Como esa gira de 1924 no paraba de cosechar victorias, el interés del público aumentó. Con ocasión de su último partido internacional, disputado contra Francia, en Toulouse, se informó de la asombrosa asistencia de ciento quince periodistas: quince de las islas británicas, veinte de París y ochenta del resto de Francia. El interés en la gira alcanzó límites insospechados. Como era de esperar, antes de volver a casa a través de Canadá, los neozelandeses ganaron ese partido (30-6).

Dos años después, en julio de 1926, otro equipo de Nueva Zelanda, el primer equipo maorí oficial de Nueva Zelanda, emprendió una gira por Australia, Francia, Gran Bretaña y Canadá. Jugaron cuarenta partidos, ganaron treinta y uno, empataron dos y perdieron siete, uno de los cuales fue la derrota 6-5 contra el club galés Pontypool, el día de Año Nuevo de 1927.

Sin duda, los All Blacks de 1924 fueron excepcionales. Sin embargo, involuntariamente, nuestra memoria modifica los acontecimientos del pasado y los convierte en hazañas extraordinarias. La nostalgia y el deporte siempre van de la mano.

Esos jugadores lograron atraer toda la atención de Nueva Zelanda hacia ese deporte. Los padres les contarían a sus hijos las gloriosas actuaciones, por lo común, en el extranjero, y más adelante, como abuelos, pondrían a las futuras generaciones en su regazo y volverían a recitar las historias de aquellos tiempos y sus héroes. Así sigue ocurriendo en la actualidad. Por eso, este gran deporte permanece en el corazón de la nación.

Sin embargo, los equipos de Nueva Zelanda no ganaron todos los partidos que disputaron, ni mucho menos. Un estudio minucioso de los All Blacks de Nueva Zelanda en los años de la guerra revela un progreso paulatino. Es verdad que esta era incluyó los triunfos de los celebrados Invincibles. Pero en este periodo Nueva Zelanda jugó treinta y seis *test match* y perdió trece, empató tres y ganó veintiuno.

Si comparamos las estadísticas de aquellos tiempos con la época en la que se centra este libro, las hazañas de esos hombres de negro quedan en menos. Durante los trece años de intervalo que van de 2004 a 2017, los All Blacks jugaron 145 *test match*, ganaron 123 y perdieron 19. Sin embargo, esas estrellas del pasado siguen recibiendo grandes elogios; sus nombres se recuerdan con enorme devoción. El tiempo los ha vuelto inmortales. Entonces, ¿qué ocurrirá con el paso del tiempo con los increíblemente exitosos All Blacks de la era moderna?

Sin lugar a duda, este deporte significa mucho para los neozelandeses. Hoy en día, puedes levantarte por la mañana y jugar un partido de rugby. Y por la noche, antes de acostarte, puedes ver alguno de los partidos que se emiten por televisión. Además, en el caso de que padezcas insomnio, siempre puedes levantarte en medio de la noche y revisar viejos partidos. Es como tener una farmacia abierta las veinticuatro horas del día en la esquina de tu casa: si lo necesitas, siempre puedes acudir a ella, y te atienden con el mejor trato posible. Está cerca. Tranquiliza. Si eres un adicto al rugby y necesitas tu dosis, siempre sabes dónde dirigirte.

Los niños nacen y se crían rodeados de rugby. El cordón umbilical se corta al nacer, pero este vínculo es diferente. En Nueva Zelanda, el nexo entre un niño y este deporte está presente cuando nace, y rara vez se afloja. Los padres más entusiastas gastan pequeñas fortunas enviando a sus hijos a las llamadas *rugby schools*. Dedican innumerables horas de su tiempo para que sus hijos se apasionen por este juego, esperando que, algún día, tal vez de forma milagrosa, su hijo pueda lucir la famosa camiseta de los All Blacks.

Sin embargo, también sería sensato intentar convencer a estos padres para que ahorren el dinero que tanto les costó ganar. En este aspecto, las palabras del exentrenador asistente de los All Blacks Wayne Smith son un ejemplo de sobriedad. Smith siempre ha creído que los niños y sus padres deberían llevar una vida normal. Lo del rugby ya llegará después.

Smith dio una conferencia en el campamento de una escuela, en la St. Paul's Collegiate School, en Hamilton. Ocho de las diez mejores escuelas del país estaban allí, también habían acudido muchos padres. No solo se habló de rugby. El respeto y la responsabilidad también fueron temas muy importantes. Smith hizo hincapié en que, si un niño practicaba este deporte con el único afán de convertirse en un jugador profesional, estaba tomando el camino equivocado. El rugby trata de las habilidades para la vida, del coraje y de ser parte de un equipo. Eso es lo que importa. Los egocéntricos quedan fuera.

Había alrededor de ciento cincuenta niños allí. Smith les hizo a los padres una simple pregunta: ¿Cuántos creían que iban a llegar a la élite? Un padre dijo que uno, otro, cinco. En realidad, la respuesta era el tres por ciento, y esa era la buena noticia. La mala era que, de media, a causa de a las lesiones o por la falta de talento, solo serían profesionales durante tres años.

«Lo importante es —dijo Smith— que necesitas asegurarte de que estás desarrollando una carrera y te estás educando como persona, porque el rugby profesional es una promesa a corto plazo.»

Sin embargo, los niños de todo el país siguen fantaseando con ser el próximo Beauden Barrett o Sonny Bill Williams. O incluso, el nuevo Richie McCaw. La mayoría de los padres, cegados por el sentimiento nacionalista, los alientan. La única solución es el sentido común. No solo en los jóvenes, sino, también, en los padres.

Por extraño que parezca, los niños que suelen alcanzar la élite son hijos cuyos padres apenas saben qué forma tiene una pelota de rubgy. Tomemos por ejemplo a Reuben Thorne, que fue lo suficientemente bueno como para llevar a los Canterbury Crusaders a ganar el título de Super 12 en 2002 y capitaneó a los All Blacks en la Copa Mundial de Rugby 2003. ¿Alguien le dio una pelota de rugby cuando aún iba con pañales? ¿Lo apuntaron a la mejor escuela del país cuando apenas era un niño para que lo prepararan para ser capitán de los All Blacks?

No crecí en una familia de rugby, en absoluto, a mis padres no les interesaba el deporte. Pero una de las cosas que aprendí de joven es a ser perseverante.

Thorne afirma que, cuando era niño, su conexión con el rugby era tan frágil como la rudimentaria señal del televisor de su familia. La antena estaba conectada a un trozo de alambre situado en un poste de la cerca de la granja familiar, en la región de Taranaki, en la Isla Norte. El cable subía hasta la cima de la colina que se encontraba detrás de la casa, por ello, la calidad de la imagen dependía del clima. Ver un partido por televisión era cuestión de suerte. Incluso, si el día acompañaba, la imagen del televisor aún era en blanco y negro. El primer partido que quiso ver fue la final de la Copa Mundial de Rugby de 1991. Pero el clima no fue benevolente.

Apenas podía ver una imagen, solo se veían señales fantasmales que aparecían de vez en cuando en la pantalla. El sonido también iba y venía, porque la recepción era muy mala. Vivíamos en un valle con una colina empinada detrás de nosotros donde pastaban las ovejas. Si hacía mal tiempo en el monte Taranaki, no había posibilidad de ver una imagen. Con suerte, tal vez escuchabas los comentarios.

Era otra época. La sociedad neozelandesa ha cambiado mucho desde entonces. Quizá las escuelas sean el mejor ejemplo. Imagina esto. Un joven de un entorno humilde en el sur de Auckland entra por primera vez en los terrenos del Saint Kentigern College. Es uno de los centros educativos más reconocidos de Auckland. El chico está asombrado. Se llama Jerome Kaino y solo tiene dieciséis años. No está acostumbrado a este tipo de instalaciones deportivas. Aquello no se parecía nada a la Samoa Americana. Hoy, dieciocho años más tarde, con treinta y cuatro, Kaino mira hacia atrás y sonríe ante su propia ingenuidad: «Fui allí durante los últimos dos años de mi vida escolar. Desde entonces, he llegado a comprender que tampoco era para tanto. Aún no había ni gimnasio».

Hoy en día, Saint Kent's, como se conoce universalmente a la escuela, es otro mundo. Un día conduje hasta las afueras de la ciudad. Quería encontrar esta escuela en el suburbio de Auckland de Pakuranga. Pensé que lo había encontrado y entré. Pero no, no podía ser. A mi derecha yacía una vasta construcción, llena de andamios y pantallas. Parecía más bien un hangar de aviones en construcción. Lo que no sabía era que estaba mirando el futuro del rugby en Saint Kentigern College. Este vasto edificio era el nuevo centro deportivo de la escuela presbiteriana independiente. Sin ningún tipo de duda, la mayoría de los países que juegan al rugby hubieran babeado ante tales instalaciones.

Mi guía fue Steve Cole, que en ese momento era el director de la escuela y un gran jugador de rugby. Me explicó que una parte del edificio sería un campo de entrenamiento cubierto, y otra se dedicaría a la nutrición. Luego estaba la sección de fisioterapia, más uno o dos gimnasios lujosamente equipados, dotados con un área para entrenadores y sus equipos. Allí también estarían las duchas, los vestuarios y otras instalaciones similares.

—¿Cuánto cuesta todo esto? —pregunté incrédulo.

—Alrededor de doce millones y medio de dólares neozelandeses —se sinceró Cole.

Pero ¿cómo es posible que una escuela que no cobra a los padres más de veinte mil dólares anuales tenga doce millones y medio de presupuesto para invertir en una gigantesca instalación deportiva como esta? La respuesta está en el lejano Hawick, en la frontera entre Escocia e Inglaterra. William Goodfellow nació en 1806, en Hawick. Fue el sexto de los ocho hijos de Hugh y Elspeth Goodfellow. William se convirtió en panadero y se hizo cargo del negocio familiar en 1839. Sin embargo, al cabo de un tiempo decidió crear una nueva vida en Australia y zarpó de Greenock, Escocia, en un barco llamado Palmyra.

El buque atracó en el Clyde para que le hicieran una serie de reparaciones. Allí, por casualidad, Goodfellow vio un prospecto de la Compañía de Nueva Zelanda. Entonces, por capricho, tomó la decisión de cambiar de rumbo y dirigirse a Nueva Zelanda. Primero navegó hasta Sídney. Luego, cruzó el mar de Tasmania en un barco ballenero y llegó a Port Nicholson, ahora Wellington Harbor.

Goodfellow abrió un negocio como panadero en una ciudad llamada Britannia, hoy Petone. Con el tiempo, su esposa y sus hijos se le unieron en el otro extremo del mundo. Por desgracia, pronto descubrió que la tierra era propensa a las inundaciones y decidió emprender una nueva vida en la lejana Auckland. Su viaje hasta la ciudad fue surrealista. Fue andando desde Port Nicholson hasta Auckland, un viaje de seiscientos cincuenta kilómetros (que debían de hacerse eternos en aquellos tiempos). Atravesó la pintoresca costa oeste, guiado por los maoríes. Cruzó ríos y lagos, y hasta viajó en canoa. Le gustaban los maoríes, que lo llamaban «A, te Korewhero» (el Buen Tipo).

Cuando finalmente llegó a Auckland, estableció un negocio, construyó una nueva casa, compró tierras y cultivó trigo para su panadería. Presbiteriano devoto, su esposa y él tuvieron diez hijos, cuatro de los cuales se convirtieron en agricultores. Murió en 1890. De él se dijo: «Era un hombre de buen juicio en todos los asuntos que afectaban a su distrito. Gracias a su trabajo, integridad y la habilidad para el negocio de la compra de tierras, adquirió una riqueza considerable».

Estos rasgos se convertirían en los sellos distintivos de los Goodfellows. Los intereses comerciales de la familia crecieron, primero con la Waikato Dairy Company (fundada en 1909), y continuaron de la mano de otro buen líder, Douglas. Este tenía cinco hermanos y dirigió el negocio sabiamente, convirtiéndose en padre de dos hijos, Bruce y Peter.

La fortuna familiar aumentó con la industria láctea y textil, la refrigeración y la pesca. En 1959, Douglas envió a sus dos hijos al Saint Kentigern College, una nueva escuela en los suburbios de Auckland, fundada en 1953. Entre 1959 y 1996, desempeñó un papel activo como miembro de la junta escolar, y entre 1965 y 2000 como respetado presidente de la Junta de Fideicomiso.

En cierta ocasión, su hijo Bruce dijo, de manera algo profética: «Mi padre es capaz de tomar una decisión y de actuar de manera instantánea. Además, por lo común se sale con la suya».

En 1994, la *National Business Review* reveló que Douglas Goodfellow era la persona más rica de Nueva Zelanda; en 2014, el mismo periódico informó que los Goodfellows valían al menos quinientos millones de dólares neozelandeses. Cuando Douglas Goodfellow murió en 2014, a los noventa y siete años, la realidad salió a la luz. Se dice que, en su testamento, dejó a sus hijos Bruce y Peter un millón de dólares para cada uno. Sin embargo, al Saint Kentigern College le fue bastante mejor. Al parecer, les dejó una herencia de doscientos cincuenta millones de dólares.

Esta herencia es una prueba extraordinaria de los vínculos que tejen las familias neozelandesas con las escuelas. Lógicamente, este gesto creó todo tipo de oportunidades para que la escuela mejorara, incrementara su reputación y construyera un centro deportivo de última generación. Además, afianzó los lazos para reclutar jugadores de rugby de las islas polinesias. Según este acuerdo, los funcionarios de rugby del Saint Kentigern College podían volar a una isla para hablar con los funcionarios locales y elegir a los jóvenes talentos como candidatos para una beca en la escuela de Auckland.

Joe Rokocoko, un niño nacido de Fiyi, fue uno de ellos. También Jerome Kaino, nacido en la Samoa Americana. Luego estaba John Afoa, otro chico destinado a convertirse en un All Black. Otros futuros All Blacks que asistieron a la escuela, aunque no llegaron directamente de las islas, fueron Steven Surridge y Seta Tamanivalu, este último ganador del trofeo del Super Rugby en 2017 con los Canterbury Crusaders.

Kaino procedía de una escuela pública, y la experiencia resultó reveladora. Dijo que Papakura High School era más tranquila; Saint Kent's, por el contrario, era mucho más estimulante. Tenías que llegar a clase a tiempo y asegurarte de que tus libros estuvieran preparados. El objetivo principal era la educación, pero se era igual de meticuloso con los deportes. Le llevó un tiempo acostumbrarse. En la escuela siempre se aseguraban de animar y apoyar a los alumnos en todo lo que hicieran, ya fuera deporte, música o arte.

> Estuve allí con Joe Rokocoko y John Afoa. Fue genial tener a algunos de mis compañeros del sur de Auckland conmigo. Me ofrecieron una beca para ir allí, probablemente debido a mi reputación en el rugby. El padre de un amigo estaba entrenando a los juveniles y me preguntó si estaba dispuesto a cambiar de escuela. Me ofrecieron una beca y estoy muy contento de que haya sucedido. ¿Quién sabe dónde habría ido a parar si no hubiera hecho ese cambio? Mi tiempo allí fue increíble, me encantó.

Pero ¿las escuelas muestran algún tipo de arrepentimiento por su política de selección de niños de las islas? Steve Cole, por entonces a la cabeza de Saint Kentigern College, admitió que a menudo se quedaba despierto por la noche, reflexionando sobre los méritos del plan y preguntándose si era demasiado profesional.

> Pero intentábamos hacer lo mismo cuando se trataba del coro de la escuela y el programa de *netball*. El hecho es que hay un camino para que estos jóvenes sigan su futuro, ya sea en el rugby, en el *netball* o en las artes escénicas. Creí que se adaptaba a la filosofía de la escuela, y algunos de nuestros estudiantes han tenido mucho éxito en sus carreras. Varios son muy buenos jugadores de rugby y algunos se convertirán en All Blacks. Jerome Kaino estuvo aquí durante dos años y tenemos seis o siete en el equipo de los Auckland Blues, pero todavía son bastante jóvenes. Creo que, en 2017, quince de nuestros alumnos de estos últimos años se dedicaban al rugby profesional.

> Tenemos a gente potente y preparada. Gente contratada exclusivamente para el rendimiento, pero no solo para el rugby. Enseñan

a los alumnos de nueve y diez años. Tenemos a un entrenador en nómina a tiempo completo, pero todos los demás entrenadores son maestros de la escuela.

Reclutamos a algunas jóvenes promesas de otras escuelas del sur de Auckland, tal vez tres al año. Si tenemos que reforzar alguna posición, buscamos a un niño que encaje. Trajimos a dos de Fiyi. Buscamos activamente en las islas polinesias, pero, bueno, la mayoría de las escuelas lo hacen. [Aunque sin los enormes recursos de Saint Kent's.]

Sin embargo, estos chicos siempre son libres de elegir. Pueden quedarse en las islas y jugar para Fiyi, Samoa o Tonga. Puede que lleguen al más alto nivel, pero es un mundo diferente allí, muy diferente.

Cole se pregunta por qué estos muchachos no pueden ir al extranjero a buscarse la vida como hizo él cuando fue al Reino Unido para ser maestro de escuela. La gente de negocios viaja al extranjero, sostiene. No entiende por qué estas jóvenes promesas de las islas no deberían tener la misma oportunidad. Si fueras un buen jugador de críquet, argumenta, ¿no irías a una de las mejores escuelas de Australia si te ofrecieran esa opción?

Estos jóvenes nacidos en Polinesia, o en las zonas más pobres del sur de Auckland, suelen tener quince o dieciséis años cuando van a una escuela como Saint Kent's. ¿Cómo se adaptan? Cole admitió que no siempre es fácil:

No siempre es fácil. Solo puedo pensar en uno que se fue después de su primer año. Regresó por razones personales. Otros se han quedado dos o tres años y han tenido mucho éxito. A muchos les ha ido muy bien.

He escuchado acusaciones sobre los saqueos de la New Zealand Rugby en las islas en busca de talentos desde 1985, pero no las entiendo. Además, la mayoría de los muchachos de esas islas que juegan para los All Blacks ahora son de segunda o tercera generación.

Sin embargo, Cole confiesa que no es oro todo lo que reluce. Dice que la cantidad de gente que se dedica al rugby es preocupante. En Saint Kent, tienen diez u once equipos de rugby. En cambio, tienen treinta de fútbol. A pesar de eso, todos aquellos que juegan al fútbol son aficionados al rugby. Está en su ADN.

Desde el principio, este deporte encajó a la perfección gracias a nuestro estilo de vida colonial. Existía un sistema de clases, pero éramos bastante igualitarios. El rugby nos unió. Es algo en lo que somos buenos. Las escuelas de secundaria han tenido mucho que ver con eso en términos de la naturaleza tribal. El deseo de estos niños es jugar para el First XV, y cuando uno juega, es muy competitivo. Empiezan compitiendo a nivel escolar con el First XV, en Auckland, y luego van más allá. Además, los mejores cerebros del deporte se han convertido en entrenadores de rugby.

El asunto de la igualdad de oportunidades y de ciertos privilegios para unos pocos es el principal problema educativo de Nueva Zelanda. Pero aún tiene mayor importancia en la historia del rugby del país. Esta aparentemente interminable corriente de jóvenes talentos locales se ha formado en no más de diez o quince escuelas del país. Se ha creado una élite, codiciada no solo por padres ambiciosos y arrogantes, sino también por aquellos que dirigen la marca conocida «All Blacks Rugby».

Dos ilustres nombres del rugby son de la misma opinión. Sin ningún tapujo, sir Graham Henry afirma: «Para mí, la razón por la que Nueva Zelanda produce los mejores jugadores de rugby responde a la calidad de las competiciones del país y al entrenamiento». Ambos son buenos. La primera división escolar de rugby es tan buena porque los equipos están sometidos a una gran competencia. Es un orgullo enorme. Todos tienen su propio *haka*. Cada semana más de tres mil personas se reúnen para ver estos partidos. Incluso, a veces, pueden llegar a congregarse hasta diez mil. Este tipo de competiciones, unidas a un buen entrenamiento, están produciendo jóvenes jugadores de gran calidad.

Nuestros niños comienzan entre los cinco y seis años, en grupos pequeños, para poder hacer más toques con la pelota. Juegan entre siete y nueve en cada equipo, lo que significa que todos los niños están en contacto con la pelota. Además, los niños de todas las edades miran a los All Blacks e intentan imitar lo que estos hacen. Si los All Blacks patean la pelota tan fuerte que la rompen, ellos hacen lo mismo. Pero si corren con la pelota en la mano, que es su plan de juego la mayor parte del tiempo, también los imitan. Esto significa que aprenden buenos hábitos desde una edad temprana.

Jerome Kaino va más allá:

> Creo que el sistema escolar en Nueva Zelanda es la clave, el secreto del éxito de los All Blacks. Se trata de la calidad de los jugadores jóvenes que surgen de las escuelas. El corazón de nuestro deporte está en la base, pero creo que el trabajo clave se realiza mucho antes. En mi opinión, el éxito de nuestro equipo de All Blacks comienza mucho antes del equipo juvenil. Quizás, antes de la categoría sub-12.

Esta tendencia es la base de la supremacía de Nueva Zelanda en este deporte. Por supuesto, hay otros factores importantes. Después de todo, incluso los diamantes más exquisitos que se extraen del suelo necesitan refinarse.

Sin embargo, debemos descartar por completo que la supremacía de Nueva Zelanda responde únicamente a un grupo de jóvenes entusiastas, toscos y con apenas talento, que llegaron a un equipo llamado «All Blacks» y que, una vez dentro, se transformaron mágicamente en genios.

En vez de eso, la razón se encuentra en el puñado de escuelas donde se descubren, desarrollan y perfeccionan las futuras perlas del rugby. Pero hay que tener en cuenta sus horarios. Como explica el *back* de los Chiefs y los All Blacks Liam Messam: «durante la pretemporada, una escuela como la Hamilton Boys' High School organiza entrenamientos cada mañana antes de que comiencen las clases. Asimismo, sus jugadores entrenan tres o cuatro veces por semana». Cuando él estaba en la escuela, entrenaba los martes y los jueves después de las clases, y jugaba los sábados. «Era algo complementario», dijo, comparando los dos horarios diferentes.

Pero ¿es justo? ¿Ser selectivo, en especial con los niños polinesios, forma parte del espíritu del rugby? Sin duda, ofrecer únicamente a unos pocos la posibilidad de progresar social y económicamente no forma parte del espíritu de este juego. Pero, por otro lado, ¿está justificada tal sensibilidad? Después de todo, este deporte, actualmente, no es el mismo que conoció la generación anterior. Debe aceptarse que ha cambiado. Con todo, los jóvenes que quieren dedicar sus carreras a este nuevo y duro mundo del deporte deben comprender lo difícil que es.

¿Qué ocurre con los valores, los principios y las tradiciones, es decir, las características del viejo juego *amateur*? En la mayoría de los países, el tiempo los ha vuelto irrelevantes. Sir Tony O'Reilly, exempresario y British & Irish Lion en 1955 y 1959, hizo un comentario memorable al respecto: «El mundo es un lugar cada vez más vulgar, y el rugby no parece que vaya a impedirlo».

En este nuevo mundo del rugby, los mejores prosperan y el sistema expulsa a los menos valiosos. Son calderilla, trozos de carne…

Según cuenta la historia, el filósofo griego Diógenes fue un hombre de muchos talentos. De hecho, estas palabras del viejo sabio nacido en el 404 a. C. podrían definir en la actualidad el rugby de Nueva Zelanda y sus aficionados: «La base de cada Estado es la educación de su juventud». Es un gran lema. Si observamos el sistema educativo de Nueva Zelanda, resulta evidente que la base de los All Blacks se encuentra en la educación de sus jugadores jóvenes. Desde las categorías inferiores hasta los juveniles, todos los engranajes del sistema educativo están estructurados para fomentar el dominio de los All Blacks en este deporte. Sin importar la edad, cuando se trata de educar a los jóvenes jugadores de rugby, los All Blacks están en la mente de todos.

La Mount Albert Grammar School, *alma mater* de sir Bryan Williams (el gran ala de los All Blacks en la década de 1970), es otra de las escuelas que se encuentra en las afueras de Auckland. En 2017, le puso el nombre de «BG Williams Field» al campo de los juveniles. Fue una gran ocasión. Se invitó a las autoridades y se preparó un almuerzo. Por desgracia, la lluvia no dejó de caer a intervalos regulares. Hacía frío y mal tiempo. Aun así, el homenajeado, con ese andar familiar y desgarbado, recibió los honores con su clásico estilo: modesto y adorable. Con una sonrisa un poco tímida en los labios, no tuvo reparos en estrechar la mano de todo el mundo. Bee Gee, como se le conoce universalmente, es un tesoro nacional. Si alguna vez se quiere conocer el verdadero significado de la humildad, solo hay que pasar cinco minutos con él.

Bee Gee condujo a los jugadores del Mount Albert al campo. Estaban tan radiantes con sus gorras de rugby azul claro y amarillo que parecían orgullosos pavos reales. Pero, aun así, la suya no sería la aparición más llamativa del día. Los Auckland Grammar, sus oponentes, tenían un jugador llamado Tua Herman. Medía 1,92 y lucía unas botas del tamaño de los Jolly Green Giant's. Pesaba alrededor de ciento treinta kilos. Solo tenía diecisiete años.

Además, uno de sus compañeros de equipo, el primer centro Matt Timoko, también parecía de otro mundo. Su extraordinario físico era una pesadilla para sus oponentes. Seguramente, alguna vez se habría preguntado: ¿por qué debo sortear a los rivales si puedo atravesarlos y pasarles por encima?

Al parecer, Timoko tenía un preacuerdo con los New Zealand Warriors, el club de la liga de rugby de Auckland. Todavía tenía mucho que aprender, admitió Dave Askew, el entrenador de la escuela. Pero su poderío físico ya había atraído a los agentes.

Estos atletas, con una preparación excelente y un físico extraordinario, eran demasiado fuertes para enfrentarse al equipo de Mount Albert, que cayó como un delgado tallo de maíz ante una cosechadora. Era un recordatorio de la exigencia que se espera en las mejores escuelas de rugby de Nueva Zelanda.

Sin embargo, el sistema escolar no solo produce portentos físicos. La técnica con el balón que demuestran los mejores equipos escolares es excepcional. A todos los niños, desde el jardín de infancia, se les presiona constantemente para que entiendan lo importante que es la técnica en este deporte. Esta se practica y perfecciona religiosamente a lo largo de todo el periodo formativo. Es un proceso implacable, un mantra y casi una obsesión. Incluso, a nivel profesional.

Sin embargo, el núcleo de la formación deportiva sigue siendo el puro placer de jugar y practicar este deporte.

Como dice el talonador de los All Blacks Dane Coles: «En la escuela, nos divertíamos y disfrutábamos del juego. Es algo muy importante cuando eres joven. Los maestros nos enseñaron los conceptos básicos del rugby, desde los cinco años hasta la universidad. Pero nunca sentí la presión de aprender. Era algo natural, algo que querías hacer: era ser neozelandés».

En realidad, de entre todas las razones que explican la supremacía de Nueva Zelanda en el rugby esta es fundamental para el juego: si no puedes hacer lo básico, entonces tu contribución no es útil. Es un credo inculcado por los entrenadores de rugby en las escuelas de todo el país. Haz lo básico, de forma constante y bien.

Una mañana de otoño, en el hermoso Hagley Park de Christchurch, pude observar un ejemplo de ello. Salí a correr temprano por la mañana y vi a un grupo de jóvenes entrenando en uno de los campos de juego. Sonó un silbato y el entrenador los reunió para una charla. Lo que siguió fue revelador. Cuando el entrenador comenzó a hablar, conté unas quince pelotas de rugby que zumbaban hacia atrás y hacia delante entre pares de muchachos. Lanzaban pases a sus compañeros, primero con la mano izquierda y luego con la derecha. Aun así, el entrenador seguía hablando, y ellos seguían pasándose el balón. Apenas había un jugador en el grupo que no daba o recibía algún pase mientras hablaba el entrenador.

En otro país, la reacción del entrenador habría sido completamente distinta: «Dejad esas malditas pelotas y escuchad». Aquí no. Esos niños estaban escuchando, pero también estaban practicando. Estaban practicando su técnica con la pelota. La búsqueda de la perfección técnica, de dominar realmente los conceptos básicos, está arraigada en los jugadores jóvenes y se considera fundamental para su rendimiento.

Jerome Kaino revela el nivel de exigencia:

A una edad temprana, los conceptos básicos de este juego van más allá de cómo anotar un ensayo o algo así. Si quieres atrapar una pelota, levanta las manos para que sea más fácil cogerla; cuando haces un pase, asegúrate de que estás apuntando adonde quieres hacerlo. Cuando eres joven, esta fijación para dominar los conceptos básicos es determinante para que, cuando seas mayor, se convierta en una segunda naturaleza.

Solo necesita práctica. Es como hablar un idioma: o lo usas, o lo pierdes. Incluso a nuestro nivel [All Blacks y una franquicia profesional], en cada sesión repasamos los aspectos básicos del juego. Solo para asegurarnos de que cuando la presión aumente, lo básico siga ahí, intacto.

Tomar las decisiones correctas está estrechamente relacionado con la técnica. Por eso se hace mucho hincapié en lo básico, sea lo que sea que estemos haciendo. Aunque cada persona reacciona de forma distinta bajo la presión. Para nosotros, esos conceptos básicos son la base que nos permite hacer las cosas correctamente bajo presión.

Es fácil hacer todas las maniobras vistosas cuando estás jugando contra un equipo menor y no hay presión. Pero el momento de la verdad llega cuando estás en terreno hostil, todo depende de ti y haces lo que has practicado día tras día. Ahí es donde te juzgan y descubres qué funciona y qué no.

Cerca del Auckland Grammar, se encuentra el St. Peter's College, donde Grant Hansen trabaja como subdirector del centro.

Hansen, que no tiene relación con Steve, pasó veintisiete años con la prestigiosa Auckland Grammar, quince de ellos como entrenador de los juveniles. Además, durante cuatro años, también ejerció de entrenador en algunas escuelas de secundaria de Nueva Zelanda. Por otro lado, también entrenó a las Black Ferns, la selección femenina de rugby, en dos Copas del Mundo. Durante su tiempo en la Auckland Grammar, Hansen trabajó con una de las mejores generaciones. Pero, como sucede con todas las buenas camadas, aquel hecho atrajo a los depredadores. Aún recuerda perfectamente la amenaza constate que suponía que los agentes merodearan dentro de los centros escolares:

> Rieko Ioane [integrante de los All Blacks en los *test match* de 2017 contra los British & Irish Lions, y anotador de once ensayos en sus primeros trece partidos] hará grandes cosas en este deporte. A los diecisiete años, fue directamente de la escuela al equipo de NZ Sevens. Estos chicos están bien conectados. Pero es algo que se tiene que vigilar. Hay que prepararlos para lo que pueden encontrarse. En la Auckland Grammar, no permitíamos que los agentes hablaran con niños que todavía estaban en la escuela. De lo contrario, hubiéramos tenido agentes por todas partes hablando con chavales, y eso da miedo.

Aun así, el año pasado, un par de chicos de diecisiete años le dijeron a Hansen que los agentes los habían abordado en la escuela. «Vivimos en el mundo de las redes sociales; es difícil de controlar. Creo que tuvimos bastante éxito en la Auckland Grammar. Pero el peligro es que los niños escuchen a esta gente, se comprometan y firmen cosas para las que no están preparados. Tengo ganas de decirles: "Déjenlos en paz, son niños".»

Ese es precisamente el mismo punto que señala Wayne Smith: «Antes de centrarse en el rugby y en la riqueza que pueda traer a sus vidas, en primer lugar, todos los estudiantes necesitan una educación y labrarse una posible carrera profesional. Descubrir que solo unos pocos alcanzarán la élite es cada vez más duro. En tales circunstancias, hay que cuidarse a uno mismo».

La Auckland Rugby Union, bajo el CEO y excapitán de los All Blacks Andy Dalton, habla constantemente sobre la dureza del deporte profesional con los jugadores jóvenes. También trata el tema de los padres demasiado exigentes. Dalton confiesa que ha quedado «estupefacto» por el comportamiento que muestran algunos padres «en detrimento de sus pobres hijos». Lidiar con niños inmaduros es una cosa, pero hacerlo con padres irresponsables es un problema del siglo XXI que no solo afecta el mundo del rugby. «En la Auckland Union, hemos tenido un gran problema por el comportamiento fuera del campo. Han sucedido cosas espeluznantes desde ese punto de vista.»

A Dane Coles también le preocupa el tema, y habla con conocimiento de causa: «De todos aquellos que tienen a sus padres atosigándolos, muy pocos llegan a la cima. Lo último que quieren los niños es esa presión de sus padres [...] adultos gritándoles. Es vergonzoso cuando tus padres te gritan y regañan porque se te cayó la pelota. Eso no es animarlos, eso no es mostrarles el camino correcto».

El síndrome de los «padres demasiado exigentes» muestra su cara más fea de muchas formas. «Algunos niños polinesios pasan por academias de rugby y ni siquiera saben quién fue Michael Jones [el legendario ex All Black] —dice Dalton—. Ahora, en la era profesional, algunos ven el rugby más bien como una forma de ganarse la vida. En el deporte moderno, precisamente, es una filosofía muy frágil debido al riesgo que suponen las lesiones. Pero, en algunas familias polinesias, existe una tendencia fuertemente arraigada que tolera presionar a sus propios muchachos en beneficio de la familia. En algunos casos, de manera bastante poco saludable. Es una característica de la era profesional.»

La vida era dura en el sur de Auckland, donde la familia de Jerome Kaino se estableció cuando llegaron de la Samoa Americana. Y ahora tal vez más, si cabe. La pobreza está presente, y el crimen es un mal endémico. Las drogas son un peligro constante para las mentes inestables, desprovistas de esperanza y ambición. Los malos caminos aquí son tan resbaladizos como las pistas de esquí de Queenstown, en la Isla Sur.

«Quién sabe dónde podría haber terminado», me dijo Kaino. Creí detectar un rastro de desesperación en su hermoso rostro. «Cuando analizo mi vida y recuerdo todo lo que he visto y experimentado, estoy profundamente agradecido de que la escuela me ofreciera esa oportunidad. Cambió mi vida.»

Y lo dice en serio.

Entonces, ¿quién puede argumentar en contra de las becas? ¿Es demasiado selectivo elegir solo a los jóvenes talentosos, como Jerome Kaino, para darles la oportunidad de mejorar su vida cuando aún son adolescentes? Por supuesto, él es uno de muchos. Pero no son solo los equipos de Nueva Zelanda los que se han beneficiado de estos jóvenes talentos del rugby del Pacífico Sur. La lista de pretendientes se ha extendido por todo el mundo, y ahora también han invadido el hemisferio norte. Por ejemplo, sin ir más lejos, el club francés ASM Clermont Auvergne ha establecido una Nadroga Academy en Fiyi destinada a producir futuros jóvenes jugadores.

Siendo la hipocresía una condición común, durante algunos años, en el hemisferio norte, tuvimos lo que podríamos llamar «el balido de los blazers». El establecimiento del rugby incentivó y puso el grito en el cielo de lo que se llamó inadecuadamente «la violación y el saqueo» de los mejores talentos del rugby polinesio. Pero se deben poner las cosas en la balanza. En primer lugar, la diáspora de personas del sur de Polinesia hacia Nueva Zelanda ha existido durante siglos. Tradicionalmente, han llegado a una tierra que creen que ofrece mejores oportunidades de las que pueden encontrar en las islas. Eso podría haber sido un insulto a los ojos de los responsables de Lansdowne Road o Murrayfield. Pero solo reflejaba tendencias históricas.

Sin embargo, últimamente, esas voces críticas han perdido intensidad. ¿Podría estar relacionado con el descubrimiento de ciertos jugadores sudafricanos de rugby escondidos entre las cañadas escocesas? ¿Podrían las protestas de Gales haberse diluido, incluso disipado, con el ejemplo de un tal Shane Howarth, que nació en Auckland y se educó en el St. Peter's College? Era tan kiwi como el Coromandel (y lo demostró al ganar cuatro partidos con los All Blacks en 1994), pero, después de convertirse en profesional, tras un breve periodo en la liga de rugby, Howarth viajó al hemisferio norte. Allí estalló una lucha por hacerse con sus servicios. Después de todo, era un momento en que cualquier jugador que salía de Nueva Zelanda era considerado como un maestro del rugby. Al final, Gales se llevó el gato al agua, pues aseguraron que su abuelo había nacido ahí. Howarth jugó diecinueve veces con la selección galesa entre 1998 y 2000. Pero todo era una farsa.

Por desgracia, surgió un detalle problemático: se descubrió que, en realidad, su abuelo no había nacido en Gales, sino en Nueva Zelanda, lo cual lo descalificó para representar a Gales. Howarth era tan galés como una ostra Bluff.

La ola de desaprobación que provenía del hemisferio norte respecto a la adquisición de los jóvenes talentos polinesios por parte de Nueva Zelanda se calmó un poco después del caso Howarth. Por supuesto, es bien sabido que en el amor y en la guerra cualquier agujero es una trinchera. Y en el mundo del rugby profesional ocurre lo mismo. En la actualidad, Francia selecciona a jugadores polinesios para sus alas y estoy convencido de que todos saben cantar *La Marsellesa*. Mientras tanto, Inglaterra pudo hacerle un hueco a Nathan Hughes, un jugador nacido en Fiyi que pasó olímpicamente de su país cuando lo invitaron a unirse a su equipo en la Copa Mundial de Rugby 2015 de Inglaterra. Al cabo de tres años residiendo en Inglaterra, Huges estaban demasiado cerca de clasificarse para el equipo nacional como para molestarse en jugar con Fiyi.

En ese sentido, deberíamos dar las gracias por la intervención de un jugador de rugby argentino. Cuando fue elegido vicepresidente del IRB (ahora World Rugby) en 2015, Pichot persiguió estas anomalías con la dedicación de un sabueso que persigue a su presa. Actualmente, su trabajo está dando sus frutos. A partir de finales de 2020, los jugadores que deseen abandonar su tierra natal en busca de oportunidades más propicias en las principales naciones que juegan al rugby tendrán que cumplir un periodo de prueba de cinco años, en lugar de los tres actuales. Al implantar este cambio, Pichot ha servido al juego que ama de manera noble. Su labor es loable. Disipa mucho de la niebla que ha envuelto a este deporte durante demasiado tiempo. Sin embargo, en Nueva Zelanda es poco probable que se note la diferencia. Los polinesios de segunda y tercera generación ahora nacen en el país y crecen considerándose pequeños kiwis y, en el caso de que la fortuna los acompañe, futuros All Blacks.

Estas escuelas de formación y entrenamiento, ubicadas en casi todos los principales centros del país, ofrecen un flujo interminable de jóvenes talentos, listos para ser educados y alcanzar un nivel superior. Hay que olvidar las analogías con las fábricas en términos de producción. Las máquinas se pueden romper. Esta línea de producción nunca falla, y siempre produce adolescentes muy talentosos. En su primer año en Saint Kent's, Jerome Kaino formaba parte del equipo juvenil, cuya línea de ataque, a pesar de que los chicos apenas tenían diecisiete años, pesaba más que la de los All Blacks de ese momento. Sin duda, esto ha sido un factor importante en la creciente popularidad del fútbol, un deporte cada vez más practicado por niños que se ven sobrepasados por el tamaño de algunos de sus oponentes, y cuyas madres prefieren que eviten tales peligros físicos. Después de todo, a pocas madres les gusta ver las caras de sus hijos hechas polvo antes de los dieciocho años. Incluso los mejores All Blacks lo entienden.

Pero hay que analizar los hechos. Quizás es demasiado fácil caer en algún estereotipo y sugerir que únicamente los niños blancos se asustan ante el tamaño de los jugadores maoríes o pasifikas. A veces sucede lo contrario: solo hay que comparar el tamaño de jóvenes como Scott Barrett y Aaron Smith.

Beauden Barrett, el actual dueño del tan codiciado dorsal número diez de los All Blacks, dice esto al respecto:

Los niños de las islas son atletas natos. También se desarrollan un poco antes, por lo que tienen un mayor tamaño cuando llegan a la escuela. Toleran estupendamente bien todos los contactos, lo cual supone un auténtico desafío cuando te enfrentas a ellos, especialmente si se trata de niños con una complexión similar a la mía. Hubo momentos en que me pregunté si sería capaz de hacer frente a tipos con esa fuerza física. Pero siempre nos dijeron que nos desarrollaríamos un poco más adelante. Así pues, mientras estuviéramos en forma, todo iría bien.

Esa fue una de las razones por las que mi madre nos obligó a mí y a mis hermanos a ir corriendo de la escuela a casa. Cinco kilómetros, descalzos. Tenía unos diez años, y ciertamente aquello nos endureció los pies. Por lo general, teníamos que hacerlo cuando no queríamos. Especialmente cuando no queríamos. Pero tuvimos que desarrollar otras áreas en las que pudiéramos competir con estos niños de la isla. Creo que nuestro excelente estado físico y nuestras habilidades técnicas finalmente fueron de gran ayuda.

También se nos inculcó una ética de trabajo. Nos dimos cuenta de que en la vida nada es sencillo y que es importante alcanzar una condición física excelente. Cuando estás en forma disfrutas del deporte, en especial del rugby, así que supongo que eso fue la base. Jugaba en la línea de tres cuartos y tenía que estar en forma.

El debate sobre la influencia de esas madres que supuestamente aborrecen la brutalidad física del rugby moderno retumba en la sociedad neozelandesa como una tormenta eléctrica persistente. ¿Cuántos jóvenes en edad escolar han abandonado el rugby por el fútbol? No existe un número exacto. Pero sugerir que Nueva Zelanda está en peligro de quedarse sin jugadores de talento para un futuro equipo de All Blacks es una entelequia. Como dice el exentrenador nacional de Australia, Alan Jones: «Ellos [los neozelandeses] han sido muy cuidadosos en aislar cualquier elemento perjudicial para el deporte». Ahora la liga de rugby tiene el control, pero pueden arreglárselas. El rugby es muy fuerte en las escuelas.

«Por el contrario, en Australia, ahora están colocando porterías [de fútbol] de la AFL [Liga Australiana de Fútbol] en la GPS [Asociación de Grandes Escuelas Públicas de Queensland], y en la King's School de Sídney tienen más equipos de fútbol que de rugby.»

Jones está en lo cierto cuando resalta la fuerza y la estabilidad del sistema escolar de Nueva Zelanda: es mejor que cualquier otro en el mundo. Los jóvenes de Nueva Zelanda no están preparados para dejar de amar el rugby, porque su deseo de llevar un día la camiseta de los All Blacks es eterno. Y gran parte de esa devoción se inculca en las escuelas, si no antes, al nacer.

Como dice Grant Hansen: «En la Auckland Grammar School se practican cincuenta deportes diferentes, pero el más importante es el rugby. En especial el rugby juvenil. Para todos los niños, jugar con el juvenil forma parte de su tradición y su cultura. Cuando el equipo de fútbol All Whites de Nueva Zelanda jugó bien a principios de la década de 1980, y llegó a la fase final de la Copa Mundial de la FIFA en 1982, el dominio del rugby se puso en entredicho. Pero, en el fondo, los mejores atletas nacen con una pelota de rugby entre las manos».

Hansen nació en Canterbury, estudió Educación Física en la Universidad de Otago y completó un año de formación en el Teacher Training College. Finalmente, a los veintiún años postuló para trabajar en Auckland, su primer puesto docente. Era solo un profesor asistente de educación física, pero la diferencia entre el rugby en Canterbury y el de Auckland le pareció enorme: «En Canterbury, no había estado expuesto al dominio del rugby polinesio. Aquí en Auckland, su presencia era abrumadora. No era consciente del tamaño y la habilidad de estos niños polinesios, eran increíbles». Pero de nuevo hay que tener cuidado. La «narrativa» no es necesariamente la realidad.

En la actualidad, la organización por peso de los equipos de rugby es una práctica muy común en Auckland. El límite de peso para la categoría sub-12 es de 49 kilos, y para los jugadores internacionales, de 74 kilos. En la sub-13 es inferior a 55 kilos, mientras que, para los jugadores internacionales, alcanza los 100. Por otro lado, las categorías sub-9 y sub-10 tienen cuatro divisiones distintas organizadas por peso: menos de 35 kilos, menos de 40 kilos, menos de 50 kilos y menos de 60 kilos.

Las restricciones de peso para los clubes de rugby son de menos de 85 kilos, o abiertas. Esta última es, por supuesto, la competencia más prestigiosa a nivel de clubes y provincias.

Según Hansen, esta norma se implantó para que los muchachos siguieran jugando. Y ha funcionado: «El rugby en estas categorías es un deporte distinto, no se basa solo en el tamaño. Se trata de que todo el mundo participe. Siempre tuvimos unos veinte equipos de rugby en la Auckland Grammar. Ahora sigue siendo lo mismo. Es fantástico».

Actualmente, incluso alguien como Grant Hansen admite que muchos de los chicos son «enormes», según sus palabras. Como dice, en la actualidad deben superarse los cien kilos:

> En el futuro, no sé si será suficiente con solo dividir a los niños a una edad más temprana con reglas de restricción de peso. En general, se trata de un juego masivo; estos muchachos son grandes atletas. Su tamaño, fuerza y poder es enorme. Cuando surgió Jonah Lomu, la gente pensó que era un bicho raro. Pero ahora hay varios niños casi tan grandes como él. La nutrición está contribuyendo en ese sentido. Yo quiero que los niños jueguen y lo disfruten. Si solo quieren jugar, entonces he hecho mi trabajo. Pero siempre es importante encontrar ese equilibrio con los alumnos.

Creo que, gracias a cómo trabajamos, tenemos jóvenes completos y equilibrados. Su comportamiento fuera del terreno de juego honra a este deporte, y eso es muy satisfactorio.

Sin embargo, en lo que respecta a las escuelas, el tamaño se ha convertido en uno de los requisitos esenciales del deporte moderno, ya sea en el rugby internacional o en cualquier categoría inferior. Está cerca de ser un ingrediente determinante para jugar en cualquier equipo. Tanto en la región de Auckland como en Wellington, los jugadores que presentan un tamaño físico excepcional, dados sus orígenes isleños, llaman la atención. Sin embargo, a veces, otras cualidades que no están relacionadas con el tamaño también pueden resultar muy valiosas en un campo de rugby. La velocidad sigue siendo un gran activo en este deporte. Un jugador veloz también puede ser un negocio redondo.

Tomemos a Doug Howlett, uno de los alumnos más distinguidos de la Auckland Grammar School. Según Grant Hansen, lo único que hizo Howlett fue dar siempre el cien por cien. Era un corredor tan letal y comprometido que llegó antes que nadie al equipo juvenil de la Auckland Grammar School, un logro casi insólito. Eso significa que jugó en el primer equipo de la escuela durante cuatro años. Hansen dijo: «Su intuición para estar en el lugar oportuno en el momento adecuado era sorprendente. Pero podría asegurar que las dos razones por las que tuvo éxito fueron porque siempre sabía dónde tenía que estar y, en segundo lugar, porque su familia lo apoyaba mucho».

Howlett hizo mucho más que deslumbrar en el campo de rugby. Durante el verano, también fue campeón de atletismo. Además, era muy buen estudiante. Howlett admite abiertamente que la mentalidad que le inculcaron en la Auckland Grammar resultó decisiva para triunfar con los All Blacks: «Allí aprendí valores que me han acompañado durante toda la vida».

Howlett se refiere a aspectos fundamentales tanto de dentro como de fuera del campo de rugby. Esto se relaciona con la máxima de Wayne Smith para los jóvenes: «Forjad una vida equilibrada, implicaos en tantas actividades como sea posible y lograd todo lo que podáis durante vuestra educación para establecer una base sólida para la vida futura». Los que han tenido éxito en los campos de rugby de Nueva Zelanda son una pequeña minoría. Miles, de hecho, cientos de miles a lo largo de los años no han podido alcanzar la cima. Recordamos solo a unos pocos, a los grandes nombres. Pero ¿qué ocurrió con los jugadores anónimos que nunca llegaron al equipo juvenil de su escuela?

Hansen dice que Doug Howlett siempre tuvo los pies en el suelo. Sin embargo, jugó con el equipo juvenil de Auckland en el rugby provincial mientras todavía estaba en la escuela. A menudo, regresa a Auckland desde Limerick, Irlanda, donde trabaja para el Munster Rugby como jefe de Comercio y Marketing, para ver viejos amigos y encontrarse con Hansen. Todavía lo llama «señor Hansen». «Ya me he cansado de pedirle que me llame Grant. Simplemente dice: "Sí, señor Hansen".»

Siempre tuvieron que controlar un poco a Howlett. A veces, sentían que estaba dando demasiado. Le recordaban que lo importante era su formación académica. «Debes administrar bien tu tiempo», le aconsejaban. Pero al final encontró el equilibrio.

Sin embargo, reconoce que hubo factores externos que lo influyeron y que ciertas presiones sutiles se convirtieron en un factor determinante. ¿Cómo cuáles? «Bueno, ver la pared de trofeos de la escuela todos los días y mirar hacia arriba para ver los nombres de unos cincuenta muchachos que jugaron para los All Blacks. No se decía una palabra, pero era una inspiración: tal vez algún día podríamos ser uno de ellos. La historia y el éxito de la escuela son muy seductores. Me gusta esa historia. Está íntimamente relacionada con la vida de la Auckland Grammar School. Quieres ser parte de ese legado incluso antes de formar parte del equipo. Piensas para ti mismo: "Ojalá tuviera una oportunidad".»

Tenía dieciséis o diecisiete años cuando comenzó a tomarse el rugby realmente en serio. Pero reconoce que probablemente estuvo entrenando durante los ocho años anteriores, por lo menos. «Cuando entras en el equipo sub-16 las cosas se ponen serias. Por primera vez, te permites preguntarte qué necesitas hacer para ponerte una camiseta de Nueva Zelanda. Hasta entonces, practicaba todos los deportes, especialmente el atletismo. Admiro el rugby de las escuelas, es muy intenso. Como apenas eres un muchacho, todavía no sabes lo que pasa por tu cabeza. Te sientes nervioso y piensas: "No la cagues".»

Hansen dice que la Auckland Grammar tenía una estricta política de integridad. Cree que los valores que todos aprendieron los ayudaron siempre. Es lo mismo en casi todos los centros educativos de élite en Nueva Zelanda: escuelas como la Hastings Boys High School, la

Otago Boys High School, la New Plymouth Boys High School, la Hamilton Boys High School o la Christ's College y la Christchurch Boys High School, las dos grandes escuelas de Christchurch.

Las escuelas más fuertes se han vuelto más fuertes aún. Hay una brecha más grande entre los mejores y los peores de la que solía haber. En aquel momento, tenías escuelas tradicionalmente fuertes como Christchurch Boys High School. Pero los niños se seleccionan antes porque todo es más profesional.

Me hubiera encantado tener la oportunidad que los niños tienen hoy a través de la capacitación, el entrenamiento y las instalaciones de las que disfrutan. ¿Quién sabe lo que producirá a largo plazo?

Parece que terminamos con un pequeño número de escuelas muy buenas en lo más alto. Pero me gustaría creer que aún se puede triunfar desde cualquier lugar. Pienso en tipos como Richie McCaw y Dan Carter. Richie vino de una pequeña zona rural: creció en una granja, como yo. Pero tanto él como Dan tenían la misma asombrosa ética de trabajo. Terminaron en muy buenas escuelas. Pero conozco a otros que no han ido a escuelas de élite y no han tenido las mismas oportunidades.

Thorne, un hombre impresionante y callado, utiliza una analogía deslumbrante:

Ahora, las instalaciones modernas se parecen más a las de fútbol americano, con su sorprendente sistema universitario. Cuando jugué para New Plymouth Boys High School, Taranaki no te conmovía, nadie interfería en tu desarrollo hasta que llegabas al rugby sénior. Ahora todos estos sindicatos y academias provinciales están vigilando a los chicos de secundaria.

No soy un gran admirador de eso. En Christ's College, tenemos un programa de patrocinio, y este año tenemos a dos niños. Es el máximo. Suelen venir cuando están en el décimo o undécimo grado de la escuela, cuando tienen catorce o quince años. No creo en traer a alguien para su último año, como hacen algunas escuelas. Y no solemos ir a las islas a buscarlos. Aunque tenemos un niño fiyiano que obtuvo una beca. Ahora está en su último año, tiene diecisiete años.

¿Thorne piensa que su escuela, en parte, está contribuyendo a despojar a los futuros equipos de Fiyi de sus jugadores?

Es difícil. A este niño de Fiyi se le paga todo. Probablemente, le cuesta al Christ's College cincuenta mil dólares al año. Se le ha dado la oportunidad de educarse en una de las mejores escuelas secundarias de Nueva Zelanda. Esta experiencia debe beneficiarlo a él y a su futuro. Definitivamente, hay una ventaja para los estudiantes que vienen de las islas. No tiene obligación de quedarse en Nueva Zelanda cuando termine la escuela.

Ciertamente, es un muy buen jugador de rugby en el nivel en el que se encuentra ahora. Si quisiera, tal vez podría jugar al Super Rugby. Es un buen atleta. Pero, como somos una escuela bastante pequeña, todo el tema de las becas no es nuestra prioridad. Preferiríamos desarrollar los talentos de niños de aquí.

De vuelta a los suburbios más pobres del sur de Auckland, la zona que Jerome Kaino dejó atrás, se pueden encontrar muchas escuelas con dificultades. Hay pocos gimnasios escolares bien equipados, no hay nutricionistas especializados para aconsejar sobre los mejores alimentos. Aquí, la vida no tiene los lujos de la élite. El mal comportamiento, la indisciplina y el fracaso escolar son más comunes. Luchar para salir de este mundo requiere algo de trabajo.

Principalmente, el contraste con los jóvenes pakehas que mamá lleva a la escuela privada en el 4×4 familiar y que han recibido entrenamiento especializado en el deporte de su elección no podría ser mayor. También resulta inquietante. El país debería recordar que, como en tantos otros países, una brecha tan grande entre ricos y pobres es inaceptable. Los esfuerzos por cerrar esta brecha, si no por eliminarla por completo, tendrán que proceder de todos los sectores de la sociedad, incluido el rugby.

4

Un estilo de vida afortunado

Contribuciones de, entre otros,
Steve Hansen, Richard Kinley,
Gilbert Enoka, Richie McCaw, Dan Carter,
Liam Messam, Damian McKenzie,
Beauden Barrett, Andy Haden y Grant Hansen.

Una de mis pesadillas es que las escuelas de secundaria hagan que los niños practiquen un determinado deporte demasiado jóvenes. Dicen: «Tienes que elegir un deporte». Desde mi punto de vista, se les debe permitir practicar tantos deportes como sea posible, porque eso los hará más fuertes. Solo deberían cambiar cuando estén listos.

STEVE HANSEN, entrenador jefe de los All Blacks

*E*s una imagen que define a un país: unas botas de rugby, una camiseta llena de barro y una vieja pelota de cuero. De alguna manera, es la personificación de Nueva Zelanda.

La imagen parece hablar de un país entero. Sin embargo, no todos los jugadores en esta tierra están bajo la atenta mirada de los seleccionadores nacionales. No todos están destinados a enfundarse «la camiseta». En realidad, la mayoría no alberga ninguna esperanza de unirse al equipo de rugby más selecto: los All Blacks. Y, sin embargo, a su manera, un gran número de neozelandeses sigue dotando de contenido a la imagen. Precisamente, la pasión y el apoyo inagotable que mostraron las generaciones pasadas fomentan que la gente de Nueva Zelanda se asegure de que el amor del país por este deporte no tenga fin.

Tomemos, por ejemplo, un club de una pequeña comunidad agrícola. Nadie más allá de sus confines ha oído hablar del Mount Somers. Sin embargo, este club es el epítome de quienes apoyan este deporte, desde la cuna hasta la tumba…

Una gran nube de polvo filtra los rayos del sol de una tarde de mediados de invierno.

Mike Carter está ayudando a meter aproximadamente diez mil ovejas en el corral, agrupándolas en el campo situado frente al cobertizo, en Mount Possession Station. Detrás del campo se extiende una escena digna del lienzo de un artista: el azul profundo del cielo de invierno y las majestuosas cumbres de las montañas cubiertas por una capa de nieve.

Alto, delgado y bronceado, Carter usa una indumentaria que parece sacada del atrezo de la película *Australia*. Aunque no creo que Nicole Kidman, la coprotagonista estrella de la película, haya pasado mucho tiempo en cobertizos donde se esquila a las ovejas. Especialmente aquí afuera.

Hay diez esquiladores enfrente de la mesa. Tratan de agarrar a los escurridizos animales, con la espalda doblada hacia delante. Utilizan las tijeras para quitar el exceso de lana de la parte posterior. En estos corrales, millones de ovejas han esperado su turno para ser esquiladas.

Estas imágenes, típicas de la vida rural en Nueva Zelanda, ilustran un estilo de vida en extinción. El éxodo constante hacia las ciudades comenzó hace mucho tiempo. La vida agrícola es difícil, especialmente en estas irregulares montañas. Hermosas en verano, pero frías y crueles en pleno invierno.

A diferencia del entrenador del club, Carter, el capitán del equipo, Dale Stanley, no trabaja en Mount Possession. Pero también está familiarizado con los animales. Es pastor en otra granja local. En realidad, en términos de clubes de rugby, no se puede ser más local que Mount Somers. Cerca de la hermosa Ashburton Gorge, en medio de la región agrícola de Canterbury, a una hora y media más o menos de Christchurch, este pequeño club rural, fundado en 1953, es el eje de la comunidad. Cerca del 90 por ciento de sus jugadores son muchachos locales. Y todos los hombres y mujeres que brindan los servicios vitales para mantener vivo un pequeño club rural como este viven y trabajan en la misma localidad.

La mayoría de los jugadores son, como Stanley, pastores en granjas de los alrededores. Son un reflejo de las generaciones pasadas. Como cuando Colin Meads y su hermano Stan llevaron una oveja debajo de cada brazo para los fotógrafos. O cuando otro viejo granjero de los All Blacks, Brian Lochore, hizo lo mismo en Wairarapa, en la Isla Norte. Arreglaron la tierra y clavaron los postes de la cerca, una tarea exigente que muy pocos disfrutarían. Pero eso los preparó para este gran deporte. Y es que, en su tiempo, estos terrenos irregulares, dondequiera que estuvieran, fueron los campos de entrenamiento donde se forjaron los jugadores de rugby.

Para encontrar el corazón de una pequeña comunidad como Mount Somers, hay que dirigirse al club de rugby. En el campo de los juveniles, los sábados por la tarde, los muchachos embisten a los rivales y pasan por encima de ellos en esa eterna búsqueda de la victoria. Por la noche, las risas se adueñan de la sede del club. Una buena noche puede llegar a juntar hasta ochenta personas.

También tienen un equipo sénior, y más equipos en las categorías sub-6 y sub-7. Ellos son el futuro. Hasta 2016, solo tenían los seniors y los sub-6. Y esa era la primera vez en dieciséis años que tenían un equipo juvenil. Siempre fue un club de un solo equipo.

Por eso, están satisfechos de haber restablecido el sub-6, y aún más de haber agregado un sub-7. Más de cien niños asisten a la escuela local, incluidos varios de las zonas agrícolas de los alrededores. Eso indica la cantidad de jóvenes que tienen el anhelo de jugar al rugby.

Los niños tienen al menos diez partidos por temporada, más los entrenamientos; los seniors, un mínimo de catorce. En 2016, el club apareció en los titulares locales y llenó todas las frecuencias de la radio de la región. El equipo sénior de Mount Somers llegó a la final de su competición; la comunidad estaba emocionada. Podían ganar. Era como una de esas épicas leyendas deportivas. Jugaron la final en Ashburton Showgrounds, en la ciudad más cercana a Mount Somers. Stanley recuerda: «Contratamos a un entrenador especial para la ocasión, con cuarenta seguidores allí. Fue un gran día para nuestro pequeño club. A pesar de que perdimos ante Southern, fue un día para recordar».

Mount Somers tiene una buena plantilla de unos treinta componentes seleccionables para formar un equipo sénior de ciertas garantías. Tienen muchos jugadores, pero no demasiados para forma la primera línea, ni pilares ni talonadores. Podrían ofrecer trabajo a la gente en las granjas para que se acercaran a su localidad. Dale Stanley sonríe: «En realidad, estamos en medio de la nada. El pueblo más cercano es Ashburton, y eso queda a media hora de distancia».

Sin embargo, sobreviven gracias a las generosas donaciones. Sin olvidar a sus patrocinadores (casi todos, empresas locales). Luego está la gente que prepara el té y la cena para después del partido, además de los operarios del club que siegan el campo, pintan las líneas de juego y, en ocasiones, también juegan. A los treinta y siete, Dale Stanley ya no es un crío. Pero lleva al club en el corazón. Representó al equipo, tanto en la infancia como en su madurez.

Cualquier granjero que busca contratar a algún trabajador recibe unas instrucciones estrictas: «¡Fíjate en que jueguen al rugby cuando los entrevistas!». Como no tienen demasiados delanteros grandes y pesados (porque trabajar en una granja produce principalmente hombres jóvenes delgados), intentan correr mucho. Son uno de los equipos más pequeños de la competición, pero la idea es que puedan usar su forma física para agotar a sus rivales.

Por supuesto, también tienen sus propios problemas, y sus miedos. Pero se centran más en la esperanza, que recae en los jóvenes que actualmente están en los equipos juveniles. «Sus padres tienen granjas y esperamos que algún día se hagan cargo de ellas —dice Stanley—. Tenemos que motivar a los niños para que se queden en la región y sigan jugando al rugby.»

Uno puede pensar que esto no tiene absolutamente nada que ver con el futuro del rugby profesional en Nueva Zelanda. Puede parecer una particularidad regional, una reliquia de una época pasada, que no tiene ninguna relevancia para el deporte moderno. Especialmente, para el rugby profesional o los All Blacks. Pero, si bien estos agricultores y jugadores están fuera del alcance de los radares de los grandes equipos, no han sido pasados por alto por Steve Hansen. El entrenador de los All Blacks tiene una teoría: un niño de seis o siete años escondido en una pequeña comunidad rural de Nueva Zelanda como Mount Somers bien podría ser el próximo Dan Carter o Richie McCaw. Los hechos respaldan esa teoría. Nueva Zelanda se ha nutrido de un sinfín de destacados All Blacks con raíces rurales. Las raíces de Richie McCaw hay que buscarlas en Kurow, un pequeño pueblo con una población de solo trescientas cincuenta personas, en el distrito de Waitaki en la Isla Sur. McCaw vivía en una granja, pero no era granjero. Después de la escuela en Otago Boys' High, se trasladó a la ciudad de Christchurch y se convirtió en profesional con los Canterbury Crusaders. Dan Carter se unió a su club local en Southbridge, un pequeño pueblo de solo setecientas veinte personas en las llanuras de Canterbury, a cuarenta y cinco kilómetros al sudoeste de Christchurch. Entonces, él también se unió a la franquicia de los Crusaders. Los hermanos McKenzie, Damian y Marty, también tienen sus raíces en un entorno rural. En su caso, Seaward Downs, al este de Invercargill. Pero hay muchos más ejemplos. De hecho, muchos de los mejores jugadores proceden de comunidades rurales. Los grandes robles surgieron de pequeñas raíces.

Colin Meads se crio en una granja y trabajó en ellas antes de que lo eligieran para los All Blacks cuando jugaba en su equipo rural, el King Country. En la época de Meads, algunos All Blacks fueron seleccionados de equipos de provincia, como South Canterbury y North Otago.

Ahora se los selecciona de los equipos del Super Rugby de áreas urbanas: Auckland, Hamilton, Wellington, Christchurch y Dunedin. Pero hay una larga lista de All Blacks procedentes de las zonas rurales del país, algo que Steve Hansen tiene la intención de fomentar en el futuro.

Precisamente, el origen provinciano de muchos de los jugadores explica la concurrencia de hermanos que han jugado en las filas de los All Blacks a lo largo de la historia. Muchos jugadores crecieron en comunidades rurales aisladas, donde la rivalidad familiar afloraba de forma natural; a menudo, un hermano menor o mayor era el único oponente que esperaba en el patio trasero. En consecuencia, a los siete u ocho años algunos niños aprendían a competir con hermanos mayores y más fuertes. Eso creó un ingenio y unas habilidades únicas para manejar las aptitudes físicas.

En la década de 1920, los hermanos Brownlie, Cyril (el primer jugador que fue expulsado de un *test match*), Maurice y Laurie, representaron a los All Blacks, al igual que los hermanos Nicholls, Harold, Mark y Ginger, en la misma época. En tiempos más recientes, Colin y Stan Meads jugaron para Nueva Zelanda durante casi tres décadas, en los años cincuenta, sesenta y setenta. También en los cincuenta y sesenta, los hermanos Adrian y Phil Clarke fueron internacionales con los All Blacks.

Don Clarke y su hermano Ian también representaron a Nueva Zelanda, y tres de sus otros hermanos, asimismo, jugaron para Waikato.

Los Goings, Sid y Ken, y los Brookes, Zinzan y Robin, son otros ejemplos. El padre, Frank Oliver, y su hijo, Anton, fueron capitanes de los All Blacks, mientras que Ray Dalton y su hijo Andy también fueron internacionales. Más recientemente, los hermanos Franks, Owen y Ben, se han puesto la camiseta de All Blacks para defender la primera línea.

Más recientemente, los hermanos Barrett, Beauden, Scott y Jordie, se convirtieron en All Blacks después de crecer en una granja en Taranaki. Los hermanos Whitelock, George, Sam y Luke, también fueron miembros de los All Blacks después de pasar sus primeros años en pequeñas comunidades rurales.

Steve Hansen está fascinado por este vínculo fuerte y persistente entre el deporte y la comunidad rural. La importancia de ese vínculo rural es, en sus palabras, «enorme».

Está comprobado que los niños que vienen de áreas rurales desarrollan muchas más habilidades que los que juegan en las ciudades. Hay una razón importante para ello. En las zonas rurales, todos participan en todas las actividades deportivas, ya sea fútbol, rugby, baloncesto o hockey. Por ello, cuando eres pequeño, aprendes e incorporas las distintas habilidades de cada deporte y, en consecuencia, puedes aplicarlas más adelante en un deporte en concreto.

En las ciudades, como hay tantos niños, lo que suele suceder es que no es necesario que todos jueguen al fútbol y al rugby. En ese caso, solo se desarrollan habilidades en una disciplina. Por lo tanto, a menos que tengan mucho talento, no tienen la capacidad de combinarlas.

Una de mis pesadillas es que las escuelas secundarias hagan que los niños practiquen un determinado deporte demasiado jóvenes. Dicen: «Tienes que elegir un deporte». Desde mi punto de vista, permítanles practicar tantos deportes como sea posible, porque eso los estimulará. Solo deberían especializarse cuando estén preparados. Algunos muchachos han jugado al críquet para Nueva Zelanda y al rugby para los All Blacks. Jeff Wilson fue el último, y también jugó al baloncesto.

Mira a Andy Leslie en la década de 1970. Jugó al *softbol*, al baloncesto, al waterpolo… Y cuando empezó a jugar a rugby parecía un jugador diferente, realmente era muy hábil. Creo que esta situación no es algo nuevo. No es por mero capricho, sino por necesidad.

Yo venía de un entorno rural y en la escuela, particularmente en la escuela primaria, jugábamos a todo y nos encantaba.

Si ese vínculo con las zonas rurales alguna vez se rompiera, sería una gran pérdida para el rugby de Nueva Zelanda. Si miras a nuestros grandes jugadores, un alto porcentaje de ellos pasó en algún momento por un entorno rural. Por eso han estado expuestos a múltiples deportes. Y a una ética de trabajo. Si uno tiene talento y ética de trabajo, nada lo detiene. El talento por sí solo no es suficiente.

Hansen cita el ejemplo de los jugadores de fútbol y se maravilla de sus habilidades para encontrar espacios: «No lo ves, pero sus cabezas y sus ojos se mueven todo el tiempo. Entienden el espacio y su habilidad para correr a gran velocidad con la pelota en los pies es algo hermoso».

Algunos podrían creer que estamos hablando de dos deportes que requieren de habilidades completamente distintas. Puede parecer que no guardan ninguna relación. Pero Hansen no está de acuerdo: «Si tomas a cualquier jugador de fútbol y le das una pelota de rugby, estoy seguro de que usará su coordinación con el balón para jugar al rugby. Para mí, es algo obvio. Hay quien dice que los chicos que juegan al rugby tienen una coordinación extraordinaria. Es cierto, algo de ello puede ser innato, pero también tendrá algo que ver que estuvieran acostumbrados a practicar otros deportes cuando eran jóvenes».

La teoría de Hansen recuerda a las palabras de Richard Kinley, gerente general de la Otago Rugby, en Dunedin. Uno de los hijos de Kinley, de dieciséis años, practica cinco deportes. El bádminton fue el más reciente, pero también ha jugado al rugby, al baloncesto, al vóley y al críquet, además de jugar a otros deportes con sus compañeros.

Según Kinley: «No es cierto que todos los niños pequeños en Nueva Zelanda estén jugando constantemente al rugby. No es así. Muy a menudo, los jugadores que han tenido éxito y que tienen hijos buscan que sus hijos tengan un enfoque más holístico del deporte; sus padres los animan a que prueben otros deportes».

Y con ese abanico de deportes, los jóvenes desarrollan un buen estado físico, no solo en cuanto a la fuerza, cosa que puede ir en detrimento de otras habilidades. Para ponerse en forma, los jóvenes neozelandeses no pasan mucho tiempo en el gimnasio, a diferencia de algunos jóvenes jugadores de rugby en otros países. Richie McCaw lo considera un elemento determinante en la ecuación.

Para el futuro, es muy importante que los All Blacks no se entrenen únicamente en el gimnasio. Una de las fortalezas del rugby de Nueva Zelanda es que sus atletas no son deportistas de gimnasio. En la actualidad, para ser un buen jugador de rugby necesitas tener el equilibrio correcto. A veces, corremos el peligro de equivocarnos.

Durante cierto tiempo, ese fue el talón de Aquiles de algunos de los jugadores ingleses. Invertían muchas horas intentando ser buenos atletas, pero no buenos jugadores de rugby.

¿Quieres que un buen jugador de rugby sea un buen atleta? Estupendo. Pero ser un buen atleta no significa ser un buen jugador de rugby. Ese es uno de los hechos diferenciales de Nueva Zelanda, donde los niños crecen lanzando la pelota, pero también son capaces

de pasarla o atraparla. Un chico que es capaz de recuperar una pelota en el momento oportuno, a pesar de no ser un gran atleta, probablemente es más valioso que un chico que está en forma y sigue las
reglas, pero que es incapaz de descifrar el momento adecuado para
robar el balón. Hay que conseguir ambas cosas.

La Otago Union tiene treinta y tres clubes: doce son metropolita-
nos; el resto, de zonas rurales. Ningún otro deporte en la región tiene
tal alcance. Así pues, el club de rugby suele ser el centro de la comunidad. Además, como Kinley, si eres joven, puedes combinar habilidades
entre diversos deportes.

Solemos ofrecer una buena base a los niños desde la cual pueden desarrollar sus competencias. Nuestros mejores deportistas no
solo son buenos en el rugby, sino que hacen un poco de todo. Esa es
la base que sustenta muchos de nuestros deportes. Los niños adqui-
rirán las habilidades, pero el deporte proporcionará el camino para
canalizarlas. En eso, el rugby siempre ha tenido el mejor camino.

Kinley cuenta que, años atrás, el fútbol se decantó por usar una estrategia diferente. Trajeron a un entrenador de Holanda para que apli-
cara un programa de fútbol europeo en Otago. Intentaron que los niños dedicaran todo su tiempo al fútbol, tanto en invierno como en
verano. Pero no funcionó. Los niños querían practicar otros deportes.
El psicólogo de los All Blacks, Gilbert Enoka, se suma a esta teoría:

Si nos fijamos en los mejores jugadores de los All Blacks, la mayoría procede de pequeños pueblos de Nueva Zelanda. Sin duda, algo
se esconde detrás de esta coincidencia. Hay que tener en cuenta si en
las comunidades locales todo gira alrededor del rugby. Por ejemplo,
es importante saber si evitan las distracciones de esta cultura donde todo es posible.

Son muchas cosas, pero esa es una de ellas. Nuestro entorno físico nos moldea, y nuestro entorno social nos condiciona. Ahí es donde contamos con una gran ventaja.

Sin embargo, la célebre causa de Hansen está en entredicho, ya
que, en muchas áreas, las pequeñas escuelas rurales han cerrado, en

favor de las escuelas centralizadas. Y cuando una escuela rural cierra, toda la comunidad se resiente. La escuela de la comunidad de Orari, cerca de Geraldine, en la Isla Sur, es un buen ejemplo de ello: hubo un tiempo en que la escuela de primaria contaba con tres maestros, pero, en la actualidad, está cerrada.

Si las pequeñas escuelas rurales cuentan con una pequeña ventaja para formar All Blacks, podemos afirmar que este nuevo escenario pone en peligro este modelo. En realidad, ahora lo más común es trasladar a los niños de provincias que muestran habilidades en el rugby a las escuelas de las grandes ciudades, donde hay un equipo de Super Rugby cerca. Sin embargo, Hansen cree que los niños en las zonas rurales aprenden una mayor variedad de deportes, por lo que su capacidad para dominar la pelota permanece intacta.

Sin embargo, en esta ecuación, hay otro elemento que hay que tener en cuenta. Los niños que crecen en el campo tienden a ser más resistentes. Al igual que los animales salvajes, están acostumbrados a las dificultades que conlleva la vida en un entorno natural. Entienden mejor los aspectos básicos de la vida cotidiana. Es una vida más simple, más pragmática. Debes enfrentarte a otro tipo de desafíos, y eso forja el carácter de forma determinante. Los niños que crecen en las granjas pronto aprenden la necesidad de una fuerte ética de trabajo. Siempre hay trabajo por hacer. Al acabar el día, pocas veces puedes decir que has hecho todo el trabajo que tenías que hacer.

Esos jóvenes son más reflexivos y se divierten de un modo más autónomo, mientras que los jóvenes de las ciudades tienen a mano muchas más formas de entretenerse. Pocos las crean. La vida en las ciudades es más fácil y la gente es más estrecha de miras.

Crear tu propio entretenimiento no solo hace que las personas sean más duras y resilientes. Es posible que habilidades como aprender a reparar cualquier cosa o cultivar el campo hagan que una persona no solo sea más equilibrada, sino también más apta para liderar e inspirar a los demás. Por otro lado, también podemos destacar el papel de las adversidades, omnipresentes en la vida rural, así como la necesidad de mantener la calma y la concentración, y trabajar en equipo para superar las dificultades. Ese es el núcleo de cualquier deporte colectivo. Además, si se inculcan estas lecciones a una edad temprana, permanecen intactas en el inconsciente de por vida, y son cualidades muy apreciadas en el deporte de élite.

Pocos hombres han demostrado estas cualidades de forma más notoria que el capitán de los All Blacks, Richie McCaw, en la final de la Copa Mundial de Rugby de 2011. Esa noche, en Auckland, con la exigencia de lograr una victoria frente al irregular equipo francés, Nueva Zelanda también luchaba por conseguir otros dos objetivos: alcanzar su mejor nivel y desterrar las dudas y la incertidumbre que rodeaban al equipo por su falta de títulos mundiales. En esa ocasión, con su ejemplo, McCaw guio y lideró una ajustada victoria: 8-7. Su derroche físico fue valiente y determinante. Nunca titubeó ni le temblaron las manos. Fue la mejor representación de lo que significa ser un buen capitán.

A finales del verano de 2017, Nueva Zelanda parecía un país en guerra. Pero no se trataba de una lucha en un lejano campo de batalla. Se enfrentaba a su enemigo más antiguo: la naturaleza. En Christchurch, escenario del devastador terremoto de 2011 en el que ciento ochenta y cinco personas perdieron la vida, los edificios todavía se levantaban medio en ruinas por entre los escombros. Conducir por esas calles irregulares y repletas de grietas en el asfalto era lo más parecido a montarse en un tiovivo.

Por otro lado, en la costa este de la Isla Sur, los trabajadores se dejaron la piel reparando los daños que provocó el terremoto de Kaikoura, en 2016, en el que murieron dos personas. En esa región, en algunas fallas, la tierra llegó a deslizarse hasta diez metros. Los vecinos de la zona estaban aterrados y muchos animales sucumbieron. Los pasajeros que tomaron el ferri en dirección al norte de Christchurch, hacia Picton, tuvieron que tomar un tortuoso desvío a través de las montañas de Lewis Pass. Al final, un sencillo viaje de cuatro horas por la costa acabó convirtiéndose en una larga y agotadora travesía de siete horas por estrechas y retorcidas carreteras de montaña.

Sin importar las condiciones climáticas, hombres y mujeres de la New Zealand Transport Agency trabajaron para reparar las carreteras, controlar los derrumbes y mejorar las condiciones antes de la llegada del invierno. Esperando que la gran batalla del hombre contra la naturaleza comenzara de nuevo…

Es un proceso agotador, que define el carácter de cada individuo, pero también el de una nación. Ante la adversidad, tanto dentro como fuera de un campo de rugby, los neozelandeses se unen para hacer frente a los problemas. Y lo hacen con una resolución kiwi única.

En Christchurch, en 2017, las cicatrices de una serie de importantes incendios en Port Hills (en la periferia de la ciudad que una vez recibió el nombre del Oxford del hemisferio sur) permanecieron visibles durante todo el otoño. En el lugar donde se estrelló el helicóptero de Steve Askin mientras combatía las llamas, la tierra aún permanecía chamuscada y revuelta.

Uno de sus compañeros, Richie McCaw, se mantuvo impasible durante su funeral. En Nueva Zelanda la gente está acostumbrada a la angustia y a las tragedias, por lo común, causadas por la ira de la naturaleza. Este tipo de estoicismo rememora las historias de los primeros pobladores y de cómo la adversidad moldeó su carácter y el de la nación.

Durante el terremoto de Christchurch en 2011, si encendías la televisión podías perder cualquier atisbo de esperanza. Pero, en realidad, salió a floración el lado bueno del espíritu humano. La gente simplemente seguía adelante, sin quejarse. Lo que vi durante y después de los terremotos me devolvió la fe en lo que los humanos pueden hacer los unos por los otros.

Nosotros [él y sus compañeros en Christchurch Helicopters Company] hicimos mucho en Kaikoura [y el terremoto de 2016 allí], ayudando a la gente. Ves a la gente encogerse de hombros y pensar para sí mismos: «Así es la vida, simplemente hay que seguir».

Cuando das un paso atrás y ves algunas de esas cosas…, personas que pierden sus casas en las inundaciones en Edgecumbe…, en la bahía de Plenty [en 2017]…, fue un desastre terrible, pero la mayoría de la gente simplemente dijo: «Bueno, ¿por dónde empiezo a limpiar?». En general, la gente acepta lo que hay y sigue adelante.

Mientras, en Wellington, la ciudad más vulnerable de Nueva Zelanda debido a su nefasta ubicación entre las fallas de Australia y del Pacífico, los urbanistas se preparaban lo mejor que podían para afrontar un escenario que podía dividir la capital en siete islas distintas. Un terremoto apenas similar al que azotó Kaikoura (que dañó algunos edificios en Wellington) podía quebrar los suburbios de la ciudad, agitar el agua, remover las aguas residuales y destrozar las carreteras y otros servicios.

Mientras el equipo de los British & Irish Lions se preparaba para su gira de diez partidos por el país en junio y julio de 2017, la New Zealand Rugby había elaborado un plan para aplicar un programa de acción en caso de que ocurriera un terremoto en cualquiera de los lugares de la gira de los Lions.

Habían pasado horas trabajando duro para seleccionar algunos lugares alternativos, planeando cómo podían trasladar a miles de aficionados de una manera rápida y segura a una nueva ubicación con un alojamiento en condiciones. En realidad, poco importan los desafíos diarios de los equipos de rugby si se compara con el esfuerzo que requiere esta continua lucha contra las fuerzas de la naturaleza.

Aquellos que visitan Nueva Zelanda tienen claro que este continuo desafío geográfico es uno de los factores responsables de la tenacidad y lucha que demuestran los neozelandeses en un terreno de juego. La capacidad de soportar la adversidad, luchar contra ella y conquistarla. Son auténticos expertos. El tiempo los ha endurecido, tanto mental como físicamente. Es un estilo de vida que se remonta a los primeros colonos; una vida de un pueblo obligado a enfrentarse a la adversidad. Está en su ADN desde hace más de ciento cincuenta años. Y es un legado que resuena continuamente en estas personas a través de su resistencia, determinación y compromiso. La fortaleza es una característica recurrente en la historia del país y de su equipo nacional de rugby. Está en ellos y en todo lo que hacen, del mismo modo que estaba presente en los primeros colonos.

Además, entienden y recuerdan las lecciones que la corta historia de Nueva Zelanda les ha enseñado. Nada que valga la pena se puede lograr sin trabajo duro. No hay atajos para el éxito. Si no lo entienden cuando son jóvenes, siempre hay gente que se lo recuerda por el camino. Hay que tener en cuenta que muchos entrenadores del rugby de Nueva Zelanda son antiguos maestros de escuela, acostumbrados a inculcar valores tales como la disciplina, la dedicación y la organización.

A principios del Año Nuevo de 2017, en algún lugar de los suburbios de París, una puerta de entrada electrónica se abre delante de mí. Me permite acceder a las instalaciones deportivas de última generación del club de rugby Racing 92, el campeón de la liga francesa de la temporada pasada. Entre los samoanos, fiyianos, tonganos, georgianos y argentinos, se podría decir que el jugador más famoso del mundo es Dan Carter, que lleva el dorsal número diez. Básicamente, he venido aquí para hacerle una pregunta bastante sencilla. Es el tema central de este libro: «¿Cómo es posible que un país de apenas 4,8 millones de habitantes haya llegado a la cima de un deporte que se practica en todo el mundo?».

Carter me devuelve una ancha sonrisa: «Es gracioso, porque la gente viaja por todo el mundo para encontrar el secreto del éxito de Nueva Zelanda».

La opinión de Carter es una abominación para aquellos que creen en los cuentos de hadas. Todo el mundo cree que el secreto de los All Blacks se encuentra en un lugar secreto y paradisíaco. Pero, cuando finalmente llegan ahí, se dan cuenta de que no existe. No existe un único motivo para justificar que los All Blacks hayan impuesto su supremacía durante tanto tiempo. Eso no significa que los All Blacks no tengan ningún secreto.

Hay ciertos factores clave que han sido determinantes para alcanzar el éxito y que siguen siendo un punto de referencia para todas las demás naciones.

Hay muchas razones que explican su dominio. Uno de sus rivales, el exentrenador de Australia, Bob Dwyer, dijo sobre su superioridad: «Es la nación de rugby más apartada y aislada del mundo. Asimismo, son increíblemente buenos; quizás el equipo deportivo con más éxitos de la historia».

Los entrenadores como Dwyer son hombres pragmáticos. No derrochan superlativos. Carter lo llama «una combinación de elementos». También habla del amor y la pasión por el deporte.

Dicen que esa motivación y deseo por triunfar forma parte de nuestro ADN neozelandés. Es algo innato, pero en el caso de que no sea así, se adquiere de todas formas porque todos tus amigos lo tienen. Es lo que hacen a la hora del almuerzo o después de la escuela: juegan al rugby, miran partidos o están con una pelota de una forma u otra.

Si vas a las zonas rurales de Nueva Zelanda, donde crecí, este sentimiento sigue siendo tan fuerte como siempre. Ves niños corriendo. De hecho, cuando estaba en la escuela, e incluso antes, probablemente, había muchos más. Esas personas todavía sienten esa pasión y harán todo lo posible para asegurarse de que los niños de hoy salgan de casa, participen y tengan una pelota de rugby entre las manos.

Con la tecnología, existe la posibilidad de que, algún día, todo esto se pierda. Pero creo que la historia que han creado los All Blacks es algo tan único y que ha sucedido durante tanto tiempo que tal cosa no sucederá a corto plazo. Tiene algo tan poderoso que espero que continúe durante generaciones.

Steve Hansen también comparte la opinión de que el carácter de los neozelandeses originales todavía se mantiene en los jóvenes de hoy en día:

Sí, eso creo, por lo que somos como nación y porque estamos bien moldeados. Somos un pueblo estoico.

Definitivamente, aún está en nuestro ADN. Es como cualquier ADN, se modifica, pero todavía está ahí. Y lo que no queremos hacer es perder esa parte que dice: «Yo puedo con esto, lo lograré». Por otro lado, si le agregas un poco de: «Podría hacerlo con un poco de ayuda», tampoco sería negativo. Pedir ayuda no es una muestra de debilidad; en realidad, es un signo de fortaleza. Es mejor decir: «Puedo hacer esto. Lucharé por ello, pero podría necesitar un poco de ayuda».

Así pues, cuando los jugadores de rugby de Nueva Zelanda saltan a cualquier terreno de juego, lo hacen armados con ciertas ventajas naturales. Los jugadores jóvenes aportan una perspectiva diferente al juego. Sus contrincantes no cuentan con todo lo que ellos han vivido. Quienes los entrenan han sabido guiarlos por ese camino. Es probable que las personas pudientes queden atrás al poco tiempo. Son muy pocos los jóvenes que llevan relojes caros o ropa de diseño. Así no es como el país alardea de su riqueza y éxito. Pero no solo ocurre en el rugby. En este país, la gente suele rechazar cualquier signo de extravagancia.

Pero, además, claro está, la fórmula del éxito también tiene otros elementos. Hay que tomar quizás el más simple de todos: el aire. Hansen está convencido de que el aire fresco es uno de los elementos clave en la producción de tantos deportistas jóvenes, sanos y talentosos en su país.

Crecer en este rincón del mundo es una bendición. Por lo común, los jóvenes llevan un estilo de vida al aire libre, más allá del deporte que practiquen. Respiran aire puro, fresco y saludable. No todo el mundo puede decir eso.

No creo que haya ninguna duda de que esto contribuye directamente a la salud y la vitalidad de nuestros jóvenes. Pasar tanto tiempo al aire libre es una gran ventaja. Quizás haya gente que lo descarte como un factor determinante, pero no deberían hacerlo.

Como dijo Abraham Lincoln: «Al final, lo que cuenta no son los años de tu vida. Es la vida de tus años».

Damian McKenzie es un joven jugador de rugby. Su picardía y ese pelo alborotado encajarían perfectamente con el Artful Dodger de *Oliver Twist*. Es esbelto, casi flaco, y apenas mide 1,73 y pesa 81 kilos. En ocasiones, cuando está en el campo de juego rodeado de enormes oponentes, sus oportunidades parecen tan buenas como las de un pez en un mar de tiburones. Sin embargo, McKenzie fue uno de los jugadores más destacados de la temporada 2017 de Super Rugby. Empezó a despuntar cuando jugaba en la línea de tres cuartos para los Chiefs. Su variedad de movimientos deslumbraba a todo el público. Lo describieron como uno de los jugadores de rugby más fascinantes del hemisferio sur. Más allá de la hipérbole, no cabía duda del talento de McKenzie. Su ritmo vertiginoso se adaptaba perfectamente al Super Rugby.

Por aquel entonces, su compañero de equipo Liam Messam, dijo de él: «Es un fenómeno, es como una pelota de goma. Es un muchacho valiente y no tiene miedo. Me encanta su mentalidad ofensiva. Está dispuesto a golpear desde cualquier lugar y parece que siempre disfruta del juego. Eso es lo principal. La mayoría de los jóvenes no quieren cometer errores. Pero a él no le importa, está dispuesto a intentarlo todo. Nueve de cada diez veces sale ganador».

Entonces, ¿dónde adquirió McKenzie esas ideas?

Mi padre siempre jugaba al rugby. Fue *full back* de los New Zealand Emerging Players. Jugaba también en el Woodlands Rugby Club, en la región de Southland, veinte minutos al norte de Invercargill. Mi madre jugaba al hockey. Papá no era extremadamente veloz, pero era suficientemente rápido. Supongo que de ahí saco un poco de mi velocidad.

Vivíamos en la granja lechera de mis padres, en una pequeña comunidad llamada Seaward Downs. Fue genial criarse en un pequeño pueblo. Tienes mucho espacio para hacer lo que quieras. A mi hermano Marty y a mí nos encantaba jugar al rugby. También teníamos amigos y primos con quienes jugar. Jugamos en el patio trasero y era un estilo de vida saludable. Allí hacíamos muchas cosas de campo, como pescar, cazar. Hay muchísima libertad.

No era un patio enorme, pero había bastante césped. Mi padre colocó algunos postes de rugby de madera en el prado. El rugby en ese prado era bastante competitivo. Mi hermano tiene tres años más que yo, y entre hermanos uno siempre intenta sacar lo mejor que tiene. No hay cuartel. Empecé a jugar cuando tenía cinco años en la escuela primaria, pero jugábamos en el patio incluso antes de eso.

En esas circunstancias, aprendes a jugar con el riesgo. Creo que arriesgarse es una parte fundamental en la mentalidad de Nueva Zelanda. A los jugadores con habilidades les gusta hacer algo de la nada. Una cosa está clara, y es que nunca quieres salir del campo diciendo: «Podría haber hecho esto o aquello». Es cuestión de tener confianza en uno mismo.

Por desgracia, la afición de sus hijos no siempre fue positiva para el padre de McKenzie: «El pasto comenzó a crecer bastante en nuestro prado; un día, mi hermano y yo lo cortamos para poder seguir jugando. Sin embargo, no teníamos la menor idea de que, en ese momento, los productores de lácteos tenían poco pasto para su ganado; así pues, cuando papá nos vio cortando el prado, ¡se puso hecho una fiera! Estábamos cortando el pasto que debía servir de alimento para los animales».

En realidad, poco importa si se trata de un paisaje rural o una gran ciudad. Los jóvenes de este país siempre tienen una pelota entre las manos. Es algo endémico en toda la nación.

Sin embargo, a veces estos jóvenes locos por el rugby van demasiado lejos. El excapitán de los All Blacks, Andy Dalton, recuerda que, en una ocasión, cuando tenía siete años, encontró una bonita pelota de cuero en algún rincón de la casa, la sacó afuera y comenzó a patearla por el jardín.

Por desgracia, Andy no se había dado cuenta de que varios jugadores de los Springboks de 1949 habían firmado personalmente el balón para su padre, que había sido el segundo capitán de los All Blacks en esa gira.

«Ese día me metí en un verdadero lío. No me di cuenta de que era una pelota firmada. Mientras la pateaba por todo el césped, esas preciosas firmas se iban borrando», recordó. Pero no hay mal que por bien no venga. Andy Haden, que disputó cuarenta y un *test match* de los ciento dieciseite partidos que jugó para los All Blacks entre 1972 y 1985, señala otro factor en el desarrollo de estos jóvenes. Habla del impulso que los niños sacan del entorno en el que han crecido.

En cada momento del día, se les recuerda la importancia de jugar bien y de ganar. No es solo la presión pública, sino las palabras escritas en diarios. Es lo que se puede leer en cualquier tipo de periódicos de la estación de servicio: «Juega bien el sábado y gana».

Eso pasa en toda la sociedad. Ese es el público. Todos están tan bien informados y todos ejercen esa presión a su manera. Los niños que crecen viven constantemente con ella, y eso los mantiene enfocados, los impulsa.

Esto sucede aquí mucho más que en cualquier otro país del mundo. Los jugadores en el extranjero no tienen ese impulso del público. Pero es una presión buena. Es sutil, genuina y muy consciente de lo que se hace.

Este es otro caso que puede servir de ejemplo para entender por qué Nueva Zelanda domina el mundo del rugby.

En la década de 1990, cinco pequeños muchachos (Kane, Beauden, Scott, Blake y Jordie Barrett) se reunían en el patio trasero de una granja lechera en Pungarehu para pelearse y luchar por una pelota que al principio apenas eran capaces de sostener. Tenían un severo capataz, su padre Kevin, un delantero de segunda línea que en su tiempo jugó ciento sesenta y siete partidos para Taranaki. Su reputación era conocida por todos. Incluso uno de los jugadores más duros, el legendario y difunto segunda línea de los All Blacks, Colin Meads, decía que Barrett era «uno de los tipos más sucios que han jugado al rugby».

La generosa contribución de la familia Barrett al rugby en Nueva Zelanda es extraordinaria. Como dice Beauden:

Es sorprendente el camino de un joven jugador de rugby que crece en Nueva Zelanda. Si te lo propones, trabajas duro y crees en ti mismo, todo está al alcance de tu mano. Ya sean representantes provinciales, de franquicias o nacionales, si trabajas duro, todo está frente a ti.

Adquirimos las habilidades básicas a una edad muy temprana. Todo empieza cuando tu padre te pasa una pelota a los cincos años, o incluso antes. También ves a tus héroes jugar en la televisión, los ves y miras cómo lo hacen. Luego llevas esas lecciones al patio trasero y lo haces con tus compañeros.

Tenía a mis hermanos cerca, así que era bastante competitivo. Nos apretábamos en las melés, formábamos parte de ellas, me encantaba provocarlas. Lo hacíamos todo. Nos acostumbramos a hacer esas cosas porque, en realidad, nunca sabes en qué posición vas a acabar jugando o cómo se va a desarrollar tu cuerpo. Nos encantaba, y creo que eso es lo que hacen la mayoría de los niños kiwi cuando crecen.

En el país, no hay mucho más que hacer, excepto practicar deporte. Cuando lo haces durante varios años, acabas por desarrollar tus habilidades con la pelota.

Para justificar la superioridad de los jóvenes neozelandeses, Grant Hansen, subdirector del St. Peter's College en Auckland, vincula la ética de trabajo con la práctica de muchos deportes que defiende su tocayo Beauden Barrett. Aunque también reconoce la importancia de otros valores.

Cuando entreno a un equipo, lo primero de lo que hablo es de la cultura y del orgullo de ponerse esa camiseta. Cuando me hice cargo de las escuelas de secundaria de Nueva Zelanda, para la mayoría de los chicos esa era su primera camiseta nacional, estaban dispuestos a hacer cualquier cosa por enfundársela.

Sin embargo, en demasiadas ocasiones, en la actualidad, las expectativas son demasiado importantes. Muchos niños, en vez de poner algo de su parte, esperan que se les dé todo hecho. Esa es la juventud de hoy. Preguntan: «¿Qué me vas a dar? ¿Qué voy a sacar de eso?». Muchos de ellos no entienden el compromiso que es necesario para alcanzar el éxito. Un exjugador como Grant Fox se pasaba todo el día pateando la pelota. Pero, hoy en día, algunos niños solo esperan jugar los sábados.

O, al menos, eso es lo que hacen aquellos que no están destinados a llegar a la cima del deporte. Tener demasiadas expectativas a una edad temprana supone un serio impedimento para el progreso futuro en el deporte, particularmente en Nueva Zelanda. Como dice Grant Hansen: «No es una coincidencia que los niños que tuvieron éxito hubieran trabajado duro para ello. Eran los primeros en llegar a los entrenamientos y los últimos en irse. Se ponían a prueba voluntariamente. Eso es lo que intentamos recuperar. Enseñar este modelo de compromiso para que los niños puedan identificarse con él».

Por otro lado, Grant Hansen también secunda las palabras de Wayne Smith que advierten del poco margen que tienen aquellos que buscan un futuro en el deporte profesional:

En la actualidad, a los niños que tienen la ambición de ser profesionales se les debe explicar correctamente cuánta gente llega a la élite. La cantidad es mínima. Pero, si quieren tener éxito, lo más probable es que necesiten las habilidades de un jugador completo y practicar otros deportes. Por ejemplo, los atletas olímpicos más exitosos de Nueva Zelanda también practicaron otros deportes. Hicieron de todo, deportes de verano e invierno. Más tarde, alcanzaron el éxito.

A pesar de eso, Nueva Zelanda es el lugar mejor indicado para encontrar la devoción por este deporte. En una lluviosa noche de otoño de 2017, me senté en un estadio de rugby en los suburbios de Christchurch y conversé con una joven madre que intentaba controlar a dos niños pequeños muy curiosos. Una de ellas, una niña llamada Alecia, tenía solo trece meses y todavía no sabía andar bien. La orgullosa mamá sonreía a su pequeña. «Intentaremos que se una a los benjamines tan pronto como podamos. Ya le encanta sostener una pequeña pelota de rugby.»

Ciertamente, se podría decir que la joven Alecia tendrá mucho tiempo para dominar las artes de este juego. Qué le depara el futuro, nadie lo sabe. Pero una cosa es cierta en Nueva Zelanda: todo el mundo empieza a jugar al rugby cuando es joven.

5

La *haka*: una seña de identidad

Contribuciones de, entre otros,
Aaron Smith, Kieran Read, Kees Meeuws,
sir Colin Meads, John Eales, Craig Dowd,
Gilbert Enoka, sir John Key,
Nick Farr-Jones y Wayne Smith.

Ha perdido su *mana*. Se ha convertido en un espectáculo. Deberían hacerla en ciertos *test match,* pero no en todos. Era bueno hace unos años, cuando podían decidir. Pero ahora juegan catorce *test match* al año, y eso es demasiado en lo que respecta a la *haka.* Deberíamos hacerla en casa o fuera de casa, como sucedía antes. Pero no en ambas ocasiones.

Kees Meeuws, antiguo pilar de los All Blacks

*E*n Nueva Zelanda, hay otra cosa que los jóvenes empiezan a ver y comprender a una edad muy temprana: la *haka*.

Como expresión de identidad nacional, la *haka* reemplaza a todo lo demás. Define la nación y es una base sólida del linaje de Nueva Zelanda. Algunos dijeron que se vio por primera vez en un campo de rugby internacional en 1888, en la fiesta de la gira New Zealand Natives. Pero es prácticamente seguro que, para aquel entonces, ya se hubiera realizado en los campos de juego neozelandeses cuando jugaba un equipo maorí.

Por supuesto, este baile se remonta al principio de las historias y leyendas maoríes. Es una danza de posturas antigua. En realidad, es un desafío de una tribu de una zona a otra. En los primeros tiempos, la tribu local realizaba su *haka*, y más tarde lo hacía la visitante. Luego, venían los discursos. Finalmente, se presionaban las narices.

La *haka* más famosa es la *Ka Mate*. Cuenta la historia del poder de la sexualidad femenina. Tradicionalmente, las *hakas* se usaban para preparar a los guerreros para la batalla. En cualquier hogar de Nueva Zelanda, hay un momento en que todo queda en silencio. La respiración disminuye para luego detenerse por completo. Un destello de emoción recorre todas las habitaciones, como una corriente eléctrica. La expectación alcanza límites insospechados. Los All Blacks están a punto de realizar la *haka*.

Tenía solo tres o cuatro años cuando la vio por primera vez. El recuerdo es débil, borroso. Pero sigue ahí. Aaron Smith nunca olvidará la primera vez que la presenció. Estaba en casa, en Feilding, cerca de Palmerston North. A sus padres les gustaba hacer fiestas cuando los All Blacks jugaban un *test match* de locales.

Si eres de una familia del rugby —dijo el medio apertura de los All Blacks—, es uno de esos momentos especiales. Es el momento en que el televisor se enciende y todos se callan, se detiene la fiesta. Es posible que haya más personas que miran la *haka* que el partido. Todos los hombres miran partidos de rugby, no así todas las mujeres. Aunque ambos miran la *haka*.

Es un espectáculo electrizante. Los ojos salen de sus órbitas y se golpean los bíceps. Se saca la lengua de forma provocativa. Los labios hacen muecas y las caras se contorsionan. Los músculos del cuello palpitan. Las piernas se hunden en el césped impulsadas por los abultados músculos para mostrar la defensa de un territorio por parte de un equipo. Se sacuden las manos, los dedos apuntan o se rasgan la garganta. Es una de las grandes imágenes que definen esta tierra: una expresión visual de la soberanía.

Para cuando tenía seis años, Aaron Smith ya formaba parte de ese ritual, del mismo modo que ese ritual formaba parte de él. Sabía cómo se hacía mucho antes de que llegara la Copa Mundial de Rugby de 1995, en Sudáfrica. Pero allí estaba, frente al televisor, en casa. Gritando y chillando, imitando los gestos con su propia cara:

> Recuerdo hacerla antes de esa famosa semifinal [contra Inglaterra] en las primeras horas de la mañana. Nos dejaron verla, era muy importante. Un par de amigos la estaban haciendo conmigo. ¡No sé si la estábamos haciendo bien, pero estábamos allí recreando todas las posturas! Fue muy loco. Cuando eres niño, alimenta tu imaginación. Es un poco como una experiencia extracorporal.

También fue el partido en que Jonah Lomu pasó por encima de Inglaterra.

Cuando era un poco mayor, Smith solía pasar tiempo en la región de Hawke's Bay. Recuerda haber visto allí *hakas* hechas en *tangis* (funerales). Cuando le pido que exprese con palabras lo que significa exactamente la *haka* para alguien como él, se para a pensar reflexivamente:

> Es la única seña de identidad. Es nuestra, nadie más la tiene fuera del Pacífico. Creo que puede verse la pasión que experimentamos, lo que significa para nosotros. Es un baile de guerra y supo-

ne un desafío para el otro equipo. Estamos diciendo: «Estamos aquí para ganar. Esto es lo que significa para nosotros». Lo hemos estado haciendo durante más de cien años. Queremos ser miembros de esa cultura; somos afortunados de que todavía se nos permita hacerla.

La *haka* no es solo para los maoríes. Es para todos en nuestro país. Es parte de lo que somos. Nuestros antepasados la hicieron primero, y luego los pakehas y pasifikas. Todos viven aquí, todos son parte de él. Nos expresamos en la forma de jugar al rugby, y la *haka* es algo muy expresivo. Mostramos cómo amamos el juego por cómo lo jugamos desde que somos pequeños. Todas esas culturas añaden su granito de arena.

Aaron conjuga dos de esas culturas cuando entra en un terreno de juego. Su padre es pakeha y su madre maorí. Está orgulloso y cómodo con las distintas cualidades que ambos le han transmitido.

La *haka Ka Mate* tiene casi ciento cuarenta años. Fue compuesta por Te Rauparaha, Ngāti Toa Rangatira. Las otras *hakas* son incluso más antiguas, pero no es probable que alguna vez se hayan puesto en duda. ¿Es justo? ¿Los oponentes no deberían poder realizar su propio baile después de la *haka*? Eso es lo que más debate genera en los círculos de rugby de Nueva Zelanda y del mundo. Andrew Mehrtens, antiguo apertura de los All Blacks, dijo que está «demasiado comercializada». El medio melé de Inglaterra Matt Dawson admite que ha perdido su misticismo.

Otro antiguo miembro de los All Blacks, el pilar Kees Meeuws, dice: «Ha perdido su *mana*. Se ha convertido en un espectáculo. Deberían hacerla en ciertos *test match*, pero no en todos. Era bueno hace unos años, cuando podían decidir. Pero ahora juegan catorce *test match* al año, y eso es demasiado en lo que respecta a la *haka*. Deberíamos hacerla en casa o fuera de casa, como sucedía antes. Pero no en ambas ocasiones».

Es un fenómeno inaudito. Afecta a todo el mundo de una forma u otra. Provoca sentimientos encontrados: entusiasmo, rabia, curiosidad, indiferencia, etcétera. Mientras los All Blacks realizaban la *haka*, el australiano David Campese solía retirarse a una esquina del campo para calentar con la pelota. En una ocasión, el excapitán de los Wallabies, John Eales, les dio la espalda. En otra, el antiguo ala de Sudáfrica, Ashwin Willemse se quedó mirando a su oponente y tuvo la sensación de que salía reforzado:

Estaba muy entusiasmado por el partido porque consideraba que un encuentro contra los All Blacks de Nueva Zelanda sería mi primer *test match* oficial. No me hubiera sentido completo, un verdadero Springbok, si no hubiera jugado contra los All Blacks. Era lo máximo; enfrentar la *haka* y jugar contra ellos.

Durante la *haka*, había observado atentamente a mi contrincante Doug Howlett. Luego hizo algo que me hizo pensar que estaba asustado. Justo antes del final de la *haka*, bajó la cabeza y miró hacia otro lado. Me dije que significaba que había ganado y que él tenía miedo o no estaba preparado para enfrentar el desafío, como yo. Saqué fuerzas de eso.

Al fin y al cabo, nadie puede saberlo. Aunque en ese partido Howlett anotó dos ensayos y Nueva Zelanda ganó 52-16. «Es obvio que lo interpreté mal», añadió el antiguo Springbok con una sonrisa.

Cualquiera que sea la forma o la ocasión, no hay duda de que la *haka* pone los pelos de punta. Tomemos a Willie Anderson, bastión y capitán de Irlanda del Norte, orgulloso internacional, dueño de unas manos demoledoras y protagonista de algunos momentos memorables en la historia del rugby irlandés. En 1989, en Lansdowne Road, Dublín, Anderson puso a sus hombres en la línea de mitad de cancha para enfrentar a la *haka* de Nueva Zelanda. Unieron los brazos y Anderson acercó un poco más la línea de su equipo. Los dos equipos estaban frente a frente. Los neozelandeses ni se inmutaron, seguían bailando y gesticulando. Con todo, Anderson no logró su objetivo. Los All Blacks ganaron 23-6.

En 2008, los galeses intentaron otra estrategia: presenciaron la *haka* y, acto seguido, dejaron pasar unos minutos antes de formar para el saque inicial. Al parecer, querían que menguara el efecto de la adrenalina en los neozelandeses. Y, hasta cierto punto, funcionó. Gales había perdido sus dos encuentros anteriores contra los All Blacks 3-41 y 10-45. Esta nueva derrota supuso una mejora: perdieron 9-29.

El exentrenador de los Wallabies, John Connolly, opina que, en los viejos tiempos, a nadie le importaba la *haka*: «Agitaban un poco los brazos, pero todo era bastante insípido. En cambio, ahora la han cambiado para que adquiera un significado. Se ha convertido en un verdadero símbolo de la disciplina y la determinación del equipo. Le han dado unos valores que son capaces de transferir al rugby. Han sido muy inteligentes».

Aun así, Connolly duda de que suponga alguna ventaja: «Solo es una parte más del espectáculo. De hecho, algunos de ellos lo han llevado al extremo y dejan que la adrenalina tome el control y arruine el inicio de algún partido. Para jugar un *test match* debes tener autocontrol. Aun así, a lo largo de los años, algunos australianos no entendieron que la *haka* suponía un desafío. Es un error no aceptar el reto».

Nick Farr-Jones es uno de los jugadores que tuvo que enfrentarse a la *haka* en más de una ocasión. Para el capitán de la selección australiana que ganó la Copa Mundial de 1991, Nueva Zelanda siempre fue el rival que batir. Sin embargo, en muchas ocasiones, Farr-Jones afirma que los equipos australianos no suelen aceptar el desafío de la *haka*. Recuerda que los jugadores se quedan a unos sesenta metros de distancia. Aunque en una ocasión, no fue así. Eso ocurrió cuando los Wallabies eligieron al combativo David Codey como capitán, el cual le rogó al equipo que hiciera frente a la *haka* y que aceptara el desafío mirando a los ojos a los All Blacks. Farr-Jones opina sobre ello:

Personalmente, me encantó enfrentarme a la *haka*. ¿Por qué? Porque ellos son una gran nación de 4,8 millones de personas, y el respeto es algo muy importante. Entonces, en lugar de estar a sesenta metros de distancia y darles la espalda, es mejor mirarlos a los ojos como una señal de respeto. Con suerte, estás enviando un segundo mensaje. Algo así como: «Chicos, os respetamos, pero vais a tener que jugar como los ángeles para vencernos hoy. No nos vamos a rendir». Quieres contestarles con ese segundo desafío.

La entrevista con Farr-Jones tuvo lugar en su gran despacho, ubicado en el piso cuarenta y dos de una torre con vistas al Circular Quay y al puerto de Sídney. Pero, como suele ocurrir con los australianos, pronto trasladamos la sesión al bar.

Farr-Jones siguió hablando:

Me encantó la punta de flecha que hicieron los franceses para retar a la *haka* [en 2011]. Inexplicablemente, la Junta Internacional de Rugby los multó por eso. Pero simplemente estaban enviando su propio mensaje. Les estaban haciendo frente. Creo que es una maravillosa tradición deportiva, y creo que a la gente le encanta. Me encanta ver los rostros de los contrincantes porque sabes si están listos para el desafío o no. A veces sientes que los muchachos están diciendo: «¡Vamos!» o, tal vez: «Mierda, sáquenme de aquí».

Obviamente, la *haka* es un llamativo y vibrante símbolo de identidad nacional como ningún otro. Pero, en Nueva Zelanda, tampoco genera consenso. Ha habido, y sigue habiendo, gente que lo cuestiona.

En 2017, unos meses antes de morir, sir Colin Meads dijo:

> Nunca hicimos la *haka* en Nueva Zelanda, solo en el extranjero. Ahora recurren a ella en muchísimas ocasiones. Tienen dos o tres versiones diferentes. Incluso la practican. Nuestras *hakas* eran bastante violentas, pero, si no ibas sincronizado con el resto, te multaban. Ahora, en cambio, se ha sacado de contexto.
>
> Hacen la *haka* por todo. Aparece algún dignatario, deportista o una estrella de cine en el aeropuerto, y le hacen la *haka*. Es ridículo. Creo que se ha convertido en algo glamuroso. Todas las escuelas lo practican. Se debería hacer antes de los partidos, pero como una forma de respeto a los maoríes. No siempre es una buena ocasión para hacerla.

John Eales es un exjugador tan respetado como cualquier otro en el rugby mundial. Sin embargo, hubo un momento en que la mayoría de los neozelandeses lo habrían colgado del poste de luz más cercano por deshonrar la *haka*. Eales es consciente de su error: «Era mi primer *test match* como capitán y no respetamos la *haka*. Ahora creo que fue vergonzoso. Pero por aquel entonces no lo veía así. Supongo que intentábamos contrarrestar su poder. Sin embargo, el tiro nos salió por la culata. Perdimos ese partido en Wellington 43-6. Es la mayor derrota de un equipo Wallaby contra alguien. Siempre me sentí mal por lo que sucedió antes de ese partido».

Pero ¿la *haka* proporciona realmente alguna ventaja a los All Blacks? Eales cree que les ofrece una manera de conectarse como equipo. «Y cualquier equipo que se conecta es un equipo peligroso. Aunque, físicamente, no creo que tenga ningún efecto.»

Eales se sintió tan mortificado por esa experiencia que el dolor aún persiste. Años más tarde, en 2017, voló a Auckland con un equipo de grabación para hacer un reportaje sobre su experiencia. Quería explorar las formas y los medios de la *haka*. Fue algo así como un ejercicio catártico. Él afirma que buscaba entenderla. Sin embargo, cuando comenzó a hacer entrevistas y a rodar la película, se dio cuenta de que su verdadero poder no radicaba tanto en el baile como en la forma de conectarse con las personas y con el equipo. Quizá también con la gente de más allá del mundo del rugby. Al fin y al cabo, se trata de su tierra.

Esa conexión realmente profunda es lo que saqué de ella. La *haka Ka Mate* habla de un guerrero que se esconde de sus enemigos: «Voy a morir, voy a vivir». Creo que es tan poderosa porque este tipo tiene una batalla consigo mismo sobre la vida. Tiene un conflicto interior. Se está escondiendo.

Dice: «Doy un paso y luego otro». Es una lucha contra el destino. Por eso, cuando bailan se conectan con su gente para afrontar la batalla que se acerca. Aunque esa batalla sea interna.

Eales niega que Nueva Zelanda sea más apasionada que otras naciones. Pero le concede otros atributos: «Alguien que juegue para los All Blacks sabe que la derrota tiene consecuencias más serias». Más que para nadie en el mundo, ese es el mensaje.

Aaron Smith respeta las opiniones parecidas a las de Meads. La gente de fuera no lo entiende, dice. Solo ven una *haka*, pero en Nueva Zelanda cada ciudad tiene una:

Cada tribu tiene una *haka*, cada ciudad tiene una. Pero la integridad de las dos que realizan principalmente los All Blacks es pura porque tratamos de asegurarnos de que entendemos bien cada acción y cada palabra que realizamos. Nos preocupamos por entender el significado de cada acción. Todas ellas fueron escritas con un significado y un propósito.

Supongo que [la crítica de Meads] se puede ver un poco así, pero cada persona es diferente. Mucha gente ama la *haka*. Yo soy un auténtico fanático, pero no creo que deba hacerse por cualquier motivo. No estoy de acuerdo con eso.

Smith recuerda que la *haka* de algún equipo juvenil duraba cinco o seis minutos. Eran interminables. La gente no quería ser la primera en romper el hechizo. Entonces, un día, cuando se había alcanzado la titularidad en las alineaciones del combinado nacional, los All Blacks le hicieron una oferta que no podía rechazar. Lo invitaron a dirigir la *haka*. Y, como se veía capaz, no dudó en aceptarla:

> Me preguntaron por primera vez en 2013. Había algunos lesionados, y tipos como Mealamu y Messam no estaban ahí. Pero en ese momento me negué. Sentí que no había jugado suficientes partidos y que aún no me había ganado el respeto para hacerlo. No quería hacerlo sin ese respeto. No me arrepiento de haberlo rechazado. Aunque recuerdo estar en ese partido y pensar: «Podría haber liderado esto».
>
> Pero me alegré de que, cuando jugué algunos partidos más, obtuve más *mana* en el momento en que me convertí en líder. Por ello, cuando dirigí la *haka* lo hice con el *mana* suficiente. Cuando hablé, todos se movieron y reaccionaron bien, lo cual es importante en la *haka*. No hubo ningún sentimiento de «este muchacho no tiene idea».

Para Smith, el *mana* es la clave para una *haka*. Por lo común, el encargado de liderarla ha sido jefe o líder. Richie McCaw la dirigió en varias ocasiones, pero no en todas. El *mana* es una parte intrínseca de la cultura maorí y se gana con esfuerzo.

Cuando le volvieron a preguntar, Smith dice que aceptó de inmediato. Aun así, se preparó a conciencia para la ocasión. «Practiqué en la ducha, cosas así. Tenía que dominarla. Investigué observando a las personas que la lideraban y que me habían inspirado, como Tana Umaga. También miré a otros que la habían dirigido, como Liam Messam. Fue de gran ayuda.»

Smith, a quien el entrenador de los British & Irish Lions, Warren Gatland, describió como «el mejor jugador de rugby del mundo», reconoció que cuando participaba en una *haka* recibía una gran descarga de adrenalina. Eso sí, siempre tenía los nervios a flor de piel. «Sin embargo, cuando haces la *haka*, siempre se apodera de ti esa sensación, es especial. Antes de hacerlo, mueves mucho las manos, tienes los pelos de punta. Es tu cuerpo diciéndote: "Esto es algo importante".»

Sin embargo, el papel de líder de la *haka* también conlleva responsabilidades. El *mana* lo es todo. El de Aaron Smith quedó dañado por un incidente que tuvo con una joven en el aeropuerto de Christchurch, en 2016. Decepcionó a sus entrenadores, a sus compañeros y a sí mismo.

Después de su indiscreción, su papel como líder de la *haka* quedó en nada. «Fui uno de los primeros en decir que no debería liderarla. Y eso es precisamente lo que sucedió. Es una cuestión de *mana*, ¿no? Lo pierdes cuando haces cosas así. T. J. Perenara se hizo cargo de la *haka*, y yo me alegré de que así fuera. Perdí el *mana* por lo que hice.»

Incluso los mejores pueden tropezar y caerse. También Aaron Smith admite que dañó su aura. Entonces, ¿cómo gestiona Steve Hansen, el entrenador de los All Blacks que constantemente machaca a sus jugadores con la necesidad de ser humildes y respetar la cultura y la tradición, a aquellos que se precipitan desde lo más alto?

> Has de tener carácter. No tienes que ser perfecto, pero un jugador debe tener un carácter que resista el escrutinio y la presión inherente de ser un All Black. Si su carácter natural no le permite hacer eso, entonces solo nos llevará a un lugar donde no honramos, respetamos o mejoramos el legado de este gran equipo.
>
> Son hombres jóvenes, y algunos de ellos van a cometer errores. Eso no es un problema. El problema es cuán rápido aprenden de ellos, y las elecciones que toman después de eso son lo más importante. La responsabilidad de un entrenador es crear un ambiente donde esos muchachos puedan crecer y convertirse en mejores personas y en mejores jugadores de rugby.

Por lo que respecta a este tema, la filosofía de Gilbert Enoka es muy clara. El mánager de liderazgo de los All Blacks dijo que el equipo acepta la responsabilidad grupal y la responsabilidad personal. Si alguien hace algo que no es bueno para el equipo o para el rugby, como fue el caso de Aaron Smith, entonces tiene que asumir las consecuencias:

> Lo que Aaron hizo fue tan duro para él que lo destrozó. Sin embargo, al final, es la naturaleza de la condición humana. Nuestra prioridad es mantenerlos a salvo y asegurarnos de que las familias también trabajen para ello.
>
> Steve Hansen suele usar la frase: «¿Por qué tienes que perder para aprender?». Como tenemos tanto éxito, uno tiene que buscar otras formas de introspección. Eso es lo que necesitaba Aaron. Necesitaba encontrar los motivos de su mala conducta. Fue como una marea que lo arrastró. Piensas que eres indestructible y que estás

por encima de diversas cosas. Sin embargo, de repente, te derrumbas de manera inconcebible.

En octubre de 2017, en un *test match* en Ciudad del Cabo contra Sudáfrica, Smith había recuperado su lugar como líder de la *haka*. Aun así, Smith sabía mejor que nadie que había pagado un precio por su error:

> La *haka* es la suma de todas las cosas. Es un buen símbolo de la cultura de Nueva Zelanda, tal como somos. Es un poco extraño que algunas personas no puedan ver a algunos tipos perder la cabeza. Es una danza de guerra: esa es la respuesta. Antes de ir a la guerra, se manda una advertencia: «Estamos preparados para luchar, ahí vamos». Por supuesto, en aquellos tiempos, iban a la muerte.

El antiguo pilar de los All Blacks Craig Dowd participó en la película que John Eales hizo junto con Wayne Shelford y Frank Bunce. En un debate abierto en Eden Park, Auckland, reveló que, en una ocasión, un equipo rival había hecho caso omiso al desafío de la *haka*. Los All Blacks estaban preparados para empezar el partido, listos para la batalla. No así el equipo rival. Tardaron en quitarse las chaquetas de chándal, su entrenador recogió con parsimonia todas las chaquetas de sus oponentes y los jugadores rivales se apiñaron para un último mensaje de equipo. Luego, lentamente, se dirigieron a sus posiciones iniciales.

«Para ese entonces —dijo Dowd—, habíamos perdido cualquier ventaja. Hicimos el saque inicial, un par de pases y, durante un rato, estuvimos desconectados.»

¿Fue el antídoto para la pasión? Quizá… Por su parte, el irlandés Tony Ward está convencido de que la *haka* es un arma psicológica de gran valor:

> No hay duda de que supone una ventaja para ellos. Estoy seguro al cien por cien. Por sí solo, el himno ya supone una ventaja. Pero la *haka* los agita, los motiva a expensas de los contrincantes.
>
> Los All Blacks tienen una ventaja porque están físicamente activos mientras hacen la *haka*. No hay duda, con ello, entran dentro del partido mucho antes.

Tal vez deberían permitirse dos o tres minutos para que el equipo rival también tuviera la oportunidad de entrar en el partido, sugiere Ward. «Saquemos a los equipos ocho o diez minutos antes del inicio, e igualemos la tensión. No me perdonaría nunca que se eliminara la *haka* de los partidos, pero debe haber igualdad de oportunidades.»

Pero ¿cuál es el papel de la *haka* en el contexto del deporte moderno? Sin duda, el profesionalismo ha alterado el rugby. Las viejas costumbres se han desterrado. Como ocurrió con el Leicester, que tenía letras y no dorsales en la parte posterior de las camisetas, por ejemplo. El profesionalismo los remplazó. Pero no pudo con la *haka*.

Llegados a este punto, surgen dos preguntas. ¿Debería la World Rugby seguir mirando para otro lado y permitir la *haka* como un mero capricho de la tradición? Sobre todo, si, como algunos dicen, eso supone una clara ventaja para los neozelandeses. Todo es opinable. Pero la opinión de un equipo es más importante que la de otro. En segundo lugar, y quizás en un sentido mucho más amplio, ¿es necesario que Nueva Zelanda la haga en cada partido? ¿No es una parte especial y única de la cultura de neozelandesa? ¿No debería ser respetada como tal y reservada para la visita de los jefes de Estado, la realeza o para una ocasión importante, como una final de la Copa del Mundo? Pero ¿para cualquier partido de rugby? Con el debido respeto, ¿no pierde importancia? ¿No se corre el riesgo de disminuir su exclusividad?

En otra ocasión, el combinado francés desafió a la *haka* antes de la final de la Copa Mundial de Rugby 2011. Los hombres del capitán Thierry Dusautoir avanzaron, y un par de ellos cruzaron la línea de tiza designada por el IRB como el área prohibida. Fue justo, emocionante. La aceptación de un desafío. Lamentablemente, el IRB, como era de esperar y de manera desproporcionada, les impuso una multa de cinco mil dólares por lo que calificaron como una «violación del protocolo ritual cultural».

Incluso el mánager de los All Blacks, Darren Shand, dijo que el incidente no debería haber sido sancionado: «Ellos [los franceses] vinieron a jugar y eso fue genial. El desafío cultural es ese. Debe hacerse y luego seguir con lo importante. No debe sacarse de contexto».

Pero ¿Nueva Zelanda necesita seguir haciéndolo? ¿Se ha convertido la *haka* en una marca y una seña de identidad? En la actualidad, ¿es necesario seguir haciéndola? Es posible que alguna vez se haya argumentado que representa a un pequeño país que lucha con todo lo que tiene contra oponentes mundiales. Algunos pueden considerarla como la personificación de un país que todavía necesita una muleta emocional y cultural. Pero ¿sigue siendo así? El ex primer ministro sir John Key es consciente de los peligros que supone poner en duda la *haka*. Las antenas de cualquier político están alerta ante esos posibles errores. Como Key me dijo en Auckland en 2017:

> Yo no erradicaría su presencia. Es algo que suele ser tema de debate, pero lo cierto es que la cultura maorí es una cultura única en Nueva Zelanda. Es parte de lo que somos. Y su importancia es cada vez mayor. ¿Cuántas personas se aseguran de llegar a tiempo de ver la *haka* antes de un partido? Yo diría que la mayoría. Les gusta: es parte del partido. Esto es el mundo del espectáculo: es entretenimiento.

Pero ¿en eso se ha convertido la *haka*? ¿En un espectáculo? ¿En un poco de entretenimiento barato? No me atrevo a pensar que muchos jefes maoríes se traguen esa idea tan fácilmente. En 2009, el Gobierno de Nueva Zelanda otorgó los derechos de propiedad intelectual de la tradicional *haka* maorí, el *Ka Mate*, a Ngāti Toa, a un grupo tribal de la Isla Norte. El nuevo acuerdo era simbólico, pero los líderes maoríes lo consideraron muy importante para evitar, como decía la carta oficial del convenio, «la apropiación indebida y el uso culturalmente inapropiado de la *haka Ka Mate*».

Gilbert Enoka admite que algunos jugadores de Nueva Zelanda también tenían sus dudas sobre la *haka*.

> Había muchos tipos que decían que sentían que nos habían quitado la *haka*. Decían: «Hacemos la *haka* todo el tiempo, tenemos cámaras de televisión en la cara. Lo único que quiero es terminar con esta maldita cosa. Tal vez no es para nosotros. Es solo para los maoríes». Era una verdadera crisis de identidad. Por ello, tuvimos que sentarnos y hablar sobre ello: «¿Quiénes somos como neozelandeses? ¿Quiénes somos como All Blacks?». Ahí fue cuando nació *Kapa O Pango*.

Kapa O Pango es una nueva *haka* creada por Derek Lardelli de Ngāti Porou. En total, se tardó un año para crear su coreografía. Estaba basada en el primer verso de *Ko Niu Tirini*, la *haka* utilizada por los All Blacks de 1924. Se pidió la opinión de muchos expertos en cultura maorí. Se considera que complementa la *Ka Mate* y se utiliza para las ocasiones especiales. Se presentó por primera vez en un partido internacional del Torneo de las Tres Naciones de 2005, contra Sudáfrica en Dunedin y se consideró que las palabras que utilizaron eran más idóneas para el equipo de rugby que las del *Ka Mate*. Hacen referencia a los guerreros de negro y al helecho plateado. Para la mayoría de los jugadores de Nueva Zelanda, era una *haka* más apropiada que *Ka Mate*.

Ciertamente, ese fue el momento en que tuvimos que hacer un cambio estratégico porque más de lo mismo no sería bueno. Ese proceso por el que pasamos sentó las bases de lo que muchas personas consideran como una gran racha de éxito constante. Y creo que la nación hizo catarsis.

Sin lugar a duda, la *haka* es una maravillosa tradición deportiva. Pero también es una valiosa herramienta motivacional que proporciona a Nueva Zelanda una ventaja, sea cual sea el porcentaje de su incidencia. Por otro lado, está el tema de su abuso, un peligro al que hizo referencia el difunto sir Colin Meads. ¿En la final de la Copa del Mundo? Por supuesto. Pero ¿en los tres *test match* de la gira de un país en Nueva Zelanda? Claramente, con solo hacerla antes del primer *test* de la gira sería suficiente. Con eso ya se establece el desafío.

El entrenador de los Lions de 2017, Warren Gatland, originario de Waikato, hizo referencia a este problema antes de que comenzara la gira. Al comienzo de los *test*, Gatland admitió que los Lions estarían «familiarizados» con la *haka*, dado que las franquicias maoríes de los All Blacks y del Super Rugby también estaban preparándose para realizarla. ¿Diez *hakas* en diez partidos de gira? Según Gatland, eso era demasiado. Entonces, sugirió que la repetición dañaría su mística. Al final, los Hurricanes y los Highlanders no la realizaron. Los Chiefs, los Blues y los Maori All Blacks sí. Las franquicias hicieron una única *haka* propia.

Gatland dijo: «En mi opinión, cuantas más veces te enfrentas a ella, menos te molesta. Es algo que motiva. No intimida. Te familiarizas con eso. Se convierte en parte de la preparación rutinaria para un partido». Además, con el peligro que supone la comercialización del deporte, si la *haka* pierde su mística, entonces, pierde el vínculo con su herencia y su propósito. Las palabras de Gatland deberían disparar la alerta en la cabeza de los maoríes: «No te molesta […]. No intimida. […] Se convierte en parte de la preparación rutinaria para un partido».

¿Cuál es el verdadero significado de la *haka*? Seguramente, el desafío. Era una suerte de declaración de intenciones. Si eso se pierde, entonces ¿qué sentido tiene? ¿O resulta que la verdad es más siniestra? Dado que el nuevo deporte profesional ahora depende completamente de los ingresos televisivos, ¿no ocurre que, en efecto, los medios son los verdaderos dueños de los derechos de la *haka*?

En la era profesional, la *haka* forma parte de la marca de los All Blacks. Y en el mundo de los negocios, aquello que desea el consumidor es lo más importante. Todo se convierte en un producto. Si los ejecutivos de televisión tienen una opinión parecida a la de sir John Key (que todo esto es ahora un espectáculo y un entretenimiento), ¿es probable que permitan que la New Zealand Rugby y los All Blacks normalicen ese ritual? El que pone el dinero… manda…

Los ejecutivos de televisión son más que conscientes de lo ciertas que son las palabras de Aaron Smith. Es posible que las mujeres no vean todo el partido, pero ven la *haka*. Los magnates de la televisión se friegan las manos ante la posibilidad de que hombres y mujeres vean su programa. En tales circunstancias, el mercado publicitario se amplía exponencialmente.

Por ello, ¿si los All Blacks decidieran reducir el número de *hakas*, los medios televisivos estarían de acuerdo? No es probable. Eso nos lleva a una realidad deprimente: la televisión tiene en sus manos este deporte.

Pero ¿este tema solo preocupa a los más tradicionalistas? ¿Debería permitirse que la *haka* se convierta en un ingrediente esencial para la comercialización del deporte que importaría a todo el mundo la cultura de Nueva Zelanda? ¿Los ancianos maoríes se quedarían de manos cruzadas al ver que sus descendientes no harían nada al respecto? La cuestión fundamental es que la *haka* debe ser tratada como algo realmente especial. De hecho, como algo único. Porque lo es. Si se ejecuta antes de todos los partidos, con el tiempo, perderá su atractivo. O peor aún: se convertirá en un mero espectáculo.

¿Quién quiere eso?

6

La importancia de los polinesios

Contribuciones de, entre otros,
WAISAKE NAHOLO, JEROME KAINO, MALAKAI FEKITOA,
ALAN JONES, sir BRIAN LOCHORE, ALAN SUTHERLAND,
sir BRYAN WILLIAMS, CONRAD SMITH, WAYNE SMITH,
STEVE HANSEN, BEAUDEN BORRETT, DAN CARTER,
JOHN EALES, FRANK BUNCE, WAYNE SHELFORD,
GILBERT ENOKA y sir COLIN MEADS.

Vengo a Nueva Zelanda y veo a los niños, y, ¡Dios!…
lo consiguen todo sin esfuerzo. No quiero sonar triste
o ser malo. Pero no tienen que pasar por todo lo que
yo pasé. Aquí ves que los niños son desagradecidos.
Quieren móviles, coches, todo…

WAISAKE NAHOLO, ala de los All Blacks

*A*ún se acuerda de los buenos tiempos, cuando los niños corrían despreocupados por la arena. El mar era fresco y acogedor. Celeste, con vetas de azul profundo y esa espuma blanca parecida a la de un *cappuccino* flotando en el lejano arrecife. Y el viento. Siempre se acordaba del viento.

La amistad y la diversión eran infinitas. La familia, contando a todos los primos, era suficientemente extensa. Además, su madre permitía que los demás niños también se quedaran. Era lógico, la escuela estaba cerca. Aunque eso significaba que quince personas deberían pasar la noche en una casa de tan solo dos habitaciones. También había que darles de comer. Gestionar eso era trabajo de magos o santos. Sobre todo, cuando el dinero escaseaba. Que siempre lo hacía. Buena prueba de ello era su ropa, austera, pasada de generación en generación como si se tratara de reliquias familiares. Eran Waisake, su hermana y dos hermanos, y su abuela y su abuelo. Y, a veces, diez o doce niños de otras familias.

Hoy es un hombre. Todo un hombre: 1,86 de altura y 96 kilos. Por aquel entonces, apenas un chico. Me recibe en un día horrible. Dunedin, una de las ciudades más australes del mundo, es famosa por ello. Lluvia fría y constante. Se quita uno de los guantes para darme la mano. La estructura ósea es enorme. El cuello debajo de su cabeza sobresale. Igual que los bíceps y los muslos. Sin embargo, cuando habla, su profunda voz puede ser tan suave como la de un gatito.

Waisake Naholo, un hombre distinto. Una historia diferente. No fue un niño rico de Nueva Zelanda, ni nació en una cuna de oro. Nunca lo llevaron en un todoterreno a entrenar. De ninguna manera. Era solo un niño de Fiyi. ¿Acaso excepcional? Nada de eso. Me acompaña a visitar la isla, de vuelta a esos tiempos… Vive con un tío cerca de su casa familiar, en Sigatoka, en la costa de Coral de Fiyi. Está a cuarenta y cinco minutos de Nadi. A Waisake no le gusta Suva, la capital. Allí llueve demasiado.

Regresa a su infancia, cuando tenía quince años. Vive en la casa de su tío, mucho más espaciosa, pero no tiene la oportunidad de ver a su padre tan a menudo. Siempre parece que se levante muy temprano y llegue a casa pasado el atardecer. No sabe que su padre lo está pasando mal. Tiene dos trabajos, pero apenas es capaz de encargarse de uno. Por aquel entonces, Waisake no entendía el impacto que la carta había supuesto para su familia. La carta había llegado un día en medio de una gran emoción. Era de una escuela de Nueva Zelanda. Sabían sobre su reputación como jugador de rugby y querían ofrecerle una plaza. Mandaron a un representante a la isla para hablar con él. La carta llegó poco después.

Por desgracia, surgió otro problema. La escuela solo podía hacerse cargo de media beca. Waisake se encogió de hombros. No vio futuro en eso. ¿Cómo podría su pobre familia pagar la mitad de la matrícula? Era un sueño imposible, como la fantasía de que algún día se encontraría al otro lado de la cerca de alambre. Esa cerca que separaba el hotel de cinco estrellas de las modestas casas de su familia y amigos. Su opulencia se vanagloriaba frente a su pobreza. Lo recordaba bien:

> Te pagan una miseria en la isla. Mi padre tenía un trabajo, pero no ganaba mucho. No era sencillo. Es como que allí hay dos vidas, dos países en uno. En la primera, la gente local lucha por conseguir suficiente dinero para comprar alimentos. En la segunda, los turistas adinerados se alojan en estos hoteles de lujo. He visto lo difícil que es ganarse la vida. He visto lo duro que mis padres tuvieron que trabajar solo para darnos un plato de comida.

Sin embargo, no fue capaz de ver nada más. No en ese momento. Sucedió justo delante de sus narices. Su padre haría su trabajo de día y luego se iría directamente al otro trabajo que había conseguido. Construyendo *bures*, las casas redondas con techo de paja estilo Fiyi. Tampoco sabía que su tío estaba trabajando con él hasta bien entrada la noche, o que algunos de sus primos también prestaron algo de ayuda.

A esa edad, se había desarrollado de forma extraordinaria. Los niños polinesios crecen rápido. Sin embargo, no aguantó las lágrimas el día que su padre le dijo que la familia podía hacerse cargo de la otra mitad de la beca. Podía ir a la escuela en Nueva Zelanda. Aquello era un acto de generosidad infinita, de sacrificio colectivo.

No dudó en aprovechar la oportunidad de su vida y le fue bien en la escuela. Luego firmó para jugar en el equipo de rugby de Taranaki, en la antigua provincia de Graham Mourie. Después de eso, lo ficharon los Auckland Blues. Ahora está con los Highlanders y también juega para los All Blacks. Combina la potencia y la agresividad con la destreza de un artista. Su *offload* en el partido de Nueva Zelanda contra los Barbarians, en Twickenham en noviembre de 2017, fue determinante para que su equipo lograra importantes ensayos. Fue una delicia estética. Aunque lo más importante es que está ganando más dinero de lo que su madre o su padre podrían haberse imaginado.

Una historia con final feliz. Pero, entonces, ¿por qué Waisake parece triste?

Vengo a Nueva Zelanda y veo a los niños, y, ¡Dios!… lo consiguen todo sin esfuerzo. No quiero sonar triste o ser malo. Pero no tienen que pasar por todo lo que yo pasé. Aquí ves que los niños son desagradecidos. Quieren móviles, coches, todo…

Su voz se apaga. Se acuerda de sus amigos en Fiyi. Con algunos fue a la escuela local. Algunos eran más listos y tenían más talento que él. Pero nunca les llegó su oportunidad. Sus padres no podían pagar las matrículas. Ni siquiera un almuerzo adecuado. Por eso, los jóvenes renunciaron. Fueron a trabajar en la tierra. Pero allí es difícil conseguir dinero, dice Waisake. Ahora, años después, ha llegado el tiempo de la revancha. Cada mes, separa una suma importante de su salario y transfiere a la isla. No sabe dónde se destina, ni qué beneficios produce.

«No me parece mal —me dice con voz suave y reflexiva—. Lo que hacen con el dinero no es mi problema. Lo necesitan más que yo, eso seguro. Estoy orgulloso de hacerlo. Es lo que me dicta mi educación.»

Por otro lado, también trata de ayudar a los muchos primos que tiene. Pero ¿qué sucederá cuando deje de jugar al rugby y se detenga el flujo de dinero?

«Tengo inversiones. Compré una casa aquí, y espero conseguir un par más. Parte de mis inversiones sirven para traer a mis hermanos a una escuela de Nueva Zelanda. Con mi ayuda podemos pagarlo.»

En otros países del hemisferio norte, como Inglaterra y Francia, donde otros jóvenes practican deporte profesional, mucha gente no entendería su sentido de la responsabilidad.

Sin embargo, su historia le garantiza algo. Aprendes rápido las lecciones más duras de la vida. Te condicionan, se graban en tu alma. Asumiendo que se tenga una: «No puedo darle la espalda a mi familia. Veo algunas personas que se pelean con sus padres y discuten. Y yo no me veo haciendo eso. Cuando eres isleño, vienes de familias extensas. Hay mucha gente a la que ayudar. Mi familia lo es todo para mí».

El antiguo All Black Malakai Fekitoa comprende tales sentimientos. Fekitoa vino de Tonga, atraído por la oferta de una beca en el Wesley College en Paerata. Compartía dos rasgos con Naholo. Ambos eran excelentes promesas del rugby y los dos provenían de entornos humildes. En el caso de Fekitoa, era el octavo de quince hermanos.

A mediados de 2017, anunció que dejaría los Highlanders y que aceptaría un contrato de dos años del club francés Toulon. De Tonga a Toulon. Se estima que probablemente triplicaría su ficha. No fue el primero en irse. Charles Piutau y Steven Luatua ya habían aceptado ofertas lucrativas. El trato para Luatua fue tan bueno que incluso se unió a un club inglés de segunda, el Bristol, de Auckland Blues. De Super Rugby a superordinario. ¿Cómo puede ser? Alguien que sabe del tema me dijo: «No puedes ni imaginar lo suculenta que era la oferta. No había lugar para las dudas, así de buena era la oferta. Tenía que aceptarla».

Más adelante, cuando el Bristol fichó a Piutau, también, por un millón de libras por temporada, el acuerdo con Luatua se entendió mejor. Pero la honestidad de Fekitoa quedó patente:

Cuando hablamos de familia. […] para muchos de este equipo…, es por lo que jugamos. Me hubiera encantado crecer en un escenario diferente, con una vida diferente. Pero es lo que hay. Hemos de cuidar de todos nuestros hermanos y cosas así. Todos los chicos de la isla hacemos eso. Mi hermana está casada y tiene hijos, pero yo sigo haciéndolo. Para eso jugamos. La familia siempre es lo primero.

Estas historias revelan el entusiasmo y la desesperación que tienen los jóvenes jugadores polinesios para dar el salto a Nueva Zelanda. Para tratar de forjar una carrera en el rugby profesional. Saben que ese camino ofrece una ruta para sacar de la pobreza a toda la familia. Cuando los mejores jugadores de rugby de Nueva Zelanda toman el avión a una tierra de leche, miel y dinero, es fácil burlarse, como muchos han hecho. Pero, como dice Naholo, «tienes que sopesar lo que quieres. Steven tiene hijos y una familia en las islas. Tienes que cuidar de ellos. Como yo. No criticaría a nadie por irse. En este deporte, te tienes que cuidar».

¿Egoísmo? ¿En un deporte donde se usa los cuerpos de los jóvenes como carne de cañón? Es un juego tan extremadamente físico que tu próximo partido podría ser el último. Para siempre. Sin mencionar las conmociones cerebrales, una bomba de relojería que en cualquier momento puede estallar sin un pronóstico determinado. Para condenar a esos jóvenes, se necesita un alma de acero.

La verdad es que llegar a la élite, tener éxito, mantenerte en forma y pensar todo el tiempo en las necesidades de los miembros de la familia es un problema. En Nueva Zelanda, la mayoría de los jugadores jóvenes hacen malabarismos con estas enormes presiones y emociones. Hay que considerar la historia de otro jugador de la isla. Lo contrató el Auckland Blues durante la era de John Kirwan, entre 2013 y 2015. Era un jugador espectacular y dinámico, pero tuvo un problema. Una mañana llegó tarde al entrenamiento. Recibió una advertencia del entrenador y se disculpó. Sin embargo, dos días más tarde, sucedió de nuevo. Kirwan hizo lo que cualquier entrenador hubiera hecho. Lo echó del equipo. Aproximadamente una hora más tarde, mientras caminaba hacia su coche, el entrenador vio algo extraño, triste. Ahí estaba el jugador, sentado contra una rueda de su vehículo en el aparcamiento. Lloraba desconsoladamente.

«Usted no lo entiende, entrenador —dijo—. Antes de venir aquí esta mañana, descubrí que me habían quitado veinte mil dólares de mi cuenta.»

Sabía quién había sido: sus padres. ¿Por qué? Existe cierto sentido de derecho dentro de la comunidad de la isla. Al miembro exitoso de la familia le corresponde ayudar a quienes están en casa. La responsabilidad de quienes proporcionan dinero es inmensa. Como dice sir Graham Henry, es algo cultural. En su opinión, hay mucho más de lo que se ve. Los del otro lado del mundo no conocen los detalles. Algunos afirman que despojar a las islas de su talento ha socavado constantemente las posibilidades de que Samoa, Tonga o Fiyi emerjan como naciones líderes por derecho propio. Eso es así hasta cierto punto. Pero los principales responsables son las personas que dominan el mundo del rugby: la World Rugby (o, su encarnación anterior, el IRB). Como dice el exentrenador de Australia Alan Jones: «No se pueden ocultar las ambiciones de la gente». ¿Por qué deberías evitar que los deportistas intenten crecer como personas en lo que se ha convertido en el país número uno del rugby mundial?

En cambio, Jones culpa a los líderes del deporte por la debilidad competitiva de las islas polinesias. Después de la instauración del profesionalismo, se podría haber aplicado un sistema de compensación por los jóvenes que daban la espalda a sus islas de origen. Hubiera sido perfectamente posible organizar un sistema que otorgara a las federaciones de rugby de las islas algún tipo de compensación por la pérdida de jóvenes promesas. Ese dinero podría y debería haberse invertido en el desarrollo del deporte. Pero el consejo administrativo nunca ofreció ninguna iniciativa importante para corregir tal desequilibrio. Jones es uno de esos que tenían la esperanza de que los mandatarios del deporte tomaran alguna medida al respecto.

> La única crítica que tengo de Nueva Zelanda es que no deberían haber hecho lo que hicieron en las islas polinesias. Me opongo al uso excesivo de jugadores de origen pacífico en estos equipos. Ha debilitado la fuerza de las islas.
>
> Las personas con talento están destinadas a convertirse en parte de los All Blacks. No puedes culparlos, ni tampoco puedes culpar a Nueva Zelanda por elegirlos. Pero creo que debería haber algún tipo de compensación. Ahora mucha de esta gente juega para Nueva Zelanda y Australia. Siempre he dicho que, si querían hacer eso y los jugadores querían migrar a estos países, no hay ningún problema. Pero debería haber una tarifa de capitalización para esos jugadores, y ese dinero debería volver para hacer crecer el deporte en las islas del Pacífico.
>
> Pero no lo hacemos. Simplemente, nos los llevamos y luego decimos: «Bueno, ya jugaste para los All Blacks o para los Wallabies. Así que no puedes regresar y jugar para Samoa, Tonga o Fiyi».

Sin embargo, esto no es una crítica subjetiva. Jones también arremete contra el poder que ostenta el rugby en su propio país:

Australia y Nueva Zelanda han debilitado el deporte por no haber desarrollado sus propios jugadores. Han confiado en jugadores grandes, potentes y hábiles de las islas del Pacífico. En este sentido, Australia es probablemente peor que Nueva Zelanda. En 2017, Queensland tenía doce jugadores de las islas del Pacífico en su equipo. ¡Terrible! Está mal.

Hace siglos que la gente de las islas del Pacífico migra a Nueva Zelanda para encontrar trabajo y una vida mejor. No es un invento moderno creado por algunos ambiciosos entrenadores de rugby. No puedes evitar que la gente persiga un paraíso deportivo y financiero. Aun así, seguramente, se podría controlar. Especialmente, una vez se instauró el profesionalismo. Pero la falta de liderazgo ha socavado el deporte de muchas maneras.

Una de las máximas ironías de esta ausencia de liderazgo en el deporte neozelandés es que ahora juega en contra de ellos. Ante los fracasos de Australia y Sudáfrica, las principales figuras del deporte neozelandés empezaron a lamentarse de que los All Blacks no tenían una competencia real en las islas del Pacífico. Pero eso es una consecuencia del fracaso de las autoridades del deporte a la hora de tomar decisiones difíciles con respecto a las compensaciones económicas. Si hubieran tomado alguna decisión años atrás para evitar la pérdida constante de los mejores jugadores pasifika a favor de Nueva Zelanda (y, más recientemente, de Australia), podría haber surgido un equipo potente en Fiyi, Samoa o Tonga, o tal vez incluso una buena selección que englobara a diversos equipos del Pacífico Sur. Pero, sin la normativa correcta, tal posibilidad se desvaneció.

No todos los jugadores que han salido de las islas polinesias han alcanzado el éxito inmediatamente. Jerome Kaino lo sabe por cuenta propia. Kaino tenía solo cinco años cuando sus padres desarraigaron a su familia de la Samoa Americana y se mudaron al sur de Auckland. Al igual que Naholo, Kaino desarrolló su cuerpo hasta convertirse en un candidato natural para el rugby. Sin embargo, a pesar de que tenía el físico adecuado y estaba en forma, no tenía la actitud necesaria. No valoraba las necesidades de una vida dedicada al rugby. No estaba preparado para hacer los sacrificios necesarios. El alcohol y la fiesta aparecieron en su vida. Su futuro no parecía prometedor.

Afortunadamente, dos hombres salieron en su ayuda: Graham Henry y Steve Hansen.

Me salvaron la vida, y no solo seleccionándome en esos tiempos difíciles. También me dieron muchos buenos consejos. En lugar de querer matarme, simplemente dijeron: «Está bien, es la naturaleza humana. Pero también te estás decepcionando y estás decepcionando a tu familia».

Me hicieron comprender que todo dependía de mí. La pelota estaba en mi tejado. Me dijeron: «Te podemos ayudar. Pero vas a tener que tomar algunas de estas decisiones difíciles por ti mismo». Eso me ayudó mucho.

Hubo quienes consideraron que los muchachos isleños no eran capaces de comportarse seriamente. La disciplina y la responsabilidad eran importantes. Sobre todo, cuando tenías la gallina de los huevos de oro: los All Blacks.

Otros, incluso, pensaron que la creciente introducción de jugadores isleños podría costarle muy caro al rugby de Nueva Zelanda. Alan Sutherland, All Black en sesenta y cuatro partidos y diez *test match* de 1968 a 1976, lo recuerda perfectamente:

Algunos solían creer que el rugby de Nueva Zelanda se convertiría en una basura bajo la influencia de los jugadores de la isla. Creían que debilitaría a Nueva Zelanda. Hubo solo algunos hace años: B. G. Williams, Sid Going, etcétera. Se creía, principalmente, que, si había demasiados isleños, el rugby de Nueva Zelanda sufriría. Para ser honesto, siempre pensé que les faltaba un poco de corazón. Tradicionalmente, el jugador de rugby de Nueva Zelanda te llega al alma. Pero los jugadores de la isla parecían desanimarse más rápido que nadie.

Se decía que les faltaba disciplina. Concentración. Que no estaban a la altura de las exigencias. Su explosividad era fenomenal en determinados momentos. Pero ¿durante más de ochenta minutos? Imposible. Y eso, se creía, debilitaría al rugby neozelandés. Concretamente, a los equipos forjados por granjeros fuertes y sensatos. Nutridos por el ADN de sus antepasados que, además, tenían una línea defensiva de estudiantes universitarios para agregar algo de destreza y sutileza. Era algo que se podía prever. Sin embargo, el rugby neozelandés se adaptó, evolucionó. Evolución, no revolución. Incluso sir Brian Lochore se refirió a algo parecido cuando dijo: «Son jugadores de gran impacto. Siempre y cuando tengan a alguien a quien aman y en quien puedan confiar a su lado. Entonces no hay problema».

Colin Meads fue sincero. «Era común decir que la influencia de los jugadores de la isla perjudicaría de alguna manera a los All Blacks. La gente decía: "Renunciarán cuando lleguen a lo más alto". Pero no veo eso. Son jugadores muy buenos. Han sido educados con nuestro sistema educativo. Tienen educación y son disciplinados. Si no eres disciplinado, no llegas a ser de los All Blacks.»

Entonces ¿qué sucedió? Todas las dudas y los miedos quedaron en nada, como oponentes neutralizados. Aquella combinación resultó exitosa. Y lo sigue siendo. Como dice sir Bryan Williams, ocurrió exactamente lo contrario. La integración inteligente y gradual de estos jugadores en los equipos de rugby de Nueva Zelanda ha transformado el deporte en todo el país. Un poder explosivo, un excelente físico, una velocidad increíble y un coraje extremo. Por no hablar del compromiso: la tendencia al riesgo y a sacrificar completamente sus cuerpos. Estas son las cualidades que han ayudado a llevar a los equipos de Nueva Zelanda a otro nivel. Es el resto del mundo el que ha sufrido, impresionado por estos inmensos especímenes físicos.

«El rugby de Nueva Zelanda los ha cambiado», reconoce Sutherland. Tal vez. Ellos han cambiado el rugby de Nueva Zelanda. Y claramente para mejor.» Sin embargo, Meads no está de acuerdo en un aspecto. Le pregunté si ahora el deporte vive obsesionado por la dureza.

Sí, se están obsesionando. Son jugadores grandes. Nadie querría que lo golpeara un tipo como Jerome Kaino. Estos muchachos reciben golpes duros y así los entrenan. Es parte de su formación, aunque no esté de acuerdo. No renunciamos a los placajes, pero los golpes duros nunca fueron parte de nuestro juego. Ahora parecen gladiadores. Muchos jugadores buscan el contacto en vez del espacio. En nuestra época, si placabas a alguien que no tenía la pelota, te ganabas una paliza, y con razón. Es peligroso, porque es cuando la gente puede hacerse daño.

Sin embargo, Beauden Barrett cree que hay otro elemento más importante que el físico que representa el valor imperecedero de los jugadores de las islas para el rugby de Nueva Zelanda. «Los jugadores pasifikas aportan ese poder físico en bruto. Pero es más que eso. Creo que su mejor virtud es la habilidad de recoger la pelota y empezar una jugada. Es aún más instintivo para ellos que para cualquier otra persona.»

Kaino usa una palabra corta para describir la gran influencia de los jugadores pasifika en el rugby de Nueva Zelanda: «Enorme».

Su influencia está creciendo, es incalculable. Hemos contribuido mucho a la historia del rugby de Nueva Zelanda. Creo que la forma en que los neozelandeses hacen las cosas y su sistema complementan lo que los jugadores de las islas tienen de forma innata: su físico y la forma de jugar. Es necesaria un poco de disciplina para convertirse en un jugador de rugby o para sobrevivir en la sociedad neozelandesa; eso nos ayuda mucho. A veces, esa disciplina no es tan natural para los jugadores polinesios. Lo que aprenden, y el sistema, tiene un valor incalculable.

Él dice que, a pesar de haberse criado en Nueva Zelanda, siempre se sintió samoano. Todavía es así, y está orgulloso de serlo. Sin embargo, añade: «También estoy orgulloso de ser un kiwi. Creo que son cosas complementarias. Aquí puedes mantener viva esa cultura samoana».

Dan Carter señala que ambas partes se han beneficiado de esta relación:

Los jugadores pasifikas tienen una gran influencia. Su tamaño, su habilidad y su poderío son increíbles. Si miras a algunos de los mejores All Blacks, muchos de ellos tienen algún tipo de pasado pasifika. Somos extremadamente afortunados de tener a tantos viviendo en Nueva Zelanda y representando a los All Blacks. Son personas únicas, y sus creencias y cultura son especiales.

Sin embargo, creo que el rugby de Nueva Zelanda también los ha mejorado. Es cierto que el rugby neozelandés se ha beneficiado claramente de su participación, pero es una relación recíproca.

John Eales precisa en qué se han beneficiado los muchachos de la isla: «La enseñanza ha sido una gran ventaja para ellos. El sistema escolar de Nueva Zelanda es excelente para producir jóvenes jugadores de rugby. No quiere decir que Nueva Zelanda gane solo porque tiene algunos jugadores de origen pasifikas. Pero están tan interesados en el rugby… Tienen la constitución física idónea y una fuerza natural».

La máxima de sir Brian Lochore de que los jugadores de las islas alcanzan su máximo potencial cuando se sienten cómodos y rodeados de aquellos en los que confían suele ser cierta. Pero no solo ellos se benefician de la exposición al entorno supremamente profesional de los All Blacks. Desde tiempo atrás, se sabe que la relación entre los jugadores y el entrenador es determinante en el entorno de los All Blacks.

Conrad Smith fue el compañero de mediocentro de Ma'a Nonu en los Hurricanes y los All Blacks. Smith dice que Nonu no fue el único que se benefició de ese tipo de relación:

> En cuanto a Ma'a, tenía una relación especial con todos los directivos de los All Blacks, incluido Graham [Henry]. A partir de 2008, creo que Ma'a siempre tuvo un rendimiento bueno con los All Blacks, y los entrenadores sabían que podían obtener lo mejor si estaba bien rodeado. Creo que entonces había muchos jugadores así, no solo Ma'a. Sin duda, era porque el entorno de los All Blacks es único. Es un grupo compuesto por los mejores entrenadores y jugadores del país, y los valores y las expectativas son altísimos. Algunos jugadores reaccionan muy bien a ese entorno. Y, cuando lo hacen y juegan bien, se ganan la confianza del cuerpo técnico.
>
> Cuando están fuera de ese entorno, algunos jugadores pierden los valores, lo cual no es bueno. Pero siempre y cuando den lo mejor como parte de los All Blacks, tendrán la confianza del personal. Creo que todos los jugadores son así hasta cierto punto, algunos más que otros. No creo que haya sido solo una cosa de Ma'a. Se trata de estar cómodo, trabajar con excelentes entrenadores, jugar junto a grandes jugadores y obtener la mejor asistencia en términos de entrenamiento físico, atención médica y resistencia mental… Todo eso junto puede ser muy beneficioso.

Bryan Williams cree que jugar al rugby es más natural para los jugadores de las islas que para los de herencia europea. Según él, tienen este «elemento explosivo innato». Al añadir a la ecuación aspectos de la era moderna, como la disciplina, la ética de trabajo y la planificación, se obtiene un resultado imponente e intimidante. Pero han aportado más que solo esto, argumenta Williams.

Han tenido un papel importante en cuanto a la naturaleza aventurera del deporte neozelandés. En las décadas de 1960 y 1970, cuando no teníamos muchos jugadores pasifikas, los All Blacks no eran aventureros. Pero, con el tiempo, se han convertido en lo que ves hoy: un equipo atrevido y altamente calificado. En su momento, tenías equipos con atletas grandes y poderosos, con disciplina. Si no te adaptabas, no tenías nada que hacer. Pero estaba claro que se necesitaba que los jugadores fueran más rápidos, más habilidosos y más atrevidos.

Williams dice que el proceso de integración tuvo lugar principalmente en las décadas de 1980 y 1990. Admite que lo que empezó como algo pequeño se volvió enorme. Su propio club, el Ponsonby en Auckland, fue un buen ejemplo de ello. También acepta que esta influencia dotó a Nueva Zelanda de una ventaja considerable, especialmente en los primeros años. Sin embargo, aún había margen para alienar otro tipo de jugadores con otras características como el trabajo duro, la disciplina o la inteligencia táctica.

Por otro lado, también hay que tener en cuenta las cualidades indispensables para integrar a gente de diferentes pueblos. La tolerancia y la paciencia son un buen punto de partida. La comprensión, otro. Sin embargo, no siempre se respetan. Frank Bunce y Eric Rush pueden dar fe de ello. Cuando Rush debutó con Nueva Zelanda en 1992, antes del partido, arrojó despreocupadamente su mochila en el vestuario y salió al terreno de juego antes de tiempo. Cuando regresó, su mochila no estaba en ningún lado. «Mira en la ducha», dijo una voz. Y ahí estaba, debajo de una ducha abierta. Y solo porque la había dejado en el lugar equivocado del vestuario.

Bunce, a pesar de no ser un novato, también se encontró con ese tipo de comportamientos cuando debutó con los All Blacks en 1992. «En ese momento, así era cómo se trataban a los compañeros de equipo. Los otros jugadores eran arrogantes. Como habían alcanzado la cima del deporte, pensaban que estaban por encima del rugby.»

Tampoco fue muy distinto cuando Bryan Williams, oriundo de Samoa, debutó con los All Blacks en 1970. Fue un pionero, el primer polinesio seleccionado para jugar con Nueva Zelanda. Bee Gee, como se le conocería, se convirtió en uno de los grandes All Blacks, pero, al principio, ni siquiera tuvo una buena acogida. Ese día, algunos veteranos de los All Blacks lo arrinconaron al fondo de un autobús y lo sometieron a un largo interrogatorio. En aquella época, siempre le repetían la misma pregunta: «¿Qué puedes aportar?».

Hubo un tiempo en que me sentía incómodo. Para un joven polinesio, todo aquello era algo nuevo. Mi primer viaje fue a Sudáfrica, durante el *apartheid,* y fue doblemente aterrador porque no sabía cómo me iban a tratar. En parte fui responsable de los problemas que sufrí. Era muy tímido. Creo que compartí habitación con Chris Laidlaw, pero él no quería hablar conmigo, y yo era demasiado tímido para hablar con él.

Pero Williams tuvo suerte. El primer capitán de los All Blacks era Brian Lochore, un líder importante y alguien que entendía la importancia de involucrar a todos los jugadores de una gira. Lochore había debutado en un *test match* de los All Blacks en la gira de 1963-1964 por las islas británicas, Irlanda y Francia. Y, al igual que Williams, en ocasiones, se había sentido solo. También había sufrido esa misma situación: un muchacho nuevo y esperanzado. Sin embargo, a pesar de su juventud, terminó jugando en dos *test match* de la gira; una señal de lo bueno que era. Pero sufrió, como todos los jóvenes. En esos días, había un equipo de sábado y un equipo de miércoles. Y muchos de los chicos más jóvenes competían entre sí.

Por aquel entonces, al capitán Wilson Whineray no parecía importarle en absoluto la falta de empatía y comunicación con los ambiciosos jugadores jóvenes durante esa gira. Dirigía un grupo de hombres adultos que disfrutaban de su propia compañía y dejaron que el resto se las apañara como pudiera. La experiencia no fue ni acogedora ni instructiva.

Sir Brian Lochore aún lamenta no haber amonestado a Whineray al respecto. Estuvo presente y presenció los efectos de tal conducta, pero no dijo nada. Actualmente, el venerable All Black confiesa: «Debería haber mantenido una charla con él. Pero no tuve el coraje necesario. De hecho, muchas veces no reuní el coraje de hablar con la gente. Ahora no, pero cuando era joven, sí. Era un chico de campo muy tímido».

Por lo común, Steve Hansen no se anda con rodeos. Para él, «sería absurdo si no reconociéramos que los jugadores polinesios han desempeñado un papel importante en lo que hemos hecho […] como una nación de rugby».

Sin embargo, entender esto como una historia de éxitos personales sería extremadamente tramposo. Los jugadores de origen polinesio se han adaptado con éxito y se han beneficiado de las tradiciones del rugby de Nueva Zelanda. Pero hay que ir más allá. Para ello, para poder tomar la distancia adecuada, tomé un avión con destino a Australia.

Me reúno con Andrew Slack en el centro de Brisbane. Es un día festivo y la ciudad está tranquila. Nos encontramos en un hotel de lujo al lado del río Brisbane. Los impresionantes yates privados se deslizan sobre el agua y los corredores terminan sus rutinas en la pista de tierra que rodea el parque.

El desarrollo de Australia durante los últimos doscientos treinta años es impresionante. El único inconveniente es que un segmento de la población se quedó atrás: los pueblos indígenas de ascendencia aborigen. Ellos representan el secreto más bien guardado de Australia, y las comparaciones entre estos dos vecinos de rugby transtasmanos resultan instructivas.

Andrew Slack no quiere ni pensarlo. Puedo ver la tristeza en su rostro. Pero aparece un rayo de esperanza cuando compara el ejemplo de Australia con el de sus rivales deportivos más antiguos. El capitán del Grand Slam de los Wallabies de 1984 no tiene ningún reparo en reconocer la impecable integración de los pueblos aborígenes en los All Blacks. Sin duda, representa el triunfo de una nación. Pocos países logran la armonía que ellos disfrutan con personas de orígenes muy diferentes. Sin embargo, eso no quita el esfuerzo constante de muchas personas (administradores, entrenadores, jugadores y un número desconocido de seguidores del rugby) que han luchado para que Nueva Zelanda integrara con éxito a tres pueblos aborígenes (maoríes, pakehas y pasifikas) en una sola nación y en un solo equipo.

Esta fusión ha sido admirable —dice Slack—. Nosotros en Australia todavía estamos trabajando en eso, no lo hemos resuelto. Pero ellos tenían mucha más práctica en ello. Ellos tenían a muchos más maoríes por aquel entonces [entre mediados y fines de la década de 1980]. Siempre he considerado que la actitud de Nueva Zelanda era la de configurar un único país, un solo pueblo. Se les trata como parte del equipo. Quizás el secreto de la integración exitosa de los pueblos es no pensar en ello. Sin embargo, sea cual sea el truco, han salido ganando. Han mejorado como pueblo y como nación de rugby. Gracias a las habilidades de los jugadores maoríes e isleños, incrementaron el nivel medio, porque son grandes atletas.

Las palabras de Slack son generosas. Aunque, a simple vista, todo el mundo puede comprobar que esta integración ha supuesto un logro considerable.

Ganar trofeos es un triunfo en términos deportivos. Pero lo que ha hecho el rugby neozelandés al reunir con éxito a personas muy distintas y enseñarles los valores de la armonía y el poder del colectivo frente al individuo es admirable. Ha sido un ejemplo de integración exitosa. Por supuesto, sería absurdo extender esa armonía entre los distintos pueblos a todos los ámbitos de la vida de Nueva Zelanda. Eso sería una utopía. Sin embargo, si existe un buen ejemplo de gestión para la integración casi perfecta de distintos pueblos, entonces, el rugby de Nueva Zelanda es el mejor candidato. Además, el éxito es evidente en todos los ámbitos: desde las escuelas hasta los clubes humildes; desde los equipos de la Mitre 10 Cup hasta las franquicias de Super Rugby.

Para Steve Hansen es evidente:

> Hay un montón de ingredientes para nuestro éxito. Pero uno de ellos es la diversidad de personas que conviven en este país. Es cierto, este es un triunfo para Nueva Zelanda. Ante todo, estamos orgullosos de ser neozelandeses. No nos preocupa demasiado de dónde venimos ni nuestro pasado. Lo respetamos y comprendemos, pero representamos una sola nación.
>
> El rugby ha sido un factor positivo para la construcción de esas relaciones porque la gente nos ha visto trabajar en equipo. Ves a Keven Mealamu y a Andrew Hore, nacidos y criados en Nueva Zelanda, pero de orígenes y culturas totalmente diferentes, y son excelentes compañeros. Eso es algo hermoso: personas que se unen y trabajan por una causa.

Sin embargo, el secreto se encuentra en que Nueva Zelanda no es el alma de un solo pueblo, sino de tres: maoríes, pakehas y pasifikas. El país ha evolucionado, y los All Blacks con él. Los cincuenta años que separan 1967 y 2017 han sido determinantes. Todo ha cambiado por completo. Así como el juego de los All Blacks actuales. Ahora es más dinámico, más rápido, más poderoso, infinitamente más variado y, en conjunto, más emocionante.

El entrenador de defensa de los Springboks del 2017, Brendan Venter, afirma que la influencia maorí y pasifika de Nueva Zelanda fue vital para la consecución de los éxitos que obtuvieron:

> Los polinesios están hechos físicamente para jugar al rugby. Esa fue una parte de su influencia. Pero, en algún momento, el nivel táctico y de habilidad se incrementó, y fue la referencia del poderío de Nueva Zelanda.
>
> Por tal motivo, este nuevo grupo de entrenadores es especial. No es solo Steve Hansen. Creo que todo empezó con Graham Henry. Su cuerpo técnico estableció una forma de entender el cargo. Dijeron a los jugadores: «Para ser un All Black, debéis ser más disciplinados, trabajar más duro y respetar a los demás». Físicamente, pasaron por encima de todos. Sí, tienen grandes habilidades y una gran combinación, pero, fuera del terreno de juego, es alucinante lo duro que trabajan. En mi opinión, como pueblo, los neozelandeses son prácticamente lo mejor que he visto en el rugby. Pero, además, la mayoría de los jugadores que tienen éxito son excelentes personas. ¿Qué ocurriría si perdieran tres o cuatro partidos seguidos? Se dice que tu verdadera personalidad aparece cuando llegan los malos momentos. Son buena gente, humildes. No hay arrogancia en ellos.

Wayne Smith insiste en que no existe una razón lógica para explicar el éxito de Nueva Zelanda. Es un país pequeño, con una economía muy limitada y sin los recursos de muchos de sus rivales. Pero esa visión es limitada, pasa por alto la influencia de los jóvenes de origen polinesio que, en su opinión, es determinante.

Además, hace una interesante comparación entre los jóvenes de una familia de origen isleño, de cualquier generación, y los jóvenes pakehas. Según él, si das una vuelta por Nueva Zelanda en coche, la mayoría de los niños que ves jugando con una pelota de rugby son polinesios. Al igual que hace treinta o cuarenta años, la mayoría habría sido pakehas. Las modas sociales vienen y van, al igual que las mareas que trajeron a tantos pioneros a esta tierra. Según Smith:

Probablemente, algunos niños de pakehas ahora están en sus casas jugando con un ordenador. Los niños de origen tongano, samoano y fiyiano tienen hoy lo que tenían los niños de las zonas rurales hace muchos años.

Están enormemente comprometidos con el jugar, a salir al patio y jugar. Nueva Zelanda ha tenido la suerte de que esas costumbres no caigan en el olvido. Han sido factores muy importantes para mantener nuestra posición en el mundo del rugby. Porque, de lo contrario, no hubiéramos sido capaces de hacerlo, dado el tamaño de nuestra población y el aislamiento en que vivimos.

No deberíamos estar en la cima. Pero siempre nos esforzamos para alcanzarla. Luchar para la excelencia se ha convertido en algo natural. Cada vez que un nuevo jugador entra en los All Blacks hay una expectativa. Cada vez que llega un nuevo entrenador, también. Dedican su vida entera a mantener la excelencia.

Esa expectativa se aplica a todos los miembros que pasan a formar parte de este grupo selecto: maoríes, pasifikas o pakehas.

Sir Tony O'Reilly comparte la misma opinión que Wayne Smith:

No hay nada inherente, intrínsecamente a favor de Nueva Zelanda. No es un problema del clima. No se trata de que los hombres tengan un mayor tamaño. No son las deslumbrantes habilidades de cuatro o cinco jugadores cada seis años. No me deslumbran las habilidades de Nueva Zelanda. Pero son buenos jugadores. Nueva Zelanda ha sido exageradamente bendecida con jugadores buenos y con clase. De forma natural, toman las decisiones correctas.

Nueva Zelanda es casi única. Es un país único. Para 4,8 millones de personas, esa tierra es el paisaje más rentable del mundo para la cría normal de ganado: carne de res, productos lácteos, etcétera. Es muy fértil. Y la gente ofrece cualidades innovadoras basadas en todo eso.

Pocos se sienten más innovadores que los talentosos jugadores maoríes, pasifikas y pakehas que están a disposición de Nueva Zelanda. Siempre ha sido así. Wayne Smith lo describió como si fuera un rasgo común en ellos: «En 1905, incluso en esa época, en el barco a Inglaterra, Dave Gallaher hojeó el libro de normas y vio que no había nada que te impidiera tener un jugador que jugara tanto de delantero como de *back*. Así surgieron los *wing forwards*, también llamados alas. No hay duda, incluso en esa época, estaban innovando. Eran innovadores. El rugby neozelandés siempre ha sido así: piensa en alternativas y busca soluciones».

No es la primera vez que Smith y su familia trabajan con la innovación, la resistencia y la dedicación a una tarea. En la década de 1920, su abuelo viajó a Nueva Zelanda, desde Escocia, para trabajar en la construcción del túnel de Arthur's Pass, en los Alpes del Sur, que uniría Canterbury con la región de la costa oeste. Se quedó dos años. Mucho tiempo después, cuando Wayne y su familia estaban en Greymouth, mirando el pequeño museo de la localidad, le preguntó al encargado sobre esos tiempos. Este respondió: «Si se quedaban dos semanas, eran duros. Así que dos años...».

No contento con eso, el abuelo de Smith luego se fue a Arapuni para trabajar como carpintero en la presa y la central hidroeléctrica. Fue entonces cuando la gran depresión les golpeó de lleno. Su esposa estaba atrapada en Peterhead con sus dos hijos y no podía permitirse viajar a Nueva Zelanda. Su esposo tuvo que recurrir a la plantación de bosques alrededor de las áreas del sur de Waikato y Taupo, solo para obtener cupones de alimento. Cuando su mujer llegó a Nueva Zelanda, sus dos hijos tenían siete y ocho años.

Steve Hansen reconoce que Nueva Zelanda también tiene sus problemas. Como cualquier país. Pero en su mente, hay una diferencia radical: «Como estamos tan aislados, hemos tenido que tirar adelante y trabajar juntos. No nos hemos aferrado a la tradición como han hecho otros países. Nosotros seguimos adelante. El aislamiento forja ese carácter. Es una característica que aún está en nuestros jóvenes. Y es clave en deportes como el rugby».

El papel de los maoríes es fundamental para esta historia. Entre las granjas aparentemente interminables de Waikato, donde la tierra es tan vasta como el cielo, Liam Messam ha sido el auténtico corazón de los Chiefs. Se enorgullece del respeto que significa ser un maorí lejos de su pueblo. La dedicación de Messam, hacia su gente y su deporte, ofrece un modelo de altruismo para todo aquel que quiera seguirlo. Sin embargo, Messam sospecha que el rugby no es el único factor involucrado en la integración:

¿Cómo se ha alcanzado esta armonía?

Se puede decir que es cosa del rugby. Pero creo que son los kiwis en general, aunque el rugby desempeña un papel importante. Como pueblo, los kiwis somos muy atentos, tenemos un gran corazón. Lo ponemos en todos nuestros equipos deportivos. Lo llevamos en el ADN: si eres kiwi, quieres llevarte bien con todos.

Reconocemos que los maoríes son los nativos. Aunque no se trata de ellos o nosotros, como puede ocurrir en otros países. Los maoríes nos acogen a todos, todos somos uno. Los maoríes aceptan a todo el mundo. La gente forma vínculos, se mezcla. Es algo de los kiwis. Si alguien necesita ayuda, seguro que habrá cerca un kiwi para echarle una mano.

Sonríe. Es una sonrisa cálida y profunda, genuina, sin falsedad. «Por supuesto, una vez que cruzas la línea de cal y entras en un campo de rugby, toda esa amabilidad y espíritu de acogida se esfuman.»

Messam sostiene que los maoríes han desempeñado un papel importante en el rugby de Nueva Zelanda. Cree que es un ejercicio necesario y terapéutico para saciar su estilo y sus características como pueblo.

El rugby ha supuesto una excelente oportunidad para expresar su forma de jugar, porque el rugby maorí es muy diferente a cualquier otro rugby. Hay mucho más talento, puede ocurrir cualquier cosa en cualquier lugar. Es impredecible. Han surgido algunos jugadores de rugby maoríes increíbles, no solo para representar a su gente, sino también al país.

La principal diferencia es que los equipos maoríes tienen un vínculo muy fuerte: la sangre. Todos comparten la misma sangre, que es un poco diferente a la de los All Blacks. No todos estamos conectados por el ADN. Si buscas entre los familiares de los maoríes, siempre encontrarás un primo lejano.

Me gusta Messam. No miente ni suelta tópicos trillados. Dice las cosas como son. Es el tipo de jugador de rugby que debería ser el capitán de cualquier equipo. Sabe cuáles son los valores que importan, pero también sabe divertirse. Sin embargo, tiene sus prioridades. Asegura que lo que más le gusta de los maoríes es que, para ellos, el rugby no es lo más importante. Su prioridad es defender su cultura: «Se trata de la identidad; quién eres como persona y de dónde vienes. Esa es una de las grandes diferencias en comparación con cualquier otro equipo en el que haya estado».

En esencia, la relación de los maoríes con el rugby es tan poderosa por una razón: es un pueblo que adora el juego. El rugby es exigente en el aspecto físico y, también, ofrece la oportunidad de ser creativo, dos cualidades muy apreciadas por su credo. Además, les encantan los desafíos complicados. Pero tampoco olvidan cómo relajarse; una simple pelota basta para ello. Por todo eso, es imposible predecir cómo se comportará un equipo maorí.

Sin embargo, en este exitoso proceso de integración, ¿quién progresó más? ¿Qué pueblo sacó más beneficio de la armonía social y racial? Wayne Shelford lo tiene claro.

> Todos. Los pakehas de Nueva Zelanda han cambiado mucho su perspectiva y puntos de vista sobre los polinesios y los maoríes, y los neozelandeses blancos de origen europeo han aprendido mucho en los últimos años sobre la cultura de los maoríes y los polinesios. Su educación en ese sentido ha mejorado y están aprendiendo constantemente. Las *hakas* han ayudado en este proceso.

Gilbert Enoka está de acuerdo:

> Los blancos no tenían otro remedio que adaptarse hasta que les enseñamos lo que significa ser neozelandeses, que es distinto a ser un All Black. Solían creer que la *haka* era solo para los maoríes. Sin embargo, una vez que todos entendimos que el tratado de Waitangi nos convirtió en una nación bicultural, nos conectamos de manera lógica.
>
> Con los polinesios, fue un auténtico reto. Les dije que eran un arma de doble filo. Hay dos rasgos que aportan de su cultura. Uno es muy positivo; el otro, muy negativo.
>
> Lo positivo es que su sentido de *fano*, la conexión con la familia, es mucho más fuerte que el de los pakehas. Porque los polinesios son tan generosos, tan cálidos y tan inclusivos que, por ejemplo, dan mucho de su dinero a su familia. Sin embargo, son demasiado sumisos. Aceptan los mandatos de cualquiera solo porque es mayor o porque está en una posición de autoridad, independientemente de si tiene razón o no.

Eso supuso todo un reto.

Ese es uno de mis mayores desafíos, cuando alguien debe romper con esa costumbre. No hay que ser irrespetuoso con los ancianos o con los demás para poder transmitir cosas que son beneficiosas para el equipo. Eso es lo que tratamos de cambiar. Pero todavía hay mucho trabajo por delante.

Bryan Williams añade:

Con el tiempo, hemos podido conjuntar los mejores atributos de los maoríes, los pasifikas y los pueblos europeos. Creo que esta combinación de razas ha supuesto un logro considerable, además de un gran ejemplo para el resto del mundo. Vivimos en el otro extremo del planeta y, básicamente, estábamos condenados a llevarnos bien. Eso era lo más natural. No teníamos los prejuicios que se pueden hallar en otro lado.

Merv Aoake, un orgulloso maorí que en su momento fue rival directo de Steve Hansen, coincide con ese punto de vista:

Creo que la fuerza de los All Blacks es el resultado de la mezcla de las diferentes culturas. Lo que se ha logrado es un gran triunfo, una historia maravillosa. Siempre ha sido una de las grandes razones de su éxito. Cada uno aporta un estilo diferente, unas cualidades distintas.

Además, las expectativas también son distintas para cada pueblo. Sin embargo, a pesar de todo eso, tales ingredientes, que a menudo varían enormemente, se han puesto en una olla y el resultado es un auténtico propósito compartido. Ha sido importantísimo para el rugby mundial.

Sin embargo, para Steve Hansen, un aspecto de la historia pasifika ha resultado ser un fracaso. Cuando le pregunté a Steven Hansen qué porcentaje de jugadores de los All Blacks poseen un talento extraordinario, me contestó:

En realidad, creo que todos son talentosos. No llegas ahí si no tienes talento. Pero ¿un talento extraordinario? Para ser sincero, diría que el porcentaje es bastante bajo. Probablemente, un tercio. No más. Ahí es donde creo que hemos obrado mal con esos supertalentosos […] con los polinesios […] al no darles una ética de trabajo. De hecho, fracasan porque cuando alcanzan el nivel internacional las cosas se ponen difíciles. Y si no tienes una ética de trabajo, no puedes afrontar esa responsabilidad. Se trata de hacerles entender que todo depende de su esfuerzo. No importan los ingredientes, sino qué haces con ellos.

Sin embargo, las personas a las que es más difícil enseñar una ética de trabajo son aquellas que poseen un talento natural. Justamente, porque para alcanzar el éxito a una edad temprana no necesitan una ética de trabajo. Son capaces de lograr sus propósitos sin esfuerzo. Simplemente, sucede de forma natural.

Pero ¿dónde cree Hansen que está el mayor fracaso? En Auckland.

Es nuestro centro más importante y allí se desperdicia una enorme cantidad de talento porque no se enseña cómo desarrollar una ética de trabajo. No solo ocurre con el rugby, sucede en todos los deportes.

Y así continúa. Esa es la interminable búsqueda de la excelencia del rugby de Nueva Zelanda.

7

¡GANAR!

Contribuciones de, entre otros,
sir COLIN MEADS, RICHIE MCCAW, CHRIS LAIDLAW,
STEVE TEW, KIERAN READ, JOEL STRANSKY,
PIERRE BERBIZIER, BRAD BURKE,
SCOTT ROBERTSON y TONY BROWN.

Debes estar listo para ser el último
y para ser el primero. Esa es mi filosofía.

Tony Brown, entrenador de los Highlanders en 2017,
actual entrenador asistente de Japón

$\mathcal{H}$ay una razón para esta «interminable búsqueda de autosuperación». Se resume en una sola palabra: ganar.

Esta representa la *raison d'être* del rugby neozelandés. Es su estímulo principal. Todo el país está consumido por esta ambición: la victoria. No importa el oponente, el momento o la competición. Para los otros países, la intensidad de esta obsesión va más allá del entendimiento. Este propósito une a todo el país.

Nada puede interponerse entre Nueva Zelanda y la victoria. Es inmune a las opiniones o puntos de vista externos. A lo largo de los años, para fortalecer la nación, se ha fomentado la cultura del «ellos contra nosotros». El aislamiento geográfico también ha ayudado en eso. En gran medida, mantiene el significado de lo que representa el rugby neozelandés y de cómo piensa su gente.

La «mentalidad ganadora» siempre ha estado presente. En ocasiones, de forma tácita, pero siempre con la misma determinación. Sin embargo, con el tiempo, la exigencia por la victoria se ha descontrolado. Ahora, se ha convertido en una obligación. Incluso, los primeros ministros le otorgan una importancia desmedida.

«Ganar» es una palabra que se saborea como un buen vino. Los ídolos deportivos son solo algunos de aquellos que han caído en las redes de su encanto. Mourad Boudjellal (dueño del club francés de rugby Toulon) fichó a los jugadores que necesitaba para lograrlo. Muchos han hecho trampa para probar su elixir, como los estadounidenses Lance Armstrong y Justin Gatlin. Durante siglos, ha seducido a toda la humanidad. Es la droga más potente.

Quizá Muhammad Alí es quien estuvo más cerca de describirlo: «Solo un hombre que sabe lo que significa la derrota es capaz de tocar el fondo de su alma y sacar la energía que le queda para ganar un combate igualado».

Richie McCaw lo expresa de otra manera:

> He conocido a muchos muchachos que han llegado a ser profe-
> sionales. Como venían de competiciones escolares, estaban acostum-
> brados a ganar. Siempre lograban alzarse con la victoria. Pero llega
> un momento en el que todo se vuelve más difícil y, entonces, no tie-
> nen la menor idea de cómo actuar. Piensan: «No debería ser así, de-
> bería ser fácil». Pero no lo es. Ganar nunca lo es.
>
> Todos aquellos que han sufrido altibajos saben encontrar la ma-
> nera de levantar la cabeza cuando todo se pone difícil. La pregunta
> es: ¿cómo construyes ese tipo de resistencia?

Ese es un rasgo que define a los mejores All Blacks, como McCaw
y Dan Carter. Ambos tienen en común que recuerdan más las derrotas
que las victorias, a pesar de haber logrado una carrera llena de éxitos.
La angustia que experimentan cuando caen derrotados y el deseo de
evitar que ocurra otra vez nunca desaparecen. La necesidad de victorias
es incurable. Si está en tu cabeza, te acompañará toda la vida.

Steve Hansen todavía se estremece cuando habla del fracaso de
los All Blacks en el Mundial 2007. Aquello le sumió en una auténtica crisis:

> Con Nueva Zelanda es diferente. No solo tenemos que ganar;
> tenemos que hacerlo por muchos puntos y con un juego vistoso para
> que disfruten los espectadores. Aunque, en realidad, no siempre su-
> cede así. Con todo, eso es por lo que te estás esforzando, y creo que
> esa es la diferencia entre los dos equipos que se alinean para escu-
> char los himnos. Aunque ambos están allí por las mismas razones,
> las expectativas no siempre son las mismas.

En el caso de los All Blacks, los jugadores saben que hay un país
detrás de ellos, animando y presionando. En otros países no sucede lo
mismo. A más de la mitad de los australianos no les importa si su equipo gana o pierde. Incluso, hay personas que no saben quiénes son los
Wallabies.

Por ejemplo, Inglaterra podría jugar un partido internacional de
rugby un sábado en Twickenham, pero las legiones de fanáticos del
Manchester City, el Liverpool, el Tottenham o el Manchester United

apenas estarían interesadas en el resultado. Por el contrario, los neozelandeses son profundamente fieles a la selección de rugby. Su caso solo
es comparable al de la India con el críquet. A veces, parece que en Nueva Zelanda solo importe una cosa: ¿ganarán los All Blacks?

En el seno de esta nación obsesionada por el deporte, se encuentra otra razón para explicar la supremacía de Nueva Zelanda. Como
me dijo un exjugador de los All Blacks, no solo existe la expectativa de
ganar, sino que hacerlo es una obligación. Es una diferencia crucial. Y
la forma de conseguirlo es el compromiso. Todo gira en torno al compromiso. Es indispensable que los jugadores muestren un compromiso extremo hasta que suene el pitido final. Como contra Irlanda, en la
famosa y agónica victoria de noviembre de 2013. Se necesita ese tipo
de compromiso para transformar una derrota en una victoria gloriosa.
Nada ni nadie pueden mancillar la doctrina del esfuerzo y la confianza
en uno mismo. El agotamiento físico no es excusa. Los All Blacks siempre luchan hasta el último segundo.

Sin embargo, algunos aborrecen la idea de que las exigencias o
las obligaciones formen parte de una crítica justa. Como dice Ryan
Crotty: «Como neozelandeses, parece que somos un poco más reservados. Pero, simplemente, hacemos nuestro trabajo. Si eres una persona conformista, no llegas a ninguna parte».

Sin embargo, Beauden Barrett apunta:

> Es el estilo kiwi. Pero Nueva Zelanda padece el síndrome de la
> alta exigencia con el que no estoy de acuerdo. No creo que sea sano.
> Se debería animar y aplaudir cuando se hacen grandes cosas. Pero
> hay una delgada línea entre hacer grandes cosas y ser engreído o
> arrogante. En general, somos bastante buenos viviendo en esa del-
> gada línea. Eso sí, me molesta cuando el público en general se limi-
> ta a intentar poner los pies en el suelo, cuando debería aplaudir los
> grandes logros.
>
> Creo que los All Blacks no son venerados lo suficiente en su pro-
> pio país. A eso me refiero con el estilo kiwi. Podría ser la razón por la
> que hemos tenido tanto éxito, porque no importa cuán buena sea
> la victoria que se obtenga, siempre se dice que hay que seguir con
> lo próximo. Sin embargo, hay momentos en los que hay que reco-
> nocer las grandes cosas que se han hecho. Pero supongo que esa es
> solo la idea general que tenemos del público y de los aficionados.

Mientras que, en el extranjero, se percibe claramente la admiración por los All Blacks.

Esta enorme pulsión por la victoria ha sido clave en muchos partidos ajustados. Es algo endémico en los jugadores de Nueva Zelanda. Por decirlo de algún modo, la esperanza de que alguno de los jugadores protagonice un momento mágico para ganar el partido siempre está presente. Pero no solo es eso. Los jugadores que están en el terreno de juego no se limitan a esperar que alguno de sus compañeros salve el partido con una jugada mágica. En realidad, todos trabajan activamente para ser ese jugador.

Cada jugador debe mostrar su profesionalidad y un conocimiento profundo del juego del equipo. Deben saber cómo superar las adversidades y cómo sacar el mejor rendimiento en los momentos oportunos. Deben controlar el ritmo de juego a su voluntad. Es algo fundamental, tanto en las competiciones internacionales como en las domésticas. La superioridad de los equipos de Nueva Zelanda sobre todos sus oponentes del hemisferio sur se ha forjado sobre esta base, junto a una actitud implacable tanto en ataque como en defensa.

Pero ¿cuáles son las consecuencias a largo plazo de esta supremacía? Según Pat Lam, antiguo entrenador de Auckland entre 2004 y 2008, y de los Blues entre 2009 y 2012, el resultado es un mensaje descorazonador para el resto de las naciones de rugby.

Nadie amenaza el dominio de Nueva Zelanda en este deporte. Debes tener la visión correcta impulsando la cultura del lugar. El objetivo primordial de los All Blacks es seguir ganando partidos de rugby, y eso es lo que suelen hacer. Además, todas las decisiones que se toman en las altas instancias buscan garantizar que los All Blacks sean los mejores. La New Zealand Rugby sabe perfectamente que eso es una forma de financiar el deporte. Los All Blacks aportan el 80 por ciento de los ingresos de la New Zealand Rugby, y eso permite que su juego siga desarrollándose.

Se puede hablar del Super Rugby, pero la realidad es que ni a los isleños del sur les importa si los Blues [de Auckland] ganan el Super Rugby, ni a los isleños del norte, si ganan los Crusaders. Lo único que importa es que ganen los All Blacks. Eso vertebra al país entero.

Con todo, algunos observadores creen que las expectativas con respecto a estos jóvenes deportistas han alcanzado proporciones descabelladas. Al fin y al cabo, nadie puede ganar siempre. El medio melé de los All Blacks de la década de 1960 Chris Laidlaw insiste:

> Las exigencias son excesivas. Por ejemplo, últimamente se ha generado un debate recurrente sobre si los jugadores de rugby son modelos y, por ello, deberían actuar como tal. ¿Qué pienso yo? Que nadie se engañe: solo son un ejemplo en el mundo del rugby. No es justo decir que son un modelo de comportamiento para la juventud. Es un mensaje equivocado. En primer lugar, no pueden estar a la altura de eso, y, en segundo lugar, son jugadores profesionales de rugby. No es realista esperar que sean un modelo para el resto de la sociedad. Pero esa exigencia dice mucho de una sociedad. Todo aquel que sobresalga será observado, examinado y juzgado. Cada acción tendrá sus repercusiones. E, inevitablemente, fallarán en algún momento. Cada vez que veo alguno de estos fracasos, creo que, en realidad, es positivo. Que refleja justamente lo que ocurre en una sociedad. Hay que dejar de lado la angustia por no cumplir con las expectativas. No es justo.

Las historias de jugadores de rugby de Nueva Zelanda han caído en desgracia y no han cumplido con las expectativas de generar mucho interés porque son, relativamente, escasas. Nombres como Keith Murdoch, Ali Williams, Aaron Smith y Zac Guildford parecen haber entrado en el sombrío Salón de la Infamia. Ellos representan a una pequeña minoría.

Como dice Chris Laidlaw, educado en las universidades de Otago y Oxford: «Ali Williams es un poco bobo. Es un tipo inmaduro, pero es un ejemplo perfecto de… por el amor de Dios, no es el ejemplo de nada. De hecho, ninguno de esos jugadores debería ser un ejemplo o modelo. Eso no puede funcionar. Williams es un fiestero y un gran jugador que logró combinar ambos aspectos cuando jugaba».

Quizá sea bueno tener en cuenta lo que dijo el director general de la New Zealand Rugby, Steve Tew, al respecto: «No pudimos controlar a Ali cuando jugaba en Nueva Zelanda. Entonces, ¿qué posibilidades tendremos cuando esté con un club francés en París?».

A los mejores jóvenes jugadores de rugby de Nueva Zelanda se les obliga a ganar y a seguir ganando, y además se les exige que sirvan de ejemplo. Muchos parecen saber llevarlo. Como dice Kieran Read:

> Es una obsesión. A casi todo el mundo en este país le apasiona el rugby, y tenemos la suerte de estar en una posición privilegiada. A muchos les encantaría hacer lo que hacemos. El orgullo de pertenecer a Nueva Zelanda afecta el amor propio y el de la nación. En Nueva Zelanda, la vida no siempre es fácil. Si podemos levantar el ánimo colectivo con nuestros triunfos, pues genial. Es algo que transciende el deporte.
>
> Es complicado decir que seguiremos ganando como lo hemos hecho. En algún momento, perderemos... Es inevitable. Sucede en el deporte y en la vida. Pero gracias a nuestras bases, si nos preparamos tan bien como en el pasado y seguimos con los pies en el suelo, tenemos talento para seguir en la cima.
>
> La consistencia es nuestro rasgo característico. Tenemos que mantener vivo ese impulso para seguir ganando. Pero otro desafío para todos nosotros es crear un legado aún más fuerte que el anterior. Todo el mundo sabe que llegar a los All Blacks no es el punto final, sino el comienzo. Se espera que lo dejes mejor que como lo encontraste.

El sudafricano Joel Stransky, autor del *goal drop* que fue determinante para la victoria contra los All Blacks en la Copa del Mundo de 1995, dice que el rugby es «una religión» en Nueva Zelanda.

> Eso genera una cultura de la excelencia y un deseo de triunfar. Eso encaja a la perfección con el estilo de vida de los kiwis. Cuentan con un talento increíble, pero, además, poseen una confianza en ellos mismos extraordinaria. Tienen la certeza de que realmente saldrán adelante. Muestran una actitud inmejorable. Eso es lo más importante. Hay una serie de factores que hacen que algunos equipos y algunos entornos sean excelentes. Lo más importante está en la mente.

El mismo Kieran Read recibió la tarea prácticamente inalcanzable de prolongar el récord de Richie McCaw como líder de los All Blacks. Y, según Laidlaw, los desafíos de Read no acababan ahí. Incluso antes de que los British & Irish Lions empataran con Nueva Zelanda, Laidlaw era consciente de eso:

¿Hay alguna razón por la cual la supremacía de Nueva Zelanda no sufrirá algún cambio? Creo que estamos cerca de alcanzar la excelencia. Los otros países están mejor preparados, en ese aspecto estamos igualados. Es posible que no sean tan hábiles y atléticos. Pero esa brecha se está cerrando y, con el tiempo, algún equipo puede llegar a igualarnos. Inglaterra lo está logrando. Tienen algunos jugadores brillantes. Entonces, ¿cuál es nuestro punto diferencial? Probablemente, en las expectativas. Esperamos ganar y eso marca una pequeña diferencia. Hay un montón de técnicas psicológicas para que las personas tengan una mentalidad ganadora. Para mí, ese es el único hecho diferencial, más allá de las condiciones físicas de cada jugador.

Con todo, Nueva Zelanda no es imbatible. En 1994, por ejemplo, Francia envió un equipo a Nueva Zelanda que logró ganar ambos *test match* contra los All Blacks.

Era la primera vez que ganaban una serie contra ellos en Nueva Zelanda. Nadie tenía una explicación para ello. El autor intelectual de esas victorias francesas, 22-8 en Christchurch y 23-20 en Auckland, fue Pierre Berbizier. El antiguo medio apertura francés y actual entrenador nacional presenta sus respetos a lo que él llama «un montón de trabajo» de la New Zealand Rugby. Berbizier me dijo:

Es posible que Nueva Zelanda solo tengan entre ciento cincuenta y doscientos jugadores [totalmente profesionales], mientras que otros países tienen muchos más. Pero juegan un estilo universal, y trabajan en la continuidad y la estabilidad.

En Francia, sentimos que sería imposible para Nueva Zelanda reemplazar a McCaw, pero lo hicieron gracias a esa constancia. El objetivo principal del rugby de Nueva Zelanda no son los jugadores, sino los All Blacks. Si me pidieran que definiera un All Black, diría: «Espíritu, inspiración». Si quieres ser un All Black, debes trabajar para tener una mente como la de un All Black. No es lo mismo en Francia. Para los neozelandeses, es mucho más importante. Ese es su carácter. Esa es la diferencia.

Para un neozelandés, ser un All Black y jugar para Nueva Zelanda es más importante que para un francés hacerlo para Francia. Ese es el hecho diferencial.

Este nivel de expectativas desmesurado que se alcanza cuando llegas a las filas de los All Blacks se manifiesta de muchas maneras. El deber de ganar lleva inculcándose desde largo tiempo atrás. Read habla de la regularización del éxito.

Nueva Zelanda comenzó a jugar *test match* contra Australia en 1903, pero los australianos no ganaron una serie en Nueva Zelanda hasta 1949. Y por aquel entonces, la mayoría de los mejores jugadores de Nueva Zelanda se encontraban de gira por Sudáfrica.

El éxito de los equipos de rugby de Nueva Zelanda es una seña de identidad. Entre 1884 a 1914, los neozelandeses jugaron ciento catorce partidos: ganaron ciento siete, empataron dos y perdieron cinco. Eso eleva el porcentaje de victorias hasta el 93,85 por ciento. Extraordinario, sin duda.

Por el contrario, entre las décadas de 1920 y 1940, el porcentaje de victorias solo era del 54 por ciento. Pero, a partir de ahí, las cosas empezaron a mejorar. En la década de 1950 y 1960, alcanzó el 80 por ciento, con cincuenta y siete victorias en setenta y un *test*. En Nueva Zelanda no se tolera que algo funcione mal durante mucho tiempo. El país exige sus victorias.

Sin embargo, las estadísticas más sorprendentes aparecen con la llegada del profesionalismo, desde 1995 hasta finales de 2017. En este periodo, Nueva Zelanda jugó doscientos setenta y cuatro *test match*: ganaron doscientos veintinueve, empataron cinco y perdieron cuarenta. El porcentaje de victorias fue del 83,58 por ciento. En cuanto a los entrenadores, el porcentaje de victorias de Steve Hansen entre 2012 y principios de 2018 fue del 89 por ciento.

El *half back* australiano Brad Burke, excapitán del club Randwick en Sídney, recuerda que, en 1988, a lo largo de una semana se enfrentó en tres ocasiones contra los All Blacks. En su opinión, en cada uno de los partidos, su filosofía era exactamente la misma: tenían que ganar. Estaba a la vista de todos. Era una obligación.

Burke se enfrentó a ellos por primera vez en Coogee Oval, en Sídney. Formaba parte de un talentoso equipo de Randwick que incluía a estrellas como Lloyd Walker, David Campese, David Knox, Simon Poidevin, Eddie Jones, Ewen McKenzie y Gary Ella. Por el otro lado, las filas de los All Blacks contaban con numerosos campeones del mundo. Ganaron 25-9, remontando un 3-9 inicial.

Cuatro días más tarde, volvió a enfrentarse con ellos capitaneando a Australia A en Ballymore, Brisbane. Y tres días después, otra vez. En esta ocasión, con el New South Wales B, en Gosford. ¿Cómo se sintió después de ese pequeño ejercicio? Dolorido.

Para mí, lo más emocionante fue jugar para Randwick. Se trataba de un partido entre un club y una selección campeona del mundo. Era algo increíble, pero, al mismo tiempo, aterrador. Eran un equipo muy fuerte, prácticamente intocable. Recuerdo que los dos talonadores, Eddie Jones y Sean Fitzpatrick, no cerraron la boca ni un instante. No dejaron de discutir durante todo el partido.

Buck Shelford intentó arrancarle la cabeza a Simon Poidevin; fue una batalla muy dura. Pero resultó muy divertido. Puro rugby *amateur*. Tenían esta aura. Fue una gran experiencia y me hizo comprender mejor cómo funcionaban. Eran personas muy reservadas, pero en el campo se trasformaban. Si quieres jugar contra alguien para ponerte a prueba como jugador de rugby, debes jugar contra los All Blacks. Jugar contra ellos es un privilegio.

Son grandes recuerdos. Era un miércoles por la tarde y las gradas del Coogee Oval estaban a reventar, había unas seis mil personas. Todos los palcos que daban al terreno de juego estaban repletos. Había gente por todas partes. Como dijo Burke: «La influencia luterana escocesa es evidente: son muy fuertes y reservados en sus creencias. Pero, además, al combinarse con la cultura maorí, crean un personaje ideal para un país deportivamente fuerte. Todos comparten los valores de los All Blacks. Es una forma excelente para desarrollar un superequipo».

La insaciable sed de victorias, sea quien sea el rival, es el elemento central del dominio que ejerce Nueva Zelanda en el rugby mundial. En ese país, todo el mundo trabaja para que los All Blacks sigan en la cima. Pero esa obsesión por el éxito también tiene sus desventajas, como indica Nick Farr-Jones, capitán de Australia cuando se proclamó campeona del mundo en 1991.

Es cierto, los niños neozelandeses aprenden lo básico perfectamente. Pero, además, también entienden las reglas mejor que nadie. Por ello, simplemente, saben «jugar» con ellas.

¿«Jugar»? ¡Podría presentarte a personas de todo el mundo del rugby que jurarían que Richie McCaw nació más allá de la línea de *offside*! El entrenador de la Copa del Mundo de 1991 de Farr-Jones, Bob Dwyer, es uno de ellos: «Su filosofía de juego parece ser: "Si el árbitro no dice nada, es legal"».

Algunos de los mejores All Blacks son conocidos por este tipo de cosas: Kieran Read, Owen Franks, Conrad Smith hacían lo que querían. Sin embargo, para ser justos con Richie McCaw, su mayor defecto no era que estuviera en *offside*, sino que placaba a los jugadores que no tenían el balón.

¿Es una crítica exagerada? No, dice Dwyer, las pruebas respaldan su punto de vista. ¿Acaso importa la legalidad de una acción si conduce a una victoria?

No hace falta ir muy lejos. Por ejemplo, en el complicado *test match* de noviembre de 2017, Kieran Ried placó de forma ilegal a Jonny Gray mientras se dirigía a la línea de ensayo. No había duda alguna. Fue una acción ilegal merecedora de una tarjeta amarilla. Pero el árbitro, sus dos asistentes y el *television match official* (TMO) no lo tuvieron en cuenta. Toda Escocia clamaba contra el cielo por la derrota.

El entrenador asistente escocés Dan McFarland dijo: «Eso no fue nada riguroso. Debería haber sido tarjeta amarilla. Era una jugada prometedora, y probablemente habría significado, además, un ensayo de castigo. Aunque en su momento se pudiera discutir, está claro que ahora ya no sirve de nada hablar de ello.

El árbitro sí vio otros incidentes en ese dramático último cuarto de partido. En su opinión, el ala de los All Blacks Sam Cane y el pilar de reemplazo Wyatt Crockett merecieron sendas tarjetas amarillas. McFarland dice que todo aquello puede resumir la mentalidad de los All Blacks: «Nueva Zelanda es un equipo extremadamente competitivo y todos en el mundo del rugby saben que, cuando metes la pelota entre sus veintidós, lo último que harán es regalarte un ensayo. Es su forma de jugar. Son extremadamente listos, no dejan pasar ninguna oportunidad».

¿La actitud de Read fue digna de un capitán de los All Blacks? A los ojos de Nueva Zelanda, esa no es la cuestión. Simplemente, haces lo que tienes que hacer para lograr la victoria.

Farr-Jones tiene un punto de vista más pasional:

A mí no me importa. Debes ser inteligente. Cuando eres capitán estás en contacto directo con el árbitro. Todo lo que haces sirve para entender dónde podrás sacar alguna ventaja. Cuando tienes un equipo extraordinario y jugadores carismáticos, todo es más fácil. ¿Por qué no aprovecharse de ello? Todo el mundo te respeta, incluidos los árbitros. Saben que conoces el deporte. Saben que eres el mejor. Entiendes las reglas. Por lo tanto, es más difícil sancionar cualquier acción, en especial cuando el capitán está en permanente contacto con el árbitro.

Ningún otro país muestra tanto interés por las victorias. Desde los equipos escolares hasta los profesionales. El objetivo siempre es el mismo: que los All Blacks sigan ganando.

Esta devoción nacional por el equipo es difícil de explicar, pero resulta fundamental para los éxitos del equipo. La mayor parte de los colaboradores de este ejército permanecen en el anonimato. Rara vez son visibles, salvo aquellos que ya son conocidos, como los entrenadores de franquicias del Super Rugby. Sin embargo, el trabajo que realizan tiene un valor indiscutible, como el de las hormigas obreras.

Tal sistema parece ser un anatema para el rugby de países como Inglaterra o Francia. Sus sueños y sus planes se alejan del estilo neozelandés. Por ello, el resultado es inevitable. La balanza de entre éxitos y fracasos no logra decantarse.

Por este lado, hay que destacar que, desde que el neozelandés Joe Schmidt asumió el cargo de entrenador de Irlanda en 2013 y aplicó una estructura razonablemente similar a la del rugby neozelandés, sus resultados se han vuelto más consistentes. El triunfo de Irlanda en el Grand Slam 2018 fue una prueba más de su progreso.

¿Cómo funciona el modelo de Nueva Zelanda? Scott Robertson lo sabe mejor que nadie. Fue el autor intelectual del periplo de los Crusaders hacia el título del Super Rugby 2017 en su primera temporada como entrenador de la franquicia. Robertson tenía la reputación de no andarse con rodeos: su *modus operandi* no era exactamente regalar cumplidos. ¿Qué hace Robertson, un All Black que jugó veintitrés *test match* entre 1998 y 2002, para gestionar tal responsabilidad? ¿No recibe presiones? Y en caso afirmativo, ¿no tiene la tentación de excluir a aquellos que interfieren en su trabajo? Simplemente, este sistema va más allá de los sueños de cualquier país como Francia o Inglaterra. Ni ninguno tiene la capacidad de lograr está unión. Además, tampoco es sensato creer que todo el mundo trabaje para que un equipo tenga éxito por encima de todos los demás. En Nueva Zelanda se exige a todos los entrenadores de Super Rugby que adopten esta filosofía desde el primer día. Del mismo modo que existen las expectativas para los mejores jugadores, los entrenadores no son ajenos a ellas.

Sin embargo, ¿quién tiene la última palabra cuando se trata de discutir si un All Black necesita descansar con los Crusaders? ¿Qué ocurre si Robertson no está de acuerdo con una propuesta que le transmiten desde arriba? Lo mejor de Robertson (como bien saben sus jugadores) es su honestidad. Dice las cosas como son. «Ellos [los entrenadores de los All Blacks] son muy buenos haciendo sugerencias. Pero nunca imponen su punto de vista. Ese es uno de los puntos fuertes de Steve Hansen. Ian Foster y [antes de renunciar] Wayne Smith mantienen muy buena relación con los entrenadores de Super Rugby. Saben de lo que hablan. No ejercen una presión directa, aunque algunos jugadores, sí. En cuanto al resultado, no hay ninguna obligación, pero normalmente llega solo.»

Existe la creencia de que existe un mismo estilo de juego que se aplica rígidamente en todos los equipos de Super Rugby, pero Robertson lo niega. Eso sí, una cosa no es negociable: el conjunto de habilidades.

> Entrenan cada una de las habilidades para que, cuando regresen a los All Blacks, el nivel sea óptimo. Tienen que trabajar esas habilidades todo el tiempo. No tenemos una política de selección automática para los All Blacks. Si están jugando bien, son seleccionados. No importa si ya eres un All Black: solo tienes la posibilidad de que te elijan si juegas bien. Tienes que darles todas las oportunidades para tener éxito, sin importar su edad.

Además, existe una norma determinante: una franquicia de Nueva Zelanda solo puede tener dos jugadores extranjeros, además de cualquier internacional polinesio, en su equipo. Y solo puede alinear dos de ellos en un partido. El contraste con Francia no es casual. Al final de su carrera como jugador, Robertson fue a Francia y jugó para el Perpignan. Lo que descubrió fue una lección objetiva sobre cómo no tratar a los jugadores jóvenes:

> Cuando estaba en Perpignan, a veces solíamos jugar contra un equipo de jóvenes una vez por semana. Algunos de esos equipos júniors tenían jugadores magníficos, algunos mejores que los muchachos de nuestro equipo juvenil. Pero no los alienaban. Es un conservadurismo que se ha extendido por todo el mundo. Cuatro o cinco de ese equipo de promesas finalmente jugaron para Francia. Pero no se quedaron en Perpignan. No tenían a las personas adecuadas dirigiendo el club.

Lo relevante es el contraste entre un país que espera que los jugadores jóvenes se fortalezcan y alcancen sus metas y uno que no está dispuesto a promover el talento a una edad temprana. Es una diferencia crucial entre los países de rugby como Nueva Zelanda y Francia. Si no ofreces apoyo total a los jugadores jóvenes, no transmites que crees fervientemente en sus habilidades. En ese caso, no puedes esperar que tengan la confianza necesaria para dar el último gran salto. Esta es una ecuación sencilla: expectativa = confianza = éxito. Una cosa es segura: no se puede modificar este proceso. Los tres elementos están estrechamente vinculados.

Robertson continúa:

> En Francia me di cuenta de que aquellos entrenadores tenían que ganar cada semana. Así pues, no planeaban un desarrollo a largo plazo. Sin embargo, para mí, no se trata de ganar todas las semanas. Nadie puede hacer eso. Pero confiar en jugadores jóvenes y darles una oportunidad es algo que hacemos muy bien como kiwis. Les damos oportunidades a los chicos de cualquier edad. La edad no se ve como una barrera en el rugby de Nueva Zelanda. Estos chicos son más tácticos y más técnicamente conscientes que en otros tiempos. Así que los jugadores están listos antes, y esa es una de las razones por las cuales los All Blacks continúan teniendo éxito. Nuestro entrenamiento desde las escuelas, clubes o academias hasta el rugby profesional es mejor que en cualquier otro lugar. Y el nivel de habilidad es lo suficientemente fuerte como para aplicar estas tácticas.

Antes de hacerse cargo de los Crusaders, Robertson entrenó al combinado sub-20 de Nueva Zelanda durante tres años. Le llamó la atención la disciplina del entorno y la rapidez con la que los jugadores se desarrollaban. Los entrenadores de los All Blacks controlan todos los niveles del deporte. Incluso Robertson admite que lo supervisan todo. Pero principalmente para asegurarse de que estás bien. «No me siento amenazado o intimidado. No hay miedo. Steve Hansen me entrenó durante seis años y tenemos una buena relación.»

¿La mentalidad ganadora?

> Sabemos quiénes somos y cómo nos gusta jugar, porque somos una nación multicultural. Aceptamos quiénes somos, nos gusta mostrar nuestra identidad expresándonos. Sí, el público espera que anotemos ensayos. Ayuda al estilo. Para mí, lo más importante es que los niños deben ver que todavía se disfruta con el juego. Dejar de lado las expectativas de ser un jugador profesional y solo jugar con tus amigos. No podemos dejar de dar a los jóvenes las competencias y las estructuras para hacerlo.

Si un país emplea los mismos patrones de juego en la mayoría de los niveles, y si los seleccionadores nacionales están listos para intervenir y ofrecer orientación, el país recogerá los frutos. Un entrenador nacional que se ve obligado a combinar diferentes estilos de juego entre una gran variedad de clubes o equipos provinciales necesitará el doble o el triple de tiempo para que todos sus jugadores se compenetren. Aun así, es poco probable que alguna vez logre una transformación total a un solo estilo de juego. Algunos han adoptado una filosofía de juego diferente durante la mayoría de sus carreras. Es imposible entrenarlos en nuevas creencias en el transcurso de una o dos temporadas.

Este es un factor clave en la construcción del rugby de Nueva Zelanda, y otra razón para su supremacía. Si promocionas durante años que los jugadores practiquen un estilo de juego y los sometes a actuar bajo presión, inevitablemente, tomarán decisiones mejores y más inteligentes en el terreno de juego. Manos rápidas, pies rápidos y mentes rápidas. Nuevamente, no es casualidad que la capacidad para tomar decisiones bajo presión de los jugadores de Nueva Zelanda esté a años luz de la mayoría de sus oponentes. Estamos hablando de la diferencia entre un Mazda y un Maserati. Además, recibir apoyo y oportunidades en un sistema en el que no hay restricciones de edad proporciona una exposición temprana de un valor incalculable para el deporte de máximo nivel. Es algo crucial en el proceso de aprendizaje.

Tony Brown fue All Black entre 1999 y 2001. Diecisiete de sus dieciocho partidos internacionales fueron *test match*. Pero lo más importante es su experiencia como entrenador de Brown y como entrenador asistente de Jamie Joseph, en los Highlanders, y como entrenador sénior en 2017, antes de partir a Japón para unirse nuevamente a Joseph para el Mundial de Rugby 2019. También es entrenador asistente en un equipo japonés de Super Rugby, los Sunwolves. A Brown, como a todos sus compañeros que entrenan franquicias de Nueva Zelanda, se le pidió en 2017 que asistiera a una reunión con los entrenadores de los All Blacks antes de que comenzara la temporada de Super Rugby. ¿Lo llamaban a la oficina del director? Brown no lo vio así.

Los seleccionadores nacionales podrían decir que ven a cierto jugador como número doce o número trece. Que no impongan nada es de gran ayuda. Aun así, me vi sometido a una gran presión. De todos modos, quería mantener viva la comunicación con los seleccionadores de los All Blacks. Porque todos estamos comprometidos con el objetivo final de hacer que los All Blacks sigan ganando. Nosotros, como franquicia, también queremos ganar partidos, por supuesto, pero por encima de todo están los All Blacks. Nuestra interacción con los entrenadores de los All Blacks es continua y sólida. Sientes que los estás ayudando a tener éxito. Eso hace que tus jugadores participen con los All Blacks.

Podríamos tomar decisiones que no se alienaran con el propósito de los seleccionadores. Pero todo en el país está orientado hacia el mismo objetivo. Cada jugador, sea cual sea su nivel, quiere ser un All Black, y cada entrenador quiere entrenar a sus jugadores para que se conviertan en All Blacks. Si eres entrenador o jugador y pierdes ese sentimiento, estás perdiendo lo mejor del rugby.

Y eso no es algo que suceda en clubes franceses o ingleses, como el Toulon o el Bath. Nadie sale todos los días pensando: «¿Qué podemos hacer para mejorar las posibilidades de Inglaterra?». Allí, ganar para el club es el único objetivo. La selección es un tema aparte. En Nueva Zelanda, sucede lo contrario: la nación se define por su equipo de rugby, por todos los éxitos que logra. Y eso es algo que se venera y se respeta. En el mejor de los casos, en Francia y en Inglaterra es algo que, simplemente, se tolera.

En los equipos neozelandeses tienen dos ejes sobre los cuales gira todo lo demás: hacer bien lo básico y atacar. El resultado debe ser la victoria. El ritmo suele ser alto; las habilidades con la pelota deben estar a la altura. Es perfectamente posible desarrollar un juego moderno y ofensivo, y tener éxito, sin importar cuán buena es la defensa rival.

Se trata de practicar el rugby respetando la esencia del juego, sin subestimar la historia de por qué un pequeño país de menos de cinco millones de personas ha llegado a dominar un deporte que se practica en todo el mundo.

Como dijo Salvador Dalí: «La inteligencia sin ambición es un pájaro sin alas».

8

Cueste lo que cueste

Contribuciones de, entre otros,
GRAHAM MOURIE, WILLIE JOHN McBRIDE,
ALAN SUTHERLAND, IAN SMITH, TONY WARD,
PASCAL ONDARTS, RICHIE McCAW, sir COLIN MEADS,
CHRIS LAIDLAW, ANDREW SLACK, JOHN CONNOLLY,
ANDY HADEN, JOHN HART, REUBEN THORNE, JEROME KAINO,
VICTOR MATFIELD, GILBERT ENOKA, TONY JOHNSON,
WYATT CROCKETT y BRODIE RETALLICK.

Cuando miro atrás, sí, hay una o dos cosas de las que me arrepiento: creo que fui demasiado lejos.

Sir COLIN MEADS

$\mathcal{L}$a obsesión de Nueva Zelanda por alcanzar la victoria también tiene consecuencias dañinas. Algunos de sus mejores jugadores han perdido la cabeza intentando lograr esa meta sagrada: ganar.

Han cruzado la línea que divide el esfuerzo y la violencia. Este tipo de actuaciones dañan tanto la reputación de algunos jugadores como, también, la del equipo nacional. Si aceptamos que Nueva Zelanda es la élite del rugby mundial en la búsqueda por la excelencia, entonces, seguramente, también debemos exigir que mantenga los más altos estándares y tradiciones del juego. Sin embargo, por desgracia, estos actos anecdóticos de violencia y trampas han degradado tanto al equipo nacional como al mundo del rugby.

Pero ¿cómo puede explicarse mejor esta obsesión por la victoria y este miedo a la derrota? Jimmy Connors lo contaba así: «Odio perder más de lo que amo ganar». En cambio, Vince Lombardi lo glosaba de otro modo: «Ganar no lo es todo, pero querer ganar sí que lo es».

Como dijo Richie McCaw:

> Lo que realmente me molestaba era no tener esos días libres. Al principio, no pensaba conscientemente en eso. Pero, cuando lo pensé, no quise dejarlo pasar. Los días malos duelen. Siempre. Los recuerdas más que los días que fueron buenos. Por eso hacemos lo que hacemos. Tanto los kiwis como los All Blacks. Recordamos los días malos más que los buenos. Pero eso es lo que te mantiene con los pies en el suelo. Te hace seguir adelante.

No hace falta acudir a algún psicólogo. Eso es así. Nunca llegaremos a entender exactamente qué motivos estimulan la sed de victorias de un aspirante. Pero, una cosa es innegable, algunos deportistas harían cualquier cosa para llegar a lo más alto. La ambición es como una droga. Hay que ir con cuidado, es un veneno potente...

15 de junio de 1968. Nos encontramos en el famoso Sydney Cricket Ground (SCG). Un equipo de rugby neozelandés que cuenta con algunos jugadores legendarios en sus filas (Tremain, Gray, Lochore, Laidlaw y Kirton) se enfrenta a un conjunto australiano capitaneado por Ken Catchpole, considerado el mejor medio *scrum* del mundo. Hay otro neozelandés, duro, físico, serio: una amenaza silenciosa. Es Colin Meads, conocido como el hombre más duro de los All Blacks. Se han disputado ocho minutos del segundo tiempo y Nueva Zelanda lleva una clara ventaja: 19-3. Entonces, alcanzan a Catchpole, y su cuerpo queda rápidamente atrapado en una pila de cuerpos. Todos intentan agarrar la pelota. Por entre la maraña del *ruck*, cuelgan las diminutas piernas del australiano.

Según el legendario libro *Men in Black: 75 Years of New Zealand International Rugby*, escrito por R. H. Chester y N. A. C. McMillan: «Catchpole fue arrastrado bruscamente por Meads fuera del *ruck*. Esto le causó una grave lesión en la ingle que le obligó a retirarse en camilla. Esta lesión acabaría con su brillante carrera internacional».

Esta descripción no logra explicar la profundidad de aquella acción. No hay lástima ni reproches. Esa acción, cometida por un hombre idolatrado y considerado como uno de los más grandes de la historia del rugby en Nueva Zelanda, representa uno de los peores y más brutales ataques jamás perpetrados en un campo de rugby. Por aquel entonces, Meads se limitó a decir: «Así es este juego. Haces lo que tienes que hacer».

Eran dos filosofías completamente distintas: Catchpole jugaba para disfrutar del deporte y Colin Meads jugaba para ganar. Dick Tooth fue el especialista ortopédico que analizó las consecuencias de aquel acto. Su diagnóstico fue que el músculo isquiotibial de Catchpole había sido completamente arrancado del hueso pélvico. Había músculos de la ingle desgarrados y estirados, así como un nervio ciático dañado. Dijo que era la peor lesión de ese tipo que jamás había visto. Tres meses después del incidente, Catchpole aún no podía tocarse los dedos de los pies. Les dijo a sus amigos que el dolor era insoportable. La rehabilitación fue desgarradora. A partir de ese momento, siempre tuvo problemas por su debilidad muscular. Su potente arrancada, sello distintivo de su juego, había desaparecido.

Por desgracia, ya no podemos saber qué opina Catchpole de la lesión que acabó con su brillante carrera internacional. Ahora, a los setenta y ocho años, ni siquiera se despierta cuando llamo a la puerta de su casa en un frondoso suburbio de Sídney, en North Shore. June, su encantadora esposa, prepara café y me muestra los álbumes de recortes y recuerdos de su esposo. Se ofrece a despertarlo. Pero no vale la pena. Ken Catchpole tiene demencia severa. Ahora tiene, en palabras de su esposa, la mente de un niño. A veces discuten como madre e hijo. Él sabe poco o nada de su fama pasada. Su esposa ha expresado su tristeza en forma de poema. Esto es lo que escribió del viejo y gran Wallaby:

Qué extraordinario.
Él está allí, pero no puedo encontrarlo.
El hombre que una vez conocí ha desaparecido,
ido como en la muerte.
Perdido en algún lugar del laberinto de su mente.
Desconcertado.
Confundido sin poder entender.
Sin saber qué hacer.
El paradero de las cosas.
Lo que está pasando.
Lamento la pérdida, siento la tristeza.
Sin embargo, él no tiene preocupaciones
por hoy o mañana.
Irreprensible en la negación de su encanto y sonrisa enigmática.

Poco más de seis meses después de mi visita, Catchpole falleció. June me dijo: «Ken nunca diría algo malo sobre nadie. En aquel momento, lo describió como "un accidente tonto, una tontería. ¿Cómo podría alguien ser tan violento?". Tenía veintiocho años cuando sucedió, y más adelante, jugó al rugby de nuevo. Pero nunca un *test match*».

En Australia nadie fue tan comprensivo. Se llegó a decir que era «un acto atroz de salvajismo».

En una ocasión, Catchpole dio su punto de vista sobre la lesión y los sentimientos que experimentó tras el incidente.

La lesión fue extremadamente grave. Me desgarré dos músculos, uno por donde el músculo se unía con el hueso. También quedaron afectados los isquiotibiales y el abductor. Eso redujo mi velocidad. Creo que Colin Meads estaba un poco frustrado. Decidió que yo debía soltar la pelota y que él debía hacer algo al respecto. Así que, sin pensar, agarró mi pierna. Realmente, creo que no fue una acción violenta, sino muy estúpida, inútil. No sirvió para nada.

Quizás es apropiado añadir que siete meses antes de este incidente, en diciembre de 1967, Meads había sido expulsado durante la gira de Nueva Zelanda en el partido contra Escocia, en Edimburgo. El árbitro irlandés Kevin Kelleher le había advertido durante la primera mitad por su juego peligroso en un *maul*. Pero, poco antes de finalizar el encuentro, cuando el apertura escocés David Chisholm se disponía a recoger un balón perdido, Meads le propinó una patada. Lo expulsaron de inmediato. Fue el segundo hombre en la historia de los *test match* en ser expulsado. El primero fue Cyril Brownlie, en 1924; también neozelandés.

Desafortunadamente, la historia de Meads está lejos de ser anecdótica en las crónicas de la historia del rugby de Nueva Zelanda. A lo largo de los años, se han producido demasiados incidentes desagradables como para pensar que es obra de la casualidad. En cambio, lo que puede sacarse en claro es que los neozelandeses tienen una mentalidad y un enfoque completamente ganadores. No importa nada más que la victoria.

En 1969, cuando Gales hizo una gira por Nueva Zelanda, al talonador galés Jeff Young le rompieron la mandíbula de un golpe. Algunos dijeron que fue culpa de Meads. Pero, en este caso, las críticas no dieron en el blanco: el culpable fue Ken Gray. Años más tarde, en 2014, el escritor de rugby del *New Zealand Herald* Wynne Gray escribió sobre su homónimo: «Manchó su reputación con frecuentes jugadas sucias».

El atacante de segunda línea, Alan Sutherland, que jugó para los All Blacks entre 1970 y 1973, incluidos los *test* contra los Lions de 1971, confirmó que «Meads siempre fue muy duro, un jugador intimidante. Pero, ciertamente, no diría que era el jugador más sucio. Alister Hopkinson era mucho más duro. Pero Meads no tenía miedo».

Ian *Spooky* Smith, que jugó veinticuatro partidos con los All Blacks entre 1963 y 1966, compartía la misma opinión que su compañero. Unos meses antes de que falleciera en su hermosa casa en Rose Bay, en lo alto de una colina con vistas al mar hacia Nelson, en la cima de la Isla Sur, tuve la oportunidad de preguntarle sobre la dureza de su compañero.

Probablemente, Colin Meads tenía un par de muchachos que iban a por él en cada partido. Pero no creo que fuera particularmente sucio, aunque, por supuesto, no rehuía el contacto. Aun así, teníamos en el equipo algunos jugadores más sucios. Él tenía muchas cosas que lo hacían especial. Para ser un tipo grande, tenía unas manos excepcionalmente buenas. Era bastante rápido en el campo y nunca eludía nada. Era un jugador bastante bueno en todos los aspectos. Era un cabrón duro. Era mucho mejor tenerlo de tu lado que jugar contra él.

Sin embargo, la letanía de actos violentos de los jugadores de Nueva Zelanda es inquietantemente larga. El pilar Richard Loe aplastó la nariz del ala australiano Paul Carozza con el codo, después de que este hubiera anotado un ensayo en un *test* transtasmanio en 1992, en Australia. La Australian Rugby Union presentó una queja formal a sus homólogos de Nueva Zelanda. Pero, sorprendentemente, Loe fue exonerado.

De hecho, Loe, que creció en la dura zona de rugby de North Canterbury, cometió algunos actos terribles durante su controvertida carrera. En la final del New Zealand National Provincial Championship 1992, lo pillaron agarrando la cabeza del *full back* de Otago, Greg Cooper, que, además era su compañero en los All Blacks. El incidente pasó desapercibido durante el partido, pero un atento editor de la televisión lo advirtió al día siguiente. Un comité de Nueva Zelanda discutió el incidente durante nueve horas antes de entregarle a Loe una suspensión de nueve meses. Cuando regresó, hubo una fuerte oposición pública, pero el entrenador Laurie Mains insistió en elegirlo. Fue suplente en la Copa del Mundo de 1995. Sin embargo, al año siguiente, cuando John Hart se hizo cargo del equipo, quedó claro que Loe no entraba en sus planes.

Otro pilar de los All Blacks que provenía de Canterbury, John Ashworth, le pisoteó la cara al *full back* galés, J. P. R. Williams, mientras estaba atrapado en el fondo de un *ruck* en 1978, en Bridgend. Williams salió de la cancha con el rostro ensangrentado; le tuvieron que dar treinta puntos. Años más tarde, el galés dijo: «Recuerdo que no estaba cerca de la pelota, pero me pisotearon dos veces. Afortunadamente, me había roto el pómulo antes y los huesos siempre se regeneran más fuertes. De no ser así, habría perdido el pómulo. Mi padre me cosió la herida y regresé al campo para terminar el partido, algo que, en la actualidad, no estaría permitido. Nadie se disculpó después del partido. Nunca he hablado con Ashworth desde entonces».

El indignante ataque contra el medio *scrum* inglés Kyran Bracken por el ala de los All Blacks Jamie Joseph en 1993 en Twickenham también fue algo completamente innecesario. Joseph le pisoteó el tobillo al inglés dos minutos después de que Bracken debutara. Le lastimó los ligamentos. El ataque fue tan duro que, aunque logró terminar el partido, el tobillo de Bracken resultó gravemente dañado. No volvió a jugar al rugby hasta tres meses más tarde y, en realidad, ese tobillo jamás se recuperó del todo.

Como Gregor Paul, del *New Zealand Herald*, escribió en julio de 2017:

> Desde que Colin Meads fue expulsado en Murrayfield, la narrativa ganadora de los All Blacks se ha visto salpicada por una letanía de incidentes que, objetivamente, han llegado al umbral de la tarjeta roja.

Paul dio cuenta del ejemplo de Wayne Buck Shelford, que golpeó al galés Huw Richards hasta dejarlo inconsciente en la semifinal de la Copa Mundial de 1987. Richards, que había comenzado la pelea, fue expulsado cuando recuperó la conciencia. En 2012, el pateador de los All Blacks Andrew Hore dejó fuera de combate al galés Bradley Davies. No se tomaron medidas en ese momento, pero, cuando Hore fue citado más tarde, un tribunal disciplinario le prohibió jugar durante cinco semanas. Como Paul escribió:

> Apenas han sido castigados con tarjetas rojas, pero si los jugadores de los All Blacks son honestos, admitirán que han puesto a prueba su suerte en los últimos treinta años.

No obstante, uno de los peores incidentes que protagonizó un jugador de Nueva Zelanda se produjo en 2005, apenas noventa segundos después de empezar el primer *test match* contra los British & Irish

Lions. El capitán de los All Blacks, Tana Umaga, y el talonador Keven Mealamu derribaron a Brian O'Driscoll con un placaje ascensor, probablemente, el más peligroso del rugby. Brian se dislocó el hombro y allí terminó su gira: el irlandés tardó cinco meses en volver a pisar un terreno de juego. El hecho de que la International Rugby Board tardara cuatro meses en condenar esa agresión (no voy a llamarlo placaje) pone de manifiesto la falta de liderazgo que padecía el rugby internacional en esos años.

Al ser arrojado de cabeza contra el suelo, O'Driscoll podría haberse fracturado el cuello y sufrir algún tipo de parálisis. Fue un acto deliberado y altamente peligroso. De forma absurda, nadie amonestó a los jugadores y, por supuesto, nadie consideró que la acción fuera peligrosa. Mealamu tardó doce años en ofrecer algo parecido a una disculpa. Umaga ni siquiera eso. Sin embargo, el exentrenador de Irlanda, Eddie O'Sullivan, cree que algo bueno salió de este asunto tan desagradable: «Las consecuencias de ese incidente de O'Driscoll fueron que ahora somos extremadamente cuidadosos con cualquier cosa similar a un placaje ascensor. Eso cambió por completo la interpretación del placaje de punta».

En 2017, cuando los Lions iban a jugar con Nueva Zelanda, el árbitro de ese *test* de 2005, el francés Joel Jutge, admitió: «Debería haber habido por lo menos una tarjeta roja. Quizá para Mealamu. Quizá para Umaga. Quizá para los dos. No lo vimos y por eso no lo sancionamos. Estaba realmente molesto conmigo mismo».

Por otro lado, el mundo del rugby también debería lamentar que los Lions no fueran más contundentes. Eso habría marcado un antes y un después. Su equipo directivo debería haberle dicho a la New Zealand Rugby: «En esta gira, no volveremos a jugar contra estos jugadores [Umaga y Mealamu]. A menos que estéis de acuerdo, nos vamos a casa».

Habría sido la respuesta más honorable contra la violencia en un terreno de juego. O'Driscoll no tenía la pelota cuando lo placaron. Pero la reacción de los Lions fue decepcionante. El relaciones públicas del primer ministro británico Tony Blair, Alastair Campbell (el hombre menos indicado para encargarse de los comunicados públicos en esa gira), se convirtió en el protagonista de la historia. Su presencia desmereció lo que debería haber sido una posición clara y firme contra la violencia en el rugby.

Lo que demostró una vez más esa acción violenta fue que los juga-dores neozelandeses están dispuestos a llegar adonde haga falta para ganar un partido; en particular, cuando se considera la cantidad de nombres que aparecen en la lista de damnificados. No hay límites. Los jugadores de Nueva Zelanda no permitirán que nadie se interponga entre ellos y la victoria. Es una tendencia que se repite a lo largo de su historia. Además, la mayoría de las veces, la víctima de tales acciones es una pieza clave del rival: Catchpole, O'Driscoll, J. P. R. Williams. ¿Ca-sualidad? Muchos neozelandeses niegan la evidencia y aseguran que el placaje a O'Driscoll fue un accidente. El apertura de los Lions de la década de los ochenta, Tony Ward, que en la actualidad trabaja en los medios de comunicación, también duda:

> ¿Son despiadados los neozelandeses? Sí. Eso viene con ganar en cualquier deporte y más aún en la era profesional. Haces cualquier cosa que te conceda una ventaja. ¿Y en cuanto a Brian O'Driscoll? Lo sacaron al comienzo de la gira de los Lions de 2000. Tal vez fue un castigo, no lo sé. ¿Qué equipo no lleva la pelea física a veces de-masiado lejos? ¿Viven al borde del reglamento? Sí, pero Irlanda y los equipos escoceses de los años setenta y ochenta también lo ha-cían. En realidad, el árbitro es el responsable. El problema es que la mayoría de los árbitros intentan ser demasiado cordiales. Eso man-da un mensaje equivocado. Nigel Owens es, de lejos, el mejor ár-bitro del mundo, pero incluso él se deja llevar en ciertas ocasiones.

Se pueden enumerar muchos más ejemplos de acciones terribles cometidas por los jugadores neozelandeses. En 1971, al pilar escocés de los Lions, Sandy Carmichael, le destrozaron los dos pómulos du-rante un *scrum* contra Canterbury. Carmichael, del mismo modo que O'Driscoll, tuvo que abandonar la gira.

En 1989, durante la gira de ocho partidos de Francia en Nueva Ze-landa, a Peyo Hontas le arrancaron el lóbulo de una oreja de una patada en la cabeza. Incluso, al pilar vasco Pascal Ondarts, uno de los hombres más duros que jamás jugó al rugby, el accidente lo tomó por sorpresa. En su hotel de Bayona, en el suroeste de Francia, me dijo:

> Ese partido en Wellington fue duro. No era un partido fácil para nosotros. Esos encuentros entre semana eran aquellos en los que los

equipos de provincia, especialmente en Nueva Zelanda, intentaban alcanzar la gloria. No vi exactamente qué sucedió con Peyo, pero, en ese momento, lo vi tirado en el suelo, con la cara ensangrentada. Cuando me acerqué con mis compañeros de equipo, de repente nos dimos cuenta de que le habían arrancado el lóbulo de la oreja. Todos estábamos horrorizados. El lóbulo estaba en el suelo. Peyo nos dijo que un ala le había pateado la cara.

Por supuesto, en ese momento, no había imágenes de vídeo ni cámara lenta. Creo que ni siquiera lo televisaron. Por supuesto, el árbitro kiwi no había visto nada. ¡Ni tarjeta amarilla, nada! Ningún castigo. De hecho, el único tipo castigado fue el propio Peyo, quien, más allá de la lesión en sí, perdió su primer partido contra los All Blacks y nunca tuvo otra oportunidad de volver a jugar contra ellos. Pero, afortunadamente para él, un cirujano plástico local lo cosió perfectamente en el hospital de Wellington. No le quedó cicatriz.

Lo más inquietante es que ningún periodista de Nueva Zelanda encargado de cubrir el partido mencionó aquella agresión deliberada. Cuando piensas en lo que todos escribieron después de Nantes [el *test match* de Francia contra Nueva Zelanda] en 1986… Casi todos vieron al tipo que hizo lo que hizo en Wellington. Pero nadie dijo nada ni escribió una palabra al respecto. Era parte del juego.

Era, y siempre ha sido, parte del juego de Nueva Zelanda. Es algo que mancha el nombre de la familia, algo que ha reducido o limitado la admiración de cierta gente por el rugby neozelandés. El imprudente y peligroso golpe de hombro de Sonny Bill Williams en la cara de Anthony Watson, en el segundo *test* de los Lions de 2017 contra los All Blacks, es otro ejemplo (esta vez Williams vio la roja). Vale la pena señalar que, doce años después del incidente de O'Driscoll, el rugby finalmente reunió el coraje y los medios necesarios para castigar este tipo de acciones. Si lo de Williams hubiera sucedido en 2005, tal vez habría acabado el partido en el campo.

Sin embargo, Nueva Zelanda siempre ha gozado de aquellos que defienden este tipo de acciones. Incluso Richie McCaw afirmó que aquellos que acusaron a Umaga y a Mealamu de lastimar deliberadamente a O'Driscoll estaban equivocados y no conocían el carácter de los dos hombres. «Al principio pensamos que pasaría —dijo McCaw—.

Sabíamos que Tana y Kevvie no lo hicieron a propósito, lo sé a ciencia cierta. Nunca tuvieron esa intención.»

Pero es cuestión de responsabilidad. Algo que, finalmente, parece haber llegado al rugby. La excusa de «nunca quise que ocurriera» rara vez es válida. ¿Acaso las acciones irresponsables y peligrosas no obtienen siempre el mismo resultado? Alguien sale dañado. Entonces, la responsabilidad recae en las personas involucradas. ¿Pueden eludir su responsabilidad de manera tan simple?

Catchpole, Carmichael, O'Driscoll, Carozza, Young, Richards, Bracken, J. P. R. Williams, Davies y Hontas. ¿Cuántas víctimas más se va a cobrar el rugby neozelandés? ¿Cuántas excusas más con aquello del «no quería que ocurriera»?

Es posible que sorprenda el caso de sir Colin Meads, el cual admitió la responsabilidad de sus actos. En una suave y cálida tarde de verano de 2017, hice el largo viaje en coche desde Auckland a Te Kuiti para entrevistarme con él. Esperaba un escenario lúgubre. Seis meses antes, le habían diagnosticado un cáncer de páncreas. El pronóstico era el que suele acompañar a esta terrible enfermedad. Sin embargo, algunos viejos amigos habían ofrecido su ayuda. Chris Laidlaw y Earle Kirton se habían puesto en contacto con un médico de Estados Unidos que era uno de los mayores expertos en este tipo de enfermedad. Este había hablado con el especialista de Meads en Nueva Zelanda para saber qué tratamiento estaban realizando. Normalmente, el cáncer de páncreas es una sentencia de muerte: el promedio de vida es de cuatro a ocho meses después del diagnóstico. Meads logró resistir un año. Cuando murió en agosto de 2017 en el hospital Te Kuiti, el entrenador de los All Blacks, Steve Hansen, dijo algo conmovedor: «Siempre es triste cuando uno de los grandes árboles Kauri cae».

La relevancia que tenía Meads en la sociedad neozelandesa quedó patente con la cobertura de su muerte que realizó el *New Zealand Herald*. El diario del lunes 21 de agosto le dedicó nueve páginas de historias y homenajes, además de una foto especial de cuatro páginas en la primera plana del diario. Fue similar a cuando Kel Tremain, uno de los mejores alas de Nueva Zelanda, falleció en Napier, en mayo de 1992. Se dice que los oficiales de policía que estaban de guardia en los cruces de carreteras saludaron el ataúd al pasar. Fue como si hubiera muerto alguien de la casa real. Esa tarde de verano, cuando visité a Meads, conduje por la colina detrás de la ciudad de Te Kuiti hasta su casa. Se podían ver los viejos campos de rugby donde él y su hermano Stan jugaron por primera vez, forjando sus nombres de la misma forma que lo haría un herrero con su yunque. Una suave brisa susurraba a través del inmaculado jardín. «¿Quién se ocupa de todo esto?», le pregunté.

«Oh, lo hago todo yo. La verdad es que me encanta», respondió. Me quedé estupefacto. Demostraba demasiada energía para un hombre de ochenta y un años que combatía contra un cáncer de páncreas. Tenía el cuello fuerte, y los antebrazos, como postes de cerca. Su encantadora esposa, Verna, nos hizo panecillos ingleses para el té. Aún tenía buen apetito. Me dio una buena paliza: Nueva Zelanda 6, Inglaterra 2. ¿Y el cáncer? «Voy a vencer a ese desgraciado», dijo con brusquedad. Estaba todo dicho, no había posibilidad de réplica.

Sin embargo, Meads se mostraba más conciliador con otros asuntos. «¿Fuiste demasiado lejos en los terrenos de juego?», le pregunté. «Cuando miro atrás, hay una o dos cosas de las que me arrepiento. Creo que fui demasiado lejos. Pero tampoco es cierto todo lo que cuentan.»

Meads contó la historia de un partido en noviembre de 1967 contra los franceses. Durante el partido, cuando dio la vuelta en un *lineout*, lo placaron y una bota francesa le aplastó la cabeza contra el suelo. Meads reconoció al culpable al instante. «Benoît Dauga era un tipo importante para Francia en ese momento. No era necesariamente un hombre duro y físico. Pero era un tipo grande, y bien feo. Fred Allen [entrenador de Nueva Zelanda] solía decirme: "¿Puedes controlar a este tipo?". En ese momento, ya tenía pesadillas con él. Entonces, cuando me pateó la cabeza, todo lo que pude pensar fue: "Me voy a vengar de Dauga…".»

A Meads le dieron dieciocho puntos de sutura en la cabeza, apenas un rasguño para él. Lo vendaron y salió de nuevo al campo. La sed de venganza no tardó en aparecer en el crudo campo de Stade Colombes, en las afueras de París. Meads admitió: «Me desquité con Dauga. Le pegué tan fuerte que le dejé el ojo bien morado y perdió un diente, aunque no lo noqueé. Por aquel entonces, no se usaban los protectores bucales».

En la cena después del partido, habitual en aquellos tiempos, la cabeza de Meads aún sangraba. Vio a Dauga sentado en la mesa de los franceses, pero se negó a saludarlo. Al final de la cena, el francés se acercó a Meads, señaló su rostro golpeado y le preguntó: «¿Por qué haces esto?».

Meads me contó que le contestó: «"Mira lo que me hiciste, maldito desgraciado". Tenía un corte en la mano, un corte en la cabeza. Pero Dauga me dijo: "No, no fui yo. Fue Alain Plantefol [el segunda línea del Agen]". Más tarde le dije a Fred Allen que fue su culpa, ellos me provocaron».

Esa no fue la única confesión de Meads en ese día de verano.

> También lamento algunas de las tonterías que sucedieron aquí en Nueva Zelanda, en la competición de clubes. Hubo un centro que dejó nuestro club, Te Kuiti, y se fue a otro club. La siguiente vez que nos enfrentamos, lo metí en un *ruck* y le di una paliza. Pero no lo pateé, ¿eh? Yo nunca he pateado a un hombre.

Meads también defendió su inocencia en la expulsión en 1967 en Murrayfield.

> El árbitro tomó una decisión equivocada. Todavía piensa que pateé al jugador escocés [Chisholm], pero nunca lo hice. Pateé la pelota. Pero me habían hecho una advertencia formal por poner mucha energía en un *ruck*. El talonador escocés [Frank Laidlaw] hizo que me expulsaran. No creí que el árbitro lo viera, pero el talonador se aseguró de que lo escuchara. Creo que él influyó en el árbitro, cuando dijo «ese maldito desgraciado». Cuando me expulsaron, me quedé bloqueado. Pensé que probablemente mi carrera en los All Blacks había terminado. Sentí vergüenza. Fue terriblemente frustrante.

Sin embargo, sería injusto afirmar que solo los jugadores de Nueva Zelanda son los que actúan con violencia. En realidad, es algo endémico en la mayoría de los países donde se practica este deporte. El ataque del ala samoano del Perpignan, Henry Tuilagi, a un oponente, en un partido del campeonato de Francia contra La Rochelle, fue espantoso. Un acto de violencia sin sentido. Pero al menos Tuilagi recibió de inmediato una tarjeta roja.

Del mismo modo, ciertas acciones que sucedieron en el campeonato de Francia de 1990 entre el Racing Club y el Agen fueron de una violencia extrema. El atacante sudafricano Garry Pagel le pisoteó la cabeza al francés Jeff Tordo durante un partido del Western Province contra Francia a principios de la década de 1990. Y también se mordían:

como Ross Cullen, nacido en Nueva Zelanda, cuando jugó para Australia contra el Oxford University en su gira de 1966-1967. El sudafricano Johan Le Roux mordió a Sean Fitzpatrick en el segundo *test* de la serie de Springbok de 1994. El inglés Kevin Yates recibió una sanción de seis meses por morderle la oreja al ala escocés de Londres Simon Fenn en 1998, cuando jugaba para el Bath. Auténticos carnívoros.

Los atacantes de segunda línea de Inglaterra, Danny Grewcock y Simon Shaw, fueron expulsados en 1998 y 2004, respectivamente. Grewcock pateó al talonador de los All Blacks Anton Oliver, mientras que Shaw dio un rodillazo al segunda línea de los All Blacks Keith Robinson. Pero ninguno salió con aquello de «nunca quise que sucediera». Más bien, aceptaron las consecuencias y admitieron su responsabilidad.

Cuando estaba en activo, Graham Mourie, capitán de los All Blacks de 1977 a 1982, estaba tan comprometido como cualquier otro jugador. Con los All Blacks, Mourie perdía la cabeza por recuperar la pelota; no le importaban ni botas ni cortes ni moretones. Formaban parte de su oficio, como cuando un carnicero se lastima los dedos. Por ello, Mourie era respetado en todo el mundo. Pero ¿considera brutales a los jugadores de Nueva Zelanda?

> Seamos realistas. En Sudáfrica, los Lions de 1974 crearon el «noventa y nueve» [una señal para atacar a todos los jugadores sudafricanos si la situación era problemática]. En cuanto a los franceses, fueron absolutamente brutales. Jugué dos años para el Paris Université Club y no creo que fuera muy distinto.
>
> No creo que los neozelandeses fueran más despiadados que otros. Pero creo que estaban más obsesionados por ganar. En la escuela, jugué al rugby con los de último año cuando tenía dieciséis. Papá siempre decía: «No te preocupes por eso [el lado físico del juego]. Lo que cuenta es el resultado».

Sin embargo, Mourie admite que perdió el respeto por Meads en una etapa temprana de su carrera:

> Lo vi patear a un chico cuando estaba en el suelo sin ninguna razón aparente. Era Murray Kidd, un niño que jugaba para Taranaki. Meads jugaba para King Country. Yo no estaba jugando, pero vi

y escuché la lesión. Meads le pateó la cabeza. Jamás consideré que eso fuera parte del juego.

Me dio bastante vergüenza cuando John Ashworth lastimó a J. P. R. Williams en el partido de Nueva Zelanda en Bridgend en 1978 [Mourie era el capitán de los All Blacks en ese momento]. Cuando jugamos, se considera que los golpes son parte del juego, pero nunca se usan las botas para golpear. Es una ley tácita. Este juego es un deporte, no una batalla. Pero estás ahí para ganar. El enfoque principal era cómo ganar, y esto depende de cómo nos educaron en este juego cuando éramos niños. Todo el sistema de formación en Nueva Zelanda es muy competitivo.

La «Batalla de Nantes» de 1986 entre Francia y Nueva Zelanda fue probablemente el *test match* más brutal que jamás he presenciado. Francia había perdido la semana anterior, en el primer partido de Toulouse, y su entrenador Jacques Fouroux no era un hombre que se tomaba las cosas a la ligera. Su pasión por el juego y su país ardían como una llama. Cuando los jugadores franceses salieron del túnel, Fouroux le había dado a cada uno su tarea. La intensidad de sus hombres ese día rebasó cualquier cosa que yo hubiera visto antes. El delantero de los Blacks, Wayne Shelford, terminó el partido en la camilla: le tuvieron que coser el escroto desgarrado.

Chris Laidlaw llama a Meads «el jugador más completo, en casi todos los aspectos».

Era un atleta completo. Enormemente fuerte, con un sentido particular del momento justo y la capacidad de hacer cualquier cosa, incluso de intimidar al rival. En ese momento, simplemente, era el mejor jugador del planeta.

Pero ¿Meads no exdecía los límites cuando trataba de intimidar a los demás?

Por supuesto. La gente sabía que, si se metían en su camino o lo molestaban, pagarían un precio muy alto. Ese fue uno de los factores que más nos influyó, esa sensación de intimidación. No era el único. Había otros, como Bruce McLeod [talonador de los All Blacks de la época], Ken Gray y Kel Tremain, capaces de usar la fuerza si era necesario.

¿Jugaban sucio? ¿Atacaban a rivales clave? En ese caso, Laidlaw dice que está de acuerdo con Graham Mourie:

> Nunca se identificó a ningún jugador que intentara lesionar a un rival determinado. Sí, sabíamos quién podía suponer una amenaza. Sí, hubo momentos, malos momentos. Pero no creo que ninguno de ellos haya sido planeado.

¿No fueron a por O'Driscoll?

> No puedo ni pensarlo, pero nunca se sabe. Pero los sudafricanos han hecho mucho más que los neozelandeses, y los franceses lo hacían todo el tiempo. La ironía es que la única vez que expulsaron a Meads era completamente inocente. Estaba muy cerca del incidente. Estaba pateando la pelota. Esa mácula permaneció con Meads; siempre le molestó que lo expulsaran. Pero tal vez tenía que pagar un precio por sus acciones, pero por aquellas por las que se había salido con la suya en el pasado.

Los que más han sufrido a los All Blacks acostumbran a ser los jugadores australianos. Pero nadie ha acusado a Andrew Slack, capitán Wallaby entre 1984 y 1987, de ser vengativo o tener malas intenciones. Es uno de los hombres más caballerosos que el deporte ha conocido.

Sin embargo, Slack tampoco se muerde la lengua:

> ¿Son despiadados los neozelandeses? Bueno, en realidad, la determinación enfermiza que muestran por la victoria apenas se distingue de la brutalidad en el juego. Sí, son despiadados. Siempre están dispuestos a hacer cualquier cosa. Patear, meter los dedos en los ojos…, pero, bueno, esas cosas quedaron atrás en el tiempo. Mira a los franceses.
>
> Los neozelandeses siempre fueron despiadados, un poco brutos. Mark *Cowboy* Shaw fue brutal… Le cogió varias veces la fiebre de la línea blanca. A Richard Loe le ocurría lo mismo; no hay duda. Sí, hubo incidentes. Pero no calificaría a un pueblo o a un equipo por ciertos comportamientos individuales. Hubo algunas personas que actuaron con brutalidad, es cierto, pero eso no significa que todo el equipo se haya comportado de ese modo.

Slack recuerda esa vez que quedó atrapado en el fondo de un *ruck* contra Gales en el Sídney Cricket Ground en 1978. Tenía un jugador encima:

> Levantó la vista para comprobar si el árbitro estaba cerca, y cuando comprobó que no lo estaba, me miró y me golpeó. Es verdad, también había algunos jugadores de Nueva Zelanda dispuestos a obrar del mismo modo.

El sentido del humor autocrítico de Slack no tarda en aparecer:

> Es cierto que, cuando juegas contra Nueva Zelanda, juegas contra un país, no contra un equipo. Es una de las ventajas de ser una nación de solo 4,8 millones de personas. Si no hubiera nacido australiano, me hubiera gustado ser neozelandés. Pero lo único malo de eso es que, en lo que respecta al rugby, no hubiera llegado muy lejos.

Si un determinado lugar define a una nación y a un pueblo, en el caso de Nueva Zelanda, ese es el lado equivocado del *ruck*. Si hay jugadores neozelandeses de por medio, ese es el peor sitio donde uno puede encontrarse. En 1963, cuando apenas era un joven inexperto, la leyenda irlandesa Willie John McBride intercambió alegremente golpes con Meads en el encuentro disputado en Dublín entre Irlanda y Nueva Zelanda. En dos ocasiones, Meads impidió que aquel joven irlandés saltara hacia la pelota en el *lineout*. En el primer intento, Meads lo bloqueó y McBride no dijo nada. En el segundo, Meads se movió de nuevo para bloquearlo. Pero esta vez, McBride reaccionó golpeando el estómago del neozelandés con su puño. Meads cayó al suelo como un árbol talado. «Dios —dijo uno de los compañeros de equipo de McBride—, acabas de golpear a Meads.» La mayoría sabía que acababa de sellar su destino. El joven McBride respondió: «No me importa. No soporto ese comportamiento».

El único problema fue que, poco tiempo después, McBride cayó al suelo como un soldado alcanzado por un francotirador. El capitán de Meads, Wilson Whineray, se había tomado la libertad de vengarse en su nombre. «Aquello me dejó KO, pero luego me recuperé y seguimos con el partido», admitió alegremente McBride.

Así aprendían los jóvenes como McBride. En el primer partido de la gira de 1966, los Lions perdieron 14-8 contra Southland en Invercargill. Esto es lo que recordaba McBride:

> Creo que fue el primer partido que jugué en Nueva Zelanda. Fue en el barro de Invercargill. El clima era terrible. Físicamente fue muy duro. Recuerdo que atrapé la pelota y, al hacerlo, recuerdo tener encima a seis jugadores contrarios. Me patearon y golpearon bastante rato, arrastrándome con la pelota, pero, aun así, me negué a soltarla. Cuando finalmente se detuvieron y sonó el silbato, me levanté. Estaba fuera de mí.
>
> Tres o cuatro de nuestros muchachos dijeron: «¿Por qué no les diste la pelota?». Estaba cabreado con ellos. Estaba claro que algunos de nuestros jugadores se sintieron intimidados por la dureza del partido. Algunos jugadores se habían lastimado durante la gira, y había jugadores de los Lions que no querían jugar. No pudieron manejarlo. Lo cierto es que estábamos jugando contra un equipo formado en su mayoría por granjeros neozelandeses que eran física y mentalmente duros como piedras.

Uno de esos granjeros, Colin Meads, recordó un incidente de esa gira de los Lions de 1966. El capitán de los Lions era el militar Michael Campbell-Lamerton. Había estado con Escocia y era el perfil que buscaban los seleccionadores de los Lions para que guiara al equipo en aquel momento. La disciplina militar de un soldado honrado caería bien en las colonias. O eso pensaban. A los seleccionadores nunca se les ocurrió que su físico no estuviera preparado adecuadamente para afrontar una dura gira en Nueva Zelanda.

> Lo golpeé y lo empujé todo el rato. Le pegué, y finalmente volvió a segunda línea en el *lineout*, lo que representó una victoria para mí. Pero Willie John McBride no era así. Cuando me dio ese golpe y me caí, Wilson Whineray, nuestro capitán, me chilló: «¡Levántate, levántate! No dejes que ese cerdo sepa que te ha hecho daño». Le contesté que eso era fácil, pero que ese tipo me había dejado sin aire.
>
> Willie John y yo siempre nos peleábamos. Pero nos respetábamos. McBride fue uno de los tipos más duros contra los que jugué. Como Johan Claassen, de Sudáfrica. Pero McBride y yo nos llevamos bien y después de eso nos hicimos amigos.

En cuanto a McBride, no es solo el aspecto físico lo que se respeta en el rugby de Nueva Zelanda:

> Cuando pasa algo con los All Blacks, nunca desaprovechan la oportunidad. Castigan todos los errores. Es algo innato. Es una de las claves de su éxito. Ganan muchos partidos en los últimos quince minutos. Siempre ha sido así. No darse nunca por vencidos los convierte en unos rivales formidables.

El exentrenador australiano John *Knuckles* Connolly es de la opinión que los neozelandeses poseen una crueldad especial, pero añade: «Todos los grandes equipos son despiadados a la hora de buscar la victoria. Ocurre con todos los equipos exitosos sin importar el deporte que practiquen. Esa obsesión es necesaria para el éxito».

Y casi nadie tuvo una mentalidad tan ganadora como Andy Haden, delantero de segunda línea en las décadas de 1970 y 1980 que disputó ciento diecisiete partidos con los All Blacks, entre ellos, cuarenta y un *test*. Haden estaba dispuesto a hacer cualquier cosa para que su equipo lograra la victoria. Eso incluye el incidente de Cardiff en 1978, en un *test match* contra Gales. Quedaban pocos minutos para el final del partido y Nueva Zelanda iba perdiendo 12-10. Haden, de manera teatral, se tiró al suelo en un *lineout* para intentar engañar al árbitro Roger Quittenton. Este cayó en la trampa e hizo sonar el silbato (más tarde dijo que no sancionaba el presunto empujón a Haden, sino el de Geoff Wheel a Frank Oliver, que también había caído al suelo). Tras la transformación, los All Blacks ganaron 13-12 y todo Gales montó en cólera. El *Daily Telegraph* de Londres incluyó el incidente en una historia titulada «Diez ejemplos de notorio comportamiento antideportivo».

La filosofía de Haden era muy sencilla. Simplemente, hizo lo que pudo para que Nueva Zelanda ganara el partido. No fue violencia física, sino una artimaña. Graham Mourie admitió tiempo después que habían preparado diversos escenarios, incluido uno como ese.

Años más tarde, Willie John McBride se encontró con Haden en Bermuda Sevens. «¿Alguna vez te arrepentiste de aquello?», le preguntó McBride. «Nunca —respondió Haden—. En Nueva Zelanda, te enseñan a hacer lo que sea necesario para ganar.»

Aquí encontramos otro factor clave que explica por qué Nueva Zelanda domina este deporte. Sobre la obligación de ganar a toda costa, es bueno escuchar al exentrenador de los All Blacks John Hart, que entrenó a Nueva Zelanda en el Mundial de 1999, cuando Francia les pasó por encima en una sorprendente semifinal en Twickenham. En esa ocasión, Hart tuvo que soportar una carga que nadie debería experimentar en ningún deporte profesional o *amateur*. Con la perspectiva del tiempo, tal vez pueda decirse que fue un punto de inflexión para el rugby de Nueva Zelanda e incluso para su sociedad.

Hart conocía y amaba este deporte. Había jugado su primer partido cuando tenía solo cuatro años, para Mount Roskill. Recuerda ir con un pequeño sombrero con pompón. «No sabía lo que hacía. Pero anoté un ensayo», dijo con orgullo más de medio siglo después. Cuando tenía once años, su hermano y él pasaron una noche a la intemperie en el exterior del estadio Eden Park para conseguir las entradas del *test match* contra Sudáfrica. Era el año 1956.

Sin duda, era conocedor de la importancia que tenía para Nueva Zelanda ganar los partidos de rugby. No mucho después de su nombramiento como entrenador de los All Blacks, y mientras preparaba a su equipo para un *test match*, alguien le llamó por teléfono.

—¿Quién es? —preguntó Hart.

—Soy Jim, el primer ministro —le respondieron.

Jim Bolger, líder del Partido Nacional y primer ministro de Nueva Zelanda de 1990 a 1997, comenzó la conversación con una simple pregunta:

—John, ¿cómo crees que les irá a los All Blacks en el *test* del sábado?

Hart estaba atónito.

—Bueno, Jim, haremos todo lo que esté en nuestra mano. Eso seguro —respondió alegremente.

—Podríamos necesitar un poco más que eso —dijo Bolger con un tono más severo—. Las elecciones son la próxima semana y una victoria puede marcar la diferencia.

Los temores del primer ministro John Key sobre cómo afectaría una posible derrota al Gobierno no eran más que un recordatorio de lo que también se jugaba Hart en ese partido. En cualquier caso, ese día, Hart descubrió cuán importante puede llegar a ser un partido de rugby.

En 1998, ocurrió algo parecido cuando los All Blacks perdieron a muchos jugadores por diferentes circunstancias (Zinzan Brooke, Sean

Fitzpatrick, Frank Bunce, Michael Jones, Olo Brown) y cayeron derrotados en cinco *test match* seguidos. Como dice Hart soltando el aire: «Fue algo bastante doloroso».

Aunque no tan doloroso como lo que sucedió doce meses después, en la Copa del Mundo.

> Si quieres saber lo que significa la presión, ese es un ejemplo perfecto. Se había creado la expectativa de que ganaríamos. Fue desastroso. Probablemente, toda la presión que soporté, más tarde, ayudó a esos mismos jugadores que perdieron. Estaba muy decepcionado con cierta gente y no lo gestioné correctamente. Me retiré, no quería salir, probablemente durante dieciocho meses. Eso me cambió la vida. Seguramente, tanto estrés era peligroso para mi salud. Mi familia había estado en la Copa del Mundo y volvieron un día antes que yo. Mi hijo me recibió en el aeropuerto. Se suponía que iba a ir a Hawái para unas vacaciones en familia, pero no me pareció correcto. Sentí que tenía que volver y enfrentarme a las consecuencias.

Nada más perder la Copa del Mundo, Hart entregó su dimisión. Pero aquello no sirvió de nada para algunos sectores de la sociedad neozelandesa. Al día siguiente, Hart y su hijo acudieron al hipódromo para presenciar cómo su caballo participaba en la New Zealand Trotting Cup. Según Hart, fue la peor decisión de su vida: «Me abuchearon y me escupieron, fue horrible. Le tiraron cerveza al caballo antes de salir a la pista. Fue uno de los peores días de mi vida, y un mal día para Nueva Zelanda».

Sin embargo, Hart no fue el único integrante del equipo que sufrió las consecuencias de la derrota. El capitán del equipo también padeció algún incidente. Años después, Reuben Thorne explicó sus propias experiencias:

> Las secuelas de la Copa Mundial de Rugby de 1999 son lo peor que me ha pasado en la vida. Todavía no sé qué hicimos tan mal. La reacción en 2003 no fue tan desastrosa. No sé qué cambió, pero 1999 fue particularmente malo. Recuerdo que fui a un bar en Christchurch con amigos y un tipo se acercó y me pidió que le pagara una bebida porque lo había decepcionado mucho en la Copa Mun-

dial de Rugby. No lo conocía, así que le dije que se fuera. Las cosas en los medios eran horribles. Por supuesto, no importa lo que digan los jugadores. Lo importante son los periódicos. Fue bastante desagradable.

Thorne era y es un hombre lo suficientemente grande como para cuidarse a sí mismo. Es taciturno. No es antipático, pero sí reservado y callado. No es alguien que podrías ver gritando sus logros desde una terraza. Le resultó difícil aceptar la situación de ese entonces: «Fue difícil por la presión. Vives una vida en la que todo lo que haces se analiza con lupa. No me hice jugador de rugby para eso. Algunas veces, la gente se pasaba de la raya».

Hart se apresura a señalar que no todo el mundo se comportó de esa manera. Pero el hecho de que incluso un pequeño porcentaje de sus compañeros neozelandeses lo trataran de esa forma lo dejó en *shock*. Había sido un exitoso hombre de negocios y pensó que podría manejar los contratiempos, las adversidades o las decepciones. Rápidamente, llegó a comprender que nada podría haberlo preparado para esto. Según dijo más tarde, era algo totalmente imprevisible.

Sin embargo, tras la tormenta siempre aparece un rayo de esperanza. Aquella experiencia le hizo aprender una lección importante: «Esa situación fue el detonante para que una sociedad atrapada por este deporte y por aquel equipo se quitara la venda de los ojos. Creo que mucha gente analizó la situación y dijo: "Esto no es Nueva Zelanda. No queremos eso"».

Hart sospecha que gran parte de aquellas críticas las promovieron los críticos que temían un cambio en los All Blacks con la llegada del profesionalismo: «Creyeron que estaba tratando de cambiar la cultura de los All Blacks. Y así era: tenía que hacerlo. Se llama profesionalismo. Yo había experimentado el lado malo de la cultura de los All Blacks: los asientos traseros del autobús, la bebida, etcétera. Todas esas cosas. Simplemente, no era profesional, pero a algunas personas les molestaba el cambio».

Cinco años más tarde, el nuevo entrenador de los All Blacks, Graham Henry, se encontraría en un escenario similar tras una noche bañada en alcohol en Johannesburgo. Obviamente, los cambios necesitaban más tiempo del que creía Hart.

Probablemente, Hart estaba en lo cierto en un aspecto. No se trataba solo del ardiente deseo de ganar un Mundial. Muchas actitudes sobrepasaban el límite de la crueldad y hablaban mal de una sociedad que no tenía reparos en hundir a uno de los suyos. Que los neozelandeses pudieran tratar a un compañero de esa manera reveló un lado profundamente desagradable de una sociedad que algunos, especialmente los extranjeros, no podían entender.

El catalizador de esos comportamientos fue el deporte. Que, además, también sirvió de excusa para los horribles ataques y las terribles lesiones que padecieron Ken Catchpole o Brian O'Driscoll. Comprobar que ese deporte podía provocar actitudes enfermizas en la gente hasta el punto de que no importaran las consecuencias físicas resultó impactante.

Seguramente, el asunto de John Hart conmocionó a toda Nueva Zelanda. Así pues, cuando uno de los sucesores de Hart, Graham Henry, intentó implantar sus propios cambios en la cultura de los All Blacks, el camino estaba más despejado.

Pero ¿qué ha cambiado en la actualidad en cuanto a la dureza física? Gracias a los testimonios de hombres como Meads y McBride podemos hacernos una idea de cómo era un *test match* en aquellos días. Pero ¿cómo afrontan los neozelandeses el exigente desafío físico que supone llegar al primer equipo de los All Blacks? Jerome Kaino tiene la reputación de ser quizás el más duro de los All Blacks. No tiene ningún problema en repartir golpes. Pero ¿cómo es recibirlos? ¿Los jugadores más fuertes y mejor preparados físicamente sienten los golpes cuando son ellos las víctimas?

Kaino no intenta ocultar cómo le gustan los choques.

Me encanta ese lado físico del juego. Cuanto más juegas al rugby profesional, más ves tu papel en un equipo. Cuanto más puedo hacer en el aspecto físico, mejor me encuentro. No salgo pensando conscientemente: «Voy a intimidarte». Todo lo que pienso es: «Necesito entrar en el partido y así es como lo voy a hacer». Para entrar en un partido, necesito llevar mucho la pelota o hacer un buen placaje. Algo físico.

¿Me molesta el dolor? Sí. A veces te chocas con un tipo grande y le das un buen golpe. O ellos te lo dan a ti. Pero no puedes mostrar el dolor, así que te levantas y cojeas hasta el siguiente *breakdown* o *scrum*. Pero por dentro te estás muriendo.

Es más como un juego de apariencias, un juego de póker en el que no puedes mostrar lo que tienes. Si causas dolor, no te sientes tan mal. Pero a veces estás en el otro lado. Tratas de morderte el protector bucal y no mostrarlo. Si repartes golpes, tienes que estar listo para recibirlos.

Kaino califica al fallecido *back* de los All Blacks, Jerry Collins, como el tipo más duro contra el que ha jugado. Collins, un jugador contundente y físico, no tenía miedo en los terrenos de juego. En ocasiones, destruyó el cuerpo de sus rivales o el suyo propio. Sin embargo, en opinión de Kaino, quien resultaba más molesto era Richie McCaw:

No importaba cuántos golpes le dieras o cuán fuerte le pegaras, él siempre regresaba con la misma dureza. Siempre estaba allí, siempre era un problema. Era implacable. Algunos te atacan los primeros cincuenta minutos, pero luego la intensidad se desvanece. Pero Richie era constante. También tenía una gran inteligencia para acompañar sus atributos físicos.

El hombre que prepara mentalmente a los All Blacks modernos para la batalla es el psicólogo Gilbert Enoka.

Ha habido algunos incidentes brutales en los que se han visto envueltos los neozelandeses. Hay una voluntad absoluta de ganar, pero a veces eso ha implicado demasiada violencia.

En los primeros días, antes de la televisión, fue horrible. Algunas de las cosas que la gente hizo en un campo de rugby eran barbaridades. Eso, para mí, no estaba bien. Pero desde la llegada de la televisión, gracias a un minucioso escrutinio, creo que el deporte ha mejorado.

Antes, se creía que debía ser así: si podías expresar tu destreza en un campo de rugby, te convertías en un gran hombre. Pero, en muchos sentidos, solo era violencia. En el pasado, los jugadores se mordían las orejas o se metían los dedos en los ojos. Hoy en día, estamos usando diferentes habilidades para obtener los mismos resultados. Ahora el deporte es mucho mejor.

Lo que Enoka quiere decir con eso es que el ritmo y el carácter físico ahora son los instrumentos que destrozan a los oponentes, no la violencia. Dice que nos fijemos en los primeros cuarenta segundos de la final del Mundial de 2015 entre Nueva Zelanda y Australia. Ves el *timing* correcto y la ejecución precisa; todo de forma legal, como en el golpe de Jerome Kaino a Israel Folau. Ahora hay una forma diferente de brutalidad. La precisión que genera una ejecución perfecta se ha convertido en el arma de batalla principal. Los puños y las botas han quedado a un segundo plano. Y este requisito, esta necesidad de precisión, trasciende todos los deportes.

Como experto en su campo, Enoka comprende las motivaciones que fluyen entre los jóvenes deportistas que participan en esa guerra deportiva. «La testosterona que corre por las venas de la gente en varias etapas de la vida la puede volver incontrolable. Eso puede tener un impacto realmente grave.»

Los All Blacks llevan esta reputación con honor. Como dijo el imponente segunda línea sudafricano Victor Matfield:

> El mayor desafío cuando te enfrentabas a Nueva Zelanda era que, cada vez que jugabas contra ellos, sabías que te esperaba el partido más difícil de tu vida. Siempre sabías que estabas en un *test match*. Fue muy difícil, incluso para los miembros más duros de un equipo de Springbok.

¿Brutalidad? Todos tienen su propia imagen de algún incidente impactante. No es un elemento del que el rugby deba estar orgulloso. El comentarista de Sky TV Tony Johnson menciona la acción del sudafricano Johannes *Moaner* van Heerden contra el segunda línea de los All Blacks Peter Whitling como lo peor que ha visto.

«Hubo terribles actos de brutalidad por parte de algunos All Blacks —reconoce—. Pero también han sido víctimas de algunos.»

Sin embargo, a Johnson le reconforta que los jugadores ya no pueden salirse con la suya con actos de violencia y luego fingir que forman parte del deporte. «En esta época, no te sales con la tuya. Andrew Hore golpeó a Bradley Davies y fue el principio de su fin como All Black. Esa sensación de brutalidad se ha transformado ahora en cómo placas a alguien. Pero no puedes hacerlo ilegalmente.» Doce años después del incidente de O'Driscoll, todavía no sabe qué pensar de eso: «Algo raro sucedió ahí. Parecía que intentaban lastimarlo».

Las opiniones de los jugadores actuales resultan instructivas al respecto. «¿No es el juego moderno lo suficientemente duro sin toda esa violencia?», le pregunté a Wyatt Crockett, el pilar izquierdo desde hace mucho tiempo de los Crusaders y los All Blacks. En junio de 2018, Crockett ya había jugado doscientas veces para su equipo de franquicia, un récord en la historia del Super Rugby, y había ganado setenta y un *test* con los All Blacks. Sin duda, conoce su oficio.

En una carrera tan longeva, Crockett ha aprendido el precio que debe pagar su físico. Sus palabras revelan la enorme exigencia física para un jugador de sus características.

La carga que sientes después del golpe del *scrum* es bastante inmensa. Ahora ves que muchos equipos mantienen la pelota en el *scrum* durante más tiempo, tratando de agotar la energía de los oponentes o de mostrarse dominantes físicamente. Eso son doscientos kilos usados de forma correcta; bajas hasta la mitad y luego aguantas la posición. Créeme, los *scrums* no han perdido la fuerza, aunque claramente se usa de otra forma. Después de un partido importante, me duele todo. Es como si hubieras tenido un accidente con el coche. A veces resulta bastante difícil levantarse del sofá un domingo por la mañana. Siempre quedan un par de cicatrices tras tantos partidos por temporada.

Crockett, debemos recordar, no es liviano. Pesa 116 kilos y mide 1,93.

El delantero de segunda línea de los Chiefs, Brodie Retallick, es considerablemente más grande: 123 kilos y 2,04. Junto con Sam Whitelock, la pareja es el mejor dúo de segunda línea del rugby mundial. Whitelock, con 116 kilos y 2,02, es ligeramente más pequeño que Retallick. Sin duda, eso es una mala noticia para aquellos que deben estar en el lado opuesto. La buena noticia es que Retallick no se ve a sí mismo como una versión moderna de Colin Meads, el siniestro delantero que hacía estragos en su tiempo.

En una fresca mañana de otoño a las afueras de Hamilton, donde se encuentra el campo de entrenamiento de los Chiefs, vemos al por entonces entrenador Dave Rennie poner al equipo a hacer pases. El aire es frío: se acerca el invierno. Retallick termina la sesión y se acerca por entre la niebla. Es físicamente imponente. ¿Es un *enforcer*? La pregunta le horroriza:

No quiero ser el *enforcer*. Solo trato de tener un juego completo, tener la capacidad de lanzar un buen pase, y de limpiar y avanzar. Todo eso es vital para el juego de rugby. Siempre lo ha sido.

Creo que necesitas un juego completo, en lugar de solo un punto fuerte.

Para ser un hombre grande, Retallick es muy hábil con la pelota. Sin embargo, insiste en que nunca se ha centrado en esas habilidades.

Al crecer en Nueva Zelanda, tienes la suerte de contar con la oportunidad de practicar muchos deportes. Cuando era más joven, jugaba al críquet, al vóley, al *touch rugby*, al tenis y al baloncesto. Tal vez todas esas actividades aumentaron mi coordinación ojo-mano.

Cuando era joven, casi siempre tenía algún tipo de pelota en las manos. Fue genial crecer así, especialmente con dos hermanos mayores. Cuando ahora miro atrás, sé que eso me ayudó mucho a llegar adonde he llegado. Son las cosas que haces cuando eres niño las que sacan rendimiento en la madurez. Nada me gusta más que usar un poco de habilidad y vencer a alguien. Especialmente cuando alguien suma puntos por eso.

Hace mucho tiempo, en el rugby de Nueva Zelanda, la frase «golpear a alguien» significaba principalmente una cosa. Todos deberíamos estar contentos de que hoy tenga una connotación muy diferente para hombres duros como Brodie Retallick. Es una prueba irrefutable de que el juego ha progresado.

9

La resurrección

Con contribuciones de, entre otros,
STEVE HANSEN, sir GRAHAM HENRY, sir JOHN KEY,
KEES MEEUWS, GILBERT ENOKA, DOUG HOWLETT,
RICHIE McCAW, GRAHAM MOURIE, ANDY HADEN,
ALAN JONES, DICK BEST, VICTOR MATFIELD,
BRENDAN VENTER, WAYNE SMITH y sir BRIAN LOCHORE.

Fue el momento en que realmente comenzamos a entender que el carácter es clave. Todo lo que hace especial a este equipo debía emanar del carácter. Teníamos algunos caracteres imperfectos. Al final, entendimos que, aunque seas la única persona del mundo con esas habilidades, si no sabes jugar en equipo, no lo vas a lograr.

GILBERT ENOKA, entrenador-psicólogo de los All Blacks

Johannesburgo siempre fue tierra baldía para los All Blacks. Odiaban esa ciudad. Mil ochocientos metros sobre el nivel del mar, sin aire en los pulmones y con una fatiga constante. Adaptarse es una tortura. Además, con aquel aire enrarecido, las pelotas de rugby parecen sostenerse en el aire. La ciudad tampoco mejora el panorama: pobre, sucia y deslucida. Los indigentes se acumulan en las esquinas y a veces no llegan a ver un nuevo día. El rastro de un hilillo de sangre escurriéndose por las veredas agrietadas habla de la violencia nocturna de la ciudad. La gente se pincha y se muere. No importa qué sustancia usen. Cualquier cosa sirve para escapar de la pesadilla de ese infierno en vida. Los que sobreviven son felices de haber caído en la inconsciencia.

Aquí hay ciertas reglas de convivencia. Los muertos no hablan y los vivos caminan. Se alejan y rápido. Nadie ve nada; nadie sabe nada.

La extrema pobreza del barrio de Alexandra Township (las *Township* eran las áreas designadas para la gente negra durante el *apartheid*), muy cerca de la rica Sandton, es un cruel y provocador recordatorio del legado del *apartheid*. Asusta incluso a aquellos que tienen los nervios de acero. Se dice que nunca debes detenerte en los semáforos cuando cae la noche. Todas las luces del semáforo significan: «Sigue adelante»… En cualquier sitio, todos los sentidos están en estado de alerta. Estos son los contrastes de África.

El estadio de Ellis Park cuenta con unas tribunas enormes e imponentes. Feas y frías, como antiguos monumentos de hormigón. Una reliquia de una sociedad terrible llamada *apartheid*. Cada vez que los hombres de negro salían al campo esas gradas actuaban como imponentes testigos. Así era desde 1949, cuando los All Blacks perdieron su segundo *test* 12-6, en una serie de partidos de una gira desastrosa. Esa humillación se prolongó siete largos y dolorosos años. Más adelante, Nueva Zelanda tuvo la oportunidad de redimirse, pero no fue mucho mejor. Ellis Park era sinónimo de angustia. El sueño de una victoria en Sudáfrica era poco más que una utopía. Casi veinte años más tarde, en 1995, otro sueño se desvaneció en Johannesburgo. Sudáfrica se llevó la victoria con un resultado de 15-12. Un *drop* de Joel Stransky arrebató a Nueva Zelanda el ansiado trofeo de la Copa Mundial de Rugby.

Un año después, los All Blacks finalmente rompieron la maldita racha de derrotas al ganar unas *test series* en Sudáfrica. Sin embargo, incluso aquella vez, Johannesburgo fue un bastión inexpugnable. Nueva Zelanda no fue capaz de ganar ningún *test* en esa ciudad entre 1928 y 1992.

Más adelante, en 2004, un incidente extraordinario pareció agravar la ansiedad de Nueva Zelanda. Durante las primeras horas del domingo 15 de agosto de ese año, ocurrió algo que cambiaría el rugby de Nueva Zelanda para siempre.

Según afirma Kees Meeuws, uno de los delanteros de los All Blacks, aquel día «fue un punto de inflexión para todo el rugby de Nueva Zelanda».

Los All Blacks habían pasado una etapa turbulenta con la llegada del profesionalismo en 1995. Éxitos, fracasos, cambios de entrenadores y nuevos estilos de juego. Diferentes filosofías, también. La derrota en el Mundial de Rugby de 1995 había logrado que el entrenador Laurie Mains abandonara su cargo. Fue remplazado por John Hart, quien solo aguantó hasta la derrota en el Mundial de 1999. Tras él, llegó Wayne Smith, que estuvo en el cargo entre 2000 y 2001. Lo siguió John Mitchell, que se retiró tras la derrota en el Mundial de 2003. Entrenar a los All Blacks se había convertido en una montaña rusa. Si no los echaban del cargo, los entrenadores renunciaban a intervalos regulares. La constancia a largo plazo, en términos de preparación, estilo de juego y selección, estaba comprometida desde tiempo atrás. Ni los entrenadores ni los jugadores sabían dónde estaban ni dónde iban a estar cuando llegaran los nuevos gerifaltes. O se fueran. Pero, incluso a principios del siglo XXI, perder todavía se consideraba como una pena capital en Nueva Zelanda.

El Torneo de las Tres Naciones de 2004 fue la primera campaña formada por el triunvirato de Graham Henry, Steve Hansen y Wayne Smith. Pero, como rápidamente descubrirían con horror, los tiempos del profesionalismo no habían erradicado los hábitos más nefastos de la antigua era *amateur*. La derrota de los All Blacks contra los Wallabies el fin de semana anterior era una mala noticia. De por sí, tendría que haber sido suficiente para que los jugadores tomaran consciencia de que la era profesional había empezado casi una década atrás, en 1995. Pero lo que sucedió en Johannesburgo horrorizó a Henry. No fue tanto que los All Blacks recibieran una paliza de 40-26 de su mayor enemigo, sino que, además, el centro Marius Joubert, la personificación del nuevo jugador de rugby profesional, por su velocidad, fuerza y autoridad física, hizo un *hat-trick*. Ese día, el paradigma de talento y de buen físico de Joubert fue una combinación que sorprendió a los neozelandeses. Todo eso ya era suficientemente malo. La derrota le garantizaba el tercer puesto a Nueva Zelanda en la tabla del Torneo de las Tres Naciones de 2004, sin importar quién ganara el encuentro de la semana siguiente entre Sudáfrica y Australia, un partido del que los Springboks saldrían vencedores 23-19.

Pero la dirección de los All Blacks tenía cosas más graves de las que ocuparse esa noche.

Una de las particularidades del rugby *amateur* era que, a veces, los hombres adultos sentían la necesidad de comportarse como auténticos idiotas. Obviamente, el ingente consumo de alcohol no ayudaba en absoluto. Hombres sensatos, que tenían trabajos profesionales y serios, se volvían estúpidos y perdían el juicio con la bebida.

Para los All Blacks, Johannesburgo marcó el final del Torneo de las Tres Naciones de esa temporada. Lo único que quedaba era el tedioso vuelo de veinticinco horas a Auckland del día siguiente. El plan era simple. Disfrutar de la última noche, ahogar las penas en el alcohol y, de alguna manera, llegar al avión para dormir y sobrellevar la resaca de camino a casa. Sin embargo, no fue así de simple.

Para ese entonces, Graham Henry había tomado las riendas del equipo. Las cosas empezaron a cambiar, dijo Meeuws. Rápido.

Bajo el nuevo régimen, se hizo mucho trabajo. Era necesario, pero comportaba un uso excesivo del rugby. Algunos días, entrenábamos desde las siete de la mañana hasta las nueve de la noche. A veces, solo podíamos arrastrarnos hasta la cama de lo cansados que estábamos. Fue un punto de inflexión para el profesionalismo dentro del juego de Nueva Zelanda. De repente, los equipos con los que jugabas eran más inteligentes y estaban en mejor forma. Tenías que trabajar más duro para seguir delante.

Perder en Johannesburgo ese año, después de todo el esfuerzo que habíamos hecho…, fue difícil. Los jugadores querían relajarse y se dejaron llevar. Probablemente, la *court session** de los jugadores después del partido se les fue de las manos, porque un par de los jugadores más experimentados tenían algunas intenciones ocultas. Pero todos sentíamos que necesitábamos una fiesta; había sido un año muy largo y difícil.

Por lo tanto, tuvieron una fiesta. Bebieron en la *court session*, bebieron en la comida después del partido, bebieron entrada la noche y siguieron haciéndolo hasta la madrugada del siguiente día. Por la mañana, algunos jugadores estaban tendidos, medio inconscientes en los jardines del hotel de cinco estrellas donde se alojaban en Johannesburgo. Esa era la imagen del rugby neozelandés en la era profesional.

Pero para los entrenadores de los All Blacks lo más vergonzoso de esa escena fue presenciar como algunos jugadores sudafricanos, sobrios y vestidos con sus elegantes chaquetas verdes con ribetes amarillos, colaboraban para poner a varios jugadores de los All Blacks en la posición lateral de seguridad. Habían bebido tanto que realmente sus vidas corrían peligro.

Henry, Hansen y Smith estaban horrorizados. Al fin y al cabo, solo habían pasado quince años desde que el delantero francés Dominique Bouet se había emborrachado tanto que se ahogó con su propio vómito en una habitación de hotel en Nueva Caledonia, en la Polinesia Francesa.

Meeuws dijo: «El vestíbulo del hotel estaba abarrotado de jugadores borrachos. No paraban de hacer tonterías: guerras de agua, etcétera. No era normal, estaban completamente ebrios. Al día siguiente, todo el mundo tenía una resaca increíble».

---

* Una *court session*, literalmente, sesión de corte, es una tradición después del algunos partidos en los que los jugadores son juzgados por su desempeño o resultado por sus pares. *(N. del T.)*

Pero ¿no era normal? En 1991, durante la Copa Mundial de Rugby en las islas británicas e Irlanda, me desplacé a Dublín para ver la semifinal entre Nueva Zelanda y Australia. Por casualidad, tenía una reserva en el mismo hotel que los All Blacks, y me dieron una habitación en el mismo piso. Eso nunca es una buena idea.

Cuando me acerqué al hotel, un grupo de All Blacks parecía estar tratando de tirar unos muebles desde la ventana de una habitación. No era un escenario tranquilizador. Realmente, el ruido que provenía de sus habitaciones no permitía trabajar a nadie que se encontrara cerca. Llamé a la recepción y solicité una habitación en otro piso. Este era el tipo de actitudes que caracterizaban a la época del rugby *amateur*. En teoría, el cambio a la era profesional iba a poner fin a este tipo de comportamientos.

Sin embargo, el incidente de Johannesburgo puso de manifiesto otro elemento. Toda esa frustración era consecuencia de la arrogancia o superioridad que Nueva Zelanda había mostrado durante tanto tiempo. Nadie estaba acostumbrado a las derrotas, y los titulares de los medios no dejaban de repartir elogios para todos los jugadores. El ego estaba descontrolado. Algunos jugadores creían que vivían en un planeta completamente distinto, uno que no compartían con el resto de los mortales. En consecuencia, empezaron a creer que las normas que regían la vida de la gente común no eran aplicables para ellos. La humildad había desaparecido. Sin duda, esta parte desagradable del rugby de Nueva Zelanda debía desterrarse. En realidad, nadie se sorprendió de que los All Blacks cayeran derrotados en las semifinales de la Copa del Mundo de 1991 ante una Australia inspirada por David Campese. Nadie excepto los propios All Blacks.

Por ello, ese tipo de comportamientos o actitudes tendrían que haber sido un simple recuerdo en 2004. Pero no era así. En 2007, Graham Henry, un exdirector de escuela que consideraba la disciplina como la primera de sus prioridades, me dijo: «Su comportamiento me dejó atónito». Pero ¿de verdad era tan grave? «Así eran los All Blacks. Ellos creían que el mundo funcionaba de esa forma. Pero era hora de dejar esa mentalidad atrás. Por aquel entonces, el profesionalismo se había instaurado unos siete u ocho años atrás. Iba siendo hora de convertirse en profesionales de verdad.»

En realidad, esa situación no dejaba de ser paradójica porque el rugby de Nueva Zelanda, en teoría, se había profesionalizado mucho antes que el de otros países, especialmente, los del hemisferio norte.

Incluso antes del Mundial de Rugby de 1987, cuando faltaban todavía ocho años para que se introdujera oficialmente el profesionalismo, los jugadores de los All Blacks participaban en anuncios de televisón para vender varios productos. En 1987, los jugadores del hemisferio norte que formaron parte de la primera Copa Mundial de Rugby en Nueva Zelanda y Australia se quedaron boquiabiertos al observar esa ambigüedad ante las sagradas reglas del rugby *amateur*.

Por aquel entonces, los jugadores de Nueva Zelanda eran conscientes de las posibilidades comerciales que ofrecía esta nueva era, pero aún no habían comprendido el cambio de comportamiento que exigía. Como recuerda Doug Howlett:

> El ambiente de los All Blacks se crea en torno al éxito. Eso se aplica tanto a jugadores como a técnicos. Vivíamos al límite, siempre a merced de los resultados. Pero todavía había partes del *ethos* del rugby *amateur* que se infiltraban en el equipo. Disfrutábamos de nuestros éxitos. Disfrutar del éxito con mis compañeros era una de las grandes razones por las cuales me dedicaba a este deporte.
>
> Sabíamos que teníamos que contener nuestro entusiasmo. Disfrutar de esa parte del deporte se hacía cada vez más difícil bajo el profesionalismo, porque los otros equipos se estaban volviendo más físicos. Habíamos perdido nuestra ventaja, los otros nos habían alcanzado. Las habilidades que ellos desarrollaban habían sido nuestro punto diferencial durante un largo tiempo. Teníamos que mirarnos al espejo y ver qué podíamos cambiar.

Sin embargo, el incidente de 2004 no terminó a las puertas del hotel de Johannesburgo. El espectáculo se prolongó durante el viaje de vuelta. Al día siguiente, los jugadores seguían bebiendo sin importar las consecuencias. La situación era tan vergonzosa que el entrenador asistente, Wayne Smith, juró: «Si en esto se han convertido los All Blacks, no quiero formar parte de ellos».

Smith representaba la pureza del rugby en Nueva Zelanda. Los All Blacks nunca tuvieron una persona con unos valores más nobles. Tanto de entrenador como de jugador. Johnn Hart decía de él que era «probablemente el mejor técnico del mundo, un excelente analista del juego». Si Smith estaba realmente preocupado por el estado de los All Blacks, los neozelandeses deberían haberse preocupado: tenían un grave problema. Pero la resurrección estaba cerca. Poco después, algunos miembros de esa plantilla se enterarían de que nunca más iban a tener la oportunidad de representar a su país.

Las medidas que tomó el cuerpo técnico de Henry para afrontar la crisis sentarían las bases de una nueva y exitosa etapa para Nueva Zelanda. Además de deshacerse de algunos jugadores, Henry detectó que ese grupo de jóvenes jugadores tenía una carencia: responsabilidad colectiva y liderazgo compartido. Su acierto fue entender que, si seleccionaba a media docena de jugadores con atributos para el liderazgo, podría formar un grupo mucho más unido y eficaz que si solo contaba con un jugador que cargara con toda la responsabilidad.

El capitán, es decir, un solo jugador, siempre había sido el centro de atención de los All Blacks. Durante las cinco décadas anteriores, hombres como Wilson Whineray, Brian Lochore, Graham Mourie, Andy Dalton y Sean Fitzpatrick gozaban de un favor especial, casi sagrado. Nada de eso cambió cuando Henry eligió como capitán a McCaw a la corta edad de veintitrés años. Sin embargo, los resultados que logró esta combinación fueron asombrosos. McCaw fue capitán en ciento diez *test match*: ganó noventa y siete, empató dos y perdió once. Su porcentaje de victorias era superior al 89 por ciento. Henry entrenó a los All Blacks en ciento tres *test match*: ganó ochenta y ocho, y perdió quince. Cuando Henry dejó de entrenar a los All Blacks, su porcentaje de victorias era de 85,4 por ciento.

Pero esta vez, el nombramiento de un nuevo capitán comportaba ciertos cambios en la organización. Henry no quería un solo líder. Sin importar lo bueno que era McCaw, él quería que otros jugadores también cargaran con la responsabilidad del equipo, como ocurre, por ejemplo, con el segundo capitán en los equipos de críquet. El mismo Henry, en su juventud, había sido un entusiasta de ese deporte, y entendía los beneficios que un segundo capitán y la veteranía de otros jugadores podían brindarle al colectivo.

Henry admite que, antes de esa noche infame, el cuerpo técnico ya tenía en mente llevar a cabo algunos cambios para crear un nuevo «compromiso de equipo». Sin embargo, Johannesburgo fue el catalizador para aplicar de forma inmediata todas las medidas. Fue un punto de inflexión:

Estoy orgulloso de la cultura que desarrollamos y que continuamos desarrollando. El grupo actual sabe lo que necesita para seguir mejorando. Al principio, no salió como esperábamos. Yo quería que todo funcionara al cabo de una semana. Pero Gilbert Enoka me dijo: «Esto no funciona así». Y tenía toda la razón. En realidad, me ayudó mucho y se involucró durante todo el proceso. En primer lugar, se eligieron los capitanes, aunque algunos de ellos no querían tal responsabilidad. Teníamos líderes reticentes. Finalmente, seleccionamos un par; a la larga, llegamos a tener siete. Ahora son unos nueve. Se volvió un grupo de personas más potente. Fue evolucionando constantemente.

Enoka dice que, simplemente, tenían que corregir la cultura de 2004:

> Ahora, somos un equipo que está construido esencialmente sobre el «nosotros», no sobre el «yo». Pero, en ese momento, era al revés. Todo estaba centrado en el «yo». Se trataba del ego. Uno de nuestros principios fundamentales es que el equipo está por encima del individuo. Está bien decir eso, pero también hay que ponerlo en práctica. El profesionalismo nos había llevado a una manera de pensar particular. Los jugadores pensaban: «¿Qué puedo obtener? ¿De qué puedo sacar provecho?», lo cual creaba grietas. Esa derrota, y todo lo que ocurrió más tarde, fue uno de los peores fracasos que he experimentado con el equipo. Sudáfrica nos dio una verdadera paliza. Recuerdo que, cuando llegamos a casa, nos sentamos y hablamos de lo ocurrido: «No hay otra. Tenemos que deshacernos de esto».

Eso fue el comienzo de lo que infamemente se llamó «política libre de imbéciles». No había mucho en juego. Tan solo el futuro del rugby neozelandés. Nadie debería subestimar la importancia de ese momento. Sin darse cuenta, Nueva Zelanda podía regresar a la mediocridad. Sin duda, sería un poco mejor que la mayoría de los equipos, eso sí, pero tendría un nivel similar al de sus dos o tres rivales directos. Después de todo, Australia tenía en su poder dos Copas Mundiales, y Nueva Zelanda, solo una.

En 2003, Inglaterra logró lo impensable y venció a los All Blacks en Wellington. Ese partido sirvió de trampolín para su triunfo en el Mundial, ese mismo año, bajo las órdenes del capitán Martin Johnson.

Cuando los ingleses levantaron la copa en Sídney esa famosa noche, la mayoría habría apostado que Inglaterra era el equipo que gozaría de una época dorada y dominaría el rugby mundial. A fin de cuentas, lo tenían todo: el dinero, los jugadores y la calidad, así como el amplio apoyo de patrocinadores y aficionados.

Si alguna vez hubo un momento en el que Nueva Zelanda estuvo cerca de desmoronarse, sin duda, fue ese. Que no ocurriera, a pesar de que los All Blacks tardaran siete largos años en conseguir una segunda Copa del Mundo, fue casi enteramente gracias a Graham Henry y a sus asistentes.

Enoka continuó:

> Hubo un grupo central que dijo: «Este equipo va a ser genial». Empezamos un modelo de liderazgo compartido. Miramos a nuestra gente y dijimos: «Tenemos que educarlos», porque muchos de ellos no estaban bien desarrollados. Teníamos que dedicarles tiempo y energía. Ayudarlos a crecer como personas. Creo que este fue el momento en que realmente comenzamos a entender que el carácter es clave. Todo lo que hace especial a este equipo debía emanar del carácter. Teníamos algunos caracteres imperfectos. Al final, entendimos que, aunque seas la única persona del mundo con esas habilidades, si no sabes jugar en equipo, no vas a lograr nada.

En la búsqueda de hombres de equipo, de más líderes, descubrimos muchos más de los que esperábamos. Tana Umaga era inicialmente el capitán oficial, pero otros jugadores dieron un paso adelante: Richie McCaw, Dan Carter, Keven Mealamu, Aaron Mauger. No fueron los únicos. Más que nada, eran el tipo de hombres que querrías a tu lado en las trincheras.

Fue un cambio determinante. El cambio de sus vidas, pensó Doug Howlett. Todo se estudió con una minuciosidad microscópica: preparación, recuperación, planificación del juego, formación de un equipo, entrenamiento, cómo jugar e incluso cómo gestionar los medios.

Todo lo que caracteriza a los All Blacks en la actualidad, dentro y fuera de los terrenos de juego, tiene su razón de ser en aquella derrota de Johannesburgo. Como dice Howlett: «Antes, no prestábamos mucha atención a todos los aspectos del juego. Jugábamos los partidos sin pensar demasiado».

Henry fue siempre un personaje taciturno, un hombre de pocas palabras. Tenía un sentido del humor que, de buenas a primeras, no era el mejor. No aguantaba a los imbéciles y, en ocasiones, abusaba del sarcasmo. Algunos confundían eso con arrogancia, nada más lejos de la realidad. Henry tenía valores y se preocupaba por la gente. Especialmente aquellos que estaban a su alrededor. Su juicio a ese respecto era impecable.

¿Quién llevó a Steve Hansen al mundo de los All Blacks como entrenador asistente? ¿Y quién convenció finalmente a Wayne Smith para que se uniera al cuerpo técnico solo dos años después de que lo hubieran descartado como entrenador porque los gerifaltes confundieron su naturaleza reservada con la «falta de pasión»?

¿Quién fue el responsable de ponderar la capitanía de los All Blacks cuando Umaga renunció? ¿Quién eligió a McCaw como capitán? Por supuesto, Henry. Pero hizo mucho más que eso. Además, identificó y seleccionó a los jugadores con el carácter adecuado para ayudarlo. Uno de ellos fue Conrad Smith, destinado a conquistar la Copa del Mundo en 2015 y convertirse en uno de los capitanes más sensatos y fiables. Smith era el *cerebro* de la defensa, el pilar sobre el que se organizaba la línea de *backs* del equipo. Su elección fue otro acierto. Pero no fue el único. Otros jugadores también dieron un paso al frente y asumieron las responsabilidades que demandaba el equipo. Por lo tanto, a pesar de que McCaw era claramente el líder del equipo, siempre contó con el apoyo moral de un grupo de jugadores clave.

Doug Howlett sabe perfectamente quiénes son los responsables de lo que ocurrió. Al fin y al cabo, el cuerpo técnico se mantuvo en el cargo hasta 2011: «Merecen todo el mérito porque entendieron cómo estaba el equipo. Vieron las cosas que funcionaban y detectaron las que no podían seguir ocurriendo en el futuro. No se trataba de un solo jugador. Encontraron un grupo de liderazgo entre iguales. Por ello, se ganaron toda mi admiración. Renunciaron a cierta parte de su poder para transferirlo al grupo, al equipo. Fue perfecto».

A fin de cuentas, los jugadores tenían que asumir la responsabilidad. No tenían muchas alternativas. En caso contrario, si no mostraban ningún propósito de enmienda, otros los reemplazarían gustosamente. Bajo las órdenes del triunvirato de Henry-Hansen-Smith, la vida en el campamento de los All Blacks estaba a punto de volverse mucho más seria.

Como dijo John Hart: «El profesionalismo tenía que llegar, y era lo mejor que podía suceder. No era lo mejor para el rugby, pero fue lo mejor para la élite del deporte».

McCaw encarnaba los valores que estaba buscando el cuerpo técnico, con Henry a la cabeza. Su esencia acabó siendo fundamental para lograr la unidad sagrada del equipo. Hansen cree que McCaw es «el mejor All Black de todos los tiempos». Pero, realmente, ¿era el más talentoso?

No. Es evidente que todos tenemos mucho talento. Pero, por ejemplo, cuando yo salí de la escuela, no era el mejor jugador de mi nivel. Pero, si realmente quieres progresar, debes elegirlo en ese momento. En realidad, hay un montón de niños, todos con habilidades similares, que podrían haberlo logrado. Pero lo que marca la diferencia entre alcanzar el éxito o quedarte por el camino es la elección de ese momento.

También cuentan, claro está, la perseverancia, los contratiempos y cómo luchas para superarlos. Creo que la mayor parte se reduce a ese deseo. Además, hay que tener en cuenta que también existe el momento y el equipo adecuado. Pero, realmente, tienes que querer ser el mejor. Creo que algunas personas tienen el talento y llegan lejos, pero más adelante se cansan o no encuentran una manera de pasar al siguiente nivel. No importa lo que hagas, si sientes que has llegado adonde quieres llegar, hay dos opciones: ir hacia atrás porque no tienes ese impulso o buscar algo más que hacer. Buscar una salida.

El momento más difícil para mí fue a la mitad de mi carrera profesional. Hubo periodos donde tuve que esforzarme muy duro, tanto mental como físicamente. Nunca lo dije en voz alta, pero piensas: «¿Cómo voy a seguir progresando? ¿Cómo voy a seguir haciendo esto durante el tiempo que sea necesario?». Ese era el desafío. Y, para seguir adelante, siempre me preguntaba: «¿Cómo puedo mejorar en esto?».

Estas palabras esconden una auténtica filosofía de trabajo. Una que va mucho más allá de los All Blacks o de cualquier equipo. También podría ser útil para hablar de los objetivos de un ambicioso escritor, un artista o un maestro de escuela. «¿Cómo puedo mejorar?» Esa es la pregunta que estimula la mente para mejorar y superarse.

Y eso era exactamente lo que estaba buscando Graham Henry: jóvenes con esa ambición. Jugadores que llevaran la chaqueta de los All Blacks con orgullo, sabiendo que representaban a su nación. Tanto si eran las tres de la tarde de un miércoles como si se trataba de la madrugada de un domingo después de un partido. Individuos que pensaran constantemente en sus responsabilidades y compromisos. Que vistieran de manera elegante y actuaran como parte de un equipo. Personas cuyas prioridades fueran la unión y el compañerismo. Henry también buscó técnicos competentes para lo que debía ser un trabajo serio en un deporte profesional. Las bromas no estaban prohibidas, pero la profesionalidad siempre estaría por delante. Él consideraba que el comportamiento del cuerpo técnico tenía que servir de ejemplo para los jugadores.

La idea consistía en fijar unos estándares elevados fuera del terreno de juego, y ser juiciosos con la búsqueda de las personas adecuadas para asumir las responsabilidades de equipo, y motivar e inspirar a los demás. Esa es una de las bases para los éxitos futuros. Naturalmente, todo es más sencillo si tu equipo cuenta con jugadores como Richie McCaw, Dan Carter, Conrad Smith o Ma'a Nonu. Pero esta filosofía iba mucho más allá del equipo de los All Blacks, impregnaba todos los niveles y a todas las facetas de la sociedad: personas maduras con un propósito común que se unen y trabajan codo con codo para alcanzar sus objetivos. Sin duda, cualquier selección nacional o club que contara con estos atributos sería muy afortunado.

Graham Mourie conocía perfectamente el procedimiento. Mourie lideró a los All Blacks en diecinueve *test match*. Era y es venerado como uno de los pensadores más profundos de este deporte. La filosofía que quería implantar Graham Henry a partir de 2004 era parecida a la que Mourie había adoptado cuando fue capitán de los All Blacks entre 1977 y 1982:

> Cuando eres capitán, debes comprender que tú no gestionas al equipo, lo hacen los veteranos. Si los tienes de tu parte, entonces puedes concentrarte en el objetivo. Y eso es sumamente importante: ningún entrenador o capitán puede controlar por sí solo el rendimiento de un equipo. En un equipo, tienes distintas áreas de rendimiento [...]. Es muy difícil gestionarlas todas. Cuantas más personas sepan lo que hay que hacer, mejor será el rendimiento del equipo. Es una cadena de responsabilidades.

A medida que tomaba las riendas del equipo, Mourie aprendió a sentarse con los integrantes del equipo y preguntarles: «¿Cuál es tu trabajo?». Consideraba que la responsabilidad del capitán era coordinar los distintos apartados del juego, es decir, compartir la responsabilidad con la gente que estaba al cargo de los *forwards*, los *backs*, las *scrums* o los *lineouts*. Supo entender que todos aquellos valores eran importantes.

Una buena cultura de equipo es fundamental. Y eso significa saber qué supone estar en un equipo, conocer la base de su comportamiento. Personalmente, estaría absolutamente avergonzado de formar parte de los All Blacks de 1972-1973, e incluso de 1970. No tenían un comportamiento honorable, sobre todo por culpa del alcohol.

La mente de Mourie retrocede hasta la noche en la que fue nombrado capitán de Nueva Zelanda. Ian Eliason, quien jugó diecinueve partidos para los All Blacks en 1972-1973, formaba parte del equipo y le dijo sin tapujos: «Solo asegúrate de que no sea como cuando yo estuve allí». Mourie sabía de qué hablaba.

Sabía perfectamente que el comportamiento había sido indecente, pero le dije [a Eliason]: «¿A qué te refieres exactamente?». Y su respuesta fue: «Debería haber sido lo mejor de mi vida, pero hubo muchas ocasiones en las que realmente no quería estar ahí. Por ejemplo, en el comedor, el ambiente era irrespirable, siempre tenía problemas con Alex Wyllie». Era un grupo de jugadores veteranos y experimentados, muy dominantes y sin ningún grado de responsabilidad. Por este motivo, cuando me eligieron capitán de los All Blacks, usé mi cargo para reconstruir definitivamente la cultura y la reputación de los All Blacks.

Casi treinta años más tarde, Graham Henry pretendía llevar a cabo una empresa similar. La magnitud de su éxito puede calibrarse comparando los resultados del Torneo de las Tres Naciones durante la primera década del siglo XXI. Antes de que Henry se hiciera cargo del equipo, Australia había ganado el torneo en 2000 y 2001, Sudáfrica en 2004 y Nueva Zelanda en 2002 y en 2003. El hemisferio sur no tenía un equipo dominante.

El hemisferio norte era otra historia. Escocia e Irlanda nunca habían derrotado a los All Blacks y Gales no lo hacía desde 1953. Inglaterra había tenido más éxito y derrotó a los All Blacks en 1973, 1983, 1993, 2002 y 2003. Sin embargo, el parcial de los partidos disputados contra Nueva Zelanda entre 1905 y 2008 era de veinticuatro derrotas, un empate y solo seis victorias. La historia era parecida contra Francia.

El impacto que supuso la llegada de Henry puede observarse al contrastar los resultados del Torneo de las Tres Naciones antes y después de que tomara las riendas del equipo. Tras el desastre de Johannesburgo en 2003, Nueva Zelanda ganó el Torneo de las Tres Naciones en 2005. En 2006, lo ganaron de nuevo, esta vez en una versión expandida donde cada selección se enfrentaba hasta tres veces con las demás. Nueva Zelanda también fue campeona en 2007 y 2008, es decir, cuatro años consecutivos. Durante ese período, jugaron veinte *test* y ganaron quince. Solo perdieron cinco. Y todo esto lo lograron con el exigente calendario del hemisferio sur. Sudáfrica volvió a ganar en 2009, pero en 2010 Nueva Zelanda recuperó el título con seis victorias en seis encuentros. En 2011 quedaron segundos por detrás de Australia. En total, durante la etapa de Henry, los All Blacks ganaron cinco veces el torneo en siete participaciones. Además, durante esa época (desde diciembre de 2003 hasta noviembre de 2011), Henry fue elegido entrenador del año por la IRB en 2005, 2006, 2008, 2010 y 2011.

Pero no fue un camino fácil. Entre 2005 y 2007, según Kees Meeuws, los All Blacks volvieron a pecar de soberbia. ¿Fantasmas del pasado?

Ganaron todas las competiciones, pero se convirtieron en un equipo soberbio. El punto de inflexión fue la derrota en la Copa Mundial de 2007. Eso los cambió. Después de eso, se volvieron más humildes. Empezaron a ser generosos con las comunidades y pueblo de Nueva Zelanda.

Emergió una filosofía de «Pon buena cara y esfuérzate para ser la mejor persona que puedas llegar a ser. Dentro y fuera del terreno de juego». Esto sucedió a partir de 2008.

Este fue otro de los factores que permitió que Nueva Zelanda se mantuviera en la senda del éxito, tanto durante la revolución de Henry como posteriormente. Como dijo en 2017 el capitán de los Lions de Gran Bretaña e Irlanda después de empatar un *test match* contra

Nueva Zelanda: «Los All Blacks siguen siendo el mejor equipo del mundo».

Otra de las razones es lo que Andy Haden, el antiguo segunda línea de los All Blacks, describe como «un saber intrínseco del deporte que no se limita a los hombres, sino que también atañe a las mujeres». Por este motivo, Haden sospecha que Nueva Zelanda difícilmente se quedará atrás en este deporte: «Habrá tiempos más austeros. Pero, gracias a nuestra experiencia, no durarán demasiado».

¿Por qué son tan buenos los neozelandeses? El exentrenador de Australia, Alan Jones, lo tiene claro: «En Nueva Zelanda la cultura del rugby es predominante, ¿no? Lo que siempre me ha fascinado es que las mujeres saben tanto como los hombres». Este profundo pozo de conocimiento, del que cualquiera puede extraer información, conforma la base del deporte de todo el país. En cualquier lugar, en un pueblo, una ciudad o una granja, siempre encuentras a alguien que puede aclararte alguna duda que tengas sobre este deporte. Alguien capaz de definir una estrategia, una idea o, simplemente, inspirarte. Y los beneficiarios de ello, en la mayoría de los casos, son los All Blacks. Esto es algo que Graham Henry comprendía perfectamente y que usaba cada vez que lo requería.

Por otro lado, el sudafricano Victor Matfield destaca otro elemento clave en la resurrección de Nueva Zelanda.

Creo que su mentalidad es lo que marca la diferencia. No conciben la derrota, creen que van a ganar todo lo que juegan. Eso los distingue del resto de los países del mundo. Creer que ganarán. Que luego suceda es totalmente distinto. Pero eso les da mucha confianza. Se trata de la educación que reciben. Antes de jugar para All Blacks ya son auténticos jugadores de rugby. Gracias a la organización y las estructuras que reciben durante su formación, el único trabajo de los entrenadores es dirigirlos. Antes de llegar a la élite, ya conocen todos los mecanismos.

Si mantienen estas estructuras, cree Matfield, siempre tendrán el mejor equipo. Pueden llegar a perder algún que otro partido, pero seguirán siendo, como afirma Sam Warburton, el mejor equipo del mundo. Sus expectativas nunca cambiarán. Nueva Zelanda apenas abre una diminuta ventana de oportunidad a sus oponentes. Y, aun así, la cierran rápidamente. En 2009, durante el quinto año del régimen de Henry, Sudáfrica aprovechó esa pequeña brecha y los Springboks tuvieron el descaro de vencer a sus enemigos tres veces en un solo año: 28-19 en Bloemfontein, 31-19 en Durban y 32-29 en el encuentro de vuelta del Torneo de las Tres Naciones, en Hamilton. Matfield, un hombre reacio a los halagos o a las expresiones públicas de emoción, lo llamó: «Lo más destacado de mi carrera. Fue fantástico».

Este es un dato revelador: a pesar de que en 2009 los Springbok se proclamaron campeones de la Copa del Mundo de Rugby, las tres victorias consecutivas que lograron contra Nueva Zelanda, aún en 2017, se consideraban como el éxito más notable de su historia.

> Jugar contra ellos fue definitivamente el mayor desafío de mi carrera. Uno quiere enfrentarse a los mejores porque sabe que tiene que dar lo mejor de sí cada vez que compite. Son el mejor ejemplo de profesionalismo. Identifican cualquier debilidad, la solventan y siguen adelante.

Los resultados de 2009 fueron un extraño traspiés para los All Blacks. Pero, al año siguiente, todo volvió a la normalidad y castigaron al conjunto sudafricano con el mismo resultado: tres derrotas consecutivas. La venganza es un plato que se sirve frío y los equipos de rugby de Nueva Zelanda saben cómo administrarla. Y aquello solo era una pequeña muestra de lo que se avecinaba: en 2011 ganaron la Copa Mundial de Rugby por primera vez desde 1987. Sin embargo, mucho antes de eso, Brendan Venter, otro astuto cerebro del rugby sudafricano, ya se había dado cuenta del cambio de mentalidad que los All Blacks habían sufrido bajo las órdenes de Graham Henry.

> En 2004, Sudáfrica dominaba en el Torneo de las Tres Naciones. Pero, entonces, Nueva Zelanda pareció transformar todo su rugby. Ahora, son completamente dominantes. Son los mejores en todos los aspectos. Cuando se los analiza desde un punto de vista técnico y táctico, son mucho mejores que todos los demás. ¿Cuál fue el punto de inflexión? Creo que lo lograron porque Graham Henry era un muy buen entrenador. Había sido director de escuela y los directores son personas motivadas por los valores.

Según Venter, el salto de calidad de Nueva Zelanda, en comparación con los otros países, se produjo en la era moderna. Aunque también admite que no es solo ese cambio de mentalidad el responsable de ello.

Esta cultura actual de los All Blacks ha cambiado. Definitivamente, no eran lo mismo hace veinte años. Hace veinte años su rugby era sólido, pero, ahora, es asombroso. También mejoraron tanto su preparación que ahora tienen la mejor ética de trabajo del mundo. Además, tienen un legado insuperable. Creo que de allí obtuvieron su ética de trabajo, y por eso son superiores. Ellos disputan los *lineouts* y logran los *breakdowns* mejor que nadie, son los mejores en todo lo que hacen. Mi pregunta sería: ¿quién desencadenó ese proceso?

En el caso de Venter, la pregunta es retórica. Sabe perfectamente que el responsable de esta evolución es Graham Henry. Sin embargo, el propio Henry niega la creencia popular de que los grandes equipos son un reflejo exacto de sus entrenadores.

El equipo actual de los All Blacks no es el equipo de Steve Hansen, del mismo modo que, en mi época, no era el equipo de Graham Henry. Es el equipo de los jugadores, y hay personas de clase mundial que cuidan de estos atletas y les dan los recursos adecuados para tomar responsabilidades en el equipo. En la actualidad, es una práctica común. Cuando uno forma parte de un equipo asume responsabilidades. Es un proceso que ha evolucionado durante estos últimos catorce años.

Sin embargo, todo podría haber sido muy diferente. Aún se cuentan por millares los neozelandeses que se irán a la tumba renegando del árbitro inglés Wayne Barnes, por conceder un ensayo a Francia en los cuartos de final del Mundial de 2007. Pero eso era otra época, antes de las cámaras y los TMO.

¿Cuál fue el resultado de ese partido? Nueva Zelanda 18, Francia 20; uno de los fracasos más sonados en la historia del rugby moderno. Sin embargo, no todo fue negativo. Ejemplo de ello son las palabras de Steve Hansen: «Creo que una de las mejores cosas que le ocurrió al rugby de Nueva Zelanda fue la derrota de 2007». Sin embargo, nunca negó que esa derrota le dolió profundamente.

Wayne Smith aún recuerda los enfrentamientos que mantuvo con los aficionados más fanáticos de los All Blacks en el aeropuerto de Tokio, camino a Londres.

Algunos aficionados habían comprado billetes a Londres para vernos en la semifinal y en la final. Sin embargo, estábamos eliminados, de camino a casa. Fue horrible. Llegamos a casa y nos recibieron con una frialdad extrema. Fueron tiempos difíciles. Teníamos un gran equipo. Teníamos todo lo que Nueva Zelanda nos había ofrecido y fallamos. Fue realmente difícil.

Gilbert Enoka sabe perfectamente qué errores se cometieron ese día:

Nos habíamos vuelto arrogantes, nos precipitamos. Habíamos ido a Francia con la expectativa de ganar. En la fase de grupos apenas tuvimos problemas. Ganamos 108-13 a Portugal, 76-14 a Italia y 85-8 a Rumanía. También ganamos a Escocia 40-0. Pero cuando realmente nos encontramos con oponentes que se habían preparado para ese preciso momento, hasta el punto de elegir una camiseta distinta para que nosotros jugáramos con nuestra segunda equipación, nos dimos cuenta de que en las eliminatorias todo lo que ha sucedido antes no importa. Hay que entender eso. Porque los rivales van a hacer un esfuerzo sobrehumano para lograr lo que quieren. Por aquel entonces, aún no estábamos preparados.

Con todo, Enoka asumió toda la responsabilidad de lo que ocurrió. Dijo que los All Blacks entendieron que, para alcanzar la excelencia y mantenerse ahí, hay que trabajar las habilidades, pero también hay que reconocer las vulnerabilidades. Los All Blacks del Mundial de 2007 se creían el ombligo del mundo. En la cultura de los All Blacks la humildad y la autoevaluación honesta van de la mano. Es otra lección del rugby de Nueva Zelanda, una que todos los países y equipos deberían adoptar. «Con respecto a mi posición —dijo Enoka—, creo que fallamos mentalmente porque, a fin de cuentas, no pudimos adaptarnos a lo que el equipo necesitaba. Sí, el árbitro era muy estricto, pero, si eso ocurriera ahora, nos adaptaríamos y ajustaríamos mucho mejor que aquella vez. Aquello nos enseñó muchas y muy buenas lecciones.»

Hansen, poco amigo de usar muchas palabras si basta con tres, lo llamó «una cagada monumental». Sin embargo, según los antecedentes, aquella derrota tendría que haber supuesto el fin de Henry, de Hansen y de Smith. Tendrían que haber presentado la dimisión al día siguiente. Pero ¿por qué conservaron el cargo? Principalmente, gracias al venerado y excelente decano del rugby de los All Blacks, sir Brian Lochore. Antes de tomar una decisión, la New Zealand Rugby se reunió para analizar qué había ocurrido. En Nueva Zelanda, muchos esperaban la destitución de Henry y, además, ejercían presión para ello. El propio Henry era consciente de esa presión, era inherente al cargo.

Tenía que escribir un informe sobre el Mundial para la New Zealand Rugby. Un informe en el que tenía que analizar el juego. La presión que suponía ese esfuerzo me dejaba físicamente enfermo. A menos que estés involucrado en cuerpo y alma, no creo que nadie más entienda exactamente por lo que pasas.

En aquella reunión, Henry tenía que defender sus méritos para conservar el cargo. Sin embargo, salió convencido de que era el final. «Fui a cenar con mi mujer y le dije que seguramente no me renovarían. Estaba seguro de que había ido mal. No esperaba que me mantuvieran en el cargo.» Henry sospecha que uno de los factores determinantes fue la intervención en su favor de Richie McCaw y un grupo de jugadores veteranos, pero la verdad es un poco más compleja. El comité de la New Zealand Rugby siempre tuvo la máxima consideración por Lochore. Y con razón, ya que es un coloso no solo del rugby, sino de toda Nueva Zelanda.

Honesto, inteligente, trabajador y con unos valores encomiables, Lochore personifica a esos antiguos pioneros que de alguna manera se abrieron camino en la adversidad y prosperaron gracias a su propio esfuerzo. Por otro lado, era capaz de manejarse con la misma naturalidad con su majestad la reina de Inglaterra que con un bromista tomando grog en un club de rugby. Además, Lochore había trabajado como seleccionador durante los cuatro años anteriores a 2007 y sabía cómo trabajaban los entrenadores. Entendía por lo que estaban pasando.

Una vez la junta de Rugby de Nueva Zelanda tuvo todos los elementos en la mesa, convocó a Lochore y le preguntó su opinión sobre el triunvirato. ¿Merecían otra oportunidad? Lochore fue tajante.

Les dije que lo más fácil era despedirlos, pero que la mejor decisión era mantenerlos en el cargo. No jugamos bien [en los cuartos de final de 2007], pero solo fue un mal día en la oficina. Antes de eso, los entrenadores de los All Blacks habían hecho un buen trabajo durante cuatro años.

En 2007 las cosas iban bien. Todo el mundo confiaba en ellos. No fue la falta de preparación lo que nos costó ese partido, fue la falta de comprensión. No era necesario sobredimensionar el resultado. Me entrevistaron porque yo no iba a continuar y solo di mi opinión. Creo que la decisión fue correcta. Tenían un grupo muy afianzado y estable de entrenadores, mentores y administración general. ¿Por qué debían renunciar a ello?

Lochore aplica sus propios criterios para evaluar los requisitos de un entrenador: «El mejor entrenador, en mi opinión, es el mejor psicólogo del país. Alguien que puede mirar a un compañero y descubrir qué lo mueve, qué lo hace sentir bien. Eso es muy importante en el *coaching*».

Henry, como había demostrado con el caso de Ma'a Nonu, tenía esas virtudes. ¿Y Hansen? «Ha hecho un trabajo fantástico, un trabajo maravilloso —dice Lochore—. Él es un gran psicólogo. Él entiende a la gente.»

Por ello, Robbie Deans, el candidato más prometedor de todos los que entrevistó la New Zealand Rugby para ocupar el puesto de Henry, se quedó a las puertas de entrenar a los All Blacks. Finalmente, Henry, Hansen y Smith, junto con sus valiosos colaboradores como Enoka, el entrenador de *scrum* Mike Cron, el experto en preparación Nic Gill, el mánager Darren Shand y los demás miembros del cuerpo técnico, conservaron sus cargos.

Después de 2007, el país tenía la sensación de que los All Blacks nunca más volverían a ganar el Santo Grial del rugby. El neozelandés Gregor Paul escribió en *Black obsession*, un libro publicado en 2009: «¿Es posible que los All Blacks simplemente estén destinados a fracasar en los Mundiales? ¿Es ese el cruel destino que los dioses del rugby tienen reservado para ellos, como un karma maligno para castigar su dominio durante tanto tiempo?». No era el único en expresar tal sentimiento.

Nunca se ha documentado, pero es posible que la New Zealand Rugby tomara esa decisión en 2007 con otro pensamiento *in mente*. En 1999, el apertura sudafricano Jannie Beer había eliminado a los ingleses de la Copa Mundial de Rugby con sus cinco ensayos extraordinarios en el partido de cuartos de final. Todos asumieron que el entrenador Clive Woodward sería cesado de su cargo en cuanto regresara a Twickenham. Pero, en ese caso, la English Rugby Football Union renovó su contrato. Cuatro años más tarde, Woodward llevó a Inglaterra a conseguir ese preciado título. Es posible que los ingleses sentaran el precedente de mantener a los entrenadores en su cargo, a pesar de cosechar un mal resultado en una Copa del Mundo.

Aun así, cuando Henry, Hansen y Smith se reunieron después de su renovación tenían una cosa clara en la cabeza. En palabras de Hansen:

> No empezamos con el discurso de «Bueno, no fue culpa nuestra». Seguramente, un nuevo entrenador habría dicho eso. Nosotros admitimos que éramos los responsables. Remarcamos lo que habíamos hecho bien y, también, lo que hicimos realmente mal y que, bajo ningún concepto, se repetiría.

Uno de esos errores fue autorizar un pequeño descanso para los jugadores en medio del torneo. Pensaron que sería positivo para desconectar.

> Pero no funcionó —dijo Hansen—. También intentamos no realizar demasiados cambios. Pero, se trata del primer equipo, ¿acaso no puedes elegir a los mejores porque el resto podría molestarse? El equipo es más importante que las personas y lo que piensan. La vida es dura. Hay que trabajar juntos, en equipo. Ya vendrá el tiempo de otros muchachos. Si a la gente no le gusta y piensa «Me voy», ¿es ese el tipo de carácter o la ética de trabajo que buscas? En absoluto.

Tomaron nota de esa lección y de otras muchas más. Gran parte de ese aprendizaje fue la base sobre la que se asentó la exitosa campaña de la Copa del Mundo de 2011. Es posible que, antes del instante en el que sonó el último silbato de la Final de la Copa Mundial de Ruby de 2011, Henry y sus compañeros de banquillo se quedaran sin uñas. Pero, en realidad, habían ahuyentado al fantasma que los perseguía. Ese que se burlaba de los All Blacks y repetía sin cesar que estaban destinados a fallar en los Mundiales.

Henry cree que la clave para los futuros éxitos consiste en la continuidad. Cuando él se hizo cargo del equipo en 2004, no quedaba nadie de 2003. Sin embargo, cuando se retiró en 2011, la mayor parte del cuerpo técnico se quedó en el equipo. «Esa continuidad del personal —reflexiona Henry—, es esencial y va a seguir en el rugby de Nueva Zelanda.» No hay otro país en el mundo que haya logrado esa continuidad.

La continuidad del cuerpo técnico es indispensable. Afortunadamente, no todo el personal deja su puesto al mismo tiempo —añade Henry—. Eso es importante, y debería ser parte de la política de la New Zealand Rugby. Obviamente, traerán a gente nueva, pero la gente que forma parte de los All Blacks lo está haciendo estupendamente bien. Eso es parte de la estrategia y la cultura. Están aprendiendo de ese ambiente, y nosotros aprendimos mucho los unos de los otros. Siempre estás aprendiendo cosas de tus compañeros.

Por este motivo, no tendría ningún sentido que la New Zealand Rugby eligiera a otra persona que no fuera Ian Foster para ocupar el puesto de Steve Hansen si, finalmente, este decide pasar a un segundo plano. Foster lleva involucrado con los All Blacks unos siete años, un valioso periodo de experiencia. Por eso, si la New Zealand Rugby no le ofrece a Foster la oportunidad de entrenar a los All Blacks, se arriesgarán a regresar a lo que Lochore denomina como «el ciclo de cuatro años», con todos los contratiempos e incertidumbres que eso supone.

Mi opinión es que deberían nombrar a Foster entrenador y reubicar a Hansen en un papel más consultivo si así lo desea. Un papel en el que no sufra cuatro años más de intenso escrutinio diario y en el que pueda transmitir el conocimiento que ha acumulado del juego. De este modo, Foster tomaría las responsabilidades del equipo junto al entrenador de defensa Scott McLeod y a otro nuevo miembro de su agrado. Con todo, Foster siempre tendría la posibilidad de echar mano de la experiencia de Hansen cuando la necesitara.

Sin embargo, si Hansen renuncia definitivamente en 2019, Nueva Zelanda siempre contará con buenos candidatos para ocupar el cargo de entrenador. Gente como Joe Schmidt, Vern Cotter, Warren Gatland o Dave Rennie seguramente desempeñarían un papel formidable dentro de la organización. Schmidt, muy respetado como entrenador y como persona por los veteranos del rugby en Nueva Zelanda, es obviamente el mejor candidato. Su trabajo en Irlanda ha sido ejemplar.

Una de las lecciones que aprendió la New Zealand Rugby en 2004 fue que establecer un grupo de entrenadores de calidad y unirlos, mientras se prepara a uno o dos candidatos para que recojan su testigo en el futuro, tiene mucho más sentido que cortar por lo sano, con la esperanza de que el reemplazo tenga la suficiente entidad para hacerse cargo de la situación.

Como la New Zealand Rugby descubrió en 2004, y confirmó en 2011, en la tierra de la larga nube blanca no escasean los buenos entrenadores.

Entonces, ¿qué importancia tiene la victoria y la resurrección de los All Blacks en la Copa del Mundo de 2011? Para saberlo, atravesé todo Auckland para llegar a un elegante café en el moderno pueblo de Parnell para encontrarme con un hombre que debería saberlo. No pretendía dar la impresión de ser un gran conocedor del rugby como Graham Henry, pero, ciertamente, le había tomado el pulso a la nación.

—Si hubiéramos perdido esa final ante Francia, si el resultado hubiera sido adverso, creo que se habría producido un estado de duelo nacional. La verdad es que no ganábamos un Mundial desde 1987 —dijo el ex primer ministro de Nueva Zelanda sir John Key—. Creo que, incluso, yo habría podido perder mi trabajo a raíz de eso.

—No hablas en serio —le dije.

Pero sí, hablaba en serio. No había lugar a dudas.

—Se trata de los sentimientos y del bienestar de las personas. Piénsalo de otro modo. Su victoria no perjudicó nuestras posibilidades de ganar en las próximas elecciones. Perder una Copa Mundial de Rugby en casa no habría sido agradable. Si eres primer ministro, juntarte con los All Blacks no te hace ningún daño, eso sí, *mientras ganen*. Aunque, realmente, a ellos tampoco les venía mal tener una línea directa con el Gobierno. Era una relación que funcionaba para ambos lados.

«Mientras ganen…» Esas son las palabras que revelan la intimidante presión que soportan los entrenadores de los All Blacks. ¿Es posible que algún extranjero entienda las altísimas y extremas presiones que atañen a cualquier persona que ocupe ese cargo?

Steve Hansen, por ejemplo, cree que no: «Ni por asomo. Nadie puede tener ni la menor idea de la presión que se padece», dijo.

En lugar de Steve Hansen, léase, también, Graham Henry o, en realidad, cualquier otro entrenador que haya ocupado el banquillo de los All Blacks.

10

El estilo de la New Zealand Rugby

Con contribuciones de, entre otros,
RYAN CROTTY, DIGBY IOANE, ALAN JONES,
STEVE TEW, BOB DWYER, NICK MALLETT, WAYNE SMITH,
sir TONY O'REILLY, NICK FARR-JONES y TONY WARD.

El rugby se adapta perfectamente a nuestro clima y a nuestro suelo. Encaja con el temperamento del neozelandés y, en gran medida, ha moldeado nuestro carácter nacional. El sentimiento de equipo rechaza la falta de espíritu, frena el egoísmo y fomenta la disciplina. Trata a cada hombre como un igual sin importar su origen. En un placaje, no hay que ceder ante el estatus. En un *scrum*, no existen los privilegios.

Discurso del presidente del Poder Judicial y de la Corte Wild en el septuagésimo quinto aniversario de la New Zealand Rugby en 1967

$\mathcal{A}$quellos que ascienden la larga y difícil escalera que conduce al banquillo de los All Blacks siempre tienen presente un aspecto fundamental: su propia mente. Es parte del juego. Por eso, no hay duda de que conocen las necesidades del exigente público neozelandés. En esta tierra, jugar y ganar un *test match* no es suficiente. El éxito debe lograrse con estilo. Para la mayoría de los neozelandeses, la idea de que los All Blacks regresen a casa con una infame victoria lograda a base de golpes de castigo es algo miserable.

El ejemplo más flagrante de ello fue el primer *test match* que jugaron los All Blacks contra los British Lions en 1959, donde las seis transformaciones de Don Clarke les dieron la victoria por encima de los cuatro ensayos de los intrépidos Lions.

Esa «victoria» se consideró como una decepción total. El capitán de los Blacks, Wilson Whineray, dijo: «Cuando sonó el silbato final, pensé: "Oh, diablos, la próxima semana será horrible". Y así fue, con todas las críticas de los medios y el público».

Un titular en el *New Zealand Herald* lo llamó «la victoria más triste del rugby de Nueva Zelanda». Sin duda, estas reacciones presionan enormemente a todos aquellos que han entrenado al combinado nacional. Sin embargo, en la actualidad, existe una diferencia crucial. El acceso universal a todos los vídeos, al contenido de las redes sociales y las distintas estratagemas tradicionales del negocio de la comunicación permiten que, hoy en día, toda una nación juzgue a hombres como Steve Hansen. No hay refugio para nadie, ya sea entrenador o jugador.

Si el equipo de Hansen no demuestra creatividad y destreza en un *test* o no consigue ningún ensayo, se produce una agitación general. Todos se preguntan: «¿Qué les ocurre a los All Blacks?». Todos los miembros de la sociedad, desde el maestro de provincia o el ama de casa hasta el inspector de policía o la recepcionista de un hotel, se convierten en expertos instantáneamente. El asunto se discute y se debate en todas partes.

No hay ninguna duda de que este es otro factor determinante en la cuestión de cómo este país logró dominar un deporte practicado en todo el mundo. Otras naciones no podrían vivir bajo esta presión o, simplemente, no la necesitan.

A veces, hay quienes argumentan que esta presión es contraproducente. Como dice Brendan Venter, exentrenador de Italia y actual entrenador de defensa de Sudáfrica: «El pueblo de Nueva Zelanda es un obstáculo para los All Blacks. Las expectativas de la gente son muy altas. Creo que en el pasado hubo ocasiones donde ciertos All Balcks se quedaron petrificados bajo el peso de esas expectativas. Es como si los All Blacks tuvieran éxito a pesar de los aficionados, no gracias a ellos. Entiendo ese síndrome; los aficionados de Sudáfrica son iguales».

En tales circunstancias, para la mayoría de la gente, el cabeza de turco es el entrenador. Todo el mundo sabe que, cuanto más éxito alcanzas, más aumenta la presión. El exentrenador de Australia Alan Jones sabe mucho de eso. Antes de que sus Wallabies partieran de gira por las islas británicas e Irlanda, Australia nunca había ganado un Grand Slam.

Alan Jones no es un australiano de a pie. Muchos lo describen como el mejor locutor y orador motivacional del país. A los setenta y seis años, su habilidad para encontrar el meollo de la cuestión e ir directo a lo más relevante sigue siendo legendaria. Lo demostró repetidas veces en la década de 1980, cuando entrenaba al combinado nacional de Australia.

Su elocuencia literaria es reconocida por todos. ¿Que un jugador pierde la forma de repente? Jones tiene las palabras adecuadas: «Un día, rey ganso; el otro, plumero». Todos los días, en su programa de radio de ámbito nacional nos recuerda su gran capacidad oratoria. Además, su lengua está tan afilada que podría cortar de un plumazo un filete de carne.

Viajé a Sídney para ponerme al día con él. Elegante como siempre, viste un traje caro hecho a medida y una corbata perfectamente anudada sobre una camisa sin arrugas. Los zapatos tampoco parecen de un rastro de segunda mano.

En una ocasión, tras una derrota ante Nueva Zelanda, Jones arremetió contra su propio equipo. «Realmente, no entiendo por qué nos desmoronamos enfrente de esa gente». Entonces, ¿cuál es su veredicto sobre los All Blacks actuales? Para empezar, está cien por cien de acuerdo con mi teoría. De entre todas las selecciones, Nueva Zelanda es la que tiene más apego a la tradición de este deporte:

> En líneas generales, los All Blacks están jugando como jugaban en la década de 1950. No hay duda de que son los que se mantuvieron más fieles a las habilidades de este deporte. Sin ellas, la gente no podría reconocerlo. Son fieles a lo que hemos visto siempre: correr con la pelota. De eso iba el juego en la Rugby School. Ellos todavía corren con la pelota.
>
> Incluso en las circunstancias más difíciles, siguen creyendo que el ataque los sacará de cualquier apuro. Lo siguen intentando, esa es su mentalidad. El ataque va a estar bien. Tuvieron muchos problemas en un montón de partidos. No solo los All Blacks, sino todos los equipos provincianos. Para salir de un problema, se echan al ataque.

Jones hace hincapié en la necesidad de buscar un equilibrio entre los *forwards* y los *backs*. Hay muchas instancias del juego en las que los equipos de Nueva Zelanda restringen la amplitud de su ataque. Atacan por el centro, apenas usan los laterales para exponer al grupo de atacantes rivales. Para que los defensores de fuera se queden quietos. Saben de forma innata cuándo tienen que ir a por todas o cuándo tienen que abrir el campo. Lo más importante es que poseen medio *scrums* rápidos y precisos que pueden jugar ambos tipos de juego porque son capaces de leer el partido. Así es como han jugado durante décadas.

La diferencia se encuentra en que, hoy en día, su aptitud física es de otro planeta. Su consigna sigue siendo muy simple. Según Jones:

> No hay ninguna química complicada en esto. Pero la gente se niega a aprenderlo. Si fueras un poco listo, lo imitarías, ¿verdad? En Nueva Zelanda, imitan a los grandes jugadores del pasado. ¿Cuál es el problema si tienes su mismo tamaño? No están haciendo nada nuevo, por eso tienen profundidad. Todos los equipos juegan como los All Blacks y todos quieren ser parte de eso. Ha habido algunas variaciones menores, pero, en general, han sido constantes con su historia y la tradición del juego.
>
> Tienen que ser objeto de gratitud y admiración por lo que han hecho por este deporte. Pero hay un montón de gente que cree que lo sabe todo y, seguramente, piensa que no tiene nada más que aprender de ellos.

Alan Jones mantiene la opinión de que la simpleza es el núcleo del éxito del rugby de Nueva Zelanda, porque entienden que, fundamentalmente, el rugby es un juego simple. Nunca han tratado de reinventar el juego en búsqueda de la perfección.

Pero primero lo básico:

Ellos [Nueva Zelanda] adoptaron una premisa muy simple. Te encerraban con los delanteros y ahí surgía el instinto natural de jugar con la pelota. Y en la actualidad siguen haciendo esto. Juegan con la pelota; nadie más lo hace al mismo nivel, aunque en el hemisferio norte se están animando un poco. En Australia, hemos perdido eso de vista. En la mayoría de los partidos, atrapamos la pelota y la pateamos. En Nueva Zelanda la atrapan y salen corriendo. Tienen apoyos, muchos apoyos, porque todos quieren tener la pelota en sus manos. Creo que hay que darle mucho crédito a Nueva Zelanda.

El profesionalismo cambió la cara de la Rugby Union para siempre. Todo el mundo, desde jugadores o entrenadores hasta clubes o países, se obsesionó con una única palabra: el dinero. ¿Cómo se las arreglarían para pagar el elevado salario de los jugadores? ¿Cómo atraerían a las grandes empresas para que patrocinaran a los equipos o federaciones? ¿Cómo podrían pagar los altos salarios que pedían los entrenadores internacionales?

Al contrario que Inglaterra, desde un principio, la New Zealand Rugby contrató directamente a sus mejores jugadores. Tanto el CEO Steve Taw como el entrenador Steve Hansen creen que este fue un factor determinante para el éxito de la nación tanto en el ámbito local como internacional. «No hay duda de que la relación contractual centralizada de nuestros jugadores y entrenadores es una ventaja competitiva», dice Tew. Es posible que alguien crea que esto no tiene nada que ver con el estilo o el principio de simpleza, pero está totalmente equivocado. Al tener el control directo de los mejores jugadores, se puede establecer una estructura de juego muy similar en todos los equipos del New Zealand Super Rugby. El control total significa que se pueden amalgamar diferentes estilos de juego. Esto funciona muy a favor de los equipos de Nueva Zelanda y especialmente en los All Blacks. Esta uniformidad tiene un valor incalculable.

Grant Fox admite: «Pensé que sería más complicado ser dominantes cuando el juego se profesionalizara. Pero no fue así, básicamente porque

Nueva Zelanda aún es la dueña del juego». O, como dice Steve Hansen: «Cuando tienes múltiples propietarios, también cuentas con múltiples egos. No dejes que nadie te diga lo contrario. Todo el mundo tiene ego. Los contratos centralizados en el rugby de Nueva Zelanda han sido una bendición. Solo hay un responsable y podemos ir todos en una misma dirección. Esa es la clave. De otra forma, podría ocurrir que catorce propietarios tuvieran catorce objetivos diferentes. No creo que sea eso lo que quieren o necesitan Francia o Inglaterra».

Tew prosigue: «Aunque no ejercemos un control directo sobre nuestra gente a diario, tenemos una influencia mucho mayor sobre quiénes son, sus condiciones laborales, la carga de trabajo o la recuperación tras una lesión. Eso nos ha dado una gran ventaja sobre Francia o Inglaterra».

¿A Nueva Zelanda le preocupa la gestión de los clubes ingleses y franceses? «Creo que son una amenaza para el rugby mundial —admite Tew—. Particularmente para los clubes franceses, porque parece que no tienen ninguna consideración por las grandes instituciones del juego o los *test matchs*.» Sin embargo, si fueras el propietario de un club como el Montpellier, el Toulon o el Bath, podrías darle la vuelta a este argumento y decir que la New Zealand Rugby, la RFU, la FFR, entre otras, son una amenaza para el rugby de clubes, dada la forma en que siempre tratan de incluir más *test* en el calendario.

Se ha demostrado que el valor de este enfoque de juego universal, que es el sello distintivo del rugby de Nueva Zelanda, es demasiado para los rivales extranjeros del hemisferio norte cada vez que cruzan el ecuador. La razón es sencilla: durante años, mientras los equipos de Nueva Zelanda consideraban el ataque como su mantra de juego, en el hemisferio norte ocurría lo contrario.

Los clubes y países del norte pasaron por un periodo en el que los entrenadores de las ligas de rugby eran los mejores según el código de la unión recientemente profesionalizada. El problema era que casi todos compartían una misma filosofía: la defensa.

Su punto fuerte era la defensa. Y esa estrategia, simplemente, erradicó las grandes tradiciones del juego como correr o jugar con la pelota.

A corto plazo, en el hemisferio norte, esta estrategia fue exitosa. Cuando Phil Larder, un entrenador defensivo, se hizo cargo del banquillo del Leicester Tigers, ganó cuatro años seguidos la Premier League y logró dos triunfos en la Copa Heineken, en 2001 y 2002. Además, Larder también tuvo mucho que ver en el éxito de Inglaterra en el Mundial 2003. En

Gales, otro antiguo hombre de la liga de rugby, Shaun Edwards, se volvió altamente influyente y efectivo. La defensa galesa, sólida como una piedra, fue la base para los éxitos en el Grand Slam de los Torneos de las Seis Naciones de 2008 y 2012.

Sin embargo, por desgracia, esta política de juego era defectuosa. Cuando las naciones del hemisferio norte se enfrentaban a las del hemisferio sur, especialmente a Nueva Zelanda, descubrieron que el juego basado en la defensa no era efectivo. Para vencer a Nueva Zelanda, tenías que atacar y conseguir ensayos.

En junio de 2016, James Neville, un exalumno de la Universidad de Limerick, en Irlanda, recopiló algunas estadísticas interesantes. Mientras Gales, Irlanda e Inglaterra se preparaban para las giras de ese verano, Neville reunió los resultados de esos países en el hemisferio sur desde la llegada del profesionalismo, en 1995. Nuevamente, las estadísticas demostraron la supremacía de los países del hemisferio sur, y Nueva Zelanda sobresalía entre todos ellos.

Los números de Inglaterra eran, de lejos, los mejores de los tres países del hemisferio norte. De los veintisiete *test* que Inglaterra disputó contra Australia, Nueva Zelanda y Sudáfrica al sur del ecuador solo logró cinco victorias, un empate y veintiuna derrotas. Los números de Irlanda y Gales eran aún más pobres. Gales había disputado dieciséis *test* y había cosechado dieciséis derrotas, y el registro de Irlanda era aún peor: había jugado diecinueve *test* y los había perdido todos.

Si por alguna razón se combinaban los registros de estos tres países cuando salían de su cómodo patio trasero, los números que salían eran horrorosos: en sesenta y dos partidos, cinco victorias, un empate, y cincuenta y seis derrotas. Es decir, su índice de victorias era del 8,1 por ciento.

Actualmente, esta estadística resulta menos dolorosa porque Inglaterra ganó los tres partidos de su gira de 2016 en Australia, y la selección irlandesa, ese mismo año, venció a Nueva Zelanda por primera vez en la historia, en Chicago. A pesar de eso, si en los equipos del hemisferio norte se busca un patrón de derrotas tan sólido como el patrón de victorias de Nueva Zelanda, es probable que no sea muy difícil de encontrar. Todos los países del hemisferio norte saben desde tiempo atrás que la derrota es el resultado más probable cuando se enfrentan a Nueva Zelanda.

Para vencer a los equipos como los All Blacks debes ser creativo y anotar ensayos. La razón es muy simple: Nueva Zelanda también entendió el valioso papel que desempeñaba la defensa en el deporte moderno y la entrenó laboriosamente, pero nunca descuidó los otros aspectos del juego. Tanto los Wellington Hurricanes (en 2016) como los Canterbury Crusaders (en 2017) ganaron el título de Super Rugby (este último con el entrenador Scott Robertson) con una estrategia basada en una defensa sólida. En la fase de eliminación directa, a los Hurricanes no les anotaron ni un ensayo en contra durante tres partidos consecutivos. Ambas partes bloquearon muchos ensayos del rival gracias a la implacable presión defensiva, la llamada «prensa». Sin embargo, cuando llegaban las oportunidades de ataque, ambos equipos podían anotar magníficos ensayos capaces de sacar una sonrisa a los dioses del rugby.

El juego de ataque de Nueva Zelanda, basado en la velocidad y en la técnica con la pelota, podía soportar este enfoque defensivo. En otras palabras, los equipos neozelandeses también podían trabajar con la misma intensidad el ataque, la parte del juego que el hemisferio norte había dejado de lado. De hecho, los ataques, contra esas defensas modernas más organizadas, tenían que ser mucho más inteligentes y creativos, por lo que aún era más necesario tener unas habilidades extraordinarias para jugar con la pelota.

Dejar atrás a los rivales o vencerlos con ataques por fuera (una de las clásicas imágenes del antiguo juego *amateur)* ya no era suficiente. La variedad era indispensable. Ser hábil y astuto con la pelota resultaba determinante. También lo era ocupar las zonas correctas del terreno de juego y la técnica del *off-load,* tan importante para el ataque como para un buzo una bombona de oxígeno. El neozelandés Sonny Bill Williams era el ejemplo perfecto de esta última.

El respetado exentrenador de Sudáfrica e Italia Nick Mallett opina lo mismo: «Nueva Zelanda siempre se esfuerza por manipular e identificar las debilidades en la defensa y atacar donde hay un espacio, ya sea con un pase, una patada o con juego directo».

Steve Hansen trata el problema de la defensa con su característica sangre fría:

> Es lo que hay. Lo que se necesita para hacerle frente son dos elementos. En primer lugar, un buen arbitraje para asegurarse de que los oponentes no están en *offside.* Y en segundo lugar, que todos lo hagan, para que los jugadores de ataque mejoren sus prestaciones.
>
> Durante años, se ha repetido el mismo ciclo. Cuando el ataque era bueno, la defensa tenía que mejorar para lidiar con eso. Por eso, el

juego ha mejorado a lo largo de los años. Ahora estamos en un ciclo en el que todos están intentando meter mucha presión. Sobre todo en el hemisferio norte. Pero aquí [hemisferio sur] ya está empezando a ocurrir. Sé que estamos haciendo mucho hincapié en la velocidad en la línea.

En general, Hansen se muestra positivo: «Es un desafío para las habilidades de los jugadores. Si quieres jugar al rugby, debes tener un alto nivel técnico. Además de un buen rendimiento y una buena ejecución bajó la presión. Eso nunca viene mal».

Hansen no es el entrenador más astuto por un capricho de la fortuna. Desde tiempo atrás, los jugadores neozelandeses son los más técnicos. Tienen más facilidad para ejecutar una defensa rápida y encontrar soluciones que cualquier otro jugador del planeta porque tienen unas habilidades superiores y las practican casi desde que nacen, muchas veces bajo presión.

Además, Hansen tiene razón en otro aspecto. Si los árbitros fueran diligentes respecto a la línea de *offside*, habría mucho más espacio disponible. Sin embargo, la mayoría de las veces las defensas cometen infracciones que no se sancionan. Todos los equipos son responsables de ello. Por lo común, la defensa suele situarse en algún punto intermedio del *ruck*. Eso significa que, cuando el equipo atacante limpia la pelota hacia atrás, la defensa placa al receptor de inmediato a menos que este se sitúe a una distancia prudencial del *ruck*. Pero, entonces, la filosofía de ataque no es eficaz. Por ese motivo, para encontrar algo de espacio, muchos equipos acaban jugando veinte metros por detrás de la línea de ventaja. Y, con tanto espacio por delante, no se dan las circunstancias para tomar decisiones rápidas o jugar. Este tipo de defensa es ilegal en la mayoría de los casos. Sin embargo, las autoridades hacen la vista gorda ante una táctica que perjudica y ahoga la creatividad y la habilidad en el juego, y los partidos se convierten en una versión para quince hombres de la Rugby League. Sin duda, es desconcertante.

Este tipo de estrategias perjudiciales para el rugby se han extendido en el hemisferio norte. Y, en cierta medida, son una consecuencia de los frecuentes cambios que sufren los cuerpos técnicos de países como Francia e Inglaterra. Tony Brown, el entrenador de los Highlanders de 2017, hace hincapié en ello.

En este momento, la regularidad influye mucho en términos de entrenamiento o en relación con las franquicias y el rugby de Nueva Zelanda en general. Hay mucha continuidad, y para mí eso es crucial. Ayuda a explicar por qué el estilo de juego que seguimos es el mismo que el de los All Blacks, y con esa continuidad solo podemos seguir mejorando.

Por el contrario, ha habido muchos cambios en el rugby en países como Francia, Australia y Sudáfrica. En esas circunstancias, es muy difícil avanzar. Es muy duro competir en esas condiciones. Es lo contrario de lo que sucede en Nueva Zelanda.

Le ofrecí a Brown algunas estadísticas reveladoras sobre el rugby en Francia. En la temporada 2016-17, el Toulon se enfrentó a los Clermont Auvergne en los cuartos de final de la Copa de Campeones Europeos. En ese partido, que los Clermont ganaron 29–9, el Toulon superó la línea una sola vez, e hizo dos *offloads* en los ochenta minutos de partido. Si en alguna ocasión unos simples datos pueden revelar la falta de ambición y confianza en los jugadores, este es el ejemplo perfecto. Realmente, son patéticos. Hablan de un equipo asustado, de entrenadores temerosos de una filosofía que abraza la ambición y el riesgo. Es algo impensable para los neozelandeses.

La respuesta de Brown fue tranquila pero afilada.

No hay coraje en ese tipo de estadísticas. Es una forma segura de jugar al rugby, y, a veces, puedes tener éxito. Pero, si empleas ese estilo, el juego es un fracaso. Si no estás dispuesto a arriesgar nada, es difícil alcanzar tus objetivos. Tienes que estar dispuesto a ser el último para llegar a ser el mejor. Esa es mi filosofía.

Todos los equipos de Nueva Zelanda tienen una mentalidad similar acerca del juego. Se trata de sacarse un as de la manga, de buscar espacios de ataque, de anotar ensayos […] así es como todos quieren jugar en Nueva Zelanda. Si jugaran de otra forma, perderían seguidores y sería difícil llenar los estadios. Los aficionados se sentirían realmente frustrados.

Es una forma de entender el juego. Pero creo que estas tácticas defensivas quitan responsabilidad a los jugadores, que, precisamente, es aquello que necesitan en un campo de rugby. Debes ser un entrenador valiente para permitir que eso suceda en el campo. Los jugadores tienen un mayor desafío cuando juegan con el estilo de Nueva Zelanda. Para un entrenador, puede ser difícil aceptar este tipo de juego arriesgado, pero es peor no proponer nada. Siempre es más frustrante ver un equipo que no propone nada que uno que comete errores.

Pero lo que no entienden los entrenadores que menosprecian el riesgo y la aventura es que el rugby ha cambiado. Ahora es un deporte profesional y debe proporcionar algo nuevo: entretenimiento. Y si no lo logra, el rugby fracasará como una mala obra de teatro, es decir, no reunirá suficiente público y las cuentas no saldrán a final de mes. Al inicio de la temporada 2018, la cantidad de asientos vacíos en varios partidos del Super Rugby, especialmente en Australia y Sudáfrica, fue un buen recordatorio de eso. Pero los entrenadores que únicamente se preocupan por salvar su cargo no saben nada de eso, aunque sea algo tan básico.

Esto explica por qué el difunto sir Colin Meads me dijo:

> No creo que nadie esté contento con el juego de ahora. No lo entendemos. Si me puede decir de alguien que entienda las reglas ahora, me sorprendería. Son una lotería. El juego ha cambiado mucho, y el dinero tiene gran culpa de ello. Me preocupa que el deporte se haya vuelto elitista hasta en los clubes. A menos que seas bueno y talentoso, nadie te quiere. En los viejos tiempos, en un lugar como Te Kuiti todos jugaban al rugby, no había nada más que hacer. Gordo, delgado, lento, rápido… Todos los tamaños eran aptos para jugar. Ahora debes ser un buen jugador de rugby desde la escuela para que te tengan en cuenta. Hay muchas menos personas jugando y hay muchas otras cosas que los niños pueden hacer hoy en día.

Sin embargo, por lo menos en Nueva Zelanda, se ha empleado la misma cantidad de tiempo en el ataque que en la defensa. Eso siempre conformó la base de su tradición. El exjugador de los All Blacks Doug Howlett logró cuarenta y nueve ensayos en sesenta y dos *test*, y los alas Stu Wilson (1976-1983) y Bernie Fraser (1979-1984), noventa y seis entre los dos, la mayoría de ellos cruzando todo el largo del campo de juego. En el otro extremo, encontramos al sudafricano Bryan Habana, que contactó con la pelota una sola vez en la final del Mundial de 2007.

Sin duda, esa atrofia en el juego de ataque del hemisferio norte benefició a países como Nueva Zelanda. Si se mostraban sólidos en defensa, sus rivales no tenían ninguna oportunidad. Los países deben fomentar sus tradicionales puntos fuertes, pero no deben olvidar los otros aspectos del juego. Lamentablemente, este enfoque defensivo, que rápidamente se convirtió en una obsesión, rompió el equilibrio de los equipos del norte. No había duda, los jugadores de estos equipos eran tranquilos, comprometidos y organizados. Tampoco rehuían el contacto físico. Pero el problema era que, cuando tenían la pelota en sus manos, parecían conejos petrificados por los faros de un automóvil. La cantidad de órdenes que recibían de sus entrenadores los robotizaba y perdían la capacidad de tomar decisiones en el terreno de juego. No podían aprovechar las oportunidades que se presentaban, sin importar cuán propicias fueran. La toma de decisiones, en el aspecto ofensivo, se había marchitado como la rama moribunda de un árbol.

En muchos países sigue ocurriendo lo mismo. Un ejemplo de ello fue el desenlace del partido entre Inglaterra y Francia en el Torneo de las Seis Naciones de 2018. En las postrimerías del partido, Inglaterra iba seis puntos por detrás en el marcador. Entonces, en la última jugada, con una superioridad de cinco contra dos, el jugador inglés que llevaba el balón agachó la cabeza, corrió hacia delante y buscó el contacto para hacer un *knock on*. No quedó tiempo para nada más y el árbitro finalizó el encuentro. Era un claro ejemplo de que el concepto tradicional del rugby sobre encontrar los espacios y aprovecharlos se había corrompido. Como bromeó Tony O'Reilly, el gran ala irlandés de los Lions, que rompió varios récords: «En nuestros días, solíamos intentar escapar de los rivales, especialmente de los más grandes. Ahora los jugadores cogen el balón y miran para ver contra quién pueden chocar».

Aquellos que han defendido y perfeccionado esta nefasta estrategia, sin duda, han dañado gravemente el atractivo del rugby y gran parte de su tradición, como los pases planos impecables, el juego de pies rápido e inteligente, la visión, la astucia o la habilidad de hacer que la pelota tenga todo el protagonismo. Estas habilidades pueden verse en Nueva Zelanda, y en alguna otra selección, aunque, ciertamente, de forma marginal.

El primer cuarto del partido de Super Rugby entre los Hurricanes y los Crusaders de marzo de 2018 fue una lección de los estándares supremos de intensidad, cualidad física, velocidad, habilidad y poder. No creo que dos equipos por debajo del nivel internacional pudieran jugar un partido como ese en otro lugar del mundo. Podría haberse considerado un *test match*, si no fuera porque solo hay una selección capaz de exhibir ese nivel de ejecución: Nueva Zelanda.

Sería ingenuo sugerir que la importancia del físico es un aspecto que puede pasarse por alto. Incluso en Nueva Zelanda hay gente como Ardie Savea y Jerome Kaino que han dicho que los All Blacks no levantaban la pelota y buscaban el contacto contra cualquier rival o cuerpo que se les cruzara por el camino. Además, la idea de que los equipos de Nueva Zelanda solo corren con la pelota en la mano y nunca patean la pelota tampoco es fiel a la realidad. También patean. A veces patean mucho porque es una parte integral de su juego. Al fin y al cabo, los equipos de rugby siempre han pateado la pelota de alguna manera: a los palos, para tocar, en el *dribble*, como se llamaba entonces, o como en el Garryowen o la bomba, por usar el lenguaje moderno.

El ala de los All Blacks de 1960, Ian Spooky Smith recuerda:

> Comparado con lo que están haciendo hoy, el rugby en mi época era aburrido. Pateábamos la pelota arriba y abajo a lo largo de la línea lateral la mayor parte del tiempo y los *forwards* apenas pasaban la pelota a los *backs*. Solo recuerdo una ocasión. Una vez que jugamos un partido en el Reino Unido y estábamos desesperados porque estábamos perdiendo. Esa fue la única vez que los *forwards* nos dieron la pelota. Eso no acostumbraba a ocurrir.

Hay dos aspectos principales en el juego moderno de Nueva Zelanda. El primero es el deseo de jugar en una parte adelantada del campo rival. Nueva Zelanda bajo las órdenes de sir Graham Henry y luego Steve Hansen ha sido particularmente experta en esta táctica.

Nadie ha perfeccionado tanto el arte de patear como arma ofensiva como los aperturas Dan Carter y Beauden Barrett. Su capacidad para sincronizar una patada, es decir, mantener la pelota en el aire el tiempo suficiente para permitir que una de sus alas o su *full back* alcancen una posición óptima para atraparla, es de una precisión absoluta. Pero esta técnica está a años luz de la táctica de «patear y rezar». Cada patada se ejecuta en función de la capacidad de tus compañeros para alcanzar la pelota. O, por otro lado, para probar los atributos defensivos del defensor en el aire. El pase de patada a un compañero es otra táctica que cada vez se utiliza más para liberar las defensas estructuradas de hoy día.

La precisión en la ejecución es clave en todas estas tácticas. El pateador debe ser consciente de los márgenes de *offside*, así como de la posición del defensor. Su habilidad para «colgar» la pelota en el aire es, a menudo, determinante. Evidentemente, para lograr esta perfección son indispensables muchas horas de entrenamiento.

Este es el tipo de habilidad que los grandes jugadores de rugby practican incansablemente.

Pero, además, los jugadores neozelandeses cuentan con algunas ventajas innatas. Su visión de juego extraordinaria y su capacidad para detectar los momentos clave de un partido son superiores a las de sus rivales. Los equipos de Nueva Zelanda suelen contraatacar desde la profundidad de su propio campo. Es una táctica que puede encajar perfectamente en cualquier equipo, como demostraron los Lions en 2017. En ese segundo *test* de Wellington, los Lions lograron un ensayo empezando la jugada desde su propia línea de *goal*. Un contraataque perfecto iniciado por el *full back* Liam Williams y finalizado por el ala irlandés Sean O'Brien. Fue un maravilloso recordatorio de que los equipos del hemisferio norte todavía pueden jugar de esta manera.

Los equipos de todas las categorías de Nueva Zelanda hacen esto regularmente. Damian McKenzie, elegido *full back* de los All Blacks en los *test* del Rugby Championship de 2017, es un ejemplo perfecto para mostrar la predisposición al riesgo de los jugadores neozelandeses. Sin embargo, por las venas de los jugadores neozelandeses también corre algo de pragmatismo. La estructura de su juego cuando patean es buen ejemplo de ello: patean y dejan la suerte en el aire. Sin embargo, siempre evalúan todas las opciones u oportunidades. Además, se apoyarán entre ellos para enfrentarse a cualquier rival. Pocas veces se ven envueltos en aventuras precipitadas que probablemente terminen en un desastre total. La estructura es una palabra importante en el rugby de Nueva Zelanda.

Además, los mejores entrenadores aún parecen capaces de producir jugadores con la visión y las habilidades necesarias para tomar decisiones. O, al menos, jugadores que son capaces de mirar más allá de su ombligo para entender un juego dinámico, fluido e innovador.

El descenso en la calidad del ataque de sus rivales permitió a Nueva Zelanda abrir una brecha considerable entre ellos. Practicaban un juego más rápido, más inteligente y abierto. Los All Blacks aún tenían que ser eficientes, inteligentes y precisos, pero si lograban estos requisitos fundamentales, incluso solo tres o cuatro veces en un partido, probablemente era suficiente para derrotar a los países del hemisferio norte o, también, a equipos como Sudáfrica y Australia, que, al parecer, también estaban obsesionados con efectuar esa presión defensiva con la esperanza de generar penalizaciones que otorgaran golpes de castigo.

Algunos entrenadores pioneros de Nueva Zelanda, como Wayne Smith, Graham Henry, Steve Hansen, Joe Schmidt, Vern Cotter y otros, fueron al hemisferio norte para predicar un estilo de juego más rápido y técnico. Pero, aun así, los conjuntos del hemisferio norte tardaron años en aceptar el cambio.

La diferencia entre Nueva Zelanda y todos los demás países quedó brutalmente expuesta cuando Gales hizo su gira por Nueva Zelanda en 2016. En ese entonces, un equipo regional de Nueva Zelanda, Waikato, a pesar de no contar con algunos de sus mejores jugadores que habían sido convocados por los All Blacks, los humilló 40-7. Fue el ejemplo más claro de la diferencia cualitativa del rugby de Nueva Zelanda y los demás países.

Sin embargo, la vanidad crítica del hemisferio norte es tan buena como la cerveza Carlsberg. Inmejorable. Por aquel entonces, la mayoría de los críticos del hemisferio norte no quisieron ver las virtudes del rugby que se jugaba en Nueva Zelanda. Llamaron al Super Rugby «basura poco importante», sin detenerse a considerar que un deporte que se jugaba a mayor velocidad requería una técnica superior.

Según el mito popular, cuando llegó el Torneo de las Seis Naciones a principios de Año Nuevo, este era el tipo de rugby que se necesitaba. ¿Alguien experimentó algún tipo de emoción por la victoria de Escocia o por el éxito de Irlanda en Cardiff? Todos los puntos del partido fueron golpes de castigo.

Francamente, no. Pero este tipo de actitud explica por qué Inglaterra, a pesar de sus riquezas y vastos recursos, es la envidia de todo el deporte a pesar de haber ganado una sola Copa Mundial de Rugby en treinta años.

Sin embargo, Irlanda e Inglaterra han avanzado un poco al abordar la brecha que los separa del hemisferio sur. Escocia ha tenido sus momentos y Gales es como una marea cambiante. Por desgracia, Francia tomó otra dirección y desechó su gloriosa y tradicional mentalidad ofensiva, una combinación emocionante de *forwards* móviles rápidos y de *backs* veloces capaces de desafiar a cualquier defensa en el mundo. El tamaño se convirtió en el criterio que determinó su juego. Los jugadores con calidad e ingenio, como los exjugadores Andre Boniface, Jean Gachassin, Jo Maso, Denis Charvet, Jean Trillo, Thomas Castaignede y muchos otros ahora eran prescindibles. La fuerza bruta era lo único que importaba. Ver jugar a Francia se volvió tan emocionante como un cazo de agua hirviendo.

Sin embargo, los países del hemisferio norte siempre han producido jugadores de rugby técnicos y habilidosos. Eso sigue siendo así. Aunque, en muchos casos, lo que necesitan es un tipo de entrenador con una mentalidad ofensiva y dispuesto a correr riesgos. Los riesgos calculados han caracterizado a los All Blacks de Steve Hansen. Esta clase de entrenadores tienen tanto el coraje de su convicción como el respaldo de sus superiores para poder avanzar, aunque eso signifique perder algún que otro partido en el camino.

Como dice el gran entrenador sudafricano Brendan Venter:

> Admiro a los All Blacks. Son el equipo más extraordinario. Su ejecución es la mejor, su constancia ha sido la mejor. Siempre tienen un plan notablemente conciso. Y lo han hecho mejor que nadie. La mayor ventaja de Steve Hansen es que lleva mucho tiempo en el banquillo. Cuando era entrenador de Gales, perdió diecinueve de veintinueve partidos, pero tomó el trabajo de entrenador asistente de Nueva Zelanda bajo Graham Henry y aprendió mucho de él. No dejó de hacerlo. Este sistema es vital para el éxito, en mi opinión.
>
> No hay suficientes entrenadores experimentados por ahí. Los viejos entrenadores entrenan no solo en el rugby, sino también en la vida. Eso es esencial. Tienen una gran ética de trabajo y un entorno estable. No puedes ser tan hábil tan solo con aparecer en el campo de los All Blacks. Los jugadores deben trabajar por su cuenta. Lo que significa que han aceptado la cultura. Y una parte importante de esta es que no permiten que los jóvenes se precipiten. Eso es posible porque los entrenadores ya han pasado por las mismas situaciones varias veces. Los All Blacks tienen el cuerpo técnico más experimentado que uno pueda imaginar.
>
> Hay algo en este grupo de entrenadores que ha sacado lo mejor de los All Blacks. Ellos [Nueva Zelanda] tienen una gran ventaja sobre todos los demás, algo sobresaliente. Tienen más portadores de pelota con la habilidad de superar rivales que las otras selecciones. Es una ventaja genética que tienen los jugadores de la isla en particu-

lar. Si nos fijamos en la técnica explosiva de sus jugadores, diremos que es notable. Es un factor clave en su capacidad para quebrar la línea con tanta frecuencia.

Además, también suelen tomar las elecciones correctas. Si rompen la línea seis veces, obtienen puntos tres veces, mientras que los países del resto del mundo solo lo hacen una vez. O no lo hacen. Es porque su toma de decisiones sobre el ataque es mucho mejor. Hacen lo correcto de forma natural y la calidad de sus pases es muy buena. Pero es la toma de decisiones lo que los distingue de otros jugadores en el mundo. También poseen la capacidad de transferir su peso más rápido que otros. Esa pura habilidad explosiva es el santo grial del rugby.

Sin riesgo, cualquier ataque puede fallar. Muchos buenos jugadores del hemisferio norte han sido traicionados recientemente por entrenadores mundanos a los que el miedo los ha paralizado, en primer lugar, para correr el riesgo de perder un partido, y en segundo lugar, para expandir su filosofía, con la posibilidad de perder muchos partidos y, por ello, su trabajo. No es el factor principal. Pero es otra razón de la supremacía de Nueva Zelanda en la élite.

Tony Ward, el apertura de Irlanda y los Lions en la década de 1980, está de acuerdo. «Últimamente, el juego ha perdido mucho interés. Cuando Irlanda se enfrenta contra Francia, los partidos siempre son aburridos. Me crie pensando que los grandes equipos franceses tenían un gran estilo de juego. No te arriesgas a patear la pelota porque sabes qué ocurrirá si entregas la posesión. Es triste ver esos partidos tan aburridos en el Torneo de las Seis Naciones, pero nunca he pensado eso de los All Blacks».

Hay otra razón para explicar por qué el hemisferio norte se quedó rezagado en el estilo de juego: los numerosos cambios en las reglas del juego que, precisamente, se aplicaron para acelerar el ritmo de los partidos. La profesionalización del rugby influyó en algunas autoridades que buscaron que el juego fuera más ambicioso y llegara a más gente. El entretenimiento tenía que ser el factor clave. El deseo de señalar a aquellos que pretendían romper el ritmo de partido con los *ruck*, negando así las oportunidades de ataque, era el objetivo de esa nueva reglamentación.

Estos cambios, en general, aceleraron la velocidad de la pelota y ofrecieron la oportunidad a los atacantes de romper las defensas fuertemente organizadas.

La ironía es que, ofrecer más oportunidades de ataque para correr con la pelota no significa, necesariamente, que los jugadores las aprovechen. En primer lugar, para romper las defensas es indispensable tener una buena visión de juego. Y, en segundo lugar, necesitas una habilidad notable con la pelota para dejar atrás a esas defensas, incluso las menos estructuradas. Y eso requiere tiempo, visión, habilidad y una técnica de patada depurada. Además de, por supuesto, la capacidad de llevar a cabo todo eso bajo presión. Lo que está claro es que los árbitros pueden motivar a los jugadores para que practiquen un rugby más atractivo, pero sin una buena técnica no hay nada que hacer.

Es irónico que los cambios en el reglamento que, en parte, pretendían nivelar el juego con respecto a los All Blacks sirvieran para ampliar la supremacía de Nueva Zelanda. Hasta que los jugadores de todo el mundo no aprendan lo básico del juego de manera consistente y lo ejecuten con precisión, el dominio de los All Blacks será interminable.

Pero ¿qué es lo básico? Dar y recibir un pase adecuadamente y lanzar la pelota para que el corredor pueda recepcionarla correctamente, en vez de echarse al suelo nueve de cada diez veces. Tener un buen *timing* con la pelota, correr derecho, deshacerse de los oponentes con un pase inteligente, maniobrar en un espacio reducido bajo mucha presión, ser preciso e ingenioso al poner la pelota detrás de una defensa agresiva, y ser flexible, en vez de seguir el dogma de un entrenador como esclavos. También está el problema de la posición corporal de los jugadores durante un ataque (compacta y con las piernas en movimiento). Además de los constantes apoyos para el portador de la pelota y la rapidez mental que permite crear líneas de apoyo inteligentes. Eso es suficiente para empezar.

Como los jugadores de los All Blacks dominan todos estos aspectos del juego, los entrenadores de Nueva Zelanda tienen las herramientas necesarias para adaptarse a cualquier estilo. Su visión y profundo conocimiento del rugby los coloca por delante de todos sus rivales. Como dice Wayne Smith, «Es un desafío, pero un desafío realmente positivo. ¿Cómo será el juego en 2020 después de la próxima Copa Mundial de Rugby? Va a ser totalmente diferente. Una vez que te hagas una idea de eso, has de pensar en cómo seguir evolucionando».

Smith cuenta la historia de 2009, cuando el rugby se convirtió en una especie de partido de tenis. Los jugadores pateaban la pelota de un lado para otro. En ocasiones buscaban a un compañero, pero la mayoría de las veces que tenían el balón no tenía destinatario. Los calambres en el cuello de los espectadores eran de lo más comunes. Sin embargo, hubo tres neozelandeses (Henry, Hansen y Smith) que se negaron a aceptar esa filosofía. Al principio, fue difícil. Ese mismo año, Sudáfrica derrotó a los All Blacks tres veces consecutivas. Francia lo hizo una vez. Nueva Zelanda atrapó las patadas, contraatacó con la pelota en la mano y cometió errores, especialmente después de los placajes, eso penalizaba al equipo. Por lo común, sus rivales anotaban gracias a los golpes de castigo.

«Teníamos mucha presión, especialmente de los medios de comunicación», recordó Smith. Pero la sabiduría y el sentido común acabaron imponiéndose. Henry insistió en que el juego no se quedaría así. Les dijo a sus compañeros que el IRB no permitiría que los equipos ofensivos quedaran desprotegidos. Así que los All Blacks siguieron trabajando en silencio en su propia estrategia.

En diciembre, el IRB reaccionó y cambió las reglas para fomentar el juego ofensivo y ofrecer la oportunidad de atacar sin penalizaciones durante el *ruck*. Cuando llegó el cambio de reglas, Nueva Zelanda estaba, por lo menos, un año por delante de cualquier otro país. Al año siguiente, en 2010, usando las palabras de Smith, «los All Blacks explotaron». Ganaron trece de los catorce *test* que jugaron; el otro lo perdieron por solo dos puntos. Además, lograron una cantidad enorme de ensayos. «Fue un ejemplo de cómo ser fiel a una idea y mirar hacia el futuro. Tomar una decisión y hacer los cambios antes de que estos lleguen solos», dijo Smith. Este es un ejemplo de cómo los neozelandeses lideran el grupo.

El entrenador de Australia ganador de la Copa Mundial de Rugby de 1991, Bob Dwyer, cree que los últimos quince años han sido determinantes para el ascenso de Nueva Zelanda, es decir, desde que Henry fue nombrado entrenador: «Es en ese momento cuando realmente comenzó a aumentar su tasa de desarrollo y de progreso. Definitivamente, mejoran con cada año que pasa. Además, entienden a la perfección la necesidad de alcanzar la excelencia absoluta en lo básico del juego, es decir, aquello que sustenta su estilo de juego. Han mejorado considerablemente los aspectos básicos».

A fines de marzo de 2017, recibí un claro recordatorio de lo que Dwyer llama «excelencia absoluta en lo básico del juego». El entrenador de los All Blacks Steve Hansen estuvo en Dunedin para ver el partido de Super Rugby entre los Highlanders y los Melbourne Rebels, en el Forsyth Barr Stadium. Él quería analizar a ciertos jugadores y aproveché para acompañarlo con su hijo. Hansen es un hombre reservado. Pero cuando los Highlanders masacraron a sus oponentes 51-12, incluso él no pudo guardar silencio. Cuando el equipo australiano cometió otro error garrafal que regaló a los Highlanders un ensayo más, Hansen exclamó: «Estos muchachos ni siquiera pueden hacer lo básico». Para un entrenador de los All Blacks, eso era algo imperdonable.

Sobre el tema, Dwyer dice:

> Nueva Zelanda ha sido un gran país de rugby durante más tiempo del que puedo recordar. No escatimarán esfuerzos para garantizar que cualquier jugador adquiera un conocimiento claro de esos conceptos básicos. Más adelante, cuando esos jugadores alcancen la élite, simplemente se pulirán algunos puntos.
>
> La excelencia de los jugadores que tienen alrededor exige un alto rendimiento. Una cosa se alimenta de otra. Es un gran error tratar de educar a los niños pequeños con demasiados detalles. Si quieres ser un buen entrenador de rugby, debes ver cómo se desarrolla un niño pequeño. Nadie les enseña, se enseñan a sí mismos. Comienzan a hablar, intentan caminar… El 95 por ciento lo hacen por sí mismos. La mejor manera de aprender es dejarlos jugar e imitar las cosas que ven en los demás. Debería ser natural.
>
> Se desarrollan sin presión; así es en Nueva Zelanda cuando son niños. Solo juegan y disfrutan. La presión llega mucho después, pero para ese entonces ya han desarrollado los fundamentos. Otra ventaja es que tienen muchos espacios abiertos y ganas de jugar. Cogen una pelota y mejoran su físico y su coordinación visomotriz… Los neozelandeses hacen mucho eso. Y tienen ideas muy buenas y simples. Juegan descalzos cuando son pequeños, lo que es una idea fantástica.

Esto coincide con los deseos de Hansen. Niños y niñas de Nueva Zelanda que practican todo tipo de deportes durante el mayor tiempo posible. Mejorar la coordinación visomotriz y las habilidades físicas y de pelota será un beneficio duradero para cualquier deporte en el que finalmente decidan enfocarse.

Sencillez. Esa es la palabra que destaca en la mente de hombres como Dwyer, Hansen, Smith y Alan Jones. «Es un juego sencillo —dice Dwyer—. Cualquier ensayo anotado suele ser la suma total de algunas cosas muy simples. En primer lugar, es la ejecución adecuada de habilidades bajo presión mental y física. Nueva Zelanda entiende estos fundamentos. Son los puntales clave sobre los que construyes tus jugadas y tu juego. Ciertamente, admiro la excelencia de Nueva Zelanda. La brecha es enorme en este momento entre ellos y nosotros. No solo nosotros. Pasa lo mismo con Sudáfrica.»

La fecha es 16 de septiembre de 2017. El lugar, Albany, en Auckland, y el acontecimiento, un *test* del Rugby Championship. Nueva Zelanda 57, Sudáfrica 0. Nueva Zelanda consiguió ocho ensayos y logró la victoria más abultada sobre los humildes sudafricanos. La toma de decisiones de los jugadores de Nueva Zelanda fue ejemplar. Se comprobó que Dwyer estaba en lo cierto. El mes anterior, habían arrasado a Australia en Sídney: 40-6 en el primer tiempo. Dos estadísticas del partido de Sídney son particularmente reveladoras: Nueva Zelanda realizó dieciocho *offloads* y rompieron la línea veintisiete veces.

El lado negativo de la excelencia de Nueva Zelanda es que otros equipos, tanto selecciones como equipos de Super Rugby, pueden quedarse atrás. Ashwin Willemse, exala de los Springboks, dijo: «El rugby en mi país se ha convertido en una herramienta en manos de los políticos. Creo que Nueva Zelanda podría derrotar a Sudáfrica por un marcador abultado dos de cada tres encuentros que disputaran. Es decir, casi un setenta por ciento de probabilidades. En cambio, las probabilidades de un marcador ajustado (24-25), como el de 2017 en Ciudad del Cabo, serían mucho menores. Quizá dos de cada diez veces».

Las palabras de Willemse subrayan la importancia de que Nueva Zelanda ayude a otros países tanto como pueda. Algunos otros, como Irlanda, Gales e Inglaterra, probablemente, no necesiten mucha ayuda. Muchos otros, como Sudáfrica, sí. Luego, están aquellos de un nivel más bajo, como Canadá, Estados Unidos, Samoa, Fiyi, Tonga, Rumanía y Georgia.

Bob Dwyer dice, lacónicamente: «En la actualidad, Nueva Zelanda juega como solía jugar Australia, con su alineación y manteniendo la pelota en movimiento. Mientras tanto, los australianos juegan como lo hacían los neozelandeses a finales de la década de 1960…, simplemente llevando la pelota hacia arriba basándose en un tonto juego hacia delante. Tampoco somos buenos en eso».

Aquí hay otro elemento importante, otra razón clave para la supremacía del rugby neozelandés. Los ojos con más talento del rugby determinan las carreras de estos jóvenes aspirantes a All Blacks. Dwyer recuerda dos ejemplos: el primero es el de Ardie Savea, y el segundo, el de Aaron Smith. En 2014 o 2015, antes de que el joven jugador debutara con los All Blacks, Dwyer presenció un partido de Savea en el Super Rugby. Entonces, habló con Graham Mourie y mencionó al joven Savea: «Le dije a Graham que no podía entender por qué Ardie no estaba en el equipo de los All Blacks. Tenía un potencial impresionante. Si fuera australiano, sin duda, habría debutado con los Wallabies».

La única respuesta de Mourie fue: «Juega demasiado separado del suelo. Su postura es demasiado vertical, por eso no lo seleccionarán. Debes tener tu nariz a medio metro del suelo».

Dwyer también destacó el ejemplo del medio *scrum* Aaron Smith: «En uno de sus primeros partidos lo cambiaron en el segundo tiempo de un partido. Enseguida supe por qué. Cuando levantó la pelota del suelo, antes de pasarla, dio un paso al lado. El siguiente partido estuvo en el banquillo y solo entró en la segunda mitad. Desde entonces, Aaron no ha vuelto a pasar la pelota de ese modo. En la actualidad, ningún medio *scrum* de Nueva Zelanda da un paso de lado».

Esta obsesión por los detalles, forjada en la pista de rugby más dura del mundo, es crucial para mantener a Nueva Zelanda en la cima del deporte. No tiene nada que ver con la suerte. Es trabajo duro y conocimiento. Muy a menudo, lo que observamos en los equipos de Nueva Zelanda, indistintamente del nivel, es un producto acabado. Pero, lo que la mayoría no ve es el arduo trabajo de preparación.

Tomemos el ejemplo del difunto Jerry Collins, cuando debutó por primera vez, todo el mundo se dio cuenta de su potencial. El problema era que también podían ver que no era capaz de hacer un buen pase. ¿Cuál fue la solución? Meterlo a practicar pases cada día hasta la extenuación. Después de eso, los pases dejaron de ser un problema.

Ningún país puede igualar la rotundidad del enfoque de Nueva Zelanda, su dedicación para preparar los campeonatos anticipando hasta el más mínimo detalle. Como dice Dwyer: «Son técnicamente mejores que el resto del mundo en muchos aspectos del juego. No en todos, pero en una gran mayoría».

Además, hay otro aspecto determinante, según Dwyer: la «increíble capacidad» de los neozelandeses para hacer todas las cosas sencillas del juego realmente bien. En noviembre de 2013, cuando Irlanda se enfrentó a Nueva Zelanda en Dublín, quedó patente la confianza en la habilidad que tenían a la hora de manejar la pelota. El comienzo del partido fue explosivo y dramático. Irlanda tomó una ventaja inicial de 19-0. Lansdowne Road rugió. Por un momento, los All Blacks parecieron un rebaño de ovejas perdido que deambulaba por colinas desconocidas. Sin embargo, poco a poco, encontraron su sitio. A poco del final, Irlanda ganaba 22-17, y cuando faltaban diecisiete segundos para finalizar el encuentro, concedieron un penalti a Nueva Zelanda.

Aaron Smith tocó la pelota para ponerla en movimiento. Un error más, un fallo en el pase o cualquier otra infracción supondría el final del partido. Sería la primera victoria de Irlanda sobre Nueva Zelanda desde 1905.

A pesar de que Nueva Zelanda tuviera la posesión del balón, era el momento de los irlandeses. Sin embargo, en el banquillo de los All Blacks, Steve Hansen murmuró a un compañero: «Si mantenemos el balón, deberíamos lograr un ensayo». Sin pánico, sin gesticulaciones, sin gritos. Hansen y sus colegas confían plenamente en la habilidad y la toma de decisiones de sus jugadores. Se sentaron y esperaron. Creían en ellos. Esa es la diferencia.

Los All Blacks movieron el ataque a la izquierda y luego fueron a la derecha. Posteriormente, lo intentaron por el medio, antes de hacer otro cambio hacia la izquierda. Luego a la derecha y otra vez por la izquierda. Estaban todo el tiempo concentrados en mantener la posesión y penetrar, cada vez más, en el terreno de juego irlandés.

Finalmente, después de una jugada de veinticuatro pases que se prolongó durante noventa y ocho segundos, encontraron el espacio que buscaban en una defensa irlandesa exhausta y mentalmente destrozada. Ryan Crotty atrapó el pase y anotó.

El resultado: 22-22. El analista televisivo Brian Moore lo llamó «una jugada fenomenal». Pero los neozelandeses no se conforman con el empate. Aaron Cruden transformó el último golpe y Nueva Zelanda ganó 24-22. En Dublín, esa noche hubo más lágrimas que Guinness.

Cuatro años después, estoy sentado en una sala vacía en el complejo de entrenamiento de los Crusaders en los suburbios de Christchurch. Mesas de fórmica, paredes sin pintar, sillas comunes y corrientes. Una sala de reuniones insulsa. Ryan Crotty entra: es amigable, simpático y alegre.

Primero, me sorprende al revelar que ha tenido una buena oferta para jugar en el extranjero este año, e incluso admite que lo está considerando seriamente. «Ten cuidado —le aconsejo—. No importa adónde vayas, nunca vas a encontrar un nivel tan alto y exigente como el de aquí. ¿Los Crusaders y los All Blacks? No hay nada mejor.»

Seguro, pero hay que tener en cuenta el dinero y el futuro, me dice. Le digo que ya tendrá tiempo para eso después de 2019 y del Mundial en Japón. «Solo asegúrate al cien por cien de que te has cansado de jugar a este nivel antes de firmar en cualquier otro lugar. Porque, con respecto al estilo de juego, nunca va a ser lo mismo en ningún otro lado.» Uno o dos meses después, me llamó la atención leer que Crotty decidió quedarse en Nueva Zelanda y firmó un contrato hasta el Mundial de 2019 en Japón.

Crotty sonríe al recordar ese ensayo contra Irlanda y explica por qué las habilidades con la pelota y la buena toma de decisiones de los jugadores de rugby de Nueva Zelanda son mejores que las de sus adversarios.

De alguna manera, ese ensayo hizo que ese *test* se convirtiera en uno de los más famosos de los All Blacks, y fue genial formar parte de eso. Esa victoria se relaciona con la confianza en uno mismo y en tus compañeros. Hay una confianza absoluta con el jugador que está a tu lado, sea quien sea. No estaría allí si no fuera especial. Esa filosofía se mantuvo durante mucho tiempo. Recuerdo un momento en el que estaba ahí parado, mirando a Richie McCaw, y pensé: «Lo tenemos al alcance de la mano», aunque todavía estábamos en nuestra mitad del terreno de juego. No era arrogancia, era la fe que tenía en mis compañeros. Si hacemos lo que entrenamos y ejecutamos el plan, tenemos la seguridad de que podemos conseguirlo.

El atractivo de este estilo de rugby es obvio. Digby Ioane jugó treinta y cinco veces con Australia entre 2007 y 2013. Sin embargo, cuando en 2017 tuvo la oportunidad de unirse a los Crusaders, no desaprovechó la ocasión:

Para empezar, había estado jugando para el Stade Français en París y, también, en Japón. Sentí que el rugby era solo un trabajo, especialmente en Japón. Despertarse, ir a entrenar, volver. Seguía adelante por la inercia. Pero venir a jugar con los Crusaders hizo que volviera a amar este deporte. El rugby aquí es emocionante. Para mí, son las pequeñas cosas en las que trabajas, como la técnica, las que hacen que Nueva Zelanda sea diferente y mejor. Trabajan mucho los aspectos básicos: la recepción y el pase. Otra cosa importante es que, si bien todos pueden estar luchando por ganarse un puesto, el equipo siempre está en primer lugar. Son jugadores que se preocupan realmente por el equipo y que quieren que te vaya bien: esa es una de las razones por la que los equipos de Nueva Zelanda tienen tanto éxito. Nunca vi eso en Australia.

Ioane tiene poco más de treinta años. Al final de la temporada 2017, se pasó a los Panasonic Wild Knights en Japón. Pero dijo que se sentía revitalizado por sus experiencias en los Crusaders: «No importa quién seas: ellos tratan de mejorar tu juego. En Australia no ocurre lo mismo. No quieren ayudarte, no te dicen qué debes trabajar. En cuanto al estilo, Nueva Zelanda ha pasado a otro nivel, y me encanta el rugby que practican».

Aprender lo básico es un aspecto recurrente en el rugby neozelandés, un punto con el que Dan Carter está de acuerdo.

Lo importante no son los movimientos elegantes. Cuando entrenas con niños, ellos siempre esperan ejercicios novedosos. Pero la clave del éxito es hacer bien lo básico. Una y otra vez. Mejor que cualquier otro equipo.

Dedicamos horas y horas solo a los fundamentos del juego; cada pase, cada circuito de entrenamiento. Hay que estar atento a lo básico. Cómo atrapar pelota, cómo seguir adelante con el pase…, cosas que los niños de cinco años están aprendiendo. Pero hay que continuar insistiendo en ello.

Muchos de los ensayos se logran simplemente haciendo bien lo básico…, un gran pase, excelentes líneas de carrera, y un jugador aprovechando el espacio. Creo que ha sido una de las claves determinantes para el éxito de los All Blacks. Es un juego simple y a veces las cosas se pueden complicar demasiado. En el juego de los All Blacks es básico insistir en las cosas sencillas.

En mayo de 2017, poco antes de que empezaran su serie de tres *test* contra los British & Irish Lions, los All Blacks me invitaron a asistir a una sesión de entrenamiento. Bajo los atentos ojos de Steve Hansen, los entrenadores asistentes Ian Foster y Wayne Smith tomaron el control de la sesión. Hansen dijo de Foster: «Ha sido un miembro fundamental en el grupo de entrenamiento y en la dirección de los All Blacks durante los últimos cinco años. Además, aporta al equipo mucho aplomo, mentalidad e inteligencia».

Realmente, no es lo mismo que asistir a un entrenamiento de los grandes clubes de fútbol del mundo como el Real Madrid, el Manchester City o el Bayern de Múnich, donde los aparcamientos están llenos de Bentleys, Lamborghinis y Ferraris. Ningún jugador de rugby de Nueva Zelanda gana tanto dinero. Ganan lo suficiente para comprar coches llamativos, sí, pero ese no es su estilo. Se desplazan hasta el campo de entrenamiento todos juntos, en un autobús básico.

Pero la razón por la que es poco probable que te encuentres con el último modelo de Ferrari o Lamborghini detrás del portón de la casa de un All Black es el síndrome de la alta exposición. Es posible que no todos los jugadores de Nueva Zelanda sean de la misma opinión, pero la gran mayoría, se ha dado cuenta hace mucho tiempo de que este tipo ostentación conduce a la arrogancia. Y, en el caso de que no se dieran cuenta por sí mismos, cada uno de los habitantes de país les bajaría los humos inmediatamente.

En una sesión de entrenamiento de los All Blacks, cualquier espectador esperaría ensayos de noventa metros y jugadas dinámicas y complicadas. Nada más lejos de la realidad. Si uno asiste a un entrenamiento de los All Blacks buscando tácticas novedosas, solo encontrará una desilusión. Los All Blacks entrenan los aspectos básicos. En la sesión que presencié, intentaron, como siempre, mejorar las facetas más sencillas del juego. Esa mañana llovió mucho en los suburbios de Auckland, pero eso no era una excusa para dejar caer la pelota mojada.

Los medio *scrum* Aaron Smith, T. J. Perenara y Tawera Kerr-Barlow participaron en un ejercicio que requería el lanzamiento rápido de la pelota. Mientras el trío se turnaba para lanzarle pases a Beauden Barrett, un entrenador colocó otra pelota en el suelo, a diez o quince metros de distancia. El siguiente medio *scrum* que tenía que hacer el pase debía estar allí en una fracción de segundo. Y así todo el tiempo. Sin parar para tomarse un respiro, disminuir la velocidad para verificar posiciones o dar un par de pasos antes de lanzar el pase. En un solo movimiento, en apenas un instante, la pelota del suelo tenía que ponerse en movimiento para llegar de forma rápida, plana y precisa a Barrett que corría hacia ella. Si Barrett tenía que mirarla para poder atraparla, aunque tan solo fuera por un instante, el ejercicio sería un fracaso. ¿Simple? Sí. Pero resumía aquello que buscan los All Blacks: un dominio perfecto de lo básico, siempre bajo presión.

En otra sección del campo de entrenamiento, el entrenador Steve Hansen le lanzaba la pelota al ala Sam Cane a dos metros de distancia. No se esperaba de él que la bajara, sino que la atrapara. Todas las veces. En el otro extremo del campo, los jugadores practicaban los *lineouts* y los *scrums*, este último bajo el ojo experto del gurú del *scrum* Mike Cron. Cuando los backs se juntaban, las habilidades y los movimientos se practicaban bajo presión.

Esta búsqueda constante e interminable de la perfección técnica es lo más importante para la mayoría de los equipos de Nueva Zelanda y explica gran parte de su superioridad. Nada de lo que practican es tan complicado como para dejarte perplejo. A menos que se considere una gran cosa poner las manos frente a ti con los dedos apuntando hacia arriba (la posición perfecta para los jugadores que esperan recibir un pase). Del mismo modo, el deseo constante de Barrett y el entonces apertura suplente Aaron Cruden de perfeccionar la patada cruzada de ataque para encontrar espacio en los flancos tampoco debería llamar mucho la atención.

Como dijo Wayne Smith:

> El juego es tan complicado como quieres que sea. La sesión de los All Blacks debe de ser el entrenamiento menos complicado que he visto. Liderados por Steve Hansen, somos esencialistas. A él le interesa que todos se concentren en las pocas cosas importantes. Lo importante es concentrarse en que los jugadores reciban lo esencial y lo correcto en cada momento. Es muy sencillo. La única dificultad estriba en que, si el lema va a ser la sencillez, se tiene que hacer un buen trabajo para que las cosas simples sean las correctas. Eso es nuestro trabajo. Se puede ser tan complejo o complicar lo sencillo tanto como uno quiera, pero, por nuestra parte, siempre intentamos que el rugby sea algo sencillo.

11

Clubes: tiempo de cambios

Con contribuciones de, entre otros,
FRANK BUNCE, BRAD JOHNSTONE,
WAYNE SHELFORD, STEVE HANSEN, STEVE TEW,
DANE COLES y sir BRIAN LOCHORE.

Algunos podrían decir que Nueva Zelanda
no tiene que venderle el rugby a sus chicos.
Créeme, hoy día, es necesario.

BRAD JOHNSTONE, expilar de los All Blacks

$\mathcal{F}$rank Bunce tiene un problema. En los vestuarios del Manukau Rugby Club, en los suburbios de Auckland, cuarenta y cinco jóvenes enormes y hambrientos se están duchando y cambiando tras el entrenamiento de la tarde. La mayoría de ellos es de Tonga. Grandes muchachos con un apetito del mismo tamaño.

Uno no se hace a la idea de lo que pueden llegar a comer: hamburguesas triples con queso, patatas fritas… El problema es que, en el piso de arriba, algo no va bien. A Bunce, el presidente del club, le ha fallado su proveedor de comida habitual. Además, la pizzería más cercana al campo de Manukau tampoco puede preparar cuarenta y cinco pizzas en menos de una hora.

Antes no era así. Los empleados de los centros de entrenamiento como Manukau trabajaban en las cocinas del club para satisfacer las demandas de los jugadores. No hace mucho tiempo, por Manukau pasaban catorce o quince equipos cada semana. El golpeteo de los tacos de las botas en el hormigón de los vestuarios era inaguantable. Era tan ensordecedor como un tiroteo. Pero esto también ha cambiado. En la actualidad, apenas entrenan cinco o seis equipos por semana.

Ahora, Manukau es como la mayoría de los clubes. Acude a los locales cercanos para proporcionar comida a los jugadores.

Bunce también es conocido por su pasado. Un hombre fuerte, firme y combativo, cuyos astutos ojos son capaces de leer un partido de rugby como si fuera un libro abierto. Formó parte de ese maravilloso equipo de Samoa Occidental que venció a Gales en el Mundial de 1991. Eso dio lugar a uno de los chistes más recurrentes del rugby: «¿Qué le dijo Dai a Gareth cuando se enteró de que Gales había caído ante Samoa Occidental ese día? Pues menos mal que no jugamos contra Samoa entera».

Frank Bunce todavía conserva un físico impresionante y la astucia que lo caracterizaba. Menos mal, porque la carga de ser el presidente de un club como este no es muy llevadera. En esta época se encarga de todo: asistir a reuniones para discutir una oferta de fondos insuficiente, ocuparse de la comodidad del árbitro, preocuparse por el mantenimiento de las duchas o cotejar los resultados de los equipos inferiores.

El reloj sigue su curso y los chicos están saliendo de las duchas. Otra pizzería cercana cree que podría hacer veinticinco pizzas. Eso no será suficiente. Frank consulta su lista de números y empresas. Hace otra llamada con su móvil. «¿Ingredientes? ¿Qué puedes hacer? Sí, sí, está bien. Aquí está mi número de tarjeta...»

Hace clic en el botón del teléfono para finalizar la llamada. Las mejillas se inflan, la cara sonríe. «Por poco», murmura.

Frank Bunce es un hombre especial. Nacido en Auckland en 1962, tiene principalmente descendencia de Niue y jugó cuatro veces para Samoa Occidental en el Mundial de 1991. Cuando finalizó el torneo, el entrenador de los All Blacks, Laurie Mains, seleccionó a Bunce para representar a Nueva Zelanda, por lo que cambió de país.

Cuando debutó tenía treinta años. Pero lo más asombroso es que llegó a ganar cincuenta y cinco partidos con Nueva Zelanda. Jugó hasta los treinta y cinco años. El excapitán de Australia, John Eales, me dijo en Sídney: «Creo que los equipos de Nueva Zelanda de 1996 y 1997 eran tan buenos como el equipo actual de los All Blacks. Fueron los mejores All Blacks contra los que jugué. Y siempre sentí que, de todos sus buenos jugadores, un tipo muy importante para ellos era Frank Bunce. Él era la roca de ese equipo».

Incluso hoy, unos veinte años después, se le ve en forma y nervudo. Pero la gestión del club lo mantiene siempre ocupado. Pero Bunce no es un caso aislado. Mucha gente intenta prolongar la tradición de estos clubes que alguna vez fueron famosos y que ahora están al borde de la extinción. Pero es como achicar agua de un bote con una cucharita de té. Nunca sabes cuánto tiempo más podrás impedir lo inevitable.

Sin embargo, desde fuera, las cosas se ven de otra manera. Todo parece funcionar correctamente en el mundo del rugby. Desgraciadamente, es una generalización errónea. Es posible que todo vaya bien para los All Blacks, el Super Rugby o las ligas escolares. Pero si uno observa con más detenimiento, el panorama no es tan positivo en relación con muchos clubes del país que padecen un sinfín de problemas.

En abril de 2017, uno de los principales periódicos de Nueva Zelanda abría la sección de deportes con este titular: «El rugby en los clubes está *vivito y coleando*».

Era un titular muy bien construido. Su autor, un periodista de *The Press* en Christchurch, demostró una habilidad notable al adjudicar aquellas palabras a la persona que las había dicho. La cursiva dejaba perfectamente claro que esa no era necesariamente la opinión de *The Press*. Buenas razones tenía para ello.

El artículo atribuía aquellas palabras al capitán de los All Blacks, Kieran Read, después de que este jugara su primer partido universitario, en Linfield Park.

Kieran se estaba recuperando de una larga lesión de muñeca que lo había apartado de los terrenos de juego el noviembre anterior. Disputar un partido en un club universitario era la manera perfecta para que recobrara la aptitud física antes de regresar a la élite.

La cita entera de Read fue: «Cuando se concentran tantos aficionados en un partido universitario, significa que el rubgy está *vivito y coleando*. Disfruté mucho del ambiente».

Sin embargo, que el capitán de los All Blacks participe en un partido universitario es como si David Beckham jugara un partido con el Leytonstone Football Club, al este de Londres. Era de esperar que su presencia convocara a más gente de lo habitual. Pero eso no es la normalidad. Los problemas expuestos en este capítulo son un crudo recordatorio de que el rugby de los clubes necesita ayuda urgente.

Frank Bunce entrenó a Manukau, su antiguo club, durante cuatro años. Lo recuerda todo como si hubiese sido ayer: «Viajaba todos los días de la semana; vivía en mi coche. Hacía de todo. Pero ya no tenemos tanto personal. Tuve que hacerme cargo de la administración, los entrenamientos, etcétera».

Él sabe cuál es el problema:

Ahora solo interesa el rugby de élite, por eso los clubes pequeños sufren. Antes disfrutaba con este tipo de rugby local. Ahora el foco está solo en los All Blacks. Pero no todo el mundo está contento con este enfoque y las consecuencias que tiene para el rugby.

Buck Shelford dijo que esta generación no solo corre el riesgo de que solo haya aficionados de los All Blacks, sino de que, además, a muchos de ellos no les interese el mundo del rugby. Solo los All Blacks. No tendría que ser así. Pero la profesionalización tiene la culpa.

Bunce no se queja de los éxitos de los All Blacks. Después de todo, es un exjugador de gran reputación, y una vez fue nominado como el decimosexto mejor jugador neozelandés de todos los tiempos. Está muy interesado en la suerte del equipo nacional, pero no cree que ese interés deba ser a expensas de todo lo demás:

> La élite del deporte funciona perfectamente y los equipos del Super Rugby tienen un buen rendimiento. Pero la gente de muchos clubes pequeños está molesta por el trato que reciben. Parece que no hay ningún interés por las competiciones inferiores a los All Blacks y el Super Rugby.

Es una gran dicotomía. Las mejores escuelas producen los mejores jugadores. Solo hay que ver los partidos que juegan las mejores escuelas de Nueva Zelanda para darse cuenta de que el nivel es excelente. Muchos de esos niños cuentan con muchas habilidades refinadas: la técnica con la pelota, la visión de juego, las condiciones físicas, la comprensión del juego, la estrategia o la ejecución bajo presión. Son terriblemente buenos para su edad. Como señala Beauden Barrett, existe un camino claro para los jugadores jóvenes. Un jugador despunta en la escuela, entra en el equipo juvenil, trabaja duro y juega bien. El reconocimiento en las escuelas de secundaria suele acabar con una invitación para entrenar en una de las academias de Super Rugby. Allí, perfecciona más su físico y su técnica para afrontar el exigente nivel del Super Rugby.

Después de eso, seguramente lo llaman los All Blacks. Como dijo sir Graham Henry: «En lo que respecta al rugby, podría haber una disminución del número de jugadores, pero el talento no decae». Pero el problema es que el mundo del rugby se ha olvidado un eslabón de esa cadena: los clubes. Porque también hay que considerar que los jugadores pueden tomar otro camino. Uno bastante menos atractivo que el que presentaba Barrett. Un jugador decente, motivado y comprometido. Siempre da lo mejor de sí mismo. El problema es que hay otro niño en su grupo de edad cuyas botas parecen tocadas por un ángel. Juega en el segundo equipo juvenil de forma regular. Se aferra al recuerdo de aquellos partidos que jugó con el primer equipo porque uno de sus jugadores se lesionó durante un par o tres de semanas. Pero cuando se recuperó de la lesión lo devolvieron al segundo equipo. Realmente, no está interesado en prolongar esa situación. Aun así, es un afortunado en comparación con otros muchachos. Muchas escuelas solo tienen tres equipos. Eso significa que muchos jóvenes, entusiasmados, ambiciosos, pero no muy talentosos, nunca tienen la oportunidad de jugar al rugby. Pierden el interés, y el rugby los pierde a ellos. Es el precio que hay que pagar en un país obsesionado por el talento: la carrera hacia la cima se cobra muchas víctimas por el camino.

Entonces, es cuando debería entrar el sentido común. Aunque no sea así. Como dice Bunce:

> No tienes campeonatos a nivel de clubes para jugadores de trece a dieciocho años. En la edad universitaria, no existen los clubes. La New Zealand Rugby quiere que se concentre el rugby de las escuelas, pero el número limitado de equipos escolares significa que muchos niños pierden la oportunidad de jugar. Si estás en ese grupo de edad y no juegas en la escuela, todo termina ahí. El sistema se basa en la élite escolar. A los mejores niños los contratan en academias. Pero si no estás en ese sistema, es muy fácil que pases desapercibido, y muchos niños se alejan de este deporte. Eso ha provocado rencores en ciertas personas del mundo de los clubes.

¿Por qué? Los niños de escuela en Nueva Zelanda no pueden jugar al rugby en un club entre los trece y los dieciocho años por culpa de una ley que desde la década de 1960 siempre ha estado allí, dice el exdelantero de los All Blacks Brad Johnstone. Se diseñó para promover los equipos de rugby de las escuelas, las cuales, más adelante, obtuvieron el monopolio del rugby juvenil. Si quieres jugar al rugby, debes pasar por la escuela.

Johnstone tiene el aspecto clásico de los viejos pilares del rugby: fuerte, con la cabeza rapada, músculos abultados en el cuello, grandes muslos y un torso poderoso. Es un hombre que ha dedicado gran parte de su vida al juego al que sigue sirviendo. Dice que es hora de cambiar el modelo.

> En esos días, los maestros enseñaban rugby después del horario escolar como parte de su trabajo. Pero, hoy en día, la mayoría no tiene tiempo para eso. Tienen muchos más compromisos escolares. En

realidad, ahora es bastante extraño que ocurra eso. La mayoría de las escuelas de este país luchan por encontrar personal de entrenamiento adecuado para sus deportes.

La Takapuna Grammar School en Auckland cuenta con el apoyo de mi club, North Shore. Pero, con el desarrollo de otras culturas deportivas, la cantidad de equipos en la escuela ha disminuido. Antes, muchos jóvenes jugadores procedían de esa escuela, pero ahora tenemos suerte si recibimos cuatro o cinco niños cada temporada para ingresar en el club. En 2017, no pudimos formar un equipo sub-19, aunque siempre tuvimos al menos un equipo en esa categoría.

Frank Bunce tiene razón en lo que dice. No estoy criticando a las escuelas, pero el desarrollo de nuestro deporte y de estos jóvenes tiene que volver a conectarse con los clubes. Contamos con las instalaciones necesarias y sabemos cómo cuidar de estos niños.

En Manukau, el centro de la fuerte comunidad polinesia en South Auckland, ha emergido otra tendencia preocupante. Bunce explica que muchos de los chicos que no pueden ingresar en el equipo juvenil de su escuela, se dirigen directamente al club y preguntan si pueden jugar.

Pero les tenemos que decir que no. Vuelve dentro de tres o cuatro años, cuando tengas dieciocho años.

Todo por una ley que se ha quedado vieja. Pero ten cuidado con aquello que rechazas sin razón.

El problema es que hay un club de la Rugby League casi a nuestro lado. Entonces van allí y piden jugar, y son bienvenidos porque no tienen tales restricciones. Tienen equipos en todas las categorías, desde los trece hasta los dieciocho. Es una locura. Estamos perdiendo muchos jóvenes que podrían construir una relación con nuestro club en los años venideros.

De más está decir que los niños que juegan al rugby para el segundo, tercer o cuarto equipo juvenil suelen ser los que representan el futuro de todo el club. Ellos se convertirán en los entrenadores de las categorías inferiores, los secretarios del club, los oficiales administrativos o los delegados durante las próximas décadas. Es la forma en que funciona este pintoresco y antiguo mundo del rugby. Así pues, perder jugadores potenciales a una edad temprana significa poner en peligro el futuro de todo un club.

Este proceso de autogeneración es familiar para todos los hombres y mujeres del mundo del rugby. La gente no puede llegar a imaginarse la cantidad de horas de sacrificio incansable que han invertido miles de personas para colaborar y ayudar a los clubes locales. Andy Hunter, entrenador de los campeones del Otago Premier Club 2016, Kaikorai, coincide con el diagnóstico:

> Muchos niños abandonan el rugby a una edad temprana, y sé que las escuelas secundarias también están preocupadas por ello. Si los muchachos no llegan al primer equipo juvenil, hay otras opciones deportivas para ellos. Pueden dedicarse al ciclismo, surfear o jugar a otra cosa. El número de jugadores de rubgy está disminuyendo.
>
> Lo vemos en nuestro club. Tenemos dos equipos Colts: los Junior Colts y los Premier Colts. Pero a nuestro segundo equipo le está costando encontrar jugadores. Normalmente, se nutría de aquellos muchachos que tal vez jugaron en el segundo equipo juvenil en la escuela y no tenían posibilidades de llegar a la Premier Rugby. Y, precisamente, ese es el grupo de jóvenes que no está llegando. El problema es que, además, también deberían ser los hombres del club del futuro, tipos que tal vez no aspirasen a ser los mejores jugadores de rugby, pero que disfrutaran del mundo del rugby. Ellos deberían ser el futuro de los clubes…
>
> Si esta tendencia continúa, el rugby de base terminará restringido solo a dos equipos, un equipo Colts y un equipo Premier. No mucho más. Y, entonces, ¿dónde encontrarás a los directores de tu club, tan importantes para que todo funcione?

El rugby *amateur* ha formado parte de la cultura de Nueva Zelanda desde los días de los padres fundadores. Ha apuntalado la vida social de personas y comunidades, desde Manawatu o Manukau hasta Napier o Nelson. Si entras en un club de rugby en cualquier lugar de Nueva Zelanda, encontrarás un ambiente agradable. En poco tiempo, empezarás a hacer buenos amigos. Puede sonar demasiado sentimental, pero perder esto sería desperdiciar una característica clave de este país.

North Shore RFC, con más de ciento cuarenta años de historia, es uno de los mejores clubes de Nueva Zelanda. Los extraños se hacen amigos y los socios se convierten en compañeros. A Brad Johnstone le apasiona el tema:

El rugby *amateur* sigue siendo el alma de nuestro rugby. Si lo dejamos desaparecer por negligencia y terminamos con clubes de un solo equipo como en Italia, seremos culpables de fallar a las generaciones futuras de este país.

Siento una gran pasión por mi club. Mi padre jugó y entrenó aquí; yo hice lo mismo. Ahora mis nietas juegan. Algunos de mis mejores recuerdos del rugby provienen de mis días en North Shore. Todavía amo la pasión del rugby *amateur*. Simplemente, salir y hacer lo mejor que puedas con tus compañeros, ganar o perder juntos… Eso está desapareciendo lentamente.

Si hay alguna familia de Nueva Zelanda que representa el sacrificio por un club a largo plazo, está sería los Botica, de North Shore. Hace exactamente medio siglo, Nick Botica, un neozelandés de ascendencia croata, trabajaba en la autopista que se estaba construyendo al norte de Auckland. Un día salió a correr y se detuvo para conversar con un extraño. La conversación pronto derivó hacia el rugby. Por extraño que parezca, eso siempre sucede en Nueva Zelanda. «¿Por qué no vienes al club de North Shore?», dijo el desconocido. Esa conversación inició una relación de más de cincuenta años con el club de Auckland que ahora incluye a once miembros de la familia de Botica, incluido Frano (que jugó veintisiete partidos para los All Blacks).

Es un club que, desde el momento en que entras, te recibe con los brazos abiertos. Es un gran club familiar. Jugué para ellos y, años después, mis dos hijos jugaron allí. Ahora dos de mis nietos han representado al club. Además, seis de mis hermanos menores han jugado ahí [él es el mayor de diez].

Cuando terminaron sus días de jugador, Nick también fue entrenador. El padre de Nick nació en la costa Dálmata; su madre era mitad maorí, mitad inglesa. El abuelo de su madre había llegado a Nueva Zelanda cuando era apenas un niño en uno de los primeros barcos, en la década de 1840. Había nacido en Falmouth, Cornwall. Uno de sus hijos se casó con una chica maorí y la madre de Nick fue uno de sus hijos.

El propio Nick fue un pilar lo suficientemente bueno como para jugar con los Wanganui–King Country contra los sudafricanos en la gira de 1965. Cubriéndole las espaldas, en la segunda línea se encontraban los formidables Colin y Stan Meads. «Apenas perdimos por 24-19, lo recordaré toda mi vida», dijo.

Brad Johnstone es otro de los que no se arrepienten de su prolongado idilio con este deporte. Cuando lo vi, me contó que lo habían operado del codo, de la rodilla y de la columna vertebral: el legado de una vida ligada al rugby. Pero, como la mayoría, estos viejos hombres de rugby muestran sus cicatrices con el mismo orgullo que un militar exhibe sus medallas. La pasión por este deporte le permite seguir adelante. Todos los sábados que puede, sigue presentándose en la sede de su club local. Sus palabras son importantes y merecen escucharse atentamente:

> Se han olvidado de las categorías inferiores. Con respecto al juego, tenemos menos gente de entre diecinueve y treinta años. Solíamos tener diez equipos en los clubes de alto nivel, pero ahora tenemos cuatro, y estamos luchando para que sean competitivos. Perdimos once jugadores de Premier One durante el verano, a principios de 2017. Dos fueron a otras provincias de Nueva Zelanda, dos a la franquicia de Blues, dos a clubes en Francia, uno a Japón, dos a clubes en Australia y dos, simplemente, se esfumaron.

Sin embargo, North Shore logró reconstruir el equipo con jugadores jóvenes y logró clasificarse para los *play-offs* en julio de 2017. Una hazaña considerable. Perdieron su primer partido, pero terminaron ganando el torneo. Sin embargo, ¿cuánto tiempo más pueden soportar los clubes este tipo de pérdidas? Johnstone dice:

> En los últimos cuatro años, el número de niños también ha disminuido de cuatrocientos niños a doscientos cincuenta. Son chicos de cinco a doce años. Si se hacen las cuentas, ¿cuántos quedarán dentro de cinco años?

Muchos clubes penden de un hilo. Tratan de sobrevivir llamando a las puertas de distintos patrocinadores. Se trata de la cultura del juego y el Rugby de Nueva Zelanda tiene que vendérsela a la gente. En este momento, constantemente lanzan noticias alarmantes sobre el peligro de las conmociones cerebrales y otros problemas colaterales. Eso es ser alarmista. No les están vendiendo el deporte a los niños.

Algunos podrían decir que Nueva Zelanda no tiene que venderle el rugby a sus niños. Pero, créeme, hoy en día, es necesario. Solo tienes que mirar la disminución en la cantidad de niños que juegan para entenderlo. Los niños de hoy tienen muchos otros deportes que les interesan cuando son adolescentes: ya no tienen que comprometerse con un solo deporte. Claro, los mejores siempre acabarán jugando al rugby. Pero, con el sistema actual, los clubes no tienen ningún margen de maniobra. El problema es que cada vez menos niños quieren comprometerse a tres o cuatro meses de entrenamiento y partidos regulares, especialmente en invierno.

Dane Coles se hace eco de esos pensamientos:

En Nueva Zelanda, hay muchas cosas además del rugby. Puedes hacer de todo: escalada, senderismo, pesca, lo que sea. Nueva Zelanda es el mejor país del mundo para que los jóvenes crezcan en un ambiente saludable. Para mí, es el mejor lugar para crecer. Ves grandes lugares alrededor del mundo, pero no hay nada como estar de vuelta en Nueva Zelanda. El rugby ha sido la forma de expresarme y disfrutar de la vida.

El rugby, dice Johnstone, debe fomentarse entre los quince y los dieciocho años, sin depender únicamente de la marca All Blacks. De hecho, cree que muchos niños no se dan cuenta de lo que pueden lograr con el deporte. Habla de la diversión, la camaradería, la disciplina y el valor de trabajar con otros, aprendiendo las lecciones del trabajo en equipo. Son valores fundamentales para la vida y el rugby los ofrece gratuitamente. Es cierto que otros deportes prometen los mismos beneficios, pero el rugby es el deporte endémico de esta nación.

Frank Bunce comparte tales sentimientos:

Sería una locura que el rugby dejara que todo esto desapareciera. No solo el rugby pagará un alto precio por ello. Si todo se desmorona, el país y especialmente las comunidades locales también padecerán las consecuencias debido a los problemas sociales y las dificultades que vendrán a continuación. Habrá muchos chicos jóvenes llenos de energía sin nada que hacer. ¿Qué ocurrirá entonces?

Si los niños forman parte de un equipo de rugby, aprenden sobre las necesidades de un equipo y sus demandas. Aprenden unos valores cuando realmente lo necesitan. Aquí es donde se aprende el respeto o la convivencia con otros niños; y también con personas mayores. Se adquieren habilidades sociales, algo que todas las personas, sean del grupo de edad que sean, necesitan. Algunos de los problemas sociales que padecemos en la actualidad tienen su origen en esto. Si los niños no aprenden valores a una edad temprana, incluso si llegan a ser exitosos jugadores de rugby, más tarde, lo acabarán pagando.

Brad Johnstone no es el único antiguo All Black famoso de North Shore. Wayne Shelford, que jugó cuarenta y ocho partidos con Nueva Zelanda entre 1985 y 1990, es otro miembro ilustre. En un moderno café de North Shore con vistas a la playa, pudimos hablar largo y tendido. En el puerto entran y salen pequeños botes, los perros corren por la playa y los bañistas más activos se deslizan por el agua practicando *paddle surf*. Es una escena idílica de una soleada mañana de otoño.

Con los ojos brillantes y las cejas arqueadas, Shelford apunta otras tres razones determinantes que ocasionan tantos problemas a los clubes. En primer lugar, en la actualidad los controles de alcoholemia de Nueva Zelanda se encuentran entre los más estrictos del mundo. Solo un necio intentaría eludirlos. «Pero para un club como el nuestro significa que los aficionados solo tomaran como máximo una o dos bebidas.» North Shore RFC, cerca de Devonport, no tiene salida al mar. Solo hay un camino de entrada y salida. Por lo tanto, es fácil para la policía establecer controles de alcoholemia en ese camino: «Este problema se repite cada año con la disminución de la recaudación de nuestros bares entre un 15 y un 17 por ciento».

El problema es aún peor en el club Manukau de Frank Bunce. Como se encuentra en el corazón de South Auckland, donde viven tantos polinesios, el interés por el bar en los días de partido es casi inexistente. Observar un campo de rugby en Nueva Zelanda un sábado por la tarde es fascinante. En cualquier parte del Reino Unido, Irlanda o también en Australia y Sudáfrica, los espectadores tendrían pintas de cerveza en la mano. Pero aquí no hay una sola bebida alcohólica a la vista: la mayoría de los isleños no beben. Es difícil ganar dinero en el bar en estas condiciones.

El segundo problema que señala Shelford es que North Shore se encuentra en una zona muy popular cerca de Auckland y los precios de las viviendas se han disparado en los últimos años.

Los niños que juegan al rugby aquí son todos chicos locales. Pero, cuando tienen dieciocho o veinte años, todos se mudan porque no pueden permitirse el lujo de vivir aquí. Su única forma de permanecer es quedándose en casa de sus padres, y muchos no quieren hacerlo.

Entonces se mudan a una zona más barata, pero no vuelven a jugar para nuestro club. Otra razón de eso es la terrible concentración de automóviles, tanto de día como de noche. En esta zona, las cifras del volumen del tráfico han aumentado un 20 por ciento en los últimos dieciocho meses. Por ello la gente se muda a algún lugar cercano más accesible.

La tercera razón es el factor extranjero y afecta a todos los clubes a lo largo y ancho de Nueva Zelanda. En 2016, el Kaikorai, capitaneado por Blair Tweed y entrenado por Andy Hunter (capitán del equipo en 1997), ganó la final del Otago Premier Club Rugby por decimocuarta vez. Vencieron al Dunedin 29-22 en la final que se celebró en el estadio Forsyth Barr, sede de la franquicia de los Highlanders de Super Rugby.

El club estima que desde su fundación ha formado más de tres mil quinientos jugadores, muchos de los cuales han ganado muchos más títulos más adelante. Pero ese título de 2016 era el primero para el Kaikorai desde 1997. Sin embargo, en pocas semanas, el Kaikorai empezó a sufrir las consecuencias de ese éxito. Hunter dijo:

En Nueva Zelanda, si no compites al más alto nivel, no hay mucho dinero. Este es el verdadero problema. Precisamente, los jugadores que no alcanzan la élite aprovechan los buenos contratos que les ofrecen los clubes extranjeros. De aquel equipo que ganó el campeonato en 2016, tres jugadores abandonaron el club para jugar en el extranjero. Dos fueron a clubes franceses del Top 14, y el otro a un club de la Aviva Premiership, en Inglaterra. Seguramente, les ofrecerían el doble de dinero del que pueden ganar aquí como semiprofesionales.

Entre los tres jugadores sumaban más de doscientos partidos con el club. Perdimos mucho más que tres jugadores y, básicamente, los hemos reemplazado con jugadores jóvenes de diecinueve años. Nuestro futuro se basa en que estos muchachos aprendan todo lo que puedan durante los próximos años. Por lo tanto, hay que tener una visión cíclica de la sostenibilidad de esta solución para construir el futuro del equipo. Hay dos maneras de enfocarlo: la primera consiste en exponer a los jugadores jóvenes ofreciéndoles la oportunidad de debutar, pero, en realidad, la más efectiva es la segunda, la cual permite que los jóvenes aprendan más y mejor entrenando con jugadores de calidad superior. Esa es la verdadera pérdida para el club, tanto dentro como fuera del campo.

Esto está sucediendo en toda Nueva Zelanda. Francia es muy atractiva desde el punto de vista económico, como Japón. Luego vienen el Reino Unido e Irlanda. En cualquiera de estos países, hay mucho dinero.

Las consecuencias a largo plazo de todo esto, según Hunter, son graves: «Tenemos el talento y una buena estructura. Pero una pirámide es tan fuerte como su base. Si empiezas a erosionar las estructuras del club, los muchachos que están en la cima no tienen que esforzarse tanto para llegar allí o mantenerse en lo más alto… Ese sería el problema».

Sin embargo, Steve Hansen no está de acuerdo con este punto de vista. El entrenador jefe de los All Blacks cree que, desde que llegó la profesionalización, el deporte en Nueva Zelanda se construye desde arriba hacia abajo, y no al revés. Es más, está convencido de que eso es lo que sucede en cualquier país.

El dinero que se gana en los clubes de Inglaterra proviene de las ochenta y tres mil personas que van a Twickenham cada vez que se celebra un partido. Si Inglaterra dejara de poner dinero en sus clubes, todos estarían en la bancarrota.

Puedo asegurar que las federaciones de rugby que están pasando un mal momento económico están luchando en la élite sin obtener los beneficios necesarios. Poder competir a nivel mundial con una población de solo 4,8 millones de personas es un gran reconocimiento para nuestra marca y las personas que trabajan en nuestra organización.

El CEO de la New Zealand Rugby, Steve Tew, habla con firmeza y sensatez; muestra una personalidad valiente y profesional. Alto, anguloso y dinámico, es un tipo que no dice una palabra de más. De constitución fuerte, es el perfecto ejemplo de un ciudadano neozelandés: firme, perfectamente capaz de esquivar los dardos que frecuentemente le lanzan. Son gajes del oficio. Pero también habla con franqueza sobre los problemas que afectan al rugby en Nueva Zelanda.

El deseo de alcanzar el éxito en este país crea una élite, y aquellos que no alcanzan el Top 15, ahora, dejan de lado este deporte. Renuncian. ¿Cómo podemos frenar eso? Definitivamente, es importante, pero podría aplicarse a una variedad de deportes. Tengo tres hijas jóvenes que jugaban al *netball* en un nivel superior en la escuela. Pero ese fue el final de sus carreras en ese deporte.

Mi hija mayor, Ruby, está involucrada en el programa nacional de remo y fue a Río para los Juegos Olímpicos de 2016 [quedó en cuarto lugar]. Pero todos los niños con los que remaba dejaban de entrenar cuando terminaban la escuela secundaria. Claramente, esto no es solo un problema del rugby. Es inevitable que las personas hagan cosas distintas durante cada etapa de su vida. La necesidad de involucrar a los jóvenes en nuestro deporte sigue ahí, no hay duda. Siempre hemos tenido una reducción entre la escuela primaria y secundaria, y otra después de la escuela secundaria. Realmente, la tasa de abandono es alta. Perdemos a muchos niños a esa edad de primaria.

Sin embargo, también hay otros factores en juego. Hoy en día, los jóvenes quieren tener algunos ingresos. Tentados por las tecnologías del mundo moderno, miles de productos llenan su tiempo. Junto con el aumento en las distracciones tecnológicas, hay otros problemas locales más serios con los que lidiar, como un número creciente de familias monoparentales. Llevar y traer a los niños del entrenamiento es un factor que tener en cuenta. Para los jóvenes cada vez resulta menos atractivo comprometerse con un deporte.

Sin embargo, Tew sigue siendo optimista:

De alguna manera, espero que la gente se una y practique este deporte. Hemos investigado mucho y hemos preguntado a los niños por qué continuaron con este deporte o por qué lo abandonaron. La mayoría de los problemas son aspectos sobre los que aún podemos tener algún control..., la experiencia, el *coaching*, la actitud de los padres, el comportamiento de las personas que observan, etcétera. Aquí es donde tenemos margen de maniobra. Podemos hacer que el juego sea más interesante e inspirador para un grupo más amplio y diverso de personas de todas las etnias y entornos socioeconómicos. Eso es realmente importante para nosotros. Estamos trabajando duro y observando de cerca esta área.

No son solo los hombres de rugby de más de cincuenta quienes se preocupan por el futuro de los clubes. Algunas personas, como Dane Coles, se mantienen firmes en el equipo de Bunce, Johnstone y Shelford. Lo que puede ser una sorpresa para algunos: «Aprecio mucho el rugby de las categorías inferiores. Jugué tres años en un club y me encantó el tiempo que pasé allí, en Poneke, en los suburbios del este de Wellington. Intento conservar una buena conexión con ellos. Voy de vez en cuando y hago algo de ejercicio».

Poneke está mejor que la mayoría. Tienen nueve equipos: premier, premier reserve, dos de primer grado, sub-21, menores de 85 kilos, president's, golden oldies y un equipo femenino. Su campo de rugby, Kilbirnie Park, se mantiene activo la mayor parte del tiempo. Coles admira a estos guerreros desconocidos, los soldados rasos del deporte: «Esos tipos vienen los martes y los jueves por la noche, porque les encanta el juego. Pero algunos niños ahora ni siquiera juegan al rugby en el club. Van directamente de la universidad al rugby profesional. Muchas de las academias retienen a esos jugadores, no los dejan jugar en el club, y eso es triste porque a los clubes les encanta que los All Blacks regresen y estrechen lazos con ellos. Estuve en el banquillo del primer equipo del club de rugby durante los primeros dos o tres años. Tenía veintiuno o veintidós años».

Y es que incluso los futuros All Blacks tienen que cumplir con su aprendizaje. También aprendió algunas lecciones dolorosas durante este tiempo. Un joven como Coles, con su velocidad y habilidad con la pelota, inevitablemente sería objetivo en el rugby de club. Muchos veteranos del Front Row Union no ven con buenos ojos que un joven talonador pueda correr casi tan rápido como algunos centros. «Definitivamente, me he sentido intimidado en algún campo de rugby, especialmente en mis días de juventud», reconoce. No hay nada personal o poco caballeroso en eso; son solo las reglas tradicionales para entablar combate. «Aprendes a manejar a los demás y aprendes a manejarte en esas situaciones. A veces te ponen en momentos de alta presión. Pero ahora sé cómo manejarlos. Es experiencia, cosas que he aprendido en el camino debido a mi etapa en el rugby de club. Pero hubo momentos, en los primeros días de mi carrera, en los que fue más difícil.»

Ahí es donde el club de rugby es vital en la educación de los jugadores jóvenes. Sea cual sea el nivel que pretendan alcanzar. Aprendes a sobrevivir, a soportar los golpes y a volver a por más. Es un campo de pruebas tremendo, tanto en un sentido técnico como mental, en el que las habilidades con la pelota y las habilidades de supervivencia se prueban al máximo.

Sir Brian Lochore subrayó el valor de los jóvenes que crecen en áreas rurales y juegan al rugby local:

> Dane Coles se crio en una pequeña ciudad rural, no era un chico de ciudad. Se unió a su club local. Pero muchos de estos clubes de provincia ahora están teniendo dificultades. Hemos de tener cuidado para no permitir que eso muera. Si lo hacemos, aguantaremos durante un tiempo, pero luego hincaremos la rodilla. Si la gente del campo no estuviera jugando al rugby, incluso ahora, los All Blacks no tendrían la fuerza que tienen.

La primera medida que podría ofrecer alguna esperanza a los clubes sería la derogación de la antigua norma que dicta que los jóvenes jugadores de entre trece y dieciocho años solo pueden representar a su escuela. Si la New Zealand Rugby promoviera un cambio de política que también permitiera jugar a los jóvenes en los clubes, muchas cosas cambiarían.

Además, no alteraría necesariamente el modelo que ha logrado que el rugby de Nueva Zelanda sea tan fuerte en los niveles escolares. Los mejores jugadores seguirían buscando un lugar prestigioso en el equipo juvenil de su escuela, y aquellos que nunca llegarían a ese nivel podrían seguir practicando y disfrutando este deporte a nivel de clubes. Sin duda, con ello los clubes recuperarían mucha vitalidad.

¿Cuál es el mejor método para que este cambio sea posible? Hay un hombre que tiene una respuesta. Nadie fuera de su club o comunidad ha oído sus palabras, pero Jeromy Knowler tiene un plan:

> Hace poco más de ciento cincuenta años, la familia Prebble de Mersham se embarcó en una aventura. Las alabadas virtudes de Inglaterra no eran para ellos y decidieron empezar una nueva vida en la lejana Nueva

Zelanda. Navegaron en uno de los primeros barcos y llegaron alrededor de 1855. Lo que encontraron a su llegada fue una tierra que cierto historiador llamó «salvaje y poco atractiva». Entonces, Edward Prebble adquirió cincuenta acres de esta tierra hostil y la dividió en pequeñas parcelas. Los propietarios rápidamente se dedicaron a domesticar la naturaleza para que esta tierra fuera habitable. Aproximadamente a catorce kilómetros al suroeste de Christchurch, en el condado de Selwyn, la ciudad conocida hoy como Prebbleton fue una de las primeras en las llanuras de Canterbury. Comenzó con una pequeña tienda. Pero, como muchos de los primeros asentamientos de Nueva Zelanda, pronto se convirtió en una aldea de un tamaño considerable. Se construyó una iglesia y luego una tienda general. Poco tiempo después, se construyó la escuela. Ahí estaban las semillas de una futura comunidad. Rudimentaria al principio, pero fundada sobre profundos y arraigados principios cristianos por hombres y mujeres honestos que deseaban crear una nueva vida para ellos y sus descendientes.

Agricultores de Kent, un vendedor nacido en Oxford y un panadero de Linlithgow, Escocia. Todos ellos se unieron, como hojas arrastradas por un viento otoñal, para sentar las bases de esa nueva tierra. Hoy, Prebbleton se encuentra en el centro de uno de los distritos agrícolas más ricos del país. La solitaria iglesia original ahora se ha multiplicado por tres: anglicana, presbiteriana y wesleyana. A la primera tienda general, se le han unido otras tres. Hay un hotel y un bar. Es una comunidad más que próspera en los suburbios del sur de Christchurch, cada vez más de moda, con una población de más de tres mil habitantes.

Entre ellos vive Jeromy Knowler, presidente del Prebbleton Rugby Club. Prebbleton es un club regional y tiene veintiséis equipos, lo que lo convierte en el club de campo más grande de la Canterbury Union.

Todo esto no se logra sin la contribución de muchas personas. El expresidente Tony Grimwood predica con el ejemplo y dedica cerca de treinta horas semanales para los quehaceres del club. Sin recibir nada a cambio, por supuesto. Ahora está retirado, lo que significa que puede dedicar aún más tiempo. Según Knowler, Tony Grimwood es el «corazón y el alma» del club: «Hace un trabajo fantástico, desde marcar las líneas en los campos, reparar los desperfectos, proponer nuevas ideas o participar en las reuniones del club».

En su tiempo libre, Grimwood es el mánager del equipo de primera división, y es uno de los miles a lo largo del país que donan su tiempo por el amor al juego y a su comunidad.

Knowler y su esposa Jolene se arremangan para ayudar regularmente. Los sábados por la mañana te los puedes encontrar en el club preparando el gigantesco cerdo asado para la comida. Luego hay un centenar de patatas para pelar. Estos son los verdaderos servidores del deporte. Una de las tradiciones que aman y están decididos a mantener es la de ofrecer a los jugadores una buena comida después de cada partido. Su papel es el de *sous chef*, mientras que Jolene es la cocinera del club. Proporcionar comidas es otra forma de alentar a los niños a quedarse. Al igual que miles de personas de otros clubes similares, se enorgullecen de desempeñar su pequeño papel en el panorama del rugby de Nueva Zelanda: «Nunca es un trabajo, disfrutamos de lo que hacemos».

Sin embargo, incluso en su exitoso club, pueden observar los problemas que señala Frank Bunce y Brad Johnstone, entre otros. «Comprendo a Frank —dice Knowler—. Tengo las mismas conversaciones con personas de otros clubes de nuestro nivel. Hablo con muchos entrenadores, miembros de los comités y gente de rugby escolar. Esto está pasando en todo el país. Algo tiene que cambiar.»

Knowler lo sabe:

> Lo que tendría que ocurrir es que las escuelas jugaran los partidos de rugby los miércoles y los jóvenes pudieran regresar a casa los sábados para jugar con su club. Todos aquellos que están involucrados en la gestión de algún club estarían de acuerdo con esto. Los primeros equipos juveniles de las escuelas se están convirtiendo en un gran negocio para encontrar esos jugadores que más tarde tendrán éxito. Eso ejerce mucha presión sobre los niños para jugar al rugby escolar. Pero los niños que queremos que estén disponibles para los clubes son aquellos que pertenecen a los segundos equipos o a categorías menos exigentes.

¿Qué ocurrirá si estos jóvenes nunca llegan a jugar en un club? Knowler se hace eco de la advertencia de Bunce.

> Muchos clubes, incluso los clubes de la primera división, están teniendo problemas. Están perdiendo a sus mejores jugadores jóvenes. Somos fuertes en las categorías inferiores, pero estamos perdiendo a jugadores en los niveles más altos. La New Zealand Rugby no prestó mucha atención a estas reclamaciones. Pero ahora hay un nuevo CEO en la Canterbury Rugby Union, Nathan Godfrey. Vino de Australia

y allí trabajó en la AFL, aunque es kiwi. Él sí nos presta atención. Está realmente interesado en lo que sucede.

No es solo un problema regional, dice Knowler. De hecho, piensa que es un problema de ámbito nacional.

En esas categorías los clubes no intentan ni formar equipos. El problema es que las escuelas no quieren ver el panorama general. Pero algunos clubes de cien años o más corren el peligro real de desaparecer. Eso sería una catástrofe.

Es justo decir que incluso los aficionados acérrimos de los clubes de rugby aceptan lo que implica el deporte profesional moderno. Como dijo Colin Meads antes de su muerte: «Nunca habrá otro All Black de Te Kuiti».

Pero, por más cierto que sea eso, no debería significar el fin de los clubes de rugby. Estos clubes son un pilar fundamental en las comunidades locales. Ya sea en un pequeño pueblo en el centro del país como en una zona altamente poblada del sur de Auckland.

Además, como sugiere el propio Steve Hansen, nunca se sabe dónde podrían estar merodeando los próximos Richie McCaw o Beauden Barrett. Incluso si no se tiene en cuenta ese factor, hay otros dos factores determinantes que proporciona el rugby de clubes para Nueva Zelanda. El primero es el puro placer estético de ver rubgy o jugar al rugby en algunos parajes fantásticos. Muchos clubes poseen escenarios maravillosos. Independientemente del rugby, en este país puedes detenerte en cualquier lugar y maravillarte con las vistas y respirar el aire limpio y fresco.

El segundo factor es aún más simple: los clubes, grandes o pequeños, son lugares de reunión para que personas de todos los ámbitos se unan y compartan su amor por el deporte. Reunir a las personas e involucrarlas en actividades que ayuden a otros miembros de la comunidad es un aspecto fundamental en una sociedad moderna.

Frank Bunce habla de personas que pasan por el club Manukau cuando se televisa un gran partido de rugby. Preguntan: «¿Podemos entrar y ver el partido?», y son bienvenidos como hermanos. Miran el partido, toman una pinta o dos, y luego, a veces piden comida para llevar o se quedan para tomar otra pinta mientras conversan. Completos extraños unidos por el deporte.

En una hermosa tarde de otoño fresca y soleada, me dirigí al Harbour Rugby Club en Port Chalmers. A unos kilómetros a lo largo de la costa desde Dunedin, justo en el final de la Isla Sur, y, de hecho, del mundo. Los All Blacks como Jeff Wilson, Tony Brown y Waisake Naholo, además de la Black Fern Fiona King han jugado aquí para los famosos Harbor Hawks. En julio de 2017, llegarían a la Gran Final del Premier One, en la que caerían derrotados por Southern 24-15.

Es un club encantador en un entorno precioso, con las colinas detrás del *clubhouse* y las aguas del puerto corriendo cerca de una línea de *touch*. No es común en la mayoría de los clubes de rugby encontrar dos grandes postes de metal, con redes en las puntas, casi como dos atrapamariposas gigantes. Pero aquí son piezas esenciales del equipo. Los jóvenes que se encuentran en la línea de *touch* más cercana al agua agarran un poste, en el momento en que una pelota está a punto de ser pateada para tocarla. Si se golpea con demasiada fuerza, la pelota termina en el puerto, por lo que las habilidades de «pesca» de los jóvenes se vuelven indispensables. Si atrapan la pelota mientras flota en el agua y pueden arrastrarla, eso ahorrará dinero al club. Si no la atrapan, la pelota flotará para siempre por el puerto de Dunedin. «Podemos perder hasta diez o doce por temporada», dice un encargado mientras sonríe tristemente.

En Nueva Zelanda, el rugby de clubes fue la base del viejo juego *amateur*. Engendró hombres poderosos y rivales famosos. Esa ruta hacia los grandes All Blacks ya no existe, pero eso no significa que muchos de esos clubes ahora puedan desaparecer. Podría decirse que su papel como instituciones donde los hombres y las mujeres jóvenes pueden reunirse y aprender algunos de los valores fundamentales de la vida es más importante que nunca.

A lo largo de los años, los valores que proponían los clubes de rugby se inculcaban a los jóvenes a una edad temprana. Como la amistad, trabajar juntos, pensar en los demás y disfrutar de una actividad física saludable. Pocos han mirado hacia atrás en su vida y lamentan su participación. Algunos han vuelto para devolverle al deporte lo que recibieron a través de su propio esfuerzo. Este sentimiento de retribución se convirtió en generacional hace mucho tiempo.

Es posible que arreglar los problemas que debilitan a muchos de estos clubes de Nueva Zelanda pueda requerir paciencia y visión. La colaboración de todos los que aman este deporte también facilitaría el proceso. Cuesta creer que este problema sea insuperable.

12

Las mujeres en el rugby

Con contribuciones de, entre otros,
JUDY CLEMENT, DARREN SHAND,
MELISSA RUSCOE, JOHN HART y STEVE TEW.

No puedes crecer en este país sin saber quiénes son los All Blacks. Apoyas automáticamente a cualquier equipo de Nueva Zelanda. Creo que los All Blacks son una inspiración. Pero me gustaría pensar que las Black Ferns están llegando al mismo nivel. Al menos en cuanto a neozelandeses que las apoyan y se sienten orgullosos de ellas.

MELISSA RUSCOE, capitana de las Black Ferns, ganadoras del Mundial de Rugby Femenino en 2010

$\mathcal{E}$s la mañana de Navidad. Pero no tiene nada que ver con la típica fantasía nevada de las postales navideñas del hemisferio norte. Hay que dar gracias por ello. Solo es el primer día de una tranquila Navidad en Nueva Zelanda.

El clima es agradable. Hay un poco de sol, especialmente en las playas centrales y orientales de la Isla Norte. Al sur, en Wellington, vaticinan vientos del sur. Están acostumbrados a ellos, serán agradablemente suaves. En la mayor parte del país se alcanzarán los veinte grados centígrados.

Por una vez, nadie está pensando en el rugby. Las familias están en la playa, con el maletero de sus automóviles cargado hasta reventar. El mundo del rubgy se ha disuelto temporalmente antes de los entrenamientos de Año Nuevo.

Sin embargo, un reconocido hombre de rugby se resiste a abandonar la ciudad. Las calles de Hamilton son tranquilas, mientras el *forward* de los Chiefs y los All Blacks, Liam Messam, se despide de su familia y se dirige a un centro de atención para mujeres de la ciudad. Allí, saludará a la mayoría de las residentes, tomará asiento, beberá una taza de café y conversará con ellas. Pondrá un brazo alrededor de algunas almas atribuladas mientras hace lo que aquellos que quieren ayudar hacen mejor: dar su tiempo y, simplemente, escuchar…

Cuando termine, se quedará para ayudar a servir el almuerzo de Navidad. Su propia familia deberá esperar su regreso para celebrar la comida de Navidad. Pero Messam siempre ha sido el tipo de persona que marca la diferencia. Él está aquí gracias a un programa dirigido por la franquicia de rugby Chiefs en Waikato. Su filosofía principal tiene dos pilares. El empoderamiento de los jóvenes que juegan al rugby hacia roles valiosos para la sociedad y la mejora de sus perspectivas profesionales cuando terminen su carrera deportiva.

El programa lo dirige Judy Clement. Pero ni siquiera ella sabe qué hace Messam este día tan especial. Es una iniciativa propia. Clement ha sido mánager de Desarrollo Personal de los Chiefs. Lleva más de ocho años dedicándose a ello. Es un trabajo «increíble» y se considera una privilegiada por haber desempeñado este papel. Ella es solo un ejemplo más de las mujeres que desempeñan papeles importantes en el rugby de Nueva Zelanda, una extensión del papel que han desempeñado las mujeres en la historia del país. Antaño, ayudaban a desbrozar los terrenos de juego con las manos. En tiempos de guerra, cumplieron con innumerables tareas para ayudar a la nación a superar la pérdida de tantos hombres, y en los tiempos modernos, continúan contribuyendo poderosamente en todos los aspectos de la vida kiwi. Además, su conocimiento de la federación de rugby es más extenso que el de muchos hombres en otros países del mundo.

Es posible que no disfruten del alto perfil de sus homólogos masculinos como Steve Hansen y Graham Henry. Sin embargo, detrás de los focos, trabajan u ofrecen su apoyo constantemente, alentando, planificando y asesorando. Hay muchas mujeres trabajando en el mundo del rugby en una gran variedad de roles, algunas remuneradas, pero, desgraciadamente, muchas otras no. Son mujeres que asisten a los comités y lavan los *kits* de los menores de siete años; mujeres que hacen los tés, cocinan salchichas y patatas fritas en el club local y sirven detrás de la barra en el *clubhouse*. Mujeres que ayudan a entrenar a las jóvenes kiwis que sueñan con enfundarse la camiseta de las Black Ferns algún día. Nada de esto debe pasarse por alto, ya que el papel que desempeñan las mujeres en el rugby de Nueva Zelanda es otra de las razones por las cuales este país conquistó un deporte que se practica en todo el mundo.

El rugby femenino es el mercado deportivo con mayor crecimiento en Nueva Zelanda. Las Black Ferns lograron su mejor resultado en los Juegos Olímpicos de Río, y luego, en 2017, ganaron la Copa Mundial de Rugby Femenino en Irlanda. Además, ese mismo año, también ganaron su quinto torneo de la IRB Women's Sevens.

El gerente de los All Blacks, Darren Shand, debería estar preocupado por el papel predominante del equipo masculino en la nación. Sin embargo, sus comentarios reflejan el papel de hombres y mujeres en el país: «Somos muy duros con nosotros mismos. Cuando vives en una pecera, te lo tomas más en serio. De hecho, somos increíblemente estrictos con la seriedad con la que entendemos este juego».

Eso incluye al cuerpo técnico de las Black Ferns, a sus comprometidas jugadoras, y a personas como Judy Clement, que también se ocupan de labores vitales para el rugby femenino. Los no iniciados pueden considerarlo un aspecto trivial, pero no podrían estar más equivocados.

La New Zealand Rugby y la Asociación de Jugadores de Rugby de Nueva Zelanda contratan a mánagers de Desarrollo Personal (PDM) a tiempo completo en todas las franquicias de rugby, y a media jornada en las uniones provinciales. El programa, en el que participan muchos hombres como Liam Messam, lleva funcionando desde hace veinte años. El modelo está financiado con los fondos de inversión de los jugadores al cual destinan una pequeña parte de sus emolumentos.

El programa lo administra la Asociación de Jugadores de Rugby de Nueva Zelanda (NZRPA) y la New Zealand Rugby (NZR). Cada PDM tiene un presupuesto para entregar un programa de garantías.

En la región de los Chiefs, Judy Clement apoya a otros cuatro PDM a media jornada en las uniones provinciales de la región.

Los puntos clave del programa creado por la Asociación de Jugadores de Rugby de Nueva Zelanda (NZRPA) y la New Zealand Rugby (NZR) son los siguientes:

1. Desarrollo de la carrera profesional. Asegurar que los jugadores tengan un plan activo para poder desarrollar una carrera profesional después del rugby, ayudándolos a investigar opciones, administrar sus estudios o participar en experiencias laborales.

2. Desarrollo personal. Fomentar la autoconciencia, la autosuficiencia, la autocomprensión y promover la dedicación de una parte de tiempo a ayudar a los demás. A algunos, como Messam, les apasiona apoyar a los menos afortunados.

3. Desarrollo profesional. Deporte libre de drogas, fomentar la integridad y la gestión de medios. Todas las cosas que ayudan a los jugadores en el deporte profesional.

4. Asesoramiento económico a jugadores. Ayudar a establecer objetivos presupuestarios y ordenar las finanzas de los jugadores para que no entreguen todo su dinero a sus familias. Se les dice que, si se cuidan primero, estarán en condiciones de ayudar a su familia.

Dos ejemplos ilustran esta idea. El segunda línea de los All Blacks y de los Chiefs, Brodie Retallick, el mejor jugador del año de 2014, tiene un título de ingeniería, pero, seguramente, cuando acabe su carrera deportiva necesitará más titulaciones que esa para disfrutar de un estilo de vida comparable al actual. Por ello, puede aprovechar este proyecto y planificar su vida.

Hay quienes no comprenden la relación entre este programa y la pregunta básica que he abordado en este libro: ¿qué tiene que ver la gestión de la economía de los jugadores con la forma en que Nueva Zelanda conquistó un deporte practicado en todo el mundo?

La verdad es que los dos están estrechamente relacionados, como una mano y un guante. Programas como este empoderan a los jóvenes, los sacan de su zona de confort y los obligan a reflexionar y a tomar decisiones ante cualquier problema. Además, estimulan el carácter y el uso del sentido común. Precisamente, aquellos atributos que exige el rugby.

Los hombres y mujeres jóvenes que crecen con todos los aspectos de su vida resueltos son aquellos que tomarán malas decisiones en el terreno de juego. No tienen ni criterio ni experiencia necesarios para evaluar ciertas situaciones y decidir por sí mismos cómo se debe actuar. Su rendimiento en el terreno de juego no es ninguna sorpresa.

John Hart es uno de los muchos que así lo entiende:

> Actualmente en este país, demasiados jugadores jóvenes de rugby están mimados desde edades muy tempranas. Tienen todo lo que necesitan y más totalmente asegurado: la mayoría de ellos ni siquiera tiene que pensar en la vida cotidiana. Les han dado un montón de ropa y equipo de entrenamiento, de los que no necesitan ni la mitad. Todo está hecho para ellos. Van a entrenar, los alimentan y les regalan coches. Es una locura. No es de extrañar que algunos de ellos fracasen más tarde en la vida. Nos hemos pasado de la raya.

El trabajo de Judy Clement se basa en una rama de esta filosofía, que pretende preparar a los hombres jóvenes para la vida y hacerlos madurar antes. Es diferente con las niñas, que, de todos modos, maduran más rápido que los niños. Clement tiene una filosofía básica para aplicar estos programas:

> En primer lugar, necesitamos preocuparnos más por nuestros jugadores. No son solo jugadores de rugby. Son personas. Lo que ne-

cesitan es amparo y educación. No les estamos pidiendo que salgan y resuelvan los problemas del país. Pero los educamos y proporcionamos algunas de las habilidades para ir y hablar con la gente, para tener conversaciones con ellos.

Demasiadas sociedades occidentales no enseñan a los niños a relacionarse, gestionar sus finanzas, ser buenos padres o comunicarse bien. Muy poco de eso se enseña en las escuelas. La sociedad se obsesionó con adquirir títulos y calificaciones, en lugar de ocuparse de formar buenos ciudadanos.

La influencia de Clement ha ido creciendo exponencialmente con su trabajo. Cuando comenzó, sintió que no daba abasto, pero era una circunstancia que tenía que sufrir y soportar. Tiene la sensación de que, en parte, era porque es una mujer. Pero ahora es diferente y la toman muy en serio. El año pasado, la New Zealand Rugby contrató a otros cinco PDM, por lo que ahora hay un grupo de unos veinte. Hay un PDM tanto para hombres como para mujeres, y un mánager de servicios que ayuda a aquellos jugadores que se mudan al extranjero o regresan a casa. Además, otro se encarga de recorrer las escuelas y educar a los niños sobre qué significa ser un jugador de rugby profesional.

Un PDM podría trabajar de tres a cuatro días a la semana durante el programa de la Mitre 10 Cup de julio a octubre. Fuera de temporada, continúan trabajando con la academia. El programa es tan extenso que trata de llegar a cualquiera persona que se dedique profesionalmente al rugby en Nueva Zelanda.

Sería un error sugerir que esta innovación pertenece únicamente a Nueva Zelanda. Otros países tienen un esquema similar, y Clement tuvo la oportunidad de evaluar su trabajo en una conferencia en París en 2017. Hubo noventa delegados de veintisiete países, que representaban deportes tan diversos como el rugby, el béisbol, el fútbol australiano, el *rugby league*, el hockey sobre hielo y el balonmano.

Lo que Clement pudo comprobar en las conferencias de París la animó enormemente y afianzó su idea de que, de nuevo, había otra área en la que el rugby de Nueva Zelanda estaba abriendo un camino para los demás.

Salí con la firme creencia de que Nueva Zelanda está liderando el camino en este campo. Les hablé sobre el trabajo que estaba haciendo y quedó claro que estamos por delante del resto. Por la forma en que se configura nuestro programa, la New Zealand Rugby y la Asociación de Jugadores trabajan conjuntamente, lo cual es muy especial. Muchos otros países que juegan al rugby saben que eso es lo que necesitan, pero no han establecido ningún programa. No tienen el tiempo ni la experiencia. La Japanese Rugby Union no ofrece esto. Inglaterra, Irlanda y Escocia están bastante avanzados en este sentido, pero no tanto como nosotros. Puede que no tengan el tiempo que tenemos nosotros. ¿Francia? A medias. Quizá tengan un solo PDM para cubrir catorce equipos. Es un programa casi simbólico.

En Nueva Zelanda es diferente. Se está dedicando una cantidad de trabajo y esfuerzo cada vez mayor. Los jugadores de los Chiefs pasan cuatro horas semanales en el programa, por lo común, desde las ocho de la mañana hasta las doce del mediodía. También salen y adquieren experiencia laboral, acompañando a algún profesional de un ámbito en el que les gustaría trabajar algún día. Consiguen contactos a través de patrocinadores y tienen que configurarlo ellos mismos. Clement insiste en que no es su papel llevarlos de la mano durante este proceso.

Por supuesto, si tienes un chico de diecinueve años cuya única ambición es ser un All Black, su enfoque total será únicamente ese. Puede ser difícil convencerlo de que piense a largo plazo. Sin embargo, una lesión grave, o quizás el deterioro de su físico pueden relegarlo a un segundo plano y eso puede cambiar su forma de pensar.

Clement ha aprendido a no presionar a estos jóvenes. Deben involucrarse voluntariamente y observar los beneficios por sí mismos.

Es genial ver a los jugadores mantener una conversación cuando llegan por primera vez a la élite y se convierten en líderes del equipo. Es un privilegio poder verlo. Están en su mejor edad: pueden marcar la diferencia. Realmente, pueden cambiar el mundo; quizás ayudar a cambiar la vida de las personas.

Ella siempre disfrutó de este trabajo.

Me apasiona este tipo de trabajo, me encanta. A menudo, uno es la persona con mayor responsabilidad en la organización, lo que significa que sabe cómo funcionan todas las cosas. Puedes ver si algo no está del todo bien. Puedo hablar con el entrenador y decirle: «No tienes el equilibrio correcto o tal vez los jugadores necesitan más tiempo». Si ofreces la educación adecuada… para los jugadores…, esperas que el mensaje llegue a casa.

Poco a poco, los jugadores han aceptado este concepto. Los jugadores adultos se involucrarán en la educación de los muchachos de la academia: las estrellas del presente hablando y respondiendo a las preguntas de las estrellas del futuro. En febrero, siempre se organiza un campamento de la academia al que asisten unos ochenta jóvenes de la región. Los jugadores actuales desempeñan un papel importante en la educación de los novatos: es bueno para su propio desarrollo devolver algo al deporte. Ofrecer asesoramiento sobre finanzas, especialmente a jugadores con orígenes y compromisos en la Polinesia. Esa es otra cosa que tiene un gran valor.

Quizá, dice Clement, todo se debe a la profesionalización en el rugby. Pero ella cree que se trata principalmente de cuidar a las personas, y piensa que es algo que este negocio necesita:

> Si te importan las personas que empleas, demuestras que debes cuidarlas y te aseguras de que no las estás usando como un pedazo de carne, entonces les estás demostrando que estás haciendo esto para que puedan tener éxito en la vida.

Por supuesto, este proceso puede ser frustrante. Ciertos incidentes relacionados con el rugby en Waikato han salido a la luz pública. En agosto de 2016, una estríper contratada como camarera y para realizar una rutina de *striptease* para el equipo en las celebraciones del «Lunes Loco», al final de la temporada de los Chiefs en una piscina de aguas termales cerca de Matamata, alegó que los jugadores la tocaron inapropiadamente y que ella tuvo que patear a uno de ellos para que se detuviera.

Los hechos se fueron de las manos rápidamente, especialmente cuando los medios se enteraron de lo sucedido. Gran parte del buen trabajo realizado por personas como Judy Clement parecía no dar resultados.

Clement admitió varios meses después:

Los muchachos fueron bastante negativos respecto a algunos de los programas. Sintieron que les echaban la culpa por ciertos incidentes que involucraron a los Chiefs. Sintieron que estaban siendo atacados. Pero se trata de tener la mente abierta y ser honesto. Hablé con ellos sobre por qué era importante continuar con eso en lugar de encapricharse.

Ella misma tuvo algunos pensamientos francos sobre el tema.

Son solo hombres jóvenes. Los traes y les dices: «Puedes ser un joven normal». Sin embargo, luego les dices: «Pero no la cagues». A veces parece que les tendiéramos una trampa para fallar. La cagan de vez en cuando, pero no es intencionadamente. Son hombres jóvenes normales, pero a veces no pueden actuar como quisieran. Todos los necesitan y quieren pasar más tiempo con ellos.

Steve Tew no pretende enmascarar lo que sucedió:

Hemos tenido una racha difícil con el comportamiento de los jugadores, impulsado por los titulares, que no siempre han ayudado. Tampoco han sido siempre precisos o completamente objetivos en su análisis.

Quizá no, pero no empezaremos a culpar a los medios aquí. Tales incidentes no fueron productos de la imaginación de alguien. Tew lo reconoce y acepta la responsabilidad.

Ellos [la prensa] han estado informando sobre el mal comportamiento, la mala toma de decisiones y las malas actitudes que se manifiestan en nuestro equipo. Pero el rugby es solo una parte de este país. Somos un reflejo de todas las otras influencias que entran en la vida de una persona. Nuestro trabajo es brindar a todos los que practican nuestro deporte la mejor oportunidad que podemos. Hay grandes victorias para nosotros como deporte, pero también ha habido algunos fracasos.

El respeto y la responsabilidad son dos claves del programa. Se espera que, al expandir este programa en toda Nueva Zelanda, puedan abordarse algunos problemas sociales importantes. Como el hecho de que las tasas de violencia doméstica en Nueva Zelanda son más altas que en cualquier otro lugar del mundo occidental. O que el suicidio es la segunda razón de muerte más común de los jóvenes en el país. A mediados de 2015, el número de suicidios había aumentado a su cifra más alta desde que la oficina forense comenzó a publicar las estadísticas. Entre junio de 2014 y mayo de 2015, quinientas sesenta y nueve personas murieron por suicidio o por sospecha de suicidio. La tasa es más alta entre los maoríes y los descendientes de polinesios de entre dieciocho y veinticuatro años. Sin embargo, la razón es todavía un misterio.

Clement conoce dos casos de primera mano:

> Conocí a un par de jóvenes que decidieron terminar con sus vidas, aunque ninguno de los dos era jugador de rugby. Uno tenía veintiocho; el otro, diecinueve. No hubo drogas de por medio, y las familias simplemente no pueden entender por qué lo hicieron. ¿Estaba relacionado con problemas de salud mental? ¿Quién sabe?

En 2017, los Chiefs pusieron en marcha un programa de educación para la prevención del suicidio entre los jugadores. Esperaban poder ayudar a otros sectores de la comunidad. «Estamos tratando de hacer que sean los mejores jóvenes que puedan ser. Estamos tratando de mejorar sus habilidades para la vida. Tal vez falta esto en algunas casas», sugirió Clement.

Si un reconocido hombre de rugby pudiera hablar con una audiencia de jóvenes, los resultados podrían ser valiosísimos. Parece inevitable que los niños escuchen más a las estrellas como Liam Messam, Brodie Retallick y Damian McKenzie que a las personas de su misma edad o a sus padres.

Clement dice que no se pone presión a los hombres jóvenes de rugby para asumir la carga de abordar los problemas endémicos de la sociedad. Pero algunos, como Messam, en el centro de atención de mujeres en esa mañana de Navidad, simplemente quieren hacer lo que puedan para ayudar. «Se trata de asumir que has tenido éxito en llegar a este nivel de rugby, pero también se trata de tener éxito en la vida», dice Clement. Si el programa se mantiene relativamente activo, dice, la mayoría del equipo lo acepta y ve que reporta algunos beneficios. «Pero a veces hay que hacer cosas que se ajusten a su edad y su etapa vital. Se trata de conocer a los niños y cuáles son sus necesidades. Además, hay que destacar la gran oportunidad que supone tener estas conversaciones.»

En septiembre de 2017, Clement decidió que, tras casi una década trabajando para los Chiefs, necesitaba un nuevo desafío. Siguió adelante en el negocio y pensó empezar con su propia empresa. Ofrecía su conocimiento en ámbitos laborales, de bienestar y desarrollo para apoyar el personal de las empresas. La noticia tuvo un impacto positivo en la mayoría de los contactos comerciales que estaban implicados. «No es una decisión fácil cuando aún amas lo que haces, pero estoy siendo fiel a mí misma. Ya es hora de afrontar un nuevo desafío. Quiero marcar diferencias. Supongo que también estoy predicando con el ejemplo que ofrezco a los jugadores y sigo avanzando mientras el amor por lo que hago permanece ahí. Se acerca una etapa emocionante», dijo.

Antes de irse, Wayne Smith le dedicó un hermoso tributo:·

Tenemos algunos de los mejores managers de desarrollo personal del mundo trabajando con nuestros jugadores profesionales. Judy Clement es absolutamente excepcional al garantizar que los jugadores estudien, obtengan experiencia laboral o se preparen para el trabajo. Es un programa increíble... En la actualidad, es una parte tan importante del trabajo de un jugador profesional que algunos entrenadores probablemente piensan que es importante dedicar tanto tiempo al desarrollo del jugador como a su juego. No conozco a un solo entrenador que no lo vea como algo bueno. Es algo realmente positivo en el juego ahora.

Otras mujeres que trabajan como PDM son Fiona Brading (North Harbour), Jo Moore (Auckland), Victoria Hood (Blues), Kylie Sousa (Counties Manukau), Rachel Stephenson (Waikato), Lisa Holland (Taranaki), Nikki Gunning (Manawatu), Virginia Le Bas (Crusaders), Maree Bowden (Canterbury) y Emily Downes (Sevens). Además, Gemma Brown es gerente comercial y de operaciones en el equipo de gestión de NZRPA.

Smith añade: «Son personas fantásticas a cargo de esa área del deporte. Trabajan por todo el país, no solo a nivel del Super Rugby, sino también de la Mitre 10 Cup».

El papel que desempeñan todas estas mujeres, entre otras, demuestra que las mujeres no solo tienen una influencia cada vez mayor en el rugby o en los círculos deportivos de Nueva Zelanda. Algunos incluso podrían argumentar que papeles como los que desempeñan Clement y sus compañeras para apoyar la infraestructura del deporte son tan importantes como los roles de las jugadoras en el equipo de Black Ferns. Mientras analizaba el panorama del rugby en Nueva Zelanda, Judy Clement se sentía orgullosa del papel que desempeñan las mujeres. De los seis PDM a jornada completa y catorce a media jornada en Nueva Zelanda, ocho eran hombres y doce mujeres. La balanza se había inclinado hacia el otro lado; todo era al revés cuando ella comenzó. Actualmente, puedes encontrarte mujeres ocupando sitios de mucha responsabilidad como directoras de equipo, fisioterapeutas, nutricionistas o psicólogas deportivas.

En el presente, la Junta de Rugby de Nueva Zelanda cuenta con los servicios de la doctora Farah Palmer, exjugadora de las Black Ferns y oriunda del mismo pequeño pueblo que Clement, Piopio. «Esperamos ofrecer una perspectiva distinta y reducir la desigualdad. Quizás, además, también tratemos otros temas del juego», dijo Clement.

Mujeres como Clement encarnan valores determinantes para los papeles importantes que representan, como la tolerancia, la diligencia y la comprensión.

La historia es parecida entre las mujeres de otras franquicias profesionales de Nueva Zelanda. Mientras tanto, en Canterbury, otra mujer profundamente involucrada en el deporte cree que el rugby podría ser una de las claves para mejorar la salud de las mujeres en toda Nueva Zelanda. Puede ser una empresa difícil, pero el pedigrí de Melissa Ruscoe como deportista es lo suficientemente fuerte como para soportarlo. Ruscoe, que es mitad holandesa, ha representado a Nueva Zelanda en el fútbol y en el rugby (tanto en rugby 7 como en rugby 15). Jugó en veintitrés *test* para las damas de fútbol de Nueva Zelanda y también representó a Taranaki, Waikato y Canterbury. En 1997, fue elegida jugadora del año de Nueva Zelanda, y en 2000, la futbolista internacional del año de Nueva Zelanda.

Más adelante, cuando enfocó su carrera hacia el rugby fue elegida jugadora del año de rugby femenino de Nueva Zelanda en 2005, ayudó a las Black Ferns a ganar el Mundial de 2006 y fue su capitana cuando ganaron el Mundial de 2010. En algún momento del camino, en su tiempo libre, también jugaba a la tocata, al baloncesto y al *squash*. En los Honores de Año Nuevo de 2011, fue galardonada con la Orden del Mérito de Nueva Zelanda por sus servicios al deporte.

Ruscoe enseña educación física y salud en una escuela de secundaria. Y, precisamente, esto último es lo que más le preocupa, incluso en un país en el cual el aire libre cobra tanta importancia.

Practicar deporte, y especialmente rugby, es importante. La obesidad es definitivamente un problema en Nueva Zelanda, como en el resto del mundo. El rugby por sí solo no es necesariamente la solución, pero puede contribuir a ella. Mi experiencia escolar me permite comprobar que el deporte organizado tiene que ser el catalizador para que los niños se mantengan activos. Incluso un juego de Tag Rugby es ideal. Tiene que haber una cultura que fomente los valores de la actividad física. Es ahí donde entran los deportes.

Pero fomentar el ejercicio y el deporte en los niños no es lo único que pretende, asegura.

Hay muchos otros intereses para los niños en estos días. Este problema se está convirtiendo en una gran preocupación en Nueva Zelanda. Ahora hay un desembolso masivo de fondos de salud para las actividades en este país.

Con algo más de cuarenta años, Ruscoe tiene la condición física de una chica de veintitantos. Si alguien puede fomentar el deporte entre las jóvenes neozelandesas, ella es la indicada. El papel que está desempeñando es fundamental para la salud a largo plazo de muchos jóvenes. Además, para ella es una especie de vocación. De no ser así, nunca podría dedicar tantas horas de trabajo. Realmente está convencida de que es una oportunidad única en esta área que puede cosechar muchos titulares, como los que logró el equipo femenino de rugby cuando ganó la Copa Mundial en 2017.

El número de mujeres que juegan al rugby está aumentando. La Canterbury Union [ella es la entrenadora de Canterbury Women] lo ha reconocido. Emplean a un directivo de Desarrollo de la Mujer, uno de los dos puestos de mujeres que ahora tienen. El objetivo es que las personas asuman roles clave para el rugby 7 y el rugby 15.

Para realizar sus informes, asiste a sesiones de entrenamiento en muchos clubes distintos y busca aspectos claves que puedan ser determinantes. En general, todo aquello que observa es positivo en la mayoría de las categorías inferiores. Por ejemplo, en un partido reciente en las afueras de Christchurch, participaron tres equipos de niñas menores de seis años. Eso es una señal clara e inequívoca de progreso serio en el deporte femenino. Los números en las escuelas secundarias también han aumentado gracias a los éxitos de los equipos de rugby a siete de Nueva Zelanda. Sin embargo, Ruscoe no está de acuerdo con la idea de que el enfoque debería centrarse en el rugby a siete. «No tenemos la población solo para tener eso. Todavía necesitamos la versión más grande del juego.»

Por el contrario, ella es capaz de identificar un problema específico en el deporte juvenil: el camino para que las niñas practiquen deporte no siempre está definido.

> Hay una ley que establece que las niñas no pueden jugar al rugby femenino hasta los dieciséis años. Pero tienen que dejar de jugar en equipos mixtos cuando tienen catorce, por lo que hay un vacío legal de dos años entre los catorce y los dieciséis. No hay estructura, no hay equipos femeninos en esa etapa. En otros deportes como el *netball*, hay una estructura para que las niñas puedan jugar todo el tiempo. Pero no existe tal cosa en el rugby. Eso debe cambiar.

Es una rareza que en un país tan apasionado por el rugby existan dos trabas tan evidentes para el desarrollo de este deporte, tanto para chicas como para chicos. La prohibición de que los niños puedan formar parte de clubes extraescolares entre los trece y los dieciocho años, como destacaron Frank Bunce, Brad Johnstone y otros, sigue siendo un gran fallo en el programa de los niños, un vacío que tiene su correspondencia en el deporte femenino.

Ruscoe continúa:

> En el caso de las niñas, juegas hasta los catorce años y no puedes volver a jugar hasta los dieciséis, excepto en las escuelas. Pero con tu escuela, tampoco hay un camino directo. Si quieres jugar con las Black Ferns o con Canterbury, no hay escalones intermedios; de repente, hay un gran salto para jugar al rugby femenino. No hay equi-

po femenino sub-16 en Canterbury, y tampoco sub-18. Tienes que ir directamente a seniors. Es posible que una o dos jugadoras sean capaces de dar ese salto, pero la mayoría de las chicas no.

Ruscoe dice que la solución lógica sería que las niñas menores de dieciséis años jugaran para su club los sábados por la mañana, y que, si fuera necesario, las escuelas lo hicieran los sábados por la tarde. Los miércoles por la tarde se reservarían para sesiones de entrenamiento. Esto, insiste, uniría escuelas y clubes.

Por otro lado, cree que las escuelas de secundaria tienen otros intereses:

> Luchan por el ansiado trofeo de la liga juvenil. Pero las escuelas ignoran los beneficios a largo plazo porque solo se enfocan en el primer equipo. Temen perder el trofeo si se ocupan de las jugadoras que no están destinadas a formar parte del primer equipo juvenil.

Básicamente, el problema es que, si una escuela compite para ganar un trofeo, esa será su prioridad por delante de cualquier otro posible beneficio a largo plazo. Es algo endémico y sucede en todas partes.

Sin embargo, si un país necesita que un programa de ejercicio físico alcance todas sus regiones y todas las franjas de edad, comprobará que, en realidad, el foco de atención de todas las escuelas no coincide con ese objetivo. Muchas escuelas no están dispuestas a permitir tal cosa. Su reputación de ganadoras está por encima de cualquier otra cosa.

Como dice Ruscoe:

> En ese nivel secundario, estás luchando con las escuelas vecinas por ser la más fuerte; se convierte en una batalla de poder entre escuelas. Es como si las cuatro ruedas de un automóvil quisieran colocarse en la parte delantera. Todos estamos en el mismo autobús, pero las ruedas no colaboran entre ellas.

El rugby femenino sorprende a mucha gente, pero no debería ser así. Gran parte de la técnica se observa mucho mejor por la ausencia de la fuerza física asociada al deporte masculino. Para los puristas, la técnica del rugby femenino puede ser una auténtica delicia. Como dice Ruscoe:

A menudo, el físico no lo domina todo en el rugby femenino. Se confía más en la técnica. El rugby femenino es un juego muy hábil. Tal vez eso se deba a que la técnica se entrena a una edad más temprana, antes que el aspecto físico. A medida que el conocimiento y la comprensión mejoran, así como la fuerza y el condicionamiento del juego, podrán obtener esa fuerza y este poder.

Si bien las jugadoras de rugby quieren aprender, también desean entender los aspectos básicos de lo que se les pide que hagan. Ruscoe dice:

> Gracias a algunos entrenadores que trabajan en del deporte femenino, sé que son esas cosas las que más se cuestionan las mujeres. Preguntan: «¿Por qué debería hacer eso?». Creo que ocurre en todos los deportes femeninos; quizás un equipo masculino no se cuestionaría tantas cosas.

Para un aficionado neutral, las jugadoras de rugby buscan los espacios en el campo, y usan la pelota y los pases para superar a los oponentes, lo cual, si uno lo piensa bien, es la base del origen de este deporte.

El rugby es un gran igualador en casi todos los rincones de la sociedad kiwi. Puedes conversar con todo el mundo sobre este deporte, desde un vendedor en una tienda de ropa o un ex primer ministro en una cafetería en Parnell Village, hasta un transportista en un café en la carretera que une Auckland y Hamilton. Cuando juegan los All Blacks, este deporte tiene subyugado a todo el país, desde Te Kuiti o Te Anau, hasta Southland o Northland. Melissa Ruscoe recuerda uno de los mejores momentos de su vida: levantarse en medio de la noche, cuando apenas era una niña, y sentarse tranquilamente frente al televisor para ver con su padre un *test* de los All Blacks en el extranjero.

Hombres, mujeres, niños y niñas: todos se unen a la causa y comparten la alegría por las victorias o la desesperación por las derrotas. Y en esta ecuación, las mujeres y las niñas aportan cualidades maravillosas. Una de ellas, y quizás una de las más importantes, es la perspectiva. Como dice Ruscoe:

> No puedes crecer aquí sin saber quiénes son los All Blacks. Automáticamente, apoyas a cualquier equipo que represente este país.

Creo que los All Blacks son una inspiración. Pero me gustaría pensar que las Black Ferns están llegando al mismo nivel. Al menos en cuanto a neozelandeses que las apoyan y se sienten orgullosos de ellas.

Cuando estaba en la escuela secundaria a finales de la década de 1980 y principios de la década de 1990, no era consciente de que existiera un equipo de rugby femenino, es decir, las Black Ferns. Espero que, en la actualidad, todos los niños sean conscientes de que hay un equipo de rugby femenino de Nueva Zelanda. Hay tantas oportunidades en este deporte para las mujeres ahora mismo. Además, el interés por el deporte femenino también está creciendo. Ahora, puedes ver por la televisión partidos femeninos de rugby 7 y rugby 15. Eso ha aumentado la conciencia de la gente.

Ruscoe está convencida de que este proceso puede atraer a muchas más niñas y mujeres. Sin embargo, por encima de todo, destaca la importancia de encontrar más entrenadores. Puedes arreglártelas con entrenadores voluntarios durante cierto tiempo, pero se necesitan entrenadores con experiencia para preparar a las chicas para los niveles más altos. ¿Qué le dio el rugby a Melissa Ruscoe por encima de todo? Antes de contestar, se toma un tiempo para reflexionar:

El mayor beneficio es la confianza en uno mismo y la fortaleza mental para competir físicamente. Los contactos corporales son distintos. Físicamente, las mujeres no están acostumbradas a eso y la sociedad no ve el rugby como una opción para las mujeres. Pero es algo que está cambiando. Ese coraje y determinación cuando te derriban, para levantarte y continuar, son lecciones para la vida. La resistencia mental y la resiliencia. Si podemos destilar esto y dárselo a los niños, seremos magos.

Aquellos que trabajan en el mundo del rugby hablan de un número alentador de chicas que participan en este deporte. Richard Kinley, director gerente del Otago Rugby, dice que su provincia tiene por primera vez competiciones infantiles femeninas. El jueves por la noche tienen rugby para Colts (sub-20) y están explorando competiciones de diez jugadores. Las de a siete también son mucho más populares entre las chicas. Solo en Otago tienen 7.800 jugadores registrados; 1.250 de ellos son niñas. La mayoría tiene entre trece y veinte años, y es el área de mayor crecimiento. Crearon un torneo de rugby a siete de escuelas de secundaria para niñas. La idea era que fuera un lugar perfecto para que las niñas aprendieran los fundamentos básicos. Tuvo éxito y los números crecieron rápidamente.

Kinley duda de que estemos hablando de una posible explosión en el deporte femenino. Pero eso no significa que menosprecie el gran número de mujeres que disfrutan de este deporte actualmente.

> Me encantaría tener un empleado a tiempo completo para que se encargara de gestionar el rugby femenino. Pero estamos luchando con los recursos que tenemos a nuestro alcance. El número de mujeres no coincidirá con el de hombres que juegan al rugby, en parte porque el *netball* es un deporte de invierno masivo en Nueva Zelanda. Pero estamos descubriendo que muchas atletas de otros deportes se sienten atraídas por el rugby a siete.

Entonces, ¿qué importancia tiene el rugby femenino en Nueva Zelanda? Según el CEO de los Crusaders, Hamish Riach: «Mucha, y está creciendo». Económicamente, es un deporte mucho más competitivo que la versión masculina. Es una noticia realmente buena para este país. Canterbury ha tenido un equipo femenino desde hace mucho tiempo. Más recientemente, sus equipos de rugby a siete femenino han tenido éxito. Pero se requieren los recursos adecuados.

En marzo de 2018, el rugby femenino recibió otra buena noticia. Las mejores jugadoras neozelandesas escucharon que las treinta mejores jugadoras recibirían contratos de la New Zealand Rugby para jugar con las Black Ferns. Las primeras siete tendrán un anticipo de 20.000 dólares, otras siete recibirán 17.500, siete más, otros 15.000, y las nueve jugadoras restantes, 12.500 cada una. Desde el punto de vista de la profesionalización, las integrantes de las Black Ferns se reunirán durante cincuenta días cada año para sesiones de entrenamiento y encuentros deportivos. Se les pagará 2.000 dólares por semana, y se agregarán otros 14.000 o 15.000 a sus ganancias potenciales. Además, se pondrán a disposición 100.000 dólares de la nueva Black Ferns Legacy Fund y se distribuirán a través del equipo. Finalmente, los miembros que participaron en el éxito del Mundial de 2017 también recibirán un pago único de 10.000 dólares para convertirse en embajadoras del legado del

Mundial de Rugby. Además, participarán en una cantidad acordada de actividades promocionales para ayudar a promover y aumentar la influencia del rugby. Se espera que cada jugadora dedique entre diez y catorce horas semanales al rugby, y tengan, además, tiempo libre para buscar oportunidades de estudio o carreras ajenas al deporte.

Además de las treinta jugadoras contratadas, veinte más serán incluidas en un programa de entrenamiento más amplio. El entrenador de los All Blacks, Steve Hansen, calificó la profesionalización del deporte femenino como «emocionante». Recordó que el rugby masculino tuvo que esperar cien años antes de que se profesionalizara.

Por el contrario, la Rugby Football Union en Inglaterra anunció a mediados de 2017 que las jugadoras de rugby 15 de Inglaterra no gozarían de sus emolumentos a tiempo completo. No es la primera vez que Nueva Zelanda e Inglaterra toman caminos divergentes. Es fácil pasar por alto el papel que desempeñan las mujeres en todos los niveles del rugby de Nueva Zelanda. Pero, si se hace, se perderá una pista importante sobre cómo esta nación ha establecido una supremacía global en este deporte tan codiciado por todo el mundo.

13

El negocio del rugby

Con contribuciones de, entre otros,
STEVE HANSEN, STEVE TEW,
sir GRAHAM HENRY, ANDREW SLACK, sir JOHN KEY,
BRENT IMPEY y HAMISH RIACH.

Los All Blacks ahora están por encima del mundo del rugby. Son como otros equipos deportivos excepcionales. Si los Yankees de Nueva York vinieran a la ciudad, la gente acudiría en masa para verlos, a pesar de que a nadie le importa el béisbol. Del mismo modo, los All Blacks son conocidos incluso en países que no son fanáticos del rugby. Se han convertido en una enorme entidad deportiva.

ANDREW SLACK, capitán de los Wallabies entre 1984 y 1986

*E*l rugby solía ser un juego muy simple: correr con el balón durante ochenta minutos y patearlo cuando uno estaba un poco cansado. Luego, directos al bar. Esa era la parte más seria del día. El tesorero contaría sus centavos en una modesta oficina, pero nadie se preocuparía demasiado por nada en absoluto.

Comparemos eso con lo que ocurre en la actualidad. Sir Graham Henry desvela un peligro para el rugby de Nueva Zelanda que podría tener consecuencias inimaginables para el futuro del deporte en su país. Puede parecer que no está relacionado con el negocio del deporte profesional, pero en realidad afecta al centro del bienestar financiero de la New Zealand Rugby.

> Sudáfrica tiene problemas importantes. Es probable que no vuelvan a tener un equipo de primera línea mundial. Un gran número de jugadores se ha mudado de Sudáfrica y está jugando para otras naciones o en otros países. Demasiados contribuyentes sudafricanos se van, y esto está menguando la fuerza del deporte allí, especialmente del rugby.

A finales de 2016, sir Tony O'Reilly se hizo eco de esos temores: «El panorama en Sudáfrica es realmente espantoso. Verlos sufrir contra un modesto equipo irlandés [en Sudáfrica en junio de 2016] fue simplemente horrible. Han perdido la esencia. No tenían un solo jugador que fuera capaz de penetrar la línea defensiva rival». A mediados de 2018, Sudáfrica realizó un cambio radical en su normativa y relajó la directriz de no seleccionar jugadores que jugaban en el extranjero. Pero, incluso así, todavía estaban muy por debajo de la calidad necesaria para vencer a los All Blacks.

¿Y qué ocurre con Australia, el clásico rival de los All Blacks?

Australia se ha quedado atrás, es una pena. Espero que puedan resucitar, porque las flaquezas de nuestros dos rivales del hemisferio sur no benefician a Nueva Zelanda. Lo decepcionante es que en Sudáfrica nada sugiere que vayan a resucitar y ser de nuevo una gran potencia. Es un gran problema y ha sucedido muy rápido. Simplemente, se vinieron abajo, especialmente Australia. Ha cogido a todos por sorpresa. Hubo indicios de ello durante tres o cuatro años, pero ha explotado de forma repentina. Si se toma como indicio el Super Rugby, realmente es para preocuparse.

Estas son las palabras de Henry a principios de 2017. Ese mismo año, sus palabras parecían terriblemente proféticas cuando Nueva Zelanda aniquiló a Australia en apenas cuarenta minutos, anotando cuarenta puntos en la primera parte. Más adelante, a finales de noviembre de 2017, Australia perdió 53-24 ante Escocia en Murrayfield. No fue tanto una derrota como una capitulación. El hecho era que Australia no ganaba la copa Bledisloe desde 2003, y no habían ganado un *test* en Nueva Zelanda desde 2001.

Finalmente, los Wallabies derrotaron a Nueva Zelanda en el tercer partido de la Copa Bledisloe en octubre de 2017, en Brisbane. Sin embargo, las circunstancias no eran muy exigentes. En primer lugar, Nueva Zelanda ya era campeona de la Copa Bledisloe porque había ganado los dos primeros *test*. Y, en segundo lugar, el partido se celebró para recaudar fondos para la empobrecida Australian Rugby Union. Además, los All Blacks acababan de regresar de un largo y agotador viaje a Buenos Aires y Ciudad del Cabo para el Rugby Championship.

Por distintas razones, dejaron a muchos de sus jugadores clave en casa: faltaba gente como Beauden Barrett, Brodie Retallick, Owen Franks, Joe Moody, Ben Smith o Israel Dagg. Nueva Zelanda estaba probando a sus jugadores jóvenes contra Australia para saber su potencial. Si eso no es suficiente motivo para convencerse del declive del rugby australiano, no hay nada más que hacer. La humillación posterior a manos de Escocia solo dejó patente el auténtico nivel de los Wallabies.

A finales de ese mismo 2017, ocurrió casi lo mismo contra los sudafricanos en Ciudad del Cabo. Los All Blacks se presentaban a un partido sin varios de sus jugadores importantes. La mayoría de los que no habían jugado el partido contra Australia tampoco formaron parte de esta expedición, aunque el equipo contaba con jugadores como Jerome Kaino, Ardie Savea, Luke Romano, Anton Lienert-Brown, Waisake Naholo, Ngani Laumape y el fantástico Vaea Fifita. Sudáfrica, del mismo modo que Australia y Argentina, eran incapaces de imaginar un equipo titular con nombres de tanta calidad, y mucho menos formando parte del equipo suplente.

Esos son los mismos problemas que se encuentra cada día el CEO de la New Zealand Rugby Steve Tew. Es una ironía que la nación con el mejor equipo de rugby del mundo se vea amenazada por problemas económicos. En realidad, eso ocurre en gran medida por culpa de su propia excelencia. La búsqueda interminable para encontrar la perfección y el derrumbe de sus competidores geográficos más cercanos ha eliminado cualquier tipo de oposición en el hemisferio sur. Esos resultados sin paliativos indican un grave problema en el rugby internacional al sur del ecuador. La pregunta es: «¿Quién va a solucionar este panorama y qué responsabilidad, si es que tiene alguna, debe aceptar la New Zealand Rugby para ayudar al juego en general?».

El Rugby Championship en el hemisferio sur se ha vuelto totalmente predecible. Como el analista inglés y exjugador de los British & Irish Lions Stuart Barnes escribió en 2017:

> El Rugby Championship o el Torneo de las Tres Naciones, como era conocido originalmente, solía ser emocionante, a principios de siglo, cuando Australia ganó dos títulos consecutivos, en 2000 y 2001. Desde entonces, Nueva Zelanda no ha pasado dos años consecutivos sin ganar el título. Eso son quince campeonatos en veintidós participaciones. A eso se le llama dominio. Esta temporada, en Argentina, los All Blacks ganaron el torneo antes de que se recuperara un solo balón por un placaje. Todo estaba listo para sentencia cuando todavía quedaba por disputarse un tercio de la competición.
>
> Estos son los estándares a los que Inglaterra debe aspirar para convertirse en el mejor equipo del mundo. No creo que el nuevo director ejecutivo de la RFU, Steve Brown, se dé cuenta de lo lejos que está Nueva Zelanda en comparación con el resto de los equipos. Ahora, Inglaterra ocupa el segundo lugar, pero entre ambos equipos hay una diferencia abismal. Inglaterra tiene los recursos económicos, pero Nueva Zelanda tiene la excelencia cultural.

Quizás esto explique la decisión de la New Zealand Rugby de organizar el partido de 2017 contra Sudáfrica en Albany, en la costa norte de Auckland, en un estadio de poco más de veinticinco mil espectadores. Las gradas llenas de ese estadio lucían mejor por televisión que el aforo parcialmente vacío del Eden Park.

Sin embargo, ¿qué consecuencias tiene que Nueva Zelanda, el mejor equipo del mundo, no logre llenar un estadio de cincuenta mil localidades? ¿Qué supone eso para sus ingresos? ¿Qué puede ocurrir si Sudáfrica y Australia no logran alcanzar un nivel óptimo y ya no son un rival serio? ¿Quién llena entonces el vacío y quién llenará las arcas de la New Zealand Rugby? Si el rugby del hemisferio sur es un monopolio, el interés por el rugby disminuirá. Incluso los eufóricos kiwis son capaces de ver las consecuencias. Además, hay que recordar que Nueva Zelanda no logró llenar las treinta mil plazas del Forsyth Barr Stadium en Dunedin para un *test* contra Australia en 2017, a pesar de que el estadio tiene la reputación de ser la mejor instalación de rugby en Nueva Zelanda.

A mediados de 2017, Steve Hansen insistió en que Sudáfrica sería un rival suficientemente potente, si seleccionaran a sus mejores jugadores:

> La cuestión es si el país quiere solucionar el problema. Son el único equipo que conozco que no elige su mejor equipo. Entiendo lo que están tratando de hacer, pero... Nelson Mandela lo entendió mejor que nadie. Sabía que los Springboks eran un equipo que podía unir a la nación. Todavía creo que es así. Si acertaran y permitieran que se desarrollara naturalmente, lo haría. Y tendrías a las personas adecuadas en el equipo. Al final sería un equipo multicultural.
>
> El rugby no era un deporte para hombres negros, pero era el deporte que unificaría al país de una manera que ningún otro deporte o negocio podría hacerlo. Ahora creo que la unidad no es tal. Como nación, tiene una historia tan viva y ha creado muchas cosas que nunca entenderemos, porque nunca fuimos parte de ella.
>
> Existe mucho resentimiento. Pero el temor a volver donde estaban es un lastre para ellos. Es una declaración política, pero cuando miras el rugby, uno de mis mejores amigos, Heyneke Meyer, descubrió que tener que seleccionar un equipo en función del color de la piel de un hombre va en contra de todos los principios y del espí-

ritu deportivo. Lo que hace es crear una situación en la que, en primer lugar, no se elige a los mejores jugadores, y en la que, en segundo lugar, los muchachos que resultan elegidos piensan: «¿Estoy aquí por razones de cupo o porque soy lo suficientemente bueno?».

Steve Hansen propone el modelo neozelandés como una inspiración para los sudafricanos.

Observa a los All Blacks y verás cómo nos hemos unido como una raza multicultural de personas que van detrás de un mismo objetivo. Ellos podrían hacer lo mismo. No me corresponde decirle a Sudáfrica cómo gestionar su país. Pero, en este momento, se encuentra en una encrucijada. Sería lamentable que perdiéramos un rival tan tradicional y una de las grandes naciones del rugby.

¿Sudáfrica es capaz de seleccionar a veintitrés jugadores de calidad internacional? Hansen responde:

Tienen muchos más que veintitrés. Pero la gente prefiere jugar en el extranjero para asegurar su futuro. La libra es más fuerte que el rand, y en el extranjero hay mucho más dinero disponible. Pero Sudáfrica no selecciona jugadores que estén en el extranjero, porque, entonces, todos se irían y eso complicaría más las cosas.

Pero Hansen es consciente de que, justamente, esta es la misma política que sigue la New Zealand Rugby. Estas circunstancias explican la situación actual del rugby profesional: Nueva Zelanda está en la cima, e Irlanda e Inglaterra luchan para reducir la brecha que las separa de los All Blacks. Pero el resto de las selecciones, a principios de 2018, ni estaban ni se las esperaba. Sin duda, es una situación alarmante para el rugby de Nueva Zelanda, por no hablar del rugby en general. Especialmente, en el hemisferio sur. Todo ello, es una consecuencia directa del fracaso de la World Rugby para hacer crecer el juego de manera significativa. Apenas han logrado nada. Y, como dice Tew: «Cualquier descenso en el rugby en esos países [Sudáfrica y Australia] es un problema para nosotros».

El aislamiento geográfico podría ser ventajoso para Nueva Zelanda en algunos aspectos. Sin embargo, los viajes largos son enormemente costosos. «Intentar participar en cualquier competición es difícil. Tienes que subir a un avión y recorrer un largo camino. Si se hace cada semana, resulta muy costoso y, al final, pasa factura. No es fácil organizar competiciones que la gente siga», admite Tew.

Está claro que nadie entendió el torneo del Super Rugby de 2017. Aparte de equipos de Nueva Zelanda, había equipos de Australia, Sudáfrica, Argentina y Japón. Pero la única oposición real que tuvieron los equipos de Nueva Zelanda fue cuando se enfrentaron entre ellos. ¿Por qué gastar cientos de miles o millones de dólares para que equipos de Nueva Zelanda viajen por todo el mundo si no pueden enfrentarse a un rival digno extranjero?

El torneo resultó decepcionante por la falta de liderazgo, así como por la obsesiva idea de «cuanto más grande, mejor». Durante muchos años, el rugby ha sufrido de falta de liderazgo. Era tan obvio que la SANZAAR eliminó por la fuerza a tres equipos de su inflado grupo de Super Rugby. En 2018 volvió a celebrarse, esta vez con quince equipos. Sin embargo, fue una chapuza. Debería haberse reducido el número a doce: cinco de Nueva Zelanda, tres tanto de Australia como de Sudáfrica y uno de Argentina. Ninguno más.

Como dijo John Hart:

> Hemos cometido algunos errores garrafales en esa competición [Super Rugby]. Ampliarlo a dieciocho equipos fue ridículo. Como la diferencia de calidad en los equipos es tan grande, han optado por aceptar estructuras ajenas que no funcionan. Los equipos de Nueva Zelanda lo dominan todo.

Encontrar formas para solventar los problemas económicos es algo en lo que los directivos de la New Zealand Rugby se han vuelto expertos.

> No tenemos mucho margen de maniobra. Esa es nuestra realidad. Por eso tenemos un acuerdo global con patrocinadores clave. Por eso decidimos poner otra marca en la camiseta. No es una empresa de Nueva Zelanda, porque no encontramos a ninguna que pudiera hacer frente a este tipo de inversión.

Entonces fueron a Nueva York. AIG, una corporación multinacional de seguros, quería una mayor exposición global para sus negocios, y la camiseta de los All Blacks, reconocida mundialmente como un símbolo de excelencia y éxito, se ajustaba perfectamente a lo que buscaba. Las dos partes formalizaron un acuerdo. «Fue un gran paso —dijo Tew—. Pero la realidad es que nos estábamos quedando sin dinero, no generábamos suficientes fondos.»

Los compromisos económicos de la New Zealand Rugby provienen de muchos rincones. El deporte comunitario requiere fondos significativos en todo el país, al igual que las uniones provinciales. El rugby en Nueva Zelanda es un deporte que sirve más para financiar la comunidad que para enriquecer la élite. Tiene sus beneficios y desventajas, reconoce Tew. «Es una carga pesada y constante que no permite incrementar nuestros ingresos», dice.

Luego está el desafío económico que supone mantener lejos de las garras de los clubes ingleses y franceses a jugadores de primera línea como Israel Dagg, Ben Smith, Beauden Barrett, Brodie Retallick, entre otros. Los clubes ingleses pueden pagar el precio de mercado, incluso más, para hacerse con los servicios de un All Black. Algunos equipos, como el ambicioso y rico Bristol, estarían dispuestos a pagar cualquier precio. Luego, están los clubes franceses, que tampoco se muestran muy reticentes para desprenderse del dinero.

Sin embargo, para ser reconocido como el mejor del mundo internacionalmente y, por lo tanto, atraer acuerdos comerciales lucrativos con empresas como AIG y Adidas, los All Blacks deben seguir ganando. Por lo tanto, tienen que conservar a la mayoría de sus mejores jugadores. Lo que significa ofrecerles contratos que los motiven a quedarse en el país. Es un proceso realmente costoso.

Este drama afecta a todos los eslabones del país, hasta el nivel del primer ministro. El ex primer ministro sir John Key dijo:

> El problema de la New Zealand Rugby es que los salarios de los jugadores internacionales están aumentando. Fíjate en el ejemplo de Sudáfrica. Tienen un verdadero problema para el futuro. Muchos de sus jugadores realmente buenos se van [o se han ido] al extranjero. Nosotros, en Nueva Zelanda, notamos cada vez más esa presión, y los All Blacks sienten la presión sobre sus jugadores. Tienen que hacer grandes llamadas sobre cuánto dinero estarían rechazando por quedarse aquí. Tengo la certeza de que Steve Hansen está muy preocupado de que el nivel de los All Blacks disminuya por culpa de los sueldos.

Las novedades en este deporte son una constante. Por este motivo, cuando Inglaterra y Nueva Zelanda se disponían a organizar un *test* en Twickenham, la New Zealand Rugby reclamó una tasa extra de dos millones de libras. Después de todo, razonaron, los All Blacks son el equipo con más influencia en el mundo del rugby. Por lo común, el equipo local paga al equipo visitante una suma de dinero acordada de antemano, pero eso no significa que salga perdiendo. Nueva Zelanda, por ejemplo, ganó más de 30 millones de dólares neozelandeses en la gira de los Lions de 2017.

La RFU se burló de esa suma y rechazó la oferta. Sin embargo, como dice el antiguo CEO de Auckland, Andy Dalton: «La RFU estaba en su derecho de rechazarla. En el hemisferio norte, hay muchos más equipos y no se repiten los partidos tan a menudo. Francia solo visita Twickenham una vez cada dos años. Además, tienes a muchos aficionados clamando por asistir a esos partidos. En cambio, Australia juega con Nueva Zelanda tres veces al año. Inglaterra no nos necesita tanto como nosotros a ella».

En ese momento, Ian Ritchie, el expresidente ejecutivo de la RFU, se burló de la oferta y contestó: «Construyan su propio estadio con ochenta mil localidades». Y con esas declaraciones puso el dedo en la llaga. Mucho antes de la Copa Mundial de Rugby de 2011, el entonces Gobierno laborista de Nueva Zelanda ofreció financiar los costes de un nuevo y elegante estadio en la costa de Auckland. La venta del Eden Park serviría para financiar la inversión y los contribuyentes cargarían con el resto de la factura. Sin duda, habría sido un gesto importante del estatus creciente de Nueva Zelanda en el mundo del rugby. Se propusieron varios proyectos futuristas, incluido uno que estaba inspirado por la forma de una canoa maorí. Era una imagen deslumbrante.

Sin embargo, todo se quedó en agua de borrajas. El Ayuntamiento de Auckland estaba a favor, pero el Consejo Regional votó en contra por unanimidad. Como alguien dijo: «La historia dirá que Mike Lee [presidente del Consejo Regional de Auckland en ese momento] le miró los dientes a un caballo regalado».

Según sir John Key:

> Fue una decisión equivocada. Tener un estadio como el que se
> proponía habría dicho mucho de Nueva Zelanda. Habría sido un

ejemplo para lo que debe ser el futuro desarrollo de la costa. Todos se habrían beneficiado de ello. Le guste a la gente o no, Eden Park está en el lugar equivocado. Y nunca va a mejorar. No está bien conectado desde el punto de vista del transporte o el entretenimiento.

Tew, adoptando una postura más diplomática que la dura réplica de Twickenham, dijo:

Me quito el sombrero ante la RFU. Han hecho los deberes. Han construido el que probablemente es el mejor estadio de rugby del mundo. Es un lugar fantástico, un lugar increíble para jugar. Pero ellos tienen los fondos suficientes.

¿Habría cambiado un nuevo estadio la política de jugar los *test* de los All Blacks en todo el país? Tew lo duda.

Incluso si construimos un estadio imponente, aunque no creo que tengamos el dinero para ello, no tenemos la intención de establecer un único estadio para los partidos de los All Blacks. Habría muchas dudas sobre cuántos partidos podrías jugar allí.

Los All Blacks juegan siete u ocho *test* en Nueva Zelanda cada año. Tew dice que no puede imaginar un escenario en el que los All Blacks jueguen todos los partidos en Auckland. Pero nunca digas nunca. «Habrá gente que opine lo contrario», advierte. Sin embargo, entonces, el problema sería saber cómo afectaría al resto de la población que los All Blacks siempre jugaran en Auckland, especialmente a la gente de la Isla Sur, por no mencionar Wellington. Tew afirma que no celebrar más *test* en la Isla Sur sería una decisión comprometida. «Aunque —admite— no es difícil dada la infraestructura de la que disponemos actualmente. Pero sería duro.»

No es probable que Christchurch, devastada por el terremoto, tenga un nuevo estadio durante los próximos diez años. El Forsyth Barr Stadium de Dunedin costó 198 millones de dólares y, aunque es impresionante, con su techo cubierto, tiene una capacidad de poco más de treinta mil personas. Es difícil recaudar grandes sumas de dinero con un número de localidades tan pequeño. Pero, para Tew, no todo se arregla con la construcción de un nuevo estadio: «Está muy bien promover la construcción de un estadio de rugby en Auckland. Pero, en realidad, solo se llenaría tres o cuatro veces al año. Posiblemente menos. Sin embargo, estás invirtiendo casi mil millones de dólares para lograr una recaudación limitada. Aunque la realidad es que los otros estadios no son perfectos. Por ejemplo, en el Westpac de Wellington, estás muy lejos del terreno de juego».

A menos que un futuro Gobierno de Nueva Zelanda ofrezca igualar la generosidad de la anterior Administración laborista, la New Zealand Rugby tendría que endeudarse profundamente para cubrir los costes de un estadio emblemático. ¿Y los patrocinadores? Tew es contundente con la respuesta: «Tenemos un presupuesto establecido y nuestros socios comerciales están al límite de sus posibilidades».

Pero, además, hay otros factores que tener en cuenta. Hamish Riach, director ejecutivo de los Canterbury Crusaders en Christchurch, admite que construir un nuevo estadio en Auckland, para que todos los partidos de los All Blacks se disputen ahí, es una auténtica amenaza para la ciudad. Para él, supondría el fin del rugby en Christchurch y, de hecho, en toda la Isla Sur. Por eso, empezar a construir un nuevo estadio en Christchurch con capacidad para cuarenta o cincuenta mil espectadores es la opción prioritaria.

> Si se llevara a cabo [la construcción de un nuevo estadio en Auckland], creo que el rugby en nuestra ciudad, sin los All Blacks, perdería mucha relevancia. Tal vez incluso perdería importancia a nivel estatal. Los All Blacks son una parte importante en la vida de Nueva Zelanda. Son realmente nuestro único equipo consistente, el mejor del mundo. Si estás orgulloso de este país, entonces, hay que admitir que los All Blacks fomentan en gran medida ese orgullo. El rugby y los All Blacks son los mejores representantes para este país. Todo está vinculado.

El presidente de la New Zealand Rugby, Brent Impey, cree que su organización fomentará el negocio del rugby principalmente en tres regiones: la costa del Pacífico, el norte y sureste de Asia, y América del Norte. Por ejemplo, en lugar de elegir una ciudad como Chicago, sede del *test* de Nueva Zelanda contra Irlanda en 2016, quizá se prefiera Boston para el 2020, y Pekín o Shanghái para 2021. La tradición en el rugby está empezando a perder importancia para los negocios.

La marca All Blacks es probablemente la más grande de Nueva Zelanda. También es una marca atractiva internacionalmente. Estamos buscando ser más influyentes en las áreas de crecimiento para el apoyo económico futuro. El rugby se expande rápidamente. Habrá oportunidades en estos mercados si lo hacemos bien. Lo necesitamos, para dar de comer a la bestia. Podemos permitirnos un tercer patrocinador importante en la camiseta de los All Blacks. La tecnología digital en estos días lo hace posible. Nuevamente, buscaremos corporaciones internacionales.

Impey dice que la New Zealand Rugby está invirtiendo «mucho» en tecnología. Considera vital estar sincronizado con el comportamiento de los consumidores. Este modelo de crecimiento prolifera en todo el mundo. En 2017, Impey estuvo en San Francisco y asistió a un partido de los 49ers. Para él, fue «una experiencia increíble en un estadio de clase mundial». Entonces, ¿es posible que pronto se revele un proyecto para la construcción de un nuevo estadio con setenta mil localidades y las últimas innovaciones tecnológicas en Nueva Zelanda? Impey sonríe: «No todo el mundo puede costear esa inversión. Sin embargo, lo que está claro es que la gente ahora exige otro tipo de entretenimiento. No se conforma con pagar una enorme suma de dinero para asistir a un estadio anticuado y tomar una cerveza caliente».

Sin duda, este contexto favorece la llegada constante de ofertas para los talentosos jugadores de Nueva Zelanda. Los tentáculos traicioneros de los agentes se aferran cada vez más al rugby del país. Las cantidades que manejan solo dejan una cosa en claro: la New Zealand Rugby Union no será capaz de retener a todos los jugadores de talento del país. Dan Carter, Ma'a Nonu, Charles Piutau, James Lowe, Steven Luatua y Malakai Fekitoa se encuentran entre aquellos que ya han abandonado la isla. Lima Sopoaga, Jerome Kaino y Liam Messam debían irse durante la segunda mitad de 2018. Saldrán muchos otros jugadores, en muchos casos para satisfacer las demandas de sus familias dependientes. Ese es el talón de Aquiles del rugby de Nueva Zelanda.

Por lo tanto, dados los medios limitados de la New Zealand Rugby y teniendo en cuenta sus otros compromisos, surge una pregunta que necesita una respuesta inmediata: ¿cuándo dejarán de igualar las ofertas económicas de los clubes europeos o del hemisferio norte?

Beauden Barrett y, probablemente, Ryan Crotty, Brodie Retallick,

Sam Whitelock, Sam Cane, Rieko Ioane, Aaron Smith, Ben Smith y Damian McKenzie son algunas de las estrellas de los All Blacks que, en el Reino Unido o en Europa, podrían obtener salarios anuales de entre uno o dos millones de libras o euros al año. Probablemente, se les ofrecería un contrato de dos años con la opción a uno más. O, directamente, un contrato de tres años, como el de Carter en los Racing 92 de París. Así pues, potencialmente, serían alrededor de tres a cuatro millones de libras o euros. En agosto de 2017, Aaron Cruden dejó Nueva Zelanda para cerrar un contrato de tres años con el club francés Montpellier por ochocientos mil euros al año. A principios de 2018, se informó de que Barrett había rechazado una oferta de 3,4 millones de euros por temporada de un importante club francés.

¿Puede la New Zealand Rugby recaudar tales sumas de dinero para mantenerlos a todos en el país? No lo creo. Pero los kiwis tienen una última carta en la manga, y es un as de diamantes. Poseen algo que todos y cada uno de estos jugadores codicia: la camiseta de los All Blacks. Sería imposible poner un precio exacto a su valor, pues va mucho más allá de lo económico. El prestigio y el orgullo que siente un jugador que la ha vestido nunca han disminuido. Es un factor poderoso en cualquier ecuación.

Algunos se irán porque ya no están a la altura de los estándares más exigentes. Pero a aquellos que desean quedarse y que solicitan a la New Zealand Rugby que iguale las sumas que ofrecen los clubes franceses o ingleses se les debe decir: «Lo siento, no podemos».

En algún momento, la New Zealand Rugby deberá pedirle a un jugador de primer nivel que muestre sus cartas. Por dos razones. En primer lugar, no puedes acusar a los clubes franceses de pagar precios astronómicos que amenazan el deporte y, luego, intentar igualarlos. Y, en segundo lugar, los seleccionadores de All Blacks tienen que confiar en un sistema que es el mejor del mundo. Si un gran jugador se va, ¿quién puede asegurar que no emergerá alguien que quizá con el tiempo sea mejor? La aparición de Beauden Barrett así lo demuestra. Dan Carter era un genio, pero no era irremplazable. En Nueva Zelanda, siempre habrá otro jugador listo para dar un paso hacia delante. Eso es un recordatorio de que, por muy importantes que sean las personas, el equipo y el legado es lo que está por encima de todo lo demás.

Dan Carter, Richie McCaw, Conrad Smith, Ma'a Nonu y Tony Woodcock se retiraron después del Mundial de Rugby 2015. Muchos creyeron que Nueva Zelanda caería en un bache, aunque fuera por poco tiempo. Era inevitable, dijeron, tras sufrir esas bajas. Sin embargo, en 2016, Nueva Zelanda jugó catorce *test*: ganó trece y sufrió una sola derrota ante Irlanda, en Chicago. Algunos lo llamaron «la hazaña más grande de Nueva Zelanda».

Beauden Barrett fue uno de los que supo manejar la situación. Pero si Barrett se fuera, ¿quién apostaría en contra de que Damian McKenzie, con tiempo, no se convertiría en un jugador igualmente talentoso? En otras palabras, la New Zealand Rugby no debería invertir todo su efectivo para retener a un montón de estrellas importantes. Una parte, sí. Pero no todo. En realidad, lo que está en juego en Nueva Zelanda es algo mucho más importante: la base del rugby. Si se deja desfallecer, la historia no será amable con los responsables de su desaparición.

Brent Impey dice:

> Se puede decir que la línea de producción está allí…, siempre saldrán más jugadores. Pero debemos tener los mejores jugadores del mundo para mantener a los All Blacks como el mejor equipo. La gente tiene que entender que lo único que genera dinero para el rugby de Nueva Zelanda son los All Blacks. Deben tomarse decisiones para mantener su éxito. Tienes que pagar más por los mejores All Blacks.

También está convencido de que la New Zealand Rugby es una estructura sólida porque sus cimientos descansan sobre el deporte comunitario. El hecho de que sea propiedad de veintiséis federaciones provinciales así lo demuestra. En realidad, la New Zealand Rugby podría sacar más rendimiento a sus ingresos si dedicara menos dinero a las federaciones provinciales: «En 2017, nuestros ingresos alcanzaron prácticamente los ciento sesenta millones de dólares neozelandeses, y las pérdidas fueron de siete millones, pero otorgamos una financiación adicional a las federaciones provinciales de nueve millones de dólares».

Pero siempre hay otros factores para tener en cuenta, como las lesiones. En 2016, 62.337 neozelandeses aseguraron haber sufrido lesiones en un partido de rugby, lo que le costó a la Comisión de Compensación de Accidentes 78,2 millones de dólares neozelandeses. En cuanto a las conmociones cerebrales, un estudio de largo alcance realizado durante treinta y seis años y publicado en *The Lancet Psychiatry*, en abril de 2018, reveló que una sola conmoción cerebral podía aumentar el riesgo de desarrollar demencia en un 17 por ciento. Además, las personas que habían sufrido una lesión cerebral traumática tenían un 24 por ciento más de probabilidades de padecer demencia. ¿Estos resultados pueden tener algún impacto negativo en el rugby?

Pero eso no es todo. Justo antes de la publicación de este estudio, apareció un informe que aconsejaba que el rugby debería limitar o prohibir completamente las sesiones de entrenamiento de contacto durante una temporada para reducir el riesgo de lesión cerebral. El doctor Willie Stewart, un neuropatólogo consultor, dijo que las tasas de conmoción cerebral en el rugby profesional eran «inaceptablemente altas». La última auditoría de lesiones en el rugby inglés mostró que la conmoción cerebral fue la lesión más común por sexta temporada consecutiva. Más de un tercio de estas se produjeron durante un entrenamiento. La tasa de conmoción cerebral aumentó por séptimo año consecutivo, alcanzando un nivel de casi veintiuna por cada mil horas de juego. Es un porcentaje más alto que las tasas que presenta el boxeo.

La World Rugby emitió una declaración en respuesta a los comentarios del doctor Stewart, diciendo que:

> La World Rugby y sus federaciones están comprometidas con la reducción de lesiones en todos los niveles de nuestro deporte, incluidas las lesiones cerebrales. Hemos implantado una serie de iniciativas de educación, gestión y prevención que han demostrado ser exitosas para proteger aún más a los jugadores. Estos incluyen el HIA, el regreso gradual al juego y los estándares de bienestar del jugador de torneos de élite, así como la reducción de la altura aceptable del placaje, la educación global y el programa de precalentamiento Actívate en todos los niveles del juego. La investigación destaca la importancia de la gestión de la carga individual de los jugadores para reducir el riesgo de lesiones en los entornos de entrenamiento y partidos, y previamente hemos esbozado nuestra opinión de que todos deberían prestar mucha atención a esta área.

A raíz de esta auditoría, la World Rugby se vio forzada a reducir la altura legal del placaje. El doctor Simon Kemp, jefe de Medicina de la RFU, no solo pidió que se rebajara la altura del placaje, sino que, además, se cumpliera de forma estricta la directiva de la World Rugby respecto a las penalizaciones para los placajes ilegales. Kemp dijo:

> Nos gustaría que la World Rugby considerara la posibilidad de reducir la altura legal del placaje por debajo de la línea de los hombros, porque, con la normativa actual, el margen de error es muy pequeño. Lo que necesitamos es una definición más clara, consistente y fácil de entender sobre lo que se considera un placaje seguro o no. Si se aumentan las sanciones para los placajes altos, que es lo que hizo la World Rugby, los árbitros deben aplicarlas de forma estricta. Según los datos que tenemos de 2016-2017, estas sanciones no han tenido ninguna repercusión en el riesgo de padecer una conmoción cerebral.

Para ser exactos, el estudio indicaba que el 36 por ciento de todas las lesiones ocurrieron durante un entrenamiento, y que la lesión más común fue la conmoción cerebral. Lo que se desconocía de este estudio hasta su publicación es que uno de los hombres de rugby más veteranos del mundo asistió a un debate del IRB que analizaba las conmociones cerebrales de los jugadores durante la temporada 2004-2005.

En 2017, cuando entrevisté a sir Brian Lochore en su casa de Wairarapa, me dijo que había ido a Irlanda para fomentar el debate con el entonces IRB sobre la conmoción cerebral en los jugadores. «En ese momento, dije que necesitaban establecer el límite de altura de los placajes por debajo de los hombros para que estos fueran más seguros y se solucionara la mayor parte de este problema. Si el límite se situaba por debajo de la axila, sería mucho más fácil para los árbitros.»

Lochore alegó que los representantes de Inglaterra, Escocia e Irlanda dijeron que no, que no podían hacer eso. «Les dije que se equivocaban. Les ha llevado doce años resolver eso. La gente empezaba a acostumbrarse a los placajes de riesgo, y eso es muy peligroso.»

Sin embargo, Eddie O'Sullivan, por aquel entonces entrenador de Irlanda, tenía un punto de vista muy distinto de la situación: «Por lo que recuerdo de esa conferencia, creo que hubo sugerencias sobre cómo limitar los placajes por encima de la cintura, porque los jugadores solían hacerlos por encima de la cabeza. Por eso [la idea] no cuajó. Hubiera sido un deporte diferente. Las defensas resultarían inútiles porque no se podrían detener los pases chocando con un jugador. Si mi memoria no me falla, ese fue el principal problema».

Por lo que se refiere a estos comentarios, solicité la opinión de la World Rugby con respecto a esta declaración el 5 de abril de 2018; un correo electrónico automático confirmó la recepción de mi petición. El 16 de abril, nuevamente, solicité una respuesta. El mismo día, un comunicado personal me agradeció mi paciencia, prometiendo responderme «tan pronto como sea posible». El 29 de abril, insistí de nuevo. El 3 de mayo, cuatro semanas después de mi solicitud original, y después de otra petición en la que expuse el calendario de publicación de este libro, recibí esta respuesta: «Gracias por la actualización». En el momento de la impresión de este libro, todavía no he recibido ninguna respuesta. Sea cual sea la razón de esta demora, lo que deja claro es que la concepción del rubgy en Nueva Zelanda está mucho más adelantada que la de los demás países.

Lochore también mencionó un incidente de esta naturaleza que le ocurrió en su época de jugador:

> Fue en 1965, cuando los Springboks se enfrentaron a los Wairarapa Bush en Masterton. Jugué ese partido, pero no me acuerdo de nada. Me «desperté» cuando apenas faltaban cinco minutos y miré el marcador: el 3-0 se había convertido en 36-0. Estaba jugando, pero solo deambulaba por el campo, me movía por instinto. De todas formas, jugué un *test* cuatro días más tarde. Estaba bien, pero no al cien por cien.

En el futuro, si esta tendencia no se detiene o revierte, es posible que los organismos reguladores y las federaciones de todo el mundo necesiten grandes sumas de dinero para hacerse cargo de las víctimas que produce este tipo de lesiones. No hay ninguna duda. Se necesitan soluciones inmediatas.

Pero ¿puede la New Zealand Rugby alargar eternamente su delicada situación financiera? ¿Puede continuar financiando a las federaciones provinciales? Impey dice que no tiene ninguna duda: sí. Es un desafío para el que están preparados. Una forma alternativa de financiación que está estudiando la New Zealand Rugby es organizar una serie de tres *test* entre los Lions de SANZAAR y los British & Irish Lions. Aunque, seguramente, la idea no supere la sala de juntas de clubes ingleses como Saracens, Northampton y Gloucester. En la actualidad, los voraces clubes ingleses tienen en mente recortar de diez a ocho partidos la gira de los Lions que se lleva a cabo cada cuatro años. Por eso, sin lugar a duda, se opondrán a la propuesta de una gira de los Lions cada dos años.

El rugby a siete es una variante del juego que ha progresado mucho, y es probable que lo haga aún más ahora que ha sido reconocido como deporte olímpico. Sin embargo, Impey muestra su profunda preocupación sobre esta variante de juego y su vulnerabilidad a la bestia negra de cualquier deporte: el amaño de partidos.

> El rugby de quince no es propicio para amañar partidos. Los países que juegan en la élite de quince jugadores no tienen este tipo de tradición. Pero el rugby a siete es diferente; es mucho más fácil hacerlo. Muchos países nuevos están interesándose por esta nueva variante del juego, y sería bastante sencillo cometer un par de errores deliberados para arreglar un partido. ¿Qué lo impide? Hay países donde hay muchos niños pobres en la calle. No tengo ejemplos de esto, pero creo que debemos mantenernos atentos y ser conscientes de ello, especialmente después de lo que ha ocurrido con el críquet.

La experiencia profesional de Impey se enfoca en las retransmisiones televisivas. Ese es el ámbito donde espera que se produzcan los mayores cambios en los próximos años. Cree que la New Zealand Rugby tiene la capacidad para explotar este mercado.

Cree que es probable que los modelos actuales de difusión se alteren radicalmente. Comprar un paquete de televisión por cable es el modelo vigente, pero, cada vez más, las personas tendrán acceso al rugby a través de otros medios:

> El modelo no seguirá igual. El actual se basa exclusivamente en un modelo de suscripción televisiva. Pero eso cambiará hacia un modelo de servicio de libre transmisión [servicio OTT]. Nadie sabe el potencial que tiene este nuevo soporte. Seguramente, será distinto en cada tipo de mercado. El juego tiene mucho potencial de crecimiento en Asia y Polinesia, y eso implicará contratos con las empresas de radiodifusión. Una de las claves será que los equipos podrán acceder a la base de datos de sus aficionados. En la actualidad, es importante saber quién está comprando los partidos y qué partidos quiere ver. En mi opinión, el mercado de pago de derechos deporti-

vos está subdesarrollado. Podría ser mucho mayor en el futuro. Tenemos que pensar en el entretenimiento. ¿Qué intereses tienen las personas actualmente? El deporte de competición está en la parte superior de esa lista.

Tew comparte la misma opinión:

> En las últimas negociaciones de contratos, siempre existía la posibilidad de que un tercero se inmiscuyera en los acuerdos. Eso impulsó el mercado hacia delante. Pero el mundo no se detiene, todo seguirá cambiando. Tendremos que adaptarnos a eso, al igual que las empresas de telecomunicaciones. La cuestión principal es que, sea cual sea el soporte que se use, siempre necesitará de contenido. Y una de las características del deporte es que ha logrado ofrecer un contenido por el cual la gente está dispuesta a pagar.

No pretendo arruinar las fantásticas previsiones de la New Zealand Rugby, pero no tengo otro remedio. Todo lo que Impey dice es verdad, pero olvida un factor que podría ser determinante: la gente no pagará para ver las derrotas de su equipo. En realidad, ni siquiera depende del resultado final. Si los partidos que compra son una retahíla de golpes aburridos y predecibles, dejará de comprarlos. La gente quiere desafíos auténticos. Si un deporte se vuelve previsible, ¿por qué alguien pagaría por verlo? Esa es la razón por la que se estima que el partido entre Inglaterra y Nueva Zelanda del próximo noviembre (2018) generará más de veinte millones de libras. Los dos países llevan sin enfrentarse más de cuatro años, y el encuentro ha generado la expectativa de un partido apasionante y disputado. Lo mismo sucede con el partido que dos semanas después enfrentará a Irlanda contra Nueva Zelanda.

A menos que Nueva Zelanda, o, de hecho, la World Rugby, aborde el gran problema que supone la falta de rivales de calidad para los equipos de Nueva Zelanda, las dificultades económicas no desaparecerán. Qué amarga ironía sería comprobar que el porvenir del rugby en Nueva Zelanda está amenazado por su propia excelencia y por el dominio que ejerce sobre sus rivales.

Como dijo Andrew Slack, capitán del equipo de Australia que ganó el Grand Slam en 1984: «Yo creía que todos los australianos eran felices con las constantes victorias del equipo de críquet de Steve Waugh, pero, personalmente, al final me aburrieron. «¿Nueva Zelanda, si no lo ha hecho ya, creará ese tipo de supremacía?»

Pero Slack es un optimista convencido. Él considera que Irlanda e Inglaterra están haciendo un buen trabajo. Por lo tanto, no cree que Nueva Zelanda goce de un lustro dorado en el cual ningún equipo se le acerque a menos de 20 puntos. Pero, a pesar de eso, está de acuerdo con la teoría de Graham Henry sobre los sudafricanos:

Estoy de acuerdo. Para Sudáfrica puede ser difícil recuperar el poder y la supremacía de la que alguna vez disfrutó. En cuanto a Australia, el rugby nunca será un deporte nacional. El rugby no levanta interés ni en el oeste de Australia ni en Victoria.

En cuanto a los All Blacks, Slack sospecha que han superado sus propias expectativas.

Ahora, los All Blacks están por encima del rugby. Son como aquellos equipos que marcan una época en cualquier deporte. Si los Yankees de Nueva York vinieran a la ciudad, la gente acudiría en masa para verlos, a pesar de que a nadie le interesa el béisbol. Del mismo modo, los All Blacks son conocidos incluso en países donde el rugby apenas levanta algún interés. Se han convertido en una enorme entidad deportiva.

Si se acepta que los All Blacks han sobrepasado los límites del rugby, entonces, deberíamos formular la siguiente pregunta: ¿son capaces de ganarse a una multitud que desconoce este deporte únicamente por el valor de su entretenimiento como los Yankees de Nueva York o los Harlem Globetrotters?

En mayo de 2017, Slack me dijo en Brisbane:

En este momento, lo que más admiro de ellos es su habilidad y su profundidad. Cuando hablas de un tipo como Beauden Barrett, existe la tentación de ser demasiado generoso con tus elogios. Pero no estoy seguro de haber visto a un jugador que haya alcanzado el nivel que ha demostrado estos últimos dieciocho meses. Cada apartado de su juego es increíble. Si quieres un tipo que pueda jugar en cualquier circunstancia o en cualquier situación, sin duda, es él. Si quieres a alguien que pueda manejar la pelota, sin importar si está completamente seca o empapada, él es tu hombre. Jugué junto a algunos aperturas bastante especiales, como Mark Ella y Michael Lynagh. Pero, para mí, Barrett es mejor que ellos.

Mark Ella era un genio, pero no era tan trabajador como Barrett. Cuando Dan Carter se retiró, la gente pensó que nadie podría superarlo. Pero él lo ha hecho. Su velocidad es espectacular, podrías colocarlo como ala y no se notaría la diferencia. Patea perfectamente en juego abierto, placa con fuerza y lee el juego como nadie. Es asombroso. Consigue que el rugby sea un espectáculo.

¿Y qué piensa Slack sobre el equipo actual de los All Blacks?:

Es probablemente el mejor equipo de todos los tiempos. La profundidad que tienen es increíble. Lo que daría el rugby australiano por Aaron Cruden. Y ya ni siquiera juega para Nueva Zelanda. Luego está Damian McKenzie, que sigue rápidamente los pasos de Barrett, con una velocidad tan explosiva como la pólvora.

Sin embargo, la amenaza de la falta de competitividad siempre está presente. ¿El interés local por los All Blacks se desvanecerá porque siempre apalizan a los Springboks, aniquilan a los Wallabies y destrozan a los Pumas? ¿O la reputación internacional de la marca generará contratos más suculentos que soporten la pérdida de espectadores en los estadios? El director de cualquier empresa internacional siempre está dispuesto a colaborar con un equipo ganador. Pero si las grandes empresas llegan a la misma conclusión que muchos aficionados, y consideran que no es entretenido observar como un solo equipo apaliza a todos los demás, entonces, la New Zealand Rugby tiene un serio problema.

Desgraciadamente, la supremacía de Nueva Zelanda no solo es un peligro que afecta a los partidos de los All Blacks. Cuando regresé a Christchurch, de camino al lujoso Merivale, tuve la ocasión de descubrir los andamios que cubrían las casas y los edificios destrozados del centro y el oeste de la ciudad. Aquí, las cafeterías inteligentes hacen un gran negocio, y los BMW llenan los aparcamientos. Parece Twickenham en un día de partido.

Hamish Riach es el CEO más veterano de las federaciones provinciales de Nueva Zelanda. Lleva diecisiete años en el negocio y ha visto de todo. A finales de 2010, el futuro de los Crusaders parecía asegurado. Además, se habían realizado algunas mejoras en el estadio AMI, el antiguo Lancaster Park, en vista de los partidos del Mundial de 2011. Después del torneo, los Crusaders tendrían un estadio moderno. Su modelo de negocio parecía asegurado para las próximas dos décadas o más.

Lamentablemente, ese futuro prometedor se hizo añicos a las 12:51 del martes 22 de febrero de 2011, cuando se produjo un terremoto de 6:3 en la escala de Richter. No solo el AMI Stadium sufrió daños irreparables, sino que toda la comunidad quedó devastada y muchas personas se vieron obligadas a abandonar la ciudad. Los Crusaders se quedaron sin hogar. Magnánimamente, la Canterbury Rugby League ofreció a los Crusaders jugar sus partidos en el Christchurch Stadium. Pero en las oficinas del club, Riach tenía que enfrentarse a los preocupantes números que presentaba la entidad.

Habíamos perdido un estadio de treinta y seis mil localidades y estábamos jugando en otro ubicado en los suburbios de Addington con una capacidad para diecisiete mil espectadores. Cuando empezamos a jugar allí, todo el complejo estaba muy deteriorado: la tribuna estaba restaurándose y el terreno de juego era muy anticuado.

La Canterbury Rugby League fue muy generosa. Acordaron dejar vacante el contrato de alquiler por el bien de la ciudad y para atraer eventos. Allí, se han jugado partidos de liga, así como encuentros de los Crusaders y partidos de fútbol; también se han celebrado conciertos, como el de Bruce Springsteen. Pero es obvio que necesitamos un nuevo estadio. No es un estadio de clase internacional, las gradas están repletas de andamios y todo es provisional. Sin embargo, las facturas de reparación se están acumulando.

Antes del terremoto, los Crusaders promediaban una asistencia de veintidós mil espectadores. Ahora, el promedio es de entre doce y trece mil. La mayor frustración es que no pueden elevar los números de asistencia en los grandes partidos contra otros equipos de Super Rugby de Nueva Zelanda, los Hurricanes, Highlanders, Chiefs y Blues, porque no pueden meter más de diecisiete mil personas en ese estadio. Cuando tenían el AMI Stadium, podían soportar cifras más pequeñas para los partidos de Super Rugby contra los equipos menos atractivos de Australia o Sudáfrica, pues vendían treinta y seis mil asientos para los grandes días de pago contra rivales de Nueva Zelanda. También tenían la opción de celebrar algún *test match*. En 2010, cuando la selección australiana visitó la ciudad, treinta y nueve mil personas se apiñaron en el estadio.

Sin embargo, Riach dice que pasarán diez años antes de que Christchurch tenga un estadio parecido al antiguo Lancaster Park. Le gusta la ubicación del nuevo estadio, justo en el centro de la ciudad, como Melbourne o Cardiff, pero está frustrado porque la construcción avanza muy lentamente:

> Claro, para empezar, nunca fue una prioridad. Cosas esenciales como el agua o las aguas residuales tuvieron que repararse antes. Pero eso ya se ha hecho. Sin embargo, todavía estamos hablando de una década más antes de tener un estadio lo suficientemente grande. Donde estamos en este momento, la comunidad no ama el estadio. Tiene limitaciones obvias; por eso no colgamos el cartel de no hay billetes. Es difícil llegar, no es un lugar espectacular cuando llegas allí. Después de cinco años, la gente está cansada de eso.
>
> Hemos logrado sobrevivir gracias al creciente apoyo de nuestros patrocinadores. Eso ha compensado la pérdida en las entradas. Fuimos, les dijimos que teníamos problemas y nos escucharon. Nos las arreglamos para sobrevivir sin pérdidas el primer año después del terremoto. Pero, desde 2012, hemos cerrado cada año con pérdidas.

Riach destaca otra dificultad que afrontan las organizaciones deportivas profesionales como los Crusaders, que también está comenzando a afectar a los All Blacks:

> Existe el riesgo de que se pinche el globo en la Super Rugby. Los gustos están cambiando y la sociedad está eligiendo otras formas de entretenimiento. Una razón es que están gastando su dinero en otras cosas. Cuando tantos músicos perdieron mucho dinero por la difusión de la música en Internet, comenzaron a salir de gira continuamente. Recibían derechos por sus composiciones, pero eso comenzó a agotarse con la revolución digital. Así que volvieron a viajar para obtener ingresos adicionales.

Desde Niza hasta Napier, o desde Las Vegas a Vanuatu, siempre puedes encontrar en cualquier estadio la música de Elton John, la voz ronca de Rod Stewart o los vaqueros ceñidos de Bruce Springsteen. Todo esto ha tenido un gran efecto en los demás ámbitos del entretenimiento. El dinero gastado en la música ha salido del bolsillo de los deportes. Según Riach:

> El entretenimiento deportivo ha perdido consistencia. Los mejores eventos siguen siendo muy atractivos. Pero la gente no asiste a un partido de la jornada diecisiete de la Super Rugby contra un equipo como los Melbourne Rebels. No es falta de interés, porque, generalmente, se agotan las entradas para los partidos contra los Highlanders y los Hurricanes. Pero es diferente para los otros partidos.

Cuando los Crusaders comenzaron sus preparativos para la temporada de la Super Rugby 2018, se centraron en gran medida en este síndrome.

> La gente ahora es más exigente. Esto cambiará nuestro negocio. Lo que tenemos que hacer es maximizar los grandes eventos, los principales partidos, los que la gente quiere ver. Necesitamos cuatro grandes partidos contra los equipos de Nueva Zelanda cada año. Eso marca una gran diferencia en nuestro negocio. Estamos hablando de diferentes niveles de precios para esos partidos. Cada oponente tendrá un valor distinto.

Como dijo Ryan Crotty: «Los derbis de Nueva Zelanda son lo más parecido a un *test match* que puedes presenciar». Riach, por su parte, es honesto: «Es una situación lamentable, pero no hay otra: es lo que hay. No puedes negarte, no serviría de nada. Necesitamos aprovechar los ingresos de la mejor forma posible y asignar nuestros recursos con mucho cuidado».

Vale la pena señalar que, a pesar de las severas restricciones financieras, hombres como Hamish Riach anteponen los intereses del rugby neozelandés a todo lo demás. Esa es otra de las razones que explican la fortuna de este deporte en Nueva Zelanda. Además, las franquicias regionales como los Crusaders solo pueden tener un par de jugadores extranjeros. Esa es una gran diferencia con la locura del rugby francés.

Un par de temporadas atrás, de los catorce clubes de la liga francesa, doce tenían medio aperturas extranjeros, sin duda, una de las posiciones clave de este deporte. ¿Es de extrañar que durante los últimos años Francia tenga problemas para encontrar un medio apertura de clase mundial para su selección?

Cuando el Montpellier anunció su plantilla de treinta y cuatro jugadores para la temporada 2017-2018, menos de la mitad eran seleccionables por Francia: dieciséis franceses y dieciocho extranjeros. Pero eso es lo que ocurre cuando los clubes están dirigidos por multimillonarios. Tienen una agenda propia que no tiene en cuenta los intereses del equipo nacional.

Riach dice:

> Soy un hombre de negocios, pero no comprometería el éxito del rugby de Nueva Zelanda solo por tener un negocio próspero. Nunca llegaríamos a la situación del Reino Unido o Francia, donde un propietario rico puede traer a quince jugadores de su elección desde cualquier lugar. Nuestros equipos de Super Rugby no emplean a los jugadores, son empleados de la New Zealand Rugby, que observa con mucho cuidado todo lo que ocurre para asegurarse de que eso no suceda. Son muy conscientes del impacto. Las cinco franquicias de Super Rugby no pueden tener un número de diez extranjeros.

En realidad, tampoco querrían un jugador extranjero. Por eso, en la temporada 2018, cuatro de las cinco franquicias de Super Rugby tenían medio aperturas de nivel internacional.

«Quiero algo exitoso que sirva al rugby de Nueva Zelanda. Esa es nuestra idea», dice Riach. Sin embargo, si le preguntas si en ocasiones hay ciertas discrepancias con la New Zealand Rugby, no puede negarlo:

> A veces, es muy frustrante, y solemos tener diferencias de opinión con bastante frecuencia, nosotros y la New Zealand Rugby. Ciertamente, tenemos muchas discusiones con ellos. Diría que entienden parcialmente nuestros problemas. Pero ellos mismos son un negocio complejo. No creo que aprecien plenamente nuestra posición. Su mundo no es el nuestro y el nuestro no es el suyo. No están sentados aquí cincuenta horas a la semana preguntándose cómo tener éxito.

Eso prueba que en el mundo de la New Zealand Rugby no todo es gloria, belleza y éxito. Sin embargo, nada de eso arremete contra el principio fundamental: todo gira en torno a los All Blacks. Ellos son los primeros, los segundos y los terceros. Y, de forma asombrosa, casi todo el país suscribe este mantra. ¿Es de extrañar que el rugby de Nueva Zelanda se sienta como un rey en la cima del mundo? Toda la estructura de rugby nacional está orientada a ese fin.

El punto clave es este: el rugby y Nueva Zelanda están interconectados tan profundamente como las raíces de un poderoso árbol kauri. Steve Tew admite:

Aquí, el deporte todavía se basa en que el rugby es una parte muy importante de la estructura de nuestras comunidades. Hemos visto cómo los equipos de rugby, como los Crusaders en Christchurch después del terremoto, se convirtieron en un grito de guerra para la gente durante un momento muy difícil. Sin un enfoque intenso, no se puede alcanzar un nivel de compromiso comunitario capaz de generar no solo el espíritu, sino también los fondos que se necesitan para sostener un deporte profesional en un país pequeño. Si sabes todo lo que sucede, debes tener en cuenta que la otra cara de la moneda es que la gente observa todo lo que haces. Se nos analiza día a día. A veces me sorprende que seamos el foco de interés, mientras en el mundo suceden otras tantas cosas. Pero es así, no hay que darle más vueltas.

El exentrenador de Inglaterra Dick Best cuenta una historia al respecto. Best recorrió Nueva Zelanda en 1993 como entrenador asistente de los British & Irish Lions.

Un día, estábamos sentados en un hotel o motel de algún lugar cuando comenzaron las noticias de la noche. La primera fue la convocatoria de los All Blacks para un *test*. Aquello se prolongó durante varios minutos. Entonces el locutor pasó a otras noticias. «Seis personas murieron hoy en un accidente de coche.» No podía creer lo que escuchaba. Los All Blacks fueron una noticia mucho más importante que seis personas muertas en un accidente de tráfico. Algo así, jamás hubiera sucedido en un país como Inglaterra.

14

El doctor brujo

Con contribuciones de, entre otros,
sir JOHN KEY, STEVE HANSEN, sir GRAHAM HENRY,
GILBERT ENOKA, DARREN SHAND, CONRAD SMITH,
DAVID GALBRAITH, CERI EVANS y JOHN EALES.

Tiempo atrás, nos quedamos muy atrás
en cuanto a la mentalidad y tuvimos
que desarrollar un programa rápidamente.
Ahora, es una parte integral del entrenamiento.
Cada semana, se hace hincapié en eso.
Ese ha sido un gran avance en los últimos
diez años y ha ayudado a que los jugadores
gestionen mejor la presión.

Sir GRAHAM HENRY, exentrenador de los All Blacks

Es el hombre al que llaman «la mente detrás de los All Blacks». La sombra, el fantasma. Siempre está ahí, pero en un segundo plano. La mayoría de la gente no tiene la menor idea de quién es o de lo que hace. Él sonríe algo tímido ante eso. Le gusta que se le vea así.

Sin embargo, no hay que olvidarse del papel que ha desempeñado Gilbert Enoka en los triunfos de los All Blacks durante estos últimos quince años, desde que comenzó la era de Graham Henry y Steve Hansen. Ha sido determinante.

Sir Graham Henry lo llama «la columna vertebral de todo el asunto». Oficialmente, su título es «gestor de liderazgo». Sin embargo, su papel crucial con los All Blacks ha sido en el campo de la psicología del deporte.

Cuando Nueva Zelanda ganó el Mundial de 2015, el primer ministro John Key entró en su despacho después del partido en Twickenham. A los políticos les gusta ese tipo de fotografías. Como dijo Key, nunca hace daño a un político codearse con los ganadores. Esta vez, Steve Hansen le dio un consejo: «Si está dando honores por esto, asegúrese de reconocer a Gilbert Enoka, porque él es una parte fundamental del equipo».

En Nueva Zelanda, incluso el primer ministro escucha al entrenador de los All Blacks. En 2016, Enoka se convirtió en miembro de la Orden del Mérito de Nueva Zelanda. Sin embargo, hubo un tiempo en el que Enoka probablemente pensó que nunca formaría parte de algo importante. Su padre vino a Nueva Zelanda desde Rarotonga, en las islas Cook. Conoció a una mujer pakeha en Palmerston North y tuvieron seis hijos en nueve años. Gilbert fue el más joven.

Pero su padre los abandonó. Regresó a la isla y dejó a su esposa sola y sin recursos para de cuidar de sus hijos. Lamentablemente, no pudo

salir adelante y los seis niños acabaron en hogares de acogida. Gilbert
Enoka tenía dieciocho meses. Los hermanos se separaron. Su tiempo
como una familia unida era casi inexistente. Pasó los siguientes diez
años y medio en diferentes hogares. Sin familia, sin mentor. Sus sueños de una vida familiar normal se desvanecieron, como un charco de
la calle a pleno sol.

Hasta que, un día, su madre lo visitó con buenas noticias. Se iba
a casar de nuevo y él podría volver a casa para vivir con ellos. Imagi-
nó un hogar simple pero hermoso donde podría encontrar, por primera vez en su vida, la satisfacción familiar. Podía vivir una vida ordina-
ria. Pero feliz.

El sueño comenzó a morir en el momento en que entró a la casa.
Su padrastro había empapelado las paredes con modelos *pin-up* de la
revista Penthouse. También estaba el tema de la bebida. La vida de su
padrastro giraba en torno al alcohol.

Sabía que tenía que irse. Finalmente, a los dieciséis años, lo hizo.
Fue a la universidad en Canterbury, donde hizo un curso de educación
física. Los niños crecen rápido en ese tipo de ambiente. El niño pronto
se convirtió en un hombre.

Pero se obtiene una imagen más clara del tipo de hombre que es
Enoka con esta declaración:

> No guardo rencor a mis padres. Cuando conocí a mi padre, más
> tarde, él era un hombre más simple. Mi madre, con su buena inten-
> ción, trató de hacer lo correcto. En retrospectiva, tuve mucha ayu-
> da en el orfanato. Y muchas cosas me ayudaron mientras avanza-
> ba en mi viaje.

Con ese tipo de antecedentes, Gilbert Enoka probablemente ha olvidado más de lo que nadie podría aprender en su vida sobre mentalidad. Lo que ha logrado ha sido a través de su propio y duro trabajo.
Dedicación. Fe. Porque hubo un tiempo en que incluso los jugadores
profesionales de rugby se burlaban de eso que se llamaba las «habilidades mentales». Él siempre ha creído que es la frontera final. Pero convencer a los demás no fue fácil, especialmente al principio.

> Cuando comencé, la gente se burlaba de la idea y me llamaban
> «el médico brujo». Algunos jugadores tuvieron problemas bastante

obvios con los programas hasta que se implicaron en ellos y pudieron sacar algún provecho.

Con el tiempo, mucha gente se me ha acercado y me ha dicho: «Cuando te uniste al equipo, pensé que todo eso era un montón de basura». Pero el éxito reside en cómo trabaja cada uno. El terapeuta es más importante que la terapia. Eso es a lo que me dedico, y la manera en que lo hago simplemente lo hace más importante.

Nueva Zelanda lo necesitaba. No podían entender por qué dominaban el mundo del rugby, pero fracasaban una y otra vez cuando acudían a un Mundial. Ocurrió en 1991, 1995, 1999, 2003 y 2007. Antes del Mundial, ganaban todos los partidos, pero cuando llegaba la hora de la verdad, siempre salían derrotados. ¿Por qué no podían cruzar la línea?

Enoka lo sabía. Se habían vuelto arrogantes: creían que eran los mejores. Y lo eran, la mayor parte del tiempo. Una parte de su mente les dijo que todo lo que tenían que hacer para ganar la próxima Copa Mundial era, simplemente, aparecer. Cuando no ganaron, pocos relacionaron esa arrogancia con el fracaso. No se trataba necesariamente de cambiar de jugadores. La mayoría de ellos eran suficientemente buenos. Lo habían demostrado una y otra vez en el ciclo de cuatro años entre las Copas del Mundo. Solo tropezaban en el gran escenario. Se necesitó un entrenador-psicólogo para resolver el problema. Y Gilbert Enoka dio un paso adelante. Todavía hay personas que dudan del «doctor brujo». Pero ignoran el papel fundamental que las habilidades de Enoka han desempeñado en el rugby de Nueva Zelanda. Incluso el propio Enoka se muestra sorprendido:

> Solía pensar que esto era solo un radio en la rueda. Ahora, creo que es el centro de toda la rueda. Al final, no tienes acceso a ninguna de tus habilidades físicas ni a tu talento a menos que tengas tu cerebro absolutamente en sincronía con todo lo demás. La gente está empezando a entenderlo. Todo tiene un componente. No creo que sea 70/30 en importancia, u 80/20, o incluso 90/10. Es 100/100. Es decir, cien físico, cien mental. Los mayores éxitos provienen de explorar esto. Nosotros lo llevamos practicando desde hace cierto tiempo, y ahora otros lo están haciendo. Ya no hay un estigma asociado. Esta es un área que ofrece mucho potencial, mucho más desarrollo.

Pero ¿se trata simplemente de sentarse con un jugador y contarle cosas? Si este es el caso, ¿qué tipo de cosas? Según Enoka no es tan simple como eso:

> Esta disciplina no se basa en seguir los pasos de un manual. Ahí es donde mucha gente se equivoca. Es un equilibrio entre saber en qué situación se encuentra una persona y qué es lo que necesita. Luego, se desarrolla un «plan de ejecución». Tal como se haría en la preparación física.
>
> A menudo, estos cambian según los individuos y las circunstancias. Supongo que el «ingrediente crítico» es el puente entre la aplicación, entre el arte y la ciencia. Las personas que progresan en este campo son las que pueden dar exactamente en el clavo de esto. Sé que no siempre lo hago bien, pero me gustaría pensar que lo hago bien con cierta frecuencia.

Empezó a colaborar con los All Blacks en el año 2000. Para entonces, ya habían fracasado en los Mundiales de Rugby en 1991, 1995 y 1999. Wayne Smith, que ya lo conocía, estaba fascinado por sus pensamientos sobre el aspecto mental en la preparación de un jugador. Smith no sabía mucho sobre el tema, pero le pidió a Enoka que trabajara con los All Blacks. Sin embargo, en este campo, las cosas no cambian de la noche a la mañana. En algunos casos, pueden pasar varios años antes de que los mensajes realmente se asimilen. Después de todo, incluso con Enoka a bordo, Nueva Zelanda tardó otros once años en ganar un Mundial.

A Enoka, más que trabajar en grupo, le gusta hacerlo de forma individual. Seguramente, en este campo no todos los jugadores progresan del mismo modo, ni a la misma velocidad: «A veces sí, pero otras veces puedes necesitar el grupo u otros recursos para crear conciencia sobre el cambio. Este es el punto clave: encontrar el contexto y el método adecuados para que un jugador tome conciencia de sí mismo. Sin eso, todo será en vano. Pero si lo encuentras, todo es posible. ¡Aquí es donde sucede la magia!».

Si le preguntas qué tipo de consejo les da a los jugadores, responde que no le gusta ese verbo. Para él, «dar» implica una especie de estructura jerárquica. «Se trata de estar a su lado y descubrir que los problemas que normalmente están relacionados con los aspectos de su vida pueden mejorar. En ocasiones, me toca liderar el proceso, pero, si se hace bien, son ellos los que toman la iniciativa, incluso sin darse cuenta. Comprender eso y detectar cuando tocas algún tema sensible es importantísimo. Hay un gran margen de mejora para sacar lo mejor de uno mismo. Eso es lo que todos buscamos.»

Gilbert Enoka es el integrante más veterano del cuerpo técnico de los All Blacks. Es justo mencionar que, al principio, tuvo que dejarse la piel para vender el concepto. Pero su trabajo fue realmente provechoso cuando aparecieron los tres Reyes Magos: Graham Henry, Steve Hansen y Wayne Smith. Hombres con visión, paciencia y disposición para apostar fuerte y ver lo que podía ocurrir.

Un entrenador inflexible habría echado por tierra la idea de Enoka incluso antes de escucharla. Pero, gracias a la perspicacia de Smith, Henry y Hansen, su proyecto siguió adelante.

Durante los últimos quince años, el anhelo por mejorar y alcanzar la perfección ha sido uno de los rasgos distintivos de Nueva Zelanda. En Ciudad del Cabo, cuarenta y ocho horas antes de que los All Blacks se enfrentaran a Sudáfrica en el partido de vuelta del Rugby Championship en 2017, me reuní con Steve Hansen y le pedí que calificara el rendimiento de sus jugadores en la victoria del mes anterior contra los Springboks. El resultado fue 57-0. Sin importar el rival, no es un resultado común en ningún deporte. Dejar el marcador a cero es extraño. ¿Qué opina Hansen de ese resultado? Lo que dijo es revelador: «Cuando logras hacer un partido como ese, estás satisfecho con el rendimiento en un 98 por ciento. Pero siempre estamos buscando algo más porque queremos mejorar».

En otras palabras, ese dos por ciento de insatisfacción puede ser crucial para enfrentarte a un rival fuerte. Eso explica por qué los entrenadores de los All Blacks abrazaron gustosamente el proyecto de Enoka. Incluso ahora, cuando nadie sabe realmente dónde pueden llegar, Henry dice:

> Nos quedamos muy atrás en cuanto a la mentalidad y tuvimos que desarrollar un programa rápidamente. Ahora, es una parte integral del entrenamiento. Cada semana, se hace hincapié en eso. Ese ha sido un gran avance en los últimos diez años y ha ayudado a que los jugadores gestionen mejor la presión.

Hansen no reemplazó a Henry hasta después del Mundial de Rugby 2011. Pero había sido testigo de primera mano del valor del trabajo de Enoka mucho antes:

> Entrenamos el físico y entrenamos la técnica. Pero nuestro cerebro es la computadora más potente que tenemos. O nos destroza o nos obliga a enfrentarnos a lo que tenemos delante. Es una herramienta que debemos aprender a utilizar. Gracias a mi experiencia competitiva, sé que, si hubiera sabido muchas de las cosas que sé ahora, habría sido un mejor jugador. Así que siempre pensé: «Perfecto, sigamos con eso. Mientras lo hagamos sencillo». No puedes hacerlo demasiado complicado. Si es así, todos desconectan.

La picardía de Hansen emerge con su seco sentido del humor:

> Entonces, es cuando el *profesor chiflado* debe mostrar su capacidad para simplificar las cosas. En realidad, también puedes echarle una mano. La primera vez que trabajé con él todavía estaba en los Canterbury B. Luego se vino con nosotros a los Crusaders, con Smithy [Wayne Smith]. Es como todo lo demás, tienes que marcarte desafíos. Lo que funcionaba en ese entonces es diferente a lo que funciona ahora. Sabemos más al respecto. Pero yo creo que es una gran herramienta que permite a los jugadores sentirse libres y expresarse para hacer las cosas de las que son capaces.

¿Es posible alcanzar todo el potencial que ofrece este campo?

> Es como todo. Tiene un potencial interminable. Nunca alcanzas todo tu potencial en nada. Todo lo que haces es seguir esforzándote por crecer. A veces no sabemos adónde diablos vamos, pero sabemos que vamos a algún lado con eso. Así que montamos el tigre y vemos a ver adónde nos lleva.

En las palabras de Hansen está implícito el característico e irrefrenable deseo de seguir mejorando. No puedes conformarte con tu mejor resultado, ni siquiera con una victoria como el 57-0. Puede ser inexplicable para los demás países, pero los neozelandeses siempre vuelven al trabajo silenciosamente. En cualquier lugar, sea un campo de rugby, una casa o en el extranjero, olvidan su último resultado y se centran en el siguiente desafío con la intención de hacerlo todavía mejor. Esta búsqueda incesante no solo de éxitos, sino, también, de perfección, es la que los mantiene en la cima del deporte mundial.

Sin embargo, a los sesenta años, Gilbert Enoka no es ningún crío. ¿Cómo se relaciona con los jóvenes que podrían ser sus hijos o nietos? Enoka sonríe, con un gesto de dolor.

Hace poco estuve de gira y me senté con Rieko Ioane. Le dije: «¿Sabes que en mi primera temporada con los All Blacks tú tenías tres años?». Aquella reflexión me envejeció al instante. Me miró y me dijo: «¿Qué dices?». En aquel momento, tenía diecinueve años.

Creo mucho en la conexión individual entre las personas. Creo que, si les prestas atención a las personas y las valoras por lo que son, entonces tendrán una relación positiva contigo. El trabajo en equipo y el valor del equipo es asegurar que todos los jugadores sean valorados como individuos. Es importante romper las jerarquías que existen dentro de las estructuras para que puedas conectarte.

¿Qué tipo de sugerencias harías a los jugadores para que comprendieran mejor todo esto?

¡El entendimiento es lo fundamental! Sin eso, controlar la mente es imposible. A menudo, hago que los jugadores sean conscientes de que varios componentes afectan su rendimiento en un día determinado o en un partido en concreto: estado físico (EF), conjuntos de habilidades específicas del juego (CHEJ), experiencia (E) y control mental (CM). Cuando compites, tres de estos factores permanecen razonablemente constantes: EF, CHEJ, E. El único que fluctúa en un partido, y a menudo durante el partido, es el control mental (CM). Por ello, serías un jugador muy estúpido si no intentaras fortalecer ese componente. A partir de ahí, todo puede fluir.

Pero ¿este aspecto está vinculado únicamente con la toma de decisiones bajo presión o hay algo más? Enoka compara la toma de decisiones bajo presión con el chorro de agua que sale de una manguera: es lo más visible en las grandes ocasiones.

Pero hay una gran variedad de lo que yo llamo «otros componentes» que están implicados en este proceso. Los profesionales calificados son aquellos que pueden identificar estos componentes, reforzarlos, y obtener una mayor fiabilidad cuando los jugadores tienen que tomar decisiones.

Pero ¿cómo es trabajar con Enoka? ¿Usa vocabulario y conceptos complejos? ¿Su mensaje es tan técnico que solo algunos *freaks* son capaces de entenderlo? Conrad Smith tuvo muchas sesiones con Enoka durante su largo periodo con los All Blacks, entre 2004 y 2015. Conoce tan bien a Enoka como cualquier otro All Black. Comprende sus mensajes y su forma de trabajar. Además, nos ofrece una valiosa perspectiva de un hombre que ha sido fundamental para la era dorada del rugby de Nueva Zelanda en los últimos quince años.

Smith me dijo:

Bert siempre explica las cosas de forma sencilla, esa es, sin duda, su fortaleza. Toma un tema como las habilidades mentales y lo desglosa en tres simples apartados: cómo afecta a los jugadores, cómo puede entrenarse y por qué es capaz de generar grandes beneficios.

Por ejemplo, Bert simplificaría la «psicología del deporte» en cómo un jugador de rugby puede rendir bajo presión. Siempre explicaría que todos sentimos presión, que es completamente normal. Incluso los mejores atletas la sienten. Pero lo importante es cómo reaccionamos ante ella. Y esta reacción puede mejorarse: no es como si algunas personas nacieran con la capacidad de lidiar con la presión y otras no. Es simplemente una cuestión de reconocer tus propias reacciones cuando estás bajo presión: en silencio, tratando de hacer todo de una vez o sin hacer nada. Y luego encontrar algo que funcione para contrarrestarlo: cosas simples como respiraciones profundas, afirmaciones positivas o hablar con alguien.

Estos mensajes simples siempre tienen un impacto enorme en los jugadores, porque a menudo pasamos horas en un gimnasio tratando de alcanzar ese uno por ciento adicional, mientras que pasamos por alto el valor de cómo nuestro proceso de pensamiento puede ser alterado fácilmente por la presión de un partido. Sin embargo, podemos ayudar ese apartado de nuestro rendimiento repasando durante treinta minutos situaciones de juego, es decir, cómo hemos reaccionado en el pasado y qué podríamos hacer distinto.

Aparte de las habilidades mentales, el otro papel fundamental que desempeña Bert consiste en monitorear la «cultura del equipo». Trabaja mucho con el grupo de liderazgo, pero también con los grupos sociales, asegurándose de que el ambiente de los All Blacks sea saludable, para que tengamos el equilibrio adecuado entre el impulso de ser los mejores y las ganas de divertirse o disfrutar de la compañía de los demás.

Para mí, esta es una parte determinante que los All Blacks han trabajado muy bien últimamente, pero no siempre es fácil. Bert lidera el grupo, pasa mucho tiempo con los jugadores. Especialmente, al inicio de temporada. Observa e identifica quiénes somos, qué cosas nos unen y nos hacen querer ganar cada partido. Esto se relaciona con la historia del equipo, nuestra cultura, la *haka*, y es algo importante que creo que muchos otros países y equipos pasan por alto. Bert no es el que necesariamente transmite los mensajes de equipo, generalmente son los jugadores y entrenadores. Pero siempre nos recordará si cree que pasamos por alto o no dedicamos suficiente tiempo al equipo.

Wayne Smith es otro de los que cree que algunos países y equipos no tienen en cuenta este tipo de entrenamiento, mientras que los All Blacks lo consideran de vital importancia.

Enoka es un visionario; él puede ver las dificultades. Pero, a pesar de su gestión estable durante más de una década, es inevitable que exista una brecha generacional entre los jóvenes que se unen al equipo y el envejecido cuerpo técnico. «Hablamos sobre eso, y tenemos conversaciones acerca de lo que debemos hacer para asegurarnos de no perder esa conexión genuina. Trabajamos para que no haya secretos en el equipo y la brecha no se abra aún más.» Eso es anticiparse a los problemas antes de que lleguen. Pero, además, la preocupación por todos los detalles es una de las características de este equipo. Analizan todo aquello que puede ser un problema y, luego, lo vuelven a analizar. Enoka dice:

Tenemos que asegurarnos de mantener la conexión con estos jóvenes. Todos contribuyen al liderazgo y creemos que siempre debemos entregar más de lo que recibimos. Para nosotros, se trata de ayudar, no de recibir ayuda. Esa es nuestra filosofía.

Darren Shand, el gerente de logística del equipo, es uno de los testigos que puede dar fe de lo laborioso que es este trabajo. Shand tuvo una carrera muy exitosa con los Crusaders antes de unirse a los All Blacks en 2004. ¿Continuidad? «Solo llevamos catorce años. Es un buen comienzo», bromea.

Si alguien puede explicar el valor incalculable de Shand en la estructura de los All Blacks, ese es el exentrenador John Hart.

> Hay mucha gente, héroes anónimos…, dentro de la gestión [de los All Blacks]. Pero ninguno es más importante que Darren Shand. Para mí, él es el héroe, porque nunca está en el foco de atención. Pero ha hecho un trabajo brillante al reunir y dirigir a este equipo. Steve Hansen tiene el papel público, pero este tipo tiene la labor de juntar todas las piezas. Si alguna vez un hombre debe ser nombrado caballero por sus servicios al rugby, debería ser él.

Shand es uno más de los muchos empleados de los All Blacks. Tiene una rica experiencia vital, lo cual es de gran ayuda en un mundo en el que hay tanta presión.

Alegremente, admite que no tiene un buen pedigrí en el mundo del rugby y que, además, ni siquiera es un gran aficionado. Le apasiona más el esquí o el surf:

> Es una ventaja no ser un apasionado, porque la emoción no me afecta tanto. No afecta el resultado. Mi papel es que todo salga bien en el terreno de juego. Una gran característica de este equipo es que los jugadores son despiadados en el campo, pero humildes fuera de él. Ganar fuera del campo es importante.

Tiene un carácter inestimable. Él cree que reacciona bien bajo presión, como cualquier persona que haya trabajado en el mundo del turismo al aire libre, donde, en ocasiones, deben tomarse decisiones críticas: «Cuando tienes ocho turistas japoneses en el agua con su bote salvavidas al revés…, bueno, eso es algo de vida o muerte».

Él trabajó en ese mundo durante diez años, en Queenstown. Sin duda le aportó la objetividad necesaria para evaluar la situación y el valor de no perder nunca la calma.

Una de las grandes diferencias de ahora es el *coaching*. En 2007, cuando fallamos en Cardiff, no aprovechamos nuestras oportunidades. Sentimos la presión del momento. Pero creo que ahora podemos hacer lo correcto en el momento correcto. Esa es una gran diferencia.

Eso es lo que significa estar en un terreno de juego. Es verdad, el factor físico es importante, pero se trata de tomar decisiones bajo presión. Eso se ha vuelto más evidente para nosotros. Tienes que aprender a tomar decisiones, tanto en tu vida como en el campo de entrenamiento. Cuanto más practiques, más posibilidades de hacerlo bien. Los jugadores deben aprender a gestionar sus habilidades bajo presión.

El papel de Enoka consiste en prestar la ayuda necesaria para que los jugadores entiendan, gestionen y acepten la presión, es decir, para que la presión se vuelva algo natural y, en lugar de temerla, la acepten tal y como es. En otras palabras, ningún elemento presente en la preparación de los All Blacks es superfluo. Todos encajan y se sincronizan para lograr una preparación completa. Es algo como trabajar tanto el ataque como la defensa.

Shand revela que el enfoque claro y profesional del cuerpo técnico ha sido clave para que Nueva Zelanda domine el panorama mundial.

Las cosas avanzan todo el tiempo y el progreso que logres es lo que decide el éxito que tendrás.

Cuando Graham Henry se fue y Steve Hansen se hizo cargo del equipo, se produjo una transición perfecta. Precisamente, esa era la expectativa, que fuera perfecta. Incluso en 2016, después de que se fue el Big Eight, nuestra intención era que los reemplazos dieran un paso al frente. Les dijimos: «Habéis estado al lado de estos tipos durante cinco años, ahora es vuestro turno. Poneros en marcha y haced vuestro trabajo». Y lo hicieron.

No reconstruimos nada, simplemente, recuperamos el equilibrio. Hay una diferencia. Las grandes compañías no se reconstruyen; eso significa que han fallado. Ahora tenemos una visión más

holística del deporte; no se trata solo de jugar y entrenar. Se trata
de ser bueno con la comunidad, los socios comerciales o los medios.
Eso significa ser un profesional.

Es una mentalidad que se encuentra a otro nivel con respecto a
las demás selecciones. En el núcleo de todo esto hay una filosofía muy
simple: el mañana comienza hoy. Nueva Zelanda sabía desde 2011 que
cinco o más de sus jugadores veteranos se retirarían después de la Copa
Mundial 2015. Entonces comenzaron el proceso de preparación para el
relevo. Cuando finalmente sucedió, tenían jugadores con cuatro años
de experiencia, no solo en *test*, sino también del entorno de los All
Blacks y que conocían su forma de trabajar. No es de extrañar que la
transición fuera perfecta.

Todos los factores están al servicio de ese gigante que son los All
Blacks. Shand añade:

> No hay un ingrediente secreto, es la mezcla la que marca la di-
> ferencia. Los All Blacks es un equipo nómada, nunca se detiene. No
> tenemos un gimnasio, un hotel o una base de entrenamiento. Tene-
> mos que adaptarnos a todo. Eso ayuda al proceso de tomar decisio-
> nes, porque las personas no se encuentran en una sola zona de con-
> fort. Ahora, somos mejores para analizar las estadísticas, los datos
> y cosas así. Obtenemos más información que nunca, pero el verda-
> dero arte es clasificar la información determinante. No tenemos los
> recursos para comprar ningún sistema ostentoso. No hay ninguna
> cámara de crioterapia a la vista. No tenemos el dinero de la RFU [in-
> glesa], lo que probablemente significa que nos hacemos preguntas
> más difíciles. ¿Es correcto esto o aquello? ¿Marcará la diferencia?

Para David Galbraith, el especialista en psicología deportiva que
ha trabajado con la franquicia de los Chiefs durante los últimos nueve
años, el quinto fracaso consecutivo de los All Blacks en el Mundial de
2007 acabó por convencer a Nueva Zelanda de que no había otro camino. Era un momento crítico:

> La derrota de Nueva Zelanda en ese torneo solo nos dejó esta
> alternativa. Además, en esa ocasión la New Zealand Rugby mantu-
> vo a los entrenadores para el torneo de 2011, cosa que rompió con

los precedentes. La victoria en el Mundial de 2011 fue un gran éxito que permitió que tanto los polinesios como los neozelandeses celebraran y se expresaran. Probablemente, revolucionó el rugby más como una expresión que como una forma de practicar el deporte. El Mundial de 2011 fue un auténtico desafío, se trataba de romper una maldición. En cambio, el de 2015 fue pura diversión. En ocasiones, era como jugar en el patio de la escuela. El objetivo era ser nosotros mismos y disfrutar del rugby. Hay tanta gente en este país que ama el deporte… Los chicos están jugando con sus compañeros, pero la lucha es mantener a raya los dramas personales. Las filosofías occidentales del deporte comprometen eso. Terminan haciéndolo demasiado serio. Tradicionalmente, los neozelandeses blancos se tomaban el juego demasiado en serio. Se convirtió en ego y estatus más que en amor al deporte. Ganar se convirtió en todo.

Galbraith cree que existe un vínculo directo entre lo que él llama invertir en las personas, es decir, preocuparse por su bienestar tanto dentro como fuera del campo, y su rendimiento. Es una mentalidad que no todo el mundo comprende.

En primer lugar, se necesita estar completamente seguro de que tu bienestar se mantendrá independientemente de tu rendimiento. Luego…, inconscientemente…, el miedo al fracaso desaparece. Se trata de jugar para ganar, no de jugar para no perder. Son dos conceptos totalmente distintos. Es instintivo. Es más rápido que el pensamiento.
Ocurre cuando llegas a sentir que no eres uno de los quince jugadores, sino un solo equipo. Es como en el ejército. Los soldados no luchan por grandes causas, ni siquiera por sus familias. Luchan por el hombre que está a su lado. Mucha gente que ha estado en la guerra ha dicho eso. Todos están vinculados. Si los jugadores están mentalmente involucrados en el espíritu del equipo, logran un sentimiento de pertenencia. Y eso es crucial.

Además, Galbraith está convencido de que, en este campo, durante los últimos diez años, han ocurrido «grandes cambios».

Al principio, este enfoque levantaba muchas suspicacias. Pero se ha desarrollado mucho. No mucha gente entiende esto. Para la mayor parte de la gente solo se trata de rendimiento. La eterna historia de ganar o perder. Ahí es donde nuestra cultura es diferente. Nuestra definición de integridad está totalmente vinculada a cómo jugamos.

La presencia de personas como Galbraith significa que, para los jugadores, explorar esta idea no se limita únicamente al tiempo que pasan con los All Blacks. Como una de las franquicias líderes de Nueva Zelanda, los Chiefs, campeones de Super Rugby en 2012 y 2013, regularmente contribuyen con varios jugadores al equipo de All Blacks, y estos siempre llegan a la selección plenamente conscientes de la importancia de la preparación psicológica.

Ceri Evans es un psicólogo nacido en Nueva Zelanda que ha trabajado con los All Blacks desde 2010. Más recientemente, fue contratado por el Arsenal, el club de fútbol de la Premier League. Pero trabaja en estrecha colaboración con Gilbert Enoka, y sus experiencias con los All Blacks son reveladoras: «Gilbert y yo estamos en permanente contacto, trabajamos juntos en ese ámbito. Es un enfoque importante. Estoy trabajando con él continuamente».

¿Cómo gestionan los jugadores de los All Blacks estas cosas?, le pregunté.

Muy respetuosa y amablemente. Me gusta trabajar con ellos. Están comprometidos y son muy solidarios. Eso nunca desaparecerá, es parte de nuestra historia. Como grupo, he estado trabajando con ellos durante un tiempo. Han sido extremadamente respetuosos con las cosas que podría aportarles. Eso demuestra la profesionalidad con la que se toman su trabajo. Eso también es parte de la imagen.

¿Y por qué algunas personas no alcanzan su máximo potencial?

Si estudias las razones que explican los fracasos, entonces tienes que prestar atención a los puntos débiles de la gente. Supongo que para algunas personas es una forma un poco rara de ver las cosas. A veces creen que puede afectar su juego de forma negativa. Pero confiamos plenamente en el pensamiento positivo. En realidad, muchos jugadores son muy cautelosos porque hay muchos intereses en su rendimiento. La mayoría lo acepta con precaución.

No es lo mismo lo que se dice públicamente que en privado. Hay personas muy buenas que a veces se sienten seguras. Si la gente siempre es superior física y técnicamente, alcanza esa seguridad, cosa que se puede entender. En este sentido, se puede ver cómo hay gente que da un paso adelante.

Richie McCaw es uno de los jugadores que ha elogiado el trabajo de Evans con los All Blacks. Su profundo conocimiento del panorama deportivo de Nueva Zelanda (jugó con la selección de fútbol de Nueva Zelanda entre 1980 y 1993) le concede una visión privilegiada.
En cuanto a la toma de decisiones, Evans opina que:

Lo importante no es la decisión en sí, sino la información que te conduce a tomar unas decisiones u otras. La toma de decisiones también es una habilidad, y todas las habilidades tienen una estructura interna. Una vez los jugadores logran estructurar el proceso para obtener la información correcta, tienden a tomar mejores decisiones.

Por lo que se refiere a los All Blacks, opina que el carácter es un componente importante de lo que significa formar parte de ese equipo:

La identidad es importante. No es lo único, pero es vital. A algunos de ellos los he visto crecer en ese entorno, pero no a todos. Es un buen ambiente que a menudo saca lo mejor de las personas. Para ellos, en Nueva Zelanda, es fácil asumir un estatus; hay algo muy hermoso en eso. Es una gran fortaleza, pero también una gran debilidad. Si la gente los trata así, pueden convertirse en algo que no son. Si los idolatran, no recordarán ciertas cosas que necesitan en otros entornos.

Evans cree que el *multitasking* en los deportes aporta conocimientos muy valiosos. Él ha introducido conceptos en el entorno de los All Blacks con los que ha trabajado anteriormente en otros deportes. Esto demuestra que los entrenadores neozelandeses exploran cualquier detalle que puede concederles una ventaja. Podemos estar hablando solo de porcentajes pequeños, que a veces pueden hacer que cierta gente se pregunte si merece la pena. Pero, como bien saben las personas como

Steve Hansen, en los pequeños porcentajes es donde se puede marcar la diferencia.

John Eales no está seguro de cómo lo catalogaría, pero está convencido de que:

> Los jugadores y entrenadores de los All Blacks comprenden maravillosamente su deporte. Educan a los jugadores para administrar el juego, o tal vez solo para obtener una victoria. O consolidar una ventaja. Los All Blacks siempre han sido despiadados en su forma de gestionar los partidos. Esa es una de las habilidades más difíciles de desarrollar. Otros equipos no tienen la misma inteligencia.

Ni tampoco la misma inteligencia fuera del terreno de juego. No es tan sencillo lidiar correctamente con un ejército de aficionados ansiosos por conseguir un selfi o un autógrafo.

A principios de octubre de 2017, un domingo por la mañana conduzco por Ciudad del Cabo para ver a los All Blacks antes de que regresen a casa después del *test* del Rugby Championship contra Sudáfrica. Desde mi casa, al otro lado de la montaña. No es un trayecto demasiado largo. Muy por debajo de la carretera Kloof Nek, que sube la montaña sobre Camps Bay, puedes encontrar una de las panorámicas más espectaculares del mundo. Desde allí se pueden observar las playas y el Atlántico sur. Los colores del océano son exquisitos: un azul profundo con suaves matices de olas verdes y blancas que arremeten contra las playas.

Conduzco hasta la entrada del hotel donde se alojan los All Blacks. Las majestuosas montañas del Cabo Occidental se elevan en la parte trasera de este, mirando hacia los exuberantes jardines. En la parte delantera, una sola cuerda azul, discretamente colocada en la entrada, separa a los afortunados de los que no tienen tanta fortuna. No solo ocurre en este hotel: es la historia de Sudáfrica. Los aficionados deben esperar en la puerta, tienen la esperanza de ver a algún jugador de los All Blacks. La seguridad retira la cuerda y puedo acceder al hotel. Los ojos desesperados de los aficionados radiografían mi vehículo para comprobar si ahí dentro viaja alguno de sus ídolos. Pero no: solo es un escritor.

Sin embargo, en medio de todas esas personas, me doy cuenta de que un jugador de los All Blacks atiende todas las demandas de los aficionados. Es Anton Lienert-Brown, y solo tiene veintidós años. No estaba en el equipo que jugó contra los Springboks ayer. Ni siquiera estaba en el banquillo. Pero ha observado a sus compañeros y ha aprendido que en ocasiones hay que sacrificarse por los demás. Es su momento para atender a los aficionados. Así que está ocupado firmando autógrafos, posando para los anuncios, haciéndose selfis y saludando a todo aquel que le alarga la mano.

Otros jugadores se escabullen por la recepción del hotel. Me reúno con Ryan Crotty, los ojos y el cerebro de la zaga de los All Blacks. No nos hemos visto desde Christchurch. Está delgado y en forma, es el epítome de la buena salud. Incluso la mañana después de un partido, viste una camiseta blanca y unos pantalones cortos grises con zapatillas deportivas.

—¿Cómo va el libro? —pregunta.

—Hay mucho que hacer —le respondo mirando hacia al cielo. Él sonríe.

—No te rindas, valdrá la pena

—¿Puedo tener eso por escrito?

Sonríe de nuevo.

Al otro lado del vestíbulo, Beauden Barrett está rodeado de extraños. Quieren fotos con todos los miembros de su familia. Pero, como cualquier All Black, está acostumbrado.

Barrett ha crecido con este tipo de adoración. Le ocurre lo mismo en Wellington, con los Hurricanes. ¿No era agotador al principio?

Sí. Te sorprendes cuando te piden un autógrafo y casi necesitas practicarlo, porque nunca lo has hecho antes. Pero cuanto más tiempo pases en un entorno profesional, más conocido serás. Cuando llega es genial. A medida que avanzas en tu carrera, aprendes a lidiar mejor con ello y a relacionarte con las personas de forma más natural.

Darren Shand lo llama la «relación 4-11»:

Hablamos mucho con los jugadores al respecto. Todo forma parte de estar mentalmente preparado para gestionarlo todo. Si haces algo bueno, alguien se lo contará a cuatro personas. Si haces algo malo, se lo dirá a once. Se trata de comprender que es muy fácil hacer algo pequeño pero bueno. Pero si haces algo mal, el impacto es enorme.

A los jugadores que ahora están con nosotros les preguntamos: «¿Qué espera la gente de vosotros? ¿Qué esperamos de ti?». Queremos ser tan buenos fuera del campo como en él. Somos conscientes de que en Ciudad del Cabo tenemos muchos aficionados. Se trata de alegrarle el día a la gente, no es tan difícil.

Desde que Graham [Henry] se hizo cargo del equipo, cuando restablecimos lo que significaba formar parte de los All Blacks, esto se ha convertido en parte del trabajo. No lo entrenamos, pero de vez en cuando hablamos de cosas así y de lo que esperamos el uno del otro. Cuando los líderes lo hacen todo el tiempo, los jóvenes piensan: «Oh, bueno, eso es lo que tengo que hacer».

Sonny Bill Williams es el mejor en eso. Según Sand, es excepcional. «Atrae tanta atención que ha desarrollado una habilidad para lidiar con eso. Cada vez que sale, es propiedad pública. Obviamente, es una carga, pero es muy bueno gestionándola. Estas personas son fanáticas, a veces son bastante agresivas y un poco maniacas. Así que debes ser paciente con ellas.»

Williams lo es. Él posa para selfis en la recepción, agradece cortésmente a quienes sacan fotos y luego se dirige a la puerta. A través de las puertas de la recepción llegan los gritos de entusiasmo

Pero en apenas una hora todos habrán abandonado el hotel. Luego, tras dos horas de espera en el Aeropuerto Internacional de Ciudad del Cabo, tomarán un vuelo de dos horas hacia Johannesburgo. Ahí deberán hacer una escala de tres horas más. Después, un vuelo de catorce horas hasta Sídney. En Sídney harán otra escala de tres horas, y solo quedará un vuelo más de tres horas que cruza el mar de Tasmania y aterriza en Nueva Zelanda. Casi treinta horas de viaje; la mayoría en clase preferente. Solo con los vuelos de menos de cuatro horas viajan en clase turista.

Sin embargo, este no era un simple viaje de regreso. Justo trece años atrás, los All Blacks habían hecho este mismo trayecto tras caer derrotados por los Springboks con el resultado de 40-26. Además, el comportamiento del equipo tras la derrota fue lamentable. Fue un momento decisivo para la historia de los All Blacks: muchas cosas han cambiado desde entonces. En la actualidad, un auténtico océano separa esos dos equipos.

Los jugadores subieron al avión en Ciudad del Cabo, recién salidos de un masaje y un baño matutino (procedimiento estándar después de un *test* exigente). A pesar de eso, algunos aún padecerán las secuelas del partido hasta que trascurran unas cuantas horas más. Están magullados y doloridos. Algunos equipos apuestan por cámaras de crioterapia o cosas parecidas. Es curioso que los campeones mundiales, tan a la vanguardia en otros aspectos, para la recuperación confíen en los métodos tradicionales

Como dice Sand:

> Estiramientos, masaje, buena alimentación y reposo. Estos son los ingredientes clave. Nada es mejor para la recuperación que dormir. Toda nuestra investigación muestra que la compresión caliente y fría, la crioterapia [...] todas esas cosas no son tan efectivas como comer bien y dormir bien.

Sin embargo, el problema con el sueño es que, mientras duermes, no recibes ningún tipo de rehabilitación. Supuestamente, dicen algunos All Blacks. La razón para que digan eso es que varios jugadores tienen sus propios pantalones de recuperación. Están manufacturados en Estados Unidos y contienen un minicompresor que bombea agua fría alrededor de las extremidades. Si alguno sufre problemas de rodilla, puede llevarlos en la cama y configurar un temporizador por la noche para que se conecten y desconecten cada dos horas durante un periodo de dos minutos.

Shand dice que en un proceso de recuperación las primeras veinticuatro horas después de un partido son críticas. Comer es una parte importante de cualquier recuperación. Un *test* difícil exige mucho al cuerpo de los jugadores y estos necesitan recuperar las fuerzas. Eso significa comer cada tres o cuatro horas.

Aprender a gestionar los complicados itinerarios de los viajes aéreos ha llevado tiempo. Por ejemplo, cuando tus jugadores han estado embutidos durante veinticuatro o treinta horas en el asiento de un avión, no puedes pretender que nada más aterrizar realicen un entrenamiento. Así no funcionan las cosas.

> Tu cuerpo debe recuperarse, y eso lleva tiempo. Necesitamos tres días de margen en Argentina para poder realizar el cuarenta

o cincuenta por ciento de las carreras que haríamos en condiciones normales. Lo mismo sucede con las pesas. No levantas pesas hasta que has tenido dos o tres días para adaptarte. El cuerpo no podría soportarlo.

Esa semana en Argentina parecía mucho tiempo, porque no hicimos nada en esos días. Los entrenadores se aburrían. Pero hemos aprendido mucho sobre eso. Hace dos o tres años, cuando fuimos a Argentina, en las primeras sesiones de entrenamiento, los jugadores no podían atrapar una pelota. No estaban sincronizados, sus tiempos de reacción aún eran lentos. Al año siguiente, fuimos un día antes y comprobamos que fue mucho mejor. Todos estaban mejor preparados para el entrenamiento.

En 2017, en Argentina y en Ciudad del Cabo, fuimos testigos de otra innovación de los All Blacks. La rutina estándar era la de elegir una plantilla para el viaje y que todos sus componentes viajaran a todas partes, incluso si no iban a jugar el partido. Esta vez, dejaron a varios jugadores en casa. Algunos, como Brodie Retallick, no fueron a ninguno de los dos sitios. Un grupo se ahorró la visita a Argentina y viajó directamente a Ciudad del Cabo y otro grupo solo fue a Buenos Aires.

Intentan establecer un nuevo método para proteger del agotamiento a sus mejores jugadores. Si a los mejores jugadores les impones un calendario como ese cada año, con catorce *test* por temporada más todos sus partidos de Super Rugby, es probable que acaben la temporada lesionados.

No deja de ser una planificación inteligente. Como dice Shand: «Tenemos suerte. Nuestro abundante talento nos permite hacer este tipo de cosas. En 2017 queríamos probar el rendimiento de los nuevos jugadores a nivel internacional. De ese modo, logramos exponerlos a ese nivel, a ese ambiente y a las exigencias de una gira. Porque es evidente que antes de un Mundial siempre padecemos alguna lesión. Para alcanzar tu meta, debes correr algunos riesgos».

¿Talento o estrategia? Ambos conceptos se fusionan bajo la guía del cuerpo técnico más astuto del rugby mundial.

15

Entrenadores: los hombres sabios

Con contribuciones de, entre otros,
IAN FOSTER, STEVE HANSEN, NICK MALLETT, PAT LAM,
GRANT FOX, GRAHAM MOURIE, BEAUDEN BARRETT,
TONY BROWN, DARREN SHAND, WAYNE SMITH,
RICHIE MCCAW, CONRAD SMITH, JOHN HART,
ALAN JONES y ASHWIN WILLEMSE.

A veces se da mucho crédito a las personas, cuando tal vez no debería ser así. Quizás el hecho de ser exitosos crea la percepción de que todas estas personas son más grandes de lo que realmente son. Solo somos kiwis, gente que disfruta del rugby. Somos afortunados de que parezcamos ser razonablemente buenos para el rugby de este país.

STEVE HANSEN, entrenador de los All Blacks

*E*ste es el círculo íntimo, la camarilla. En el centro, se sienta un hombre. El entrenador de los All Blacks. Dirige un equipo de cinco personas. Pero un hombre es el centro, un hombre lo conduce. El motor. El dínamo. El hombre. Steve Hansen.

Es un tipo duro y diligente en su trabajo. Cuando tuvo que cambiar de entrenador de *backs* para ser entrenador de *forwards*, fue a ver al gurú del *scrum* de los All Blacks Mike Cron, para conocer las complejidades del arte del *scrummager*.

«No quería que la gente dijera que no sabía cómo funcionaba. Aprendí muchas cosas», dijo Hansen. Pasaron horas y horas hablando de eso. Su atención por los detalles es extraordinaria. Steve Hansen es alguien que tiene controladas todas las opciones.

¿Crees que lo conoces? Muy poca gente lo conoce. Puede que conozcas una parte de él, pero poco más. Si es reservado en el trabajo, ni te cuento en su vida privada.

El trabajo de entrenador de los All Blacks es de alto riesgo. Te expones a muchas consecuencias y estás sometido a un gran escrutinio público. Cada decisión que tomas se mira con lupa. Se necesita una gran capacidad de recuperación para seguir trabajando bajo tanta presión durante años. Hansen puede ser difícil. Pero alguien con ese cargo tiene que serlo. Ningún equipo asentado logra ganar eternamente. Hansen es consciente de la importancia que tiene tener personas que tengan otros puntos de vista y acepten los desafíos.

Prefiere hablar de los demás antes que de sí mismo. Pero en el otro extremo del mundo, ya que hablamos en lugares tan diversos como Roma, Christchurch, Auckland y Ciudad del Cabo, el entrenador de los All Blacks se muestra más comunicativo y me reveló algunos aspectos intrigantes sobre él. Dudo que haya otro entrenador de rugby que responda esta pregunta como lo hizo Hansen.

Cuando estábamos sentados en el estudio de su impresionante y moderna casa de Prebbleton, repleto de camisetas de los All Blacks enmarcadas y con un escritorio abarrotado de papeles y libros, le pregunté: «¿Cuál es tu mayor logro?». Era una pregunta deliberadamente simple. Uno cree saber la respuesta de antemano: «Ganar la copa de tal y tal en cualquier año».

Sin embargo, Hansen me sorprendió. Su respuesta reveló más sobre el hombre que sobre el entrenador de rugby: «Creo que probablemente lo mejor que he hecho es entender mi propia identidad, para poder ser una persona mejor. Y, por lo tanto, ser un mejor padre, un mejor esposo y un mejor amigo. Esas cosas son enormemente importantes. Diría que esas cosas me llevaron más tiempo del que deberían haberlo hecho».

Incluso si mi pregunta hubiera estado relacionada con el rugby, lo cual no era mi intención, Hansen probablemente habría roto las expectativas.

En mi vida profesional, no creo que ganar el Mundial sea mi mayor logro. El mayor logro y la razón por la que entreno, ya sea en mi club, en mi provincia, en los Crusaders, en Gales o en los All Blacks, ya sea como entrenador principal o asistente, es poder ayudar a un jugador a lograr algo que él quiere lograr. A veces, los jugadores no saben cuál es el camino para convertirse en un mejor jugador y una mejor persona.

Como dice el refrán: de tal palo tal astilla. Hansen reconoce el papel que desempeñaron sus padres, tanto su madre como su padre: «Fueron muy trabajadores. Mi padre, Des, era el que traía el dinero a casa, y en alguna ocasión llegó a tener tres trabajos en una semana. Intentaba ahorrar. Venía de una familia sencilla y en su generación la ética de trabajo lo era todo. Terminamos cultivando y él nos enseñó a mí y a mis hermanos una auténtica ética de trabajo».

La muerte de los padres suele ser un momento esencial. Hansen y sus padres eran especialmente cercanos, lo que explica sus sentidas palabras al respecto:

Mamá sufrió un severo ataque al corazón debido a un tumor en su pulmón, durante el Mundial de 2007. Logró sobrevivir al ataque,

pero falleció en enero de 2008. Ella me había pedido que ganara el
Mundial, y no lo hicimos. Cuando ganamos en 2011, fue un alivio
tanto personal como colectivamente. Pero, además, había una pequeña parte de mí que sentía: «Ahí está, mamá; ese es el trabajo que
me pediste que hiciera».

Ella no pudo verlo. Pero me vio formar parte de los All Blacks,
me vio hacer muchas cosas y creo que estaba orgullosa de nosotros.
Papá fue un poco más afortunado, estuvo un poco más y vio un poco
más. Pero tuvo un derrame cerebral justo antes de que yo fuera a
Argentina en 2012.

Hansen es indiscutiblemente un hombre duro. Algunas de las decisiones difíciles que tiene que tomar están casi mezcladas con cianu-
ro. Sin embargo, también tiene una sensibilidad que no se avergüen-
za de compartir.

Él y mamá nos enseñaron los valores de respeto y honestidad,
y ese tipo de cosas. Intentas estar a la altura de ellos la mayor parte
del tiempo. Probablemente, lo he hecho más en la última parte de mi
vida. Ha habido momentos en los que he hecho algunas cosas de las
que me arrepiento, pero eso es parte del crecimiento. Diría que he
tenido dos matrimonios fallidos, y esos son errores razonablemente
grandes. Son dolorosos para tus hijos y para todos los involucrados.
Pero he trabajado hasta llegar a un punto en el que estoy muy feliz,
y creo que ahora soy mejor persona que cuando tenía veinte años.

Esto no es una confesión. Es el examen sincero de un hombre con
respecto a su propia vida:

Creo que el hombre que soy ahora es la consecuencia de todas
las cosas que me han sucedido en el camino. No necesariamente
cambiarías muchas de esas cosas, pero quizás harías algunas de otra
forma. No debes cargar con todo ese peso. Es lo que es. Creo que uno
de los mejores regalos que podemos dar a nuestros jóvenes, a nuestros hijos en Nueva Zelanda, es lograr que comprendan quiénes son
realmente, en lugar de saber quién creen que deberían ser. Comprender su propia identidad permite a las personas seguir adelante
con la vida, hacer frente a algunas de las cosas que no han sido estu-

pendas en su vida. Para que no tengan que cargar el equipaje de sus padres o de sus hermanos. Soy lo que soy, y esto es lo que quiero ser.

Si vengo de un entorno rico o pobre, es irrelevante. Esto es lo que quiero ser y entiendo que, si hago estas cosas, puedo ser esas cosas, esa persona. Creo que eso es inmensamente importante porque ese reconocimiento de uno mismo es positivo para la sociedad y para mejorar el mundo en el que vivimos.

Respeta profundamente a la fortuna, ese elemento etéreo que transforma a algunas personas y se burla de otras.

He tenido mucha suerte en mi vida, especialmente al encontrar una esposa como Tash. Ella es un alma desafiante que se preocupa por las personas y ha sacado lo mejor de mí. También tuve mucha suerte con los padres que tuve. No solo eran buenos padres y solidarios, sino que también eran, en el caso de papá, un gran entendido del rugby. Eso me permitió tener un poco de ventaja en el entrenamiento. Porque estaba sentado en la misma mesa que él y escuchaba su sabiduría.

Mi padre siempre quiso saber todos los detalles cuando hablábamos de rugby. «¿Cuándo usarías eso? ¿Por qué lo usarías? ¿Cómo lo podrías utilizar?» Eso te hace entender que algo en concreto puede que no funcione contra esa defensa. Y esa habilidad defensiva no funcionará contra ese tipo de ataque. Esa es una forma de pensar que realmente nos ayuda a desarrollar los jugadores que tenemos.

Wayne Smith, que se retiró a finales de 2017, recuerda bien a Des Hansen: «Como entrenador, era un adelantado a su tiempo. Su pensamiento estratégico sobre el juego estaba fuera de lo común. Steve es como su papá. Él no sigue a la manada. Lo hace a su manera. Entiende a las personas y al grupo probablemente mejor de lo que se entiende a sí mismo».

Merve Aoake, que solía jugar contra Hansen, dijo que el futuro entrenador de los All Blacks siempre tuvo algo distinto. Estaba claro, dijo, que el joven Hansen estaba aprendiendo cosas buenas de Des. «A su padre le encantaba el deporte. Entrenó a Steve cuando jugaba al rugby *amateur*, y era un gran comunicador. Después de un partido, hablaba con casi todos antes de irse a casa. Era muy conocido y respetado en todo Canterbury. Era genial hablar con él de deportes. Sin embargo, nunca impuso sus ideas por la fuerza. Dialogaba con los demás, examinaba sus ideas y luego sugería algo en lo que había pensado. Creo que Steve heredó mucho de su padre, de esas cualidades. Es muy buen comunicador. Como su padre.»

Hansen hijo, pensó Aoake, siempre estaba al tanto de lo que ocurría en un campo de rugby. Siempre podía ver el panorama general y nunca rehuía las situaciones complicadas. En la actualidad, no ha cambiado. Como entrenador de los All Blacks, le comunica a la gente buenas y malas noticias. Cuando no convoca a un jugador, se lo dice personalmente, nunca se esconde detrás del gerente. Es sincero y los jugadores saben apreciarlo. Sienten que pueden hablar con él. Su padre, también, iba de frente, dijo.

Beauden Barrett está de acuerdo: «Steve Hansen es excepcional, aunque también es duro. Sin embargo, puedes desafiarlo. Eso sí, debes tener una buena razón para hacerlo. Pero es bueno. Acepta desafíos, escuchará».

Desafíos como el planteado por Keven Mealamu antes de un Mundial. Hansen es muy exigente con el tiempo. Dentro y fuera de la cancha. Si una reunión está programada para comenzar a las 13:00, entonces comienza a las 13:00. Ni a las 13:05 ni a las 13:10. Una vez hubo un pequeño incidente, cuando el entrenador de los All Blacks se retrasó por una llamada a su móvil, mientras se dirigía a la sala del equipo para una reunión. Cuando llegó a la estancia, solo dos o tres minutos tarde, Mealamu se levantó. El talonador miró su reloj, se tocó la muñeca y simplemente dijo: «Entrenador. A la una en punto». Hansen levantó las manos y lo aceptó. Es ese tipo de hombre.

Barrett lo llama un hombre sabio. Sabe cómo poner en marcha un equipo y aquello que necesita, dice. Sin embargo, Hansen no está libre de los críticos. El ex All Black Andy Haden es uno de ellos: «El trabajo que han hecho los All Blacks y su cuerpo técnico ha sido un gran éxito. Pero no ha sido extraordinario por culpa de la debilidad de sus rivales. El equipo no ha dado un salto de calidad excepcional, sino que se ha mantenido por delante de los demás utilizando métodos innovadores, como la buena alimentación».

En algún momento antes del Mundial 2011, un periodista le preguntó a Andy Haden qué opinaba sobre los *forwards* de los All Blacks. Haden no era optimista con ellos y explicó el porqué. Dijo que eran jóvenes y que necesitaban un entrenador. Continuó: «La única calificación de Steve Hansen para entrenar a los *forwards* son los dígitos de la báscula de su baño». Admitió que pensaba que lo único que un ex-central podía aportar al entrenamiento de los *forwards* era la táctica de patear al córner y atacar desde allí hasta lograr un penalti. No fue un comentario benevolente. Pero así es él. O lo tomas, o lo dejas.

Hansen no estaba contento y organizó un encuentro con Haden. Se conocieron, intercambiaron opiniones sinceras y acordaron estar en desacuerdo. Nada de malo con eso; hombres heterosexuales que resuelven algunas dificultades e intercambian opiniones sólidas. Pero Haden luego añadió algo más. Le dijo a Hansen que había un movimiento que debería tener en cuenta, porque sería útil para conseguir ensayos. Aunque le advirtió que solo debería usarse en situaciones extremas, cuando todo pareciera perdido, en ningún caso en un partido irrelevante en el que los All Blacks perdieran por uno o dos puntos. Solo debía emplearse si la situación era de vida o muerte, una semifinal o una final. Además, tampoco tenía que entrenarse. Nadie podía enterarse.

Para saber de lo que hablaba, hay que remontarse a la final del Mundial de 2011. Francia, denostada por los suyos, como de costumbre, había resurgido de sus cenizas, y los neozelandeses estaban nerviosos.

En el minuto quince, Nueva Zelanda tuvo un *lineout* cerca de la línea rival. Sorprendentemente, los *forwards* se dividieron en dos grupos. El grupo principal de jugadores, levantadores y saltadores, se ubicó en la parte posterior. Solo había un par de chicos al frente, con un pilar completamente solo en un pequeño espacio del campo. Los otros cinco *forwards* estaban en la parte posterior. Los franceses sabían perfectamente dónde iría el lanzamiento. Hacia atrás. Era obvio.

Todos los ojos estaban puestos en el grupo de atrás, hasta que el tiro fue directo al jugador que estaba solo en el medio del campo, el pilar Tony Woodcock. Nadie le puso la mano encima cuando atrapó la pelota, atravesó la línea y anotó un ensayo. Finalmente, los All Blacks ganaron por 8-7.

¿De dónde había salido ese movimiento? Según Haden:

> Lo recuperé de un rincón de la memoria. Lo habíamos usado en alguna ocasión cuando era joven, en una de las giras con los All Blacks, creo que en el Reino Unido o Irlanda. No lo puedo recordar.

Pero solo puedes usarlo una vez hoy en día; en aquellos tiempos, no había todos los vídeos que hay ahora que sirven para analizar el juego de tus oponentes.

Haden no comparte la misma admiración hacia los entrenadores de los All Blacks que la mayoría de la gente. Otra voz disidente es la de un excapitán de los All Blacks, que tilda despreocupadamente a Steve Hansen como «un dictador». Precisamente, eso le pregunté directamente a Hansen:

Definitivamente, no. Mi trabajo es facilitar un entorno que permita que nuestros deportistas den lo mejor de sí mismos, un entorno del que podamos estar orgullosos de ellos dentro y fuera del terreno de juego. No puedes hacerlo solo, así que tienes que empoderar a otras personas. No puedes decir: «Hazlo a mi manera o te vas fuera», y luego esperar que eso perdure en el tiempo. Los dictadores no duran. Tienen éxito a corto plazo, tal vez durante dos o tres años. Poco más.

De todos modos, Hansen puede ser muy directo con aquellos que lo rodean. Siempre dice lo que piensa, y puede parecer inescrutable ante los medios, incluso seco. Pero también es modesto, una cualidad que le ha permitido impulsar la siempre exigente leyenda de los All Blacks, cuyo éxito esperan todos. Sin embargo, Hansen insiste en que todo se desarrolla de forma democrática: «Mucho de lo que hacemos se ha discutido largamente. Podría ser mi idea, podría ser de Fossie [Ian Foster's]. No importa de quién sea. Lo importante es que se debata y se encuentren sus virtudes y sus fallos. Si eres un dictador, no puedes hacer eso».

Pero tampoco puedes llevarlo a cabo sin un ambiente cercano y afectuoso. Le pregunto si sabe de algo llamado «Liverpool Boot Room», un foro que reunió a destacados entrenadores del Liverpool (Bill Shankly, Bob Paisley, Joe Fagan y Ronnie Moran) para discutir y analizar el futuro del club en los años setenta y ochenta. La organización de los entrenamientos de los All Blacks me recuerda mucho a eso.

He oído hablar él. Pero no puedo afirmar que fuimos por el mismo camino deliberadamente. Todo lo que sé es que, en los equipos en los que he estado involucrado, siempre he sentido que era natural crear un ambiente familiar que sea genuino. Uno en el que nos importa el otro y valoramos a las personas involucradas. Un entorno en el que estamos preparados para mantener discusiones fuertes y no ofendernos o tomarlo como algo personal si algo que alguno cree que es una buena idea se descarta. Si haces eso, siempre terminas acercándote.

Existe una vulnerabilidad, y eso crea una confianza que nos impulsa y nos hace más fuertes. Hay momentos tristes y momentos realmente liberadores. En ese momento de tu vida, estas personas a tu alrededor se vuelven tus hermanos.

Está convencido de que aceptar las discrepancias mejora el ambiente. En ocasiones, los jugadores plantean alguna duda o se muestran reticentes. Y eso le gusta: «Por eso tenemos un grupo de liderazgo, y cuanto más fuerte sea, mejor».

Los valores que busca inculcar entre los jóvenes a su cargo son los mismos que utilizó para apuntalar su propia vida: esfuerzo, dedicación y ética de trabajo. Esta última es una frase que usa constantemente. Pero hay un problema:

Con el paso de las generaciones, hemos tratado de darles a nuestros hijos una vida mejor que la nuestra. Intentamos proporcionarles aquello que nosotros no podíamos tener.

Pero hemos ofrecido muchas cosas sin recibir nada a cambio. Hemos garantizado unos privilegios que no se han ganado. Es una generación distinta, y la culpa no es suya, sino nuestra.

De todos los valores que sustentan a los All Blacks, Hansen cree que la integridad del grupo es uno de los ingredientes fundamentales. Como en cualquier negocio o equipo, la clave es la honestidad. Ejercerla a diario: «Se trata de exigir más a los jugadores contrastados, en lugar de esperar que los jóvenes saquen las castañas del fuego. Esa es la diferencia entre una buena y una mala cultura».

Estas son las cualidades fundamentales que hombres como Henry, Hansen, Smith, Enoka, Cron, Shand, entre otros, han inculcado a los All Blacks. La suya es una tarea incesante, siempre a la vanguardia y estimulando mentalmente a algunos de los mejores jóvenes talentos del rugby. Necesitas concentración, compromiso y consistencia. Durante el año hay pocas épocas de trabajo de baja intensidad, excepto el verano y la Navidad. Sin embargo, insiste en que puede compartimentar su vida: «Siempre he podido desconectarme. Creo que es porque entiendo que el rugby no es mi vida». En ese sentido, es conocido lo que el exentrenador del Liverpool, Bill Shankly, dijo una vez sobre el fútbol: «¡Es mucho más importante que eso!».

Pero Hansen no está bromeando.

Ahora entiendo que mi identidad no se construyó solo sobre el rugby. Sí, una de mis identidades es Steve Hansen, entrenador de los All Blacks. Pero también soy Steve Hansen el esposo, Steve Hansen el padre, Steve Hansen el hermano, Steve Hansen el tío y Steve Hansen el amigo. Todos tenemos identidades diferentes y no es bueno concentrarse en una sola. Si entiendes esas identidades, puedes ser versátil y decir: «Bien, ahora soy padre, olvídate del rugby».

Cuando estás en un proyecto, está bien que te obsesiones con él. Cuando estamos lejos de la familia, acostumbramos a echarla de menos. Pero eso hay que usarlo como una fuerza motriz, en lugar de como una desventaja. Debes dar lo mejor de ti cuando estás lejos de quienes te rodean. Esa es una hermosa manera de enfocarlo porque es tu familia la que en realidad hace el sacrificio.

La siguiente pregunta era obligada: ¿alguien comprende la presión que supone formar parte de los All Blacks? Hansen encogió esos anchos hombros.

¡Nadie sabe nada! No solo es ser el entrenador de los All Blacks, sino también el delegado de los All Blacks, el entrenador asistente de los All Blacks, el gerente de los All Blacks […]. Todos estamos bajo la misma presión. Porque una vez te conviertes en jugador o entrenador, sea cual sea tu rol dentro del equipo, la presión estará contigo de por vida. Ya no eres Steve Hansen. Eres Steve Hansen, el entrenador de los All Blacks. O Steve Hansen, el exentrenador de los All Blacks. Eso nunca dejará de acompañarte.

La presión que viene del escrutinio constante es enorme. A raíz del éxito, la gente quiere saber todo lo que hacemos. De esto también trata este libro. La gente está fascinada por la historia, por el mito. Todos quieren saber más. ¿Cómo son? ¿Cómo se comportan? ¿Cómo trabajan? A veces tenemos demasiado crédito cuando tal vez no debería ser así.

Pero quizás el éxito es el culpable de que mucha gente crea que somos más importantes. Pero, simplemente, somos kiwis, personas que disfrutan del rugby. Somos afortunados de estar en este país y ser razonablemente buenos jugando al rugby.

En 2012, a principios del año nuevo, se celebró una reunión que convocaba a directivos, entrenadores y jugadores de los All Blacks. En ella se planteó esta pregunta: «¿Hacia dónde vamos?».

Como muchos equipos alcanzan la cima y logran su máximo rendimiento en un gran evento, Steve Tew, presidente ejecutivo de la New Zealand Rugby, dijo que el motivo de la reunión era tratar ese tema. El Mundial de Rugby de 2011 había sido inmejorable. Nueva Zelanda lo había organizado y, además, conquistado. Pero ¿qué objetivos tenían a partir de entonces?

Hubo una reunión de gente como Steve Hansen, Wayne Smith, Darren Shand, Mike Cron y otros jugadores de alto nivel. Se comprometieron para seguir con los All Blacks hasta 2015. Pretendían construir algo especial, alcanzar la meta de ser el equipo más dominante en la historia del deporte. Se pusieron manos a la obra inmediatamente. Por eso, se revisaron los objetivos y la exigencia del trabajo. ¿Cómo nos ponemos en forma? ¿Cómo mejoramos nuestro juego? ¿Cómo llevamos el juego a otro nivel? En 2016, que fue un año tan notable como 2012, hicimos lo mismo porque se retiraron muchos jugadores internacionales. Pero, entonces, teníamos en nuestro haber una experiencia refinada durante años.

Pero ¿acaso las expectativas no son una trampa? Hansen se encoge de hombros. «Cuando entras por primera vez, las expectativas pueden abrumarte. Si no apoyas a las personas que se incorporan, tanto el personal administrativo como los jugadores, corres el riesgo de perderlos por el camino. Pero las expectativas siempre son las mismas porque es aquello que nos ha hecho fuertes. Las expectativas externas deben cumplirse internamente. Si las expectativas externas son realmente altas, entonces, las internas tienen que ser aún más exigentes. No solo para poder alcanzarlas, sino para poder ir más allá.»

Tew cree que ha aplicado en el rugby los conocimientos que le proporcionó su experiencia policial. La policía afronta innumerables situaciones y se enfrenta a muchas situaciones bajo una presión enorme. Poder gestionar eso y mantener la calma es una tarea ardua.

Además, hay un elemento que no es negociable: el apoyo incondicional hacia los All Blacks de todo el cuerpo técnico y los jugadores. Como dijo el exentrenador de los All Blacks, John Hart:

> Cuando eres entrenador de los All Blacks encuentras problemas en todos lados. Por eso, cuando eso sucede, solo puedes confiar en tener buenas personas a tu lado. Hansen las tiene. Pero, además, él mismo ha hecho un trabajo excepcional. Ha llevado a los All Blacks a un nivel diferente. Creo que durante la era de Henry fue mucho más influyente de lo que la gente cree. Los All Blacks no han dejado de progresar desde entonces.

Nadie conoce mejor a Steve Hansen que Richie McCaw, capitán y líder del equipo que ganó el Mundial de 2011 y de 2015. Llevan mucho tiempo compartiendo el viaje, superando baches y penalidades. Su respeto hacia Hansen es inquebrantable.

> Uno de los aspectos de nuestra relación que realmente disfrutaba es que siempre respaldaba mis decisiones en el terreno de juego. Nos dejaba tomar las decisiones que considerábamos oportunas dentro del campo.
>
> Por ejemplo, en alguna ocasión, un penalti requería tomar una decisión entre patear a los palos o ir al *lineout*. Por lo común, acostumbrábamos a estar de acuerdo en todo, pero un par de veces escuché que el cuerpo técnico transmitía un mensaje de Steve que sugería otra cosa. La primera vez que sucedió esto, hablé con él después del partido para preguntarle si quería que hubiese tomado otra decisión, pero él dijo: «No, voy a respaldar cualquier decisión que tomes en el campo. Solo sugería otra idea».
>
> Además, Steve también tenía una excelente manera de asegurarse de que enfocábamos nuestro juego correctamente, tanto como equipo como de forma individual. Especialmente, cuando las cosas

no iban tan bien como deberían. Tiene una forma única de señalar los aspectos del juego que no son suficientemente buenos. Nunca lo lleva a lo personal. Siempre eres consciente de que cree en tus habilidades.

También sabía cuándo era el momento de terminar los entrenamientos. Algunos entrenadores, cuando las cosas no funcionan se empeñan en trabajar más de la cuenta. Pero su teoría era que, en ocasiones, es mejor finalizar el entrenamiento y continuar al día siguiente. Siempre hay más días. Lo que realmente me encantaba de Steve era que estaba preparado para probar cosas distintas. Soy bastante conservador, pero él siempre quería encontrar diferentes maneras de hacer algo. Esta era una de sus fortalezas.

Su otra gran fortaleza, especialmente en los últimos años, es que nadie se callaba nada. Realmente, se aseguraba de ser honesto y de que no tuviéramos miedo a opinar. Teníamos conversaciones sinceras sobre todos los aspectos del juego. Tenía una habilidad única para hablar contigo y decirte cuándo estabas equivocado. Pero, aun así, siempre te ibas pensando: «Este hombre cree en mí». No muchas personas pueden decir lo mismo.

Otra cosa acerca de Steve es que tiene una muy buena idea de lo que un equipo necesita durante un partido y durante la semana previa. Intuye cuándo el equipo necesita una inyección de moral o si, simplemente, necesita apoyo. Sabe gestionar a sus jugadores. También trabaja sobre la marcha, lo cual es otra fortaleza. Toma decisiones buenas en situaciones difíciles. Es realmente bueno si estás dispuesto a escuchar y mejorar tu juego. Terminas respondiendo tus propias preguntas.

Solían decir que esta era una de las características del entrenador de los British & Irish Lions de 1971, el galés Carwyn James. Se reunía con sus jugadores antes de un *test* y les preguntaba cómo creían que deberían jugar. James quería conocer la opinión de tantos jugadores como fuera posible. Después de conocer su opinión, de forma astuta, James perfilaba las tácticas que más tarde admitiría como suyas. Pero, en realidad, quienes habían planeado las tácticas eran los jugadores.

Hansen puede comportarse de un modo cercano, dice McCaw. Puede sentarse y tomar una cerveza con un jugador. No mira a nadie por encima del hombro como solía hacer Brian Lochore cuando era capitán de los All Blacks. Pero el Hansen pragmático siempre está al acecho. «En cualquier momento puede sacar un tema controvertido. Es una virtud admirable. Definitivamente es un tipo especial.»

Otro testigo habitual de la puesta en escena de los All Blacks añade:

Steve es un auténtico chico de campo. Por eso se muestra de esa forma lacónica y campestre. Su mensaje es claro. No es un académico, pero tiene un cerebro privilegiado. No has de tener una buena educación para ser inteligente. Yo diría que Steve es así. No tiene una buena educación, pero es inteligente. Y tiene la capacidad de comprender la táctica y la psicología del deporte. Puede hacerse con eso rápidamente. Es alguien virtuoso, fiable y quiere a sus jugadores.

Hansen dice que no podría hacer su trabajo sin las personas que tiene a su alrededor. Para él, es lamentable que, cuando un equipo tiene éxito, el entrenador principal se lleve todo el crédito. Aunque la otra cara de la moneda se muestra cuando el equipo pierde. Entonces, el entrenador es el único responsable de eso.

No puedo dejar de repetir lo afortunado que soy por contar con el personal que tenemos y su trabajo. No hay uno que no marque la diferencia en su puesto. Para mí, eso es importante, porque ellos son importantes. Si se lo permites, pueden crecer y convertirse en todo aquello que pueden llegar a ser. Si eso sucede, todo nuestro entorno se enriquece. Cada vez que ganamos, no soy yo quien sale beneficiado, sino todo el equipo. Dentro y fuera del terreno de juego.

Sin embargo, antes de ponernos las elegantes chaquetas de los All Blacks para recibir algún premio, primero tenemos que aplicar los aspectos básicos del entrenamiento. La minuciosidad en los detalles es absoluta. Grant Fox es uno de los tres seleccionadores de All Blacks, junto con Hansen e Ian Foster. Hansen le pidió a Fox que se uniera al cuerpo técnico porque necesitaba la opinión de alguien independiente.

Fui a tres partidos de Super Rugby con Fox y aproveché la ocasión para preguntarle qué buscaba exactamente en un jugador:

Cuando nos fijamos en un jugador, es posible que nos enfoquemos en una zona particular que hemos detectado que el jugador necesita trabajar. En los partidos, vemos el trabajo que hace con y sin balón. Podemos analizar el trabajo con balón con un programa informático que nos ayuda a evaluar su rendimiento. Pero lo que no se ve es el trabajo sin balón. No se trata solo del trabajo que realiza, sino de su juego posicional. Juntamos los dos aspectos para construir una imagen completa.

Es posible que cuando Ian asista a un partido analice a tres jugadores distintos. Estudiará todos sus movimientos. Centrará su atención durante veinte minutos en uno y luego analizará al siguiente.

Además, también hace un seguimiento de los jugadores de los All Blacks. Aaron Smith, por ejemplo:

> Como su tamaño es inferior al de los demás, observé que no era capaz de enfrentarse físicamente y golpear de la forma que lo hace un medio *scrum* como T. J. Perenara. Por lo tanto, debía practicar sus pases. Debería hacerlos más rápidos y planos.
>
> Puede hacer pases extraordinarios para los *forwards*. No se puede lanzar un pase a un *forward* de la misma manera que se lanza a un apertura. Los All Blacks tienen un juego más rápido que los equipos de provincias [es decir, las franquicias], son más precisos. Pero, de alguna manera, los jugadores de los All Blacks tienen un juego más simple que los jugadores de Super Rugby. Se concentran completamente en los aspectos básicos y se concentran en realizar todos los movimientos con la máxima precisión durante todo el tiempo.

La reputación de Grant Fox lo precede. Fue campeón del Mundial de 1987 con los All Blacks y fue el máximo anotador. Pero, cuando se retiró de los terrenos de juego, enseguida se percató de que no estaba destinado a ser entrenador.

> Ser entrenador de rugby es un trabajo muy hostil. Cuando empecé a entrenar me di cuenta de dos aspectos determinantes. Graham Henry lo expresó perfectamente cuando dijo que los jugadores que han jugado al más alto nivel tienen dificultades para aceptar la posición de entrenador porque carecen de la influencia en el juego que tenían cuando estaban en el terreno de juego. Como entrenador, haces todo lo posible para que el equipo alcance su máximo ren-

dimiento. Pero no siempre lo logras cada sábado. La montaña rusa emocional me resultó difícil de asimilar. Cuando jugaba, era para quemar la adrenalina. Pero como entrenador, realmente, tuve muchos problemas. Estuve cinco años en Auckland y uno más con los Blues. Pero en 1993 dejé de entrenar.

Sin embargo, al final encontró una nueva vocación en el rugby como seleccionador nacional. Su aportación al equipo es inestimable. Sus consejos me dan otro punto de vista para mi libro porque no está involucrado todo el tiempo con los All Blacks, puede analizar las situaciones desde una perspectiva externa. Es un hombre ocupado, pero generoso con su tiempo. Puede que no sea artista. Sin embargo, me descubre una imagen reveladora:

A menudo, me he preguntado por qué el rugby es tan importante en este país. Llegué a la conclusión de que, como somos pequeños y estamos aislados geográficamente, es lo único que podemos hacer mejor que el resto del mundo la mayor parte del tiempo. Eso le proporciona al país cierto orgullo. Siempre pensé que el rugby en Sudáfrica era una religión. Pero aquí es una forma de vida. Hay una diferencia entre las dos.

Fox pasó a formar parte de los All Blacks en 2011. Estaba encantado de aceptar el reto y trabajar con Hansen.

Me encanta el rugby. Tengo el privilegio de participar con los All Blacks. No es habitual que tengas la oportunidad de representar a tu país como jugador y que, una vez cuelgues las botas, puedas hacerlo desde el cuerpo técnico. Esto me da la oportunidad de trabajar con el equipo que llevo en mi corazón. Pero no tengo tiempo para hacer mucho más que esto. Los entrenadores de los All Blacks están fuera de casa más de doscientas noches al año. Eso es lo que se necesita para hacer el trabajo.

Fox es como muchos neozelandeses. Posee un rico conocimiento del juego y es feliz de compartirlo con los demás. Dice que siempre supo que la estructura de los All Blacks era muy profesional, pero no se había dado cuenta de la excelencia que había alcanzado.

Hay varias capas. No existe un secreto para nuestro rendimiento; más bien, hay muchos pequeños aspectos que deben enlazarse para alcanzar el éxito.

La clave de todo es lo que sucede de domingo a viernes. En otras palabras, la preparación de un partido. Todo lo que hacemos está orientado a lo que hacemos para afrontar un partido. Si no se ha perfeccionado cada pequeño detalle en ese momento, no se obtendrá el rendimiento y el resultado que se desean. Las pequeñas cosas que deben coordinarse no son una ciencia exacta. Supongo que la clave es alinearlos y sincronizarlos durante y después de un partido. Básicamente, estamos hablando de:

- La organización de la semana desde una perspectiva de los entrenamientos para garantizar un trabajo de calidad.
- La experiencia en el *coaching* como parte determinante de la gestión de equipo.
- La preparación: física y mental (debe ser profunda).
- La estrategia o plan de juego: debe adaptarse al conjunto de habilidades y a la mentalidad del equipo en cada partido, así como para toda una temporada. Además, hay que tener en cuenta el rendimiento que esperamos en nuestros rivales.
- La ejecución de habilidades.
- La toma de decisiones.

Aunque todo eso no garantiza la victoria. Chicago fue un ejemplo de ello [Nueva Zelanda perdió ante Irlanda en 2016].

Los All Blacks aprendieron una importante lección en Chicago. Cuando se reunieron para analizar la derrota, rápidamente identificaron algunas razones clave. El campo de entrenamiento estaba demasiado lejos del hotel del equipo y el viaje cada día era complicado debido a las concurridas calles de la ciudad. Además, Chicago estaba de fiesta, los Cubs habían terminado recientemente una sequía de ciento ocho años y habían ganado la serie mundial de béisbol. Toda la ciudad estaba de celebración, y los All Blacks quedaron atrapados en la vorágine. Nunca usaron esas circunstancias como una excusa. Pero el análisis posterior se centró en estos factores. Luego se analizaron algunas de las decisiones controvertidas como, por ejemplo, la elección de Jerome Kaino para la segunda línea.

¿Y qué ocurre después de esta ardua preparación? A esto responde Grant Fox: «Sal al campo, diviértete y juega. Porque jugar es la parte divertida. Los jugadores, antes de un partido, no están pensando: "Esto es por lo que me pagan". Es el orgullo y el placer. Esa es la clave de todo esto, ese es el combustible que nos sostiene».

Divertirse y disfrutar no forma parte del léxico de muchos entrenadores. Se podría pensar que los mejores entrenadores, independientemente del deporte, no permiten ninguna ligereza en el desarrollo del juego. Pero, en ocasiones, ocurre lo contrario. Ese fue el caso de Johan Cruyff y Pep Guardiola cuando ocuparon el banquillo del F. C. Barcelona. Disfrutar del juego era una de sus prioridades. Buscaban jugadores talentosos, pero especialmente aquellos que podían jugar con una sonrisa en la cara.

Guardiola ha defendido la misma filosofía en el Manchester City. La presión exterior es inevitable, pero Guardiola no parece un hombre que carga en sus hombros las preocupaciones de los demás. De forma incondicional, intenta que sus equipos sean atrevidos. Su filosofía defiende que la diversión de un jugador es un ingrediente clave para un equipo exitoso. En 2018, el juego del Manchester City ha sido el reflejo de esta filosofía: brillante, elegante, imaginativo y con estilo. Y, sobre todo, entretenido y atractivo para los espectadores

Uno podría pensar que eso no es aplicable a la filosofía de Steve Hansen como entrenador de los All Blacks. Muy a menudo, Hansen ofrece al mundo exterior una expresión lúgubre. Puede parecer reservado y retraído. Los entrenadores con estas características rara vez producen equipos creativos, con estilo y entretenidos. En todo caso, funcionales y pragmáticos, pero poco más.

Sin embargo, Nueva Zelanda es actualmente, con cierta distancia, el equipo de rugby más creativo y entretenido de todo el mundo. Eso indica que, en el fondo, Hansen es mucho más que un entrenador pragmático, un funcionario austero que solo busca resultados. Sus equipos han practicado el rugby más entretenido de todos los equipos de los All Blacks. Y esa es una prueba de que, en el caso de este entrenador, el todo es mayor que la suma de las partes.

Pero ¿qué tipo de presiones reciben los entrenadores de los All Blacks? A finales del verano, también fui a las casas de Wayne Smith e Ian Foster. Podría decirse que, desde que cruzas el umbral de su casa, puedes sentir que disfrutan de su tiempo libre. Lo disfrutan porque saben que no durará mucho.

Fox lo explica así. El gran público, dice, no entiende lo que implica.

El lado profesional del juego ha sido impulsado durante más de veinte años. Pero, mucho antes del profesionalismo, siempre hubo una gran expectativa sobre el rendimiento de los All Blacks. Hoy en día, los fanáticos creen que parte de su dinero tan trabajosamente ganado está pagando a los jugadores, por lo que ahora se les juzga con mayor dureza. Pero ¿el público tiene derecho a ser tan severo? No, no lo creo. Ser el foco de atención no es fácil, a menos que se tenga una piel muy gruesa, y son las esposas y la familia las que más padecen las críticas negativas.

Les resulta mucho más difícil que a los propios jugadores. La gente dice: «No escuches la radio ni leas periódicos ni mires Internet». Pero eso no es fácil. Está en la naturaleza humana leer informes y comentarios.

Sin embargo, a pesar de las presiones intimidantes, muchas personas comienzan a ser entrenadores de rugby en Nueva Zelanda. Un buen porcentaje de ellos se mudan al extranjero para ejercer su profesión. Pero ¿por qué Nueva Zelanda sigue produciendo estos excelentes entrenadores? Según Fox:

El *coaching* es parte de nuestro éxito. No creo que los países del hemisferio norte tengan nuestra organización. Tenemos una estructura de capas, una etapa intermedia entre el club y el rugby internacional. Para nosotros, la colaboración de las provincias, como Auckland, Wellington o Canterbury, ha sido fundamental, y esa estructura de capas nos ha beneficiado.

No estoy hablando solo de los jugadores. Esta estructura ha ayudado a formar y a desarrollar a todo tipo de profesionales, desde fisioterapeutas hasta médicos o entrenadores. Hay una excelencia integral asociada con esto. Los entrenadores de Nueva Zelanda tienen demanda en todo el mundo debido al éxito del juego en Nueva Zelanda. ¿Hay más conocimiento de rugby aquí? Posiblemente. Quizá sea por lo que representa el rugby en nuestra sociedad. Este deporte es el centro de la vida cotidiana en el país.

Si te adaptas a esta presión y aprendes a gestionarla, tu valor como profesional se incrementa exponencialmente. No es de extrañar que países como Australia, Irlanda, Escocia, Gales, Japón, Fiyi, Italia o Estados Unidos prefieran seleccionadores neozelandeses. El conocimiento que aportan e imparten es insuperable. Pero este factor no solo afecta a los equipos internacionales. Clubes regionales de todo el mundo buscan y contratan a entrenadores kiwis (Bath, Cardiff, Clermont Auvergne, Northampton, Montpellier, Leinster, Connacht, Ulster, Glasgow, Stade Français, London Irish, etcétera). Cuando contratas a un entrenador de Nueva Zelanda, no solo contratas a un profesional. Abrazas una cultura entera. Una cultura que ha sido evaluada y analizada sin descanso. Simplemente, es la mejor.

En realidad, una sola palabra distingue a la mayoría de los entrenadores de Nueva Zelanda de sus homólogos de todo el mundo: el riesgo. Como dice Wayne Smith:

> Los entrenadores de Nueva Zelanda tienen una visión del juego ligeramente distinta que la del resto del mundo. En consecuencia, cuando trabajan más, suelen sacar más provecho de las habilidades y el rendimiento de estas bajo presión. Además, siempre procuran condicionar a los rivales con la táctica. Necesitas un juego de patadas que los obligue a defender ciertos espacios. Entonces, puedes atacar como quieras.
>
> Esto se remonta a 1905, al equipo de Dave Gallaher. Es la forma en que Nueva Zelanda ha jugado [siempre]. Encaja con nuestra naturaleza, con nuestro espíritu pionero dispuesto a correr riesgos y a salir al ataque. Arriesgarse para alcanzar el éxito. Por eso, sacamos más rendimiento a nuestras habilidades. No creo que seamos necesariamente más hábiles que los demás. Simplemente, trabajamos más duro en ese aspecto del juego. Y tener una actitud aventurera también es determinante.

Smith cuenta la historia de una formación para entrenadores que realizó en Argentina alrededor de 2012 y 2013, con el entonces entrenador de los Chiefs Dave Rennie. En una sesión, pusieron en la pantalla un vídeo de un *scrum* de los Chiefs. Había doscientos veinte entrenadores observando y Smith les pidió que levantaran la mano aquellos que creían que, en esa situación defensiva, debían indicar a sus jugadores que patearan hacia delante. Todos levantaron la mano. Luego mostraron el vídeo. Los Chiefs aseguraron la pelota de *scrum*, atacaron el espacio abierto y terminaron anotando un ensayo en el otro extremo del campo. Entonces, Rennie dijo: «Que levanten la mano aquellos que todavía creen que deberían haber pateado esa pelota». De nuevo, todos levantaron la mano. Smith me dijo: «No lo entendían. Eran entrenadores argentinos y esa era su mentalidad». Probablemente, pensaban: «Sí, de acuerdo, esta jugada acabó bien con los Chiefs, pero nosotros no vamos a hacerlo». En realidad, en la mayoría de los países del mundo sucedería lo mismo. Nunca se atreverían a ejecutar una jugada ofensiva partiendo desde tan atrás.

Pero, para nosotros, es ahí donde están las oportunidades. Sin embargo, los conceptos básicos siempre son los más difíciles de ejecutar. Siempre es más complicado atrapar y pasar a menos que lo estés haciendo día tras día y te expongas a esas situaciones. No es solo práctica. Tienes que crear situaciones de presión cuando lo entrenas. No me refiero solo a la presión física, sino también a la presión mental. A menos que logres simular esa presión, no podrás hacerlo en el partido.

Para el exentrenador de Australia John Connolly, la lógica es simple. En Australia, dice, los entrenadores locales no identifican el talento en los jóvenes como es debido.

En nueva Zelanda, los mejores siempre debutan con diecinueve o veinte años. Eso no ha cambiado. Mira la aparición de tipos como Beauden Barrett o Damian McKenzie. Eso es porque la calidad de su entrenamiento es impresionante. Tienen una forma de entender el deporte rica y exitosa. En comparación, la nuestra, en Australia, es muy pobre.

Además, el juego moderno se adapta a los jugadores de Nueva Zelanda. Antes el juego requería una estructura sólida y fuerte. Pero ahora el deporte ha evolucionado en muchos aspectos. Entrenar el ataque y el conjunto de habilidades necesarias para ello es crucial. Esa es la clave. Nueva Zelanda saca provecho de sus habilidades porque siguen trabajando constantemente para mejorarlas. La gente en Australia no se preocupa por ello. Nueva Zelanda sabe cómo desarrollar a sus jugadores mejor que nadie.

Connolly dice que el caso de Quade Cooper es un ejemplo perfecto de lo que él llama «la arrogancia de Australia» en comparación con la insistencia de los neozelandeses en las habilidades básicas:

En 2011, Quade Cooper hizo su mejor temporada en Queensland. Tenía veintitrés años. Pero seis años más tarde, apenas había evolucionado. Eso tiene que ser culpa del sistema. Nunca aprendió a patear una pelota; su técnica, en general, es pobre. Mantiene una técnica de pase excepcional, pero no ha mejorado como jugador.

La ironía suprema es que Cooper nació en Nueva Zelanda. Si se hubiera quedado en ese lado del mar de Tasmania, es probable que algún entrenador lo hubiera convertido en uno de los aperturas más efectivos de los All Blacks. Como dice Connolly: «El sistema en Australia no es lo suficientemente fuerte».

La combinación única de buenos resultados, juego atrevido y una buena explotación de los jóvenes jugadores con talento me lleva a una conclusión: somos testigos de una era única del rugby de Nueva Zelanda. Además, parece claro que, mientras Nueva Zelanda continúe produciendo jóvenes de un talento extraordinario y entrenadores de clase mundial, su futuro está asegurado. Solo si alguna de esas dos se rompe, la cosa podría cambiar.

A medida que se acerca el Mundial de 2019, Hansen lidera un equipo de entrenadores audaz y diverso. Su entrenador de defensa es Scott McLeod. Este jugó diez *test* para los All Blacks y fue entrenador asistente de los Highlanders. En Nueva Zelanda, la calidad del *coaching* en prácticamente todos los aspectos es sobresaliente.

A los mejores entrenadores kiwis no les faltan pretendientes. Chris Boyd, quien llevó a los Hurricanes al título de Super Rugby en 2016, se unió al club inglés Northampton (que Wayne Smith dirigió de 2001 a 2004) en la segunda mitad de 2018. Northampton le pidió a Smith que diera su opinión sobre una lista de candidatos. Sus comentarios sobre Boyd fueron positivos. Más adelante, Northampton realizó un proceso interno y se decantó por Boyd.

En todo el mundo, los entrenadores kiwis son excelentes. Es como un producto de exportación más de Nueva Zelanda. A nadie le preocupa que los mejores entrenadores se vayan al extranjero porque saben que la línea de producción sigue siendo fuerte en su propia tierra. Además, aquellos que se van, como Henry, Hansen, Gatland, Schmidt, Cotter, adquieren un conocimiento inestimable sobre los países extranjeros y sus filosofías de rugby que serán valiosos si algún día pasan a formar parte del cuerpo técnico de los All Blacks.

Vern Cotter, Warren Gatland, Joe Schmidt, Chris Boyd, Jamie Joseph, Tony Brown: cualquiera de ellos, actualmente en el extranjero, podría desempeñar un papel importante en cualquier puesto asociado con los All Blacks. Sería bueno comparar esta situación con los problemas que tuvo Inglaterra a finales de 2015 para reemplazar a Stuart Lancaster. Por aquel entonces, no había ningún candidato inglés preparado para el cargo y la RFU contrató al australiano Eddie Jones como seleccionador. Y pudieron hacerlo porque el CEO de la RFU hizo un viaje fugaz a Ciudad del Cabo para ofrecerle el puesto después de que Jones hubiera firmado por un equipo de Super Rugby, los Stormers. La situación era un auténtico despropósito: Jones había dado una conferencia de prensa como nuevo entrenador de los Stormers y la RFU tuvo que pagar una cláusula económica a la franquicia sudafricana para hacer efectivo el fichaje. El contraste entre la planificación a largo plazo de la NZR y la improvisación a corto plazo de Inglaterra quedó al descubierto.

La perspectiva de Graham Mourie sobre todo este asunto es muy interesante. Comparte la opinión de que el sistema de entrenamiento de Nueva Zelanda está un paso por delante de la mayoría de los demás países. Aun así, opina que ese éxito puede ser contraproducente: «Algunos de estos jugadores pueden estar increíblemente bien dotados para jugar, pero pueden ser absolutamente incompetentes para administrar sus propias vidas, gestionar el dinero o las adicciones. En consecuencia, tienes que gestionar un equipo de profesionales que trabaje los distintos aspectos de sus vidas».

Mourie piensa que los equipos del exentrenador de los All Blacks Laurie Mains nunca podrían haber alcanzado la excelencia porque los jugadores siempre estaban sujetos a una fórmula preconcebida. En cambio, el cuerpo técnico actual de los All Blacks funciona de una forma totalmente diferente.

Graham Henry logró pasar de autocrático a democrático, y las personas a su alrededor gestionaron perfectamente ese proceso. Steve Hansen es muy bueno en la gestión de jugadores: tiene un coeficiente emocional muy alto. Sabe manejar a la gente y permite que los jugadores tomen la responsabilidad de su rendimiento.

Los All Blacks tienen una gestión impecable para el rugby que practican. Tienes que confiar en la responsabilidad de los jugadores fuera del campo para que cuando se encuentren en el terreno de juego ejecuten todas sus habilidades con éxito. El deporte norteamericano es totalmente autocrático. Pero no puedes entrenar con mano de hierro y esperar, al mismo tiempo, que los jugadores tomen decisiones por sí mismos. Solo saben decir: «Sí, entrenador; no, entrenador». Creo que el sistema de Nueva Zelanda y la pedagogía de los entrenadores permite a los jugadores entender la relación entre el estilo de juego y todo aquello que se mueve a su alrededor.

Es indiscutible que esos jugadores, cuando asumen responsabilidades y se les exige que tomen decisiones en los entrenamientos o los partidos, tienen muchas más probabilidades de tomar la decisión correcta. Un entrenador con el control absoluto limita la toma de decisiones de sus propios hombres, simplemente, porque no están acostumbrados a pensar.

Inglaterra debería estar alarmada porque a veces cae en una parálisis de juego que recuerda el comportamiento de un conejo ante los focos de un automóvil. Ha ocurrido tres veces durante los últimos años. Ocurrió en 2017, en Twickenham, cuando Inglaterra se enfrentó a Italia. En ese partido los jugadores se quedaron desconcertados por las astutas tácticas de los italianos que no permitían que Inglaterra resolviera la diferencia de la línea de *offside* entre un placaje y un *ruck*. Sorprendentemente, Inglaterra le siguió el juego a Italia hasta que le pidieron al árbitro francés, Roman Poite, que lo resolviera por ellos. La respuesta del colegiado fue memorable: «Soy el árbitro, no el entrenador». Inglaterra tuvo que meterse en el vestuario durante el descanso para que su entrenador solucionara el problema. ¿Cuál era el problema? ¿Ningún jugador quería asumir la responsabilidad de una decisión crítica? ¿O acaso los jugadores no poseían el carácter suficiente para tomar el control y cambiar el plan de juego? Los hombres de rugby de Nueva Zelanda creen que los jugadores tienen la responsabilidad de tomar decisiones por sí mismos y resolver sus propios problemas durante un partido. Si no pueden hacer eso, probablemente, no merezcan lucir la camiseta del equipo nacional.

Steve Hansen pone a prueba constantemente a sus jugadores. Ese es su trabajo. Hansen está convencido de que ofrecer libertad ejecutiva a sus jugadores también permite que encuentren sus propias soluciones cuando en los partidos surge algún contratiempo.

Doug Howlett también opina que los entrenadores actuales de los All Blacks fomentan la toma de decisiones en sus jugadores. «No elegiría un entrenador antes que otro —dice el antiguo ala de los All Blacks—. Pero los entrenadores de los All Blacks te ayudan a buscar alternativas en el juego. Te piden que desafíes tu forma de pensar. Ocurre lo mismo cuando trabajas los patrones o estrategias de juego. Es otro nivel. Es como el ajedrez. Debes proyectar tres o cuatro movimientos por delante, pero todavía tienes que ejecutar los movimientos uno y dos.»

Wayne Smith reconoce que la toma de decisiones es uno de los elementos cruciales que mantiene a Nueva Zelanda por delante del resto:

> Si Nueva Zelanda tiene una ventaja en este deporte, probablemente sea esa. Ahora escuchas a entrenadores y a jugadores de todo el mundo y hablan de jugar al «rugby con la cabeza levantada». Pero pienso: «¿Qué significa eso?». Si tienes la cabeza levantada pero no sabes dónde mirar, no encontrarás nada. Es más, además irás más lento porque tendrás que pensar demasiado.
>
> Enseñar a los jugadores qué deben buscar y dónde deben buscarlo es fundamental en el deporte. Es una gran parte del rugby de Nueva Zelanda: una toma de decisiones excelente basada en señales simples. El rugby es un juego de toma de decisiones a muchos niveles y necesitas que todo el mundo esté sincronizado. Cuando los jugadores ven la señal, necesitan reaccionar todos de la misma manera. Esa es una gran forma de tomar decisiones.

El sudafricano Nick Mallett, exentrenador de los Springboks y del equipo nacional italiano, reconoce que los entrenadores de Nueva Zelanda están un paso por delante de los demás. Cree que aquello que Nueva Zelanda ha logrado en el campo de juego tiene que ver particularmente con la forma de entrenar.

> Hay algunos de sus entrenadores incluso en los mejores clubes de países como Francia e Inglaterra. Existe un fuerte capital intelec-

tual en Nueva Zelanda, que, además, comparte con todo el mundo su conocimiento. Sin embargo, es innegable que los entrenadores no son tan efectivos como los jugadores cuando están solos, lejos del ambiente de rugby de Nueva Zelanda.

Desde un punto de vista técnico, Mallett es un entrenador que admira lo que se les enseña a los jugadores de Nueva Zelanda.

Los jugadores están preparados para tomar la decisión correcta, y el entrenamiento siempre refleja lo que ocurrirá en un partido. Entrenan con la pelota en la mano. Siempre hay una oposición. En consecuencia, se acostumbran a tomar las decisiones correctas.

Estos jugadores han trabajado las habilidades y tienen las ideas claras antes de cada partido. Todos los factores se trabajan durante la semana. Otros países no lo hacen; desde luego, ni Francia, ni Sudáfrica ni Inglaterra.

Es la fórmula del éxito para Nueva Zelanda. Como un miembro de su cuerpo técnico me dijo: «Simplicidad = Claridad = Intensidad». Así es como funcionan.

El entrenador de los Highlanders de 2017, Tony Brown, afirma que, tácticamente, Nueva Zelanda siempre apuesta por el juego ofensivo:

Wayne Smith es un ejemplo de esta filosofía. Quiere mejorar el juego en toda Nueva Zelanda. Su experiencia después de tanto tiempo entrenando es enorme. Lo bueno es que los entrenadores de todos los niveles están obteniendo todo este conocimiento porque muchachos como Wayne, además de Steve Hansen e Ian Foster, hablan con entrenadores de todos los niveles. Lo ven como una parte importante de su cometido. Incluso los equipos de los clubes obtienen este conocimiento técnico.

En mi opinión, eso ayuda a mantener el juego de Nueva Zelanda por delante de todos los demás. Es la continuidad y la seguridad de una comunidad que trabaja unida aprovechando que las personas que están en la cima comparten toda la información y experiencia que obtienen. Todo cambia constantemente. La información del año pasado no es relevante para este año. La gente intenta mejorar año tras año.

Wayne Smith niega que la New Zealand Rugby sea un club privado, es decir, una organización secreta que guarda celosamente todos sus secretos, como creen algunas personas como Bob Dwyer:

> Al final de cada temporada, ofrecemos libremente nuestras ideas y estrategias a entrenadores de otros países, si así lo solicitan. Queremos ayudarlos a mejorar. Pero, además, eso nos obliga a pensar nuevas estrategias o tácticas para la temporada siguiente. De esa manera, evolucionamos constantemente. No hay otra opción. Es la forma de obligarnos a innovar y a seguir mejorando nuestro juego.

En otras palabras, los demás tratan todo el tiempo de atrapar al conejo, y justo cuando creen que están más cerca, descubren que se ha reinventado. Representa la búsqueda interminable de mejoras dentro del rugby de Nueva Zelanda. El *statu quo* puede ser aceptable en algunos países, pero no en este. Simplemente, es otra de las piezas del enorme rompecabezas que explica cómo Nueva Zelanda ha llegado a dominar este deporte:

> En este momento, el mundo siempre está observando lo que hacemos y tratando de descubrir por qué lo hacemos. Pero eso no es suficiente. Siempre llegarán tarde, nunca nos alcanzarán. Tenemos una gran presión para seguir adelante, para intentar cambiar nuestro juego, para desarrollar y ver cómo será el juego en el futuro.

En cuanto al secretismo de los técnicos, Tony Brown dice que nunca se ha encontrado con un entrenador de Nueva Zelanda que dijera: «No puedo ayudarte con eso porque es un secreto». Al contrario, según él:

> Todos están dispuestos a ayudar a los demás. Todos saben que compartir la información es vital para que el deporte siga avanzando. Todos lo hacemos. Tenemos entrenadores que vienen a nuestra categoría [Super Rugby] para formar a los entrenadores y ayudarlos a obtener ideas para su equipo. Si compartes ideas, también obtienes información. Eso me ha permitido mejorar mis entrenamientos. Todavía hay margen para encontrar nuevas formas de vencer a los rivales y mejorar el equipo. Si eres lo suficientemente creativo y

valiente, y si puedes convencer a los jugadores de que estás haciendo lo correcto, puedes vencer a cualquiera.

Del mismo modo que Brown, el ex All Black de Samoa Occidental Pat Lam es otro entrenador de Nueva Zelanda que ha llevado su conocimiento al extranjero. En Irlanda, con el Connacht, cosechó grandes éxitos. Luego, fichó por el ambicioso Bristol, al suroeste de Inglaterra. Lam insiste en que las raíces del éxito de Nueva Zelanda radican en su entrenamiento.

Sin lugar a duda, los estándares son extremadamente altos. Ahí es donde los jóvenes adquieren estas habilidades. Afecta todas las categorías. No hay que ir a una escuela privada para adquirir las habilidades de un buen entrenador. El acceso a un entrenamiento de calidad y a la comprensión del juego está disponible en todos los niveles.

Mucha gente contribuye al éxito de los All Blacks. El sistema ha sido probado durante muchos años, lo cual garantiza que los niños siempre saldrán adelante. Esa es la ventaja que tiene Nueva Zelanda. Hay muchas personas que aman el juego, y la inmensa mayoría no recibe nada a cambio. Entrenas al club de tu región para devolverle algo a tu comunidad. Ese sistema siempre producirá talento.

Lam cree que esta excelencia es la consecuencia de un factor que destaca por encima de todos los demás.

Conocemos el juego, lo entendemos. Una vez lo *entiendes*, comienzas a pensar en ello a medida que creces. Se trata de disfrutar del juego y comprender los principios y sus tácticas. Ser parte del equipo. Muchos de nosotros terminamos siendo líderes o entrenadores porque sentimos un verdadero amor por este deporte. Incluso si no eres entrenador, estás hablando del juego constantemente.

Gran parte de esta historia tiene sus raíces en el método de entrenamiento. La gran diferencia se encuentra en el detallismo y el conocimiento que muestran los neozelandeses. El entrenador asistente de los All Blacks, Ian Foster, selecciona un pequeño detalle que ayudó a perfeccionar el juego de Dan Carter cuando formaba parte del equipo.

Dan Carter era excelente tomando de decisiones, su historial era inmejorable. Cuando entré [en los All Blacks] pensé: «¿Qué puedo enseñarle?». No tenía idea. Pero descubrí un pequeño detalle que afectaba su rendimiento. Estaba relacionado con la postura de su cuerpo cuando atrapaba un balón. Cuando no estaba inspirado, atrapaba la pelota en su brazo exterior y se limitaba a deambular por el campo de juego. Se movía con el equipo y servía de enlace para sus compañeros. Pero cuando estaba realmente inspirado, atrapaba la pelota antes y enderezaba todo el cuerpo.

Foster entiende el juego profundamente y es realista. Si se le pregunta por qué los jugadores de Nueva Zelanda son los más precisos, parecerá algo sorprendido:

> Porque eso esperamos que hagan. Solo se puede esperar que alguien haga algo si está preparado para hacerlo. Cuando llega el día del partido, esperamos que lo hagan porque han sido entrenados y están preparados para ello. Se remonta a los principios básicos del juego: pasar, correr, atrapar, placar, tomar decisiones. Pero ¿cómo vas a hacer esas cosas? Esa es la diferencia.
>
> Irlanda es muy buena para ejecutar su juego. Tienen un plan de juego establecido y lo llevan a cabo. Pero el desafío es: ¿qué sucede si su plan de juego no funciona? Por eso necesitas más de un plan para ganar un partido. La presión puede limitar tus capacidades. Entran en acción otras emociones y no piensas con claridad.

Ejecutar las habilidades básicas a un nivel alto y constante es la esencia del rugby neozelandés. No importa la categoría: escuelas, clubes, Super Rugby o los All Blacks. Todos los entrenadores exigen lo mismo. La búsqueda para perfeccionar esas habilidades nunca se detiene. Darren Shand lo expresa del siguiente modo:

> Necesitas estar rodeado de buenos profesionales con la ambición de mejorar todo el tiempo. Porque los demás equipos siempre están pisándote los talones. Es la presión de ser el número uno, pero es buena y necesaria para mantenerse arriba.
>
> Me sorprende la constancia que muestra la gente cuando quiere mejorar. Después de la victoria sobre Irlanda en 2013, nos reunimos

con los jugadores a principios del año siguiente. Cualquiera podría pensar que, tras una temporada tan exitosa, todo el mundo estaría más relajado. Pero entonces encadenamos una racha de dieciocho victorias consecutivas. Simplemente, nos preguntamos: «¿Cómo podemos repetirlo?». Ese es el impulso, particularmente en torno al liderazgo. La clave está en la actitud, en el hambre de éxitos.

La presión y las expectativas siempre van de la mano en Nueva Zelanda. Pero ¿hay demasiada presión sobre los entrenadores? En opinión de Lam:

Para nada. Este es otro rasgo de nuestra cultura. Siempre existe la obligación de ganar, sea cual sea el equipo para el que estés jugando o entrenando. Cuando llegas a los All Blacks, eres perfectamente consciente de eso.

Siempre es mejor que logres una victoria, pero no puedes hacerlo todo el tiempo. Steve Hansen dice que odia la frase: «Se aprende más de las derrotas». Dice que «perder es inevitable, pero que es una falacia decir que se aprende más de las derrotas. ¿Acaso no se aprende nada de las victorias? Probablemente, mejorar después de una victoria es mucho más difícil, pero eso no significa que no debas intentarlo. La dificultad no es una razón para rendirse».

En Nueva Zelanda, el instinto de superación es implacable. Rige la vida de hombres como Steve Hansen, y su mensaje llega a todos los jugadores de Nueva Zelanda. Grant Fox está de acuerdo:

Nos desafiamos constantemente, a nosotros mismos y a nuestros jugadores. Necesitamos mejorar. No hay ningún secreto. Aunque es necesaria una honestidad brutal. Si eres de los mejores, como jugador o entrenador, no puedes esconderte. En Nueva Zelanda es necesario tener la piel muy gruesa.

La relación entre Steve Hansen y Steve Tew refleja esta suerte de honestidad. Tienen conversaciones extremadamente sinceras, porque, al fin y al cabo, la atención por todos los detalles es máxima. La inteligencia emocional de Hansen es extraordinaria. Pero hay un aspecto que Steve Hansen valora por delante de los All Blacks: el juego en sí mismo.

Hansen no tiene ningún reparo en admitirlo: «Es cierto. El juego es más importante que los All Blacks. Cómo jugamos, cómo tratamos el rugby. Si no lo hacemos bien, los All Blacks no pueden ser parte de eso. El juego desaparecerá. Para mí, es sentido común. Solo somos una pieza del extenso rompecabezas que configura este deporte. Somos muy buenos en esto, pero no tenemos el derecho a maltratar el juego que nos ha llevado a ser lo que somos».

Mientras escribía este libro, no estaba seguro de que Steve Hansen o los directivos de la New Zealand Rugby «entendieran» cuál era mi propósito. No pretendía ocultar una cámara o un micrófono en el vestuario de los All Blacks con la esperanza de lograr una exclusiva porque un par de jugadores acabaron a puñetazos. Pero, entonces, ¿cuál era mi propósito? El juego en sí mismo y su expansión mundial. Pero si los All Blacks están tan por delante del resto, entonces, no solo Nueva Zelanda puede tener problemas, sino todo el rugby en general. En mi opinión, la organización del rugby neozelandés tiene la responsabilidad de ayudar a mejorar a los demás países, debería arrastrarlos hacia la búsqueda de mejores jugadores y entrenadores mejor calificados. ¿Acaso no es ese el papel de los líderes en cualquier ámbito?

Pero hay gente que no es capaz de entenderlo. Un funcionario de la New Zealand Rugby me dijo sin rodeos: «No nos corresponde ayudar a nuestros rivales. Tenemos que concentrarnos en nuestro éxito». Pero esa es la cuestión. Si los rivales no mejoran, Nueva Zelanda corre el riesgo de perder su excelencia. La gente necesita y demanda un deporte donde haya competencia. Si se elimina eso, la asistencia a los estadios disminuirá, por no hablar del descenso en las audiencias de televisión. Como recuerda el ex Wallaby Andrew Slack, cuando el equipo de críquet australiano liderado por Steve Waugh dominaba el panorama mundial, empezó a ser aburridos verlos jugar.

La búsqueda incesante de la excelencia que muestra Nueva Zelanda es una lección que pueden enseñar al mundo. En palabras de Hansen: «Hace años, la gente me decía: "Puedes tener una época buena, pero, más tarde, vendrá una mala, y luego, otra buena". Pero realmente odio eso, es un montón de basura. La única razón por la que dejas de mejorar es porque te acomodas y abandonas todas las cosas que te ayudaron a ser el mejor. Pero si sigues esforzándote por honrar, respetar y mejorar el legado del que eres responsable, entonces, tu rendimiento no decae».

Se trata de una mentalidad intimidante, pero, si los demás países quieren disputar la hegemonía de Nueva Zelanda, es la que deben adoptar. ¿Suena duro? Lo es. Pero ¿no son los premios más grandes los más difíciles de alcanzar?

Los demás países necesitan perder el miedo. Deben atreverse a soñar. Deben arriesgarse y apostar por el juego ofensivo. Deben intentarlo. Es la única forma de mejorar. El problema es este: ¿esta mentalidad está en el ADN de los jóvenes jugadores en países como Gales, Escocia, Inglaterra y Australia? ¿Pueden comprometerse con ese tipo de juego como lo hacen los jóvenes en Nueva Zelanda? ¿O tienen otra mentalidad? Sí, es evidente que quieren jugar para su país. Pero ¿alcanzar contratos lucrativos y comprarse el último BMW es igualmente importante en su lista de prioridades?

Una cosa que Hansen dijo me animó particularmente. Él «entiende» lo que supondría para el rugby que un equipo fuera tan superior al resto que nadie pudiera vencerlo. En Japón, en el Mundial de 2019, Nueva Zelanda intentará hacer un triplete de triunfos en el Mundial. Si lo hacen, consolidarán su supremacía. «Este juego solo será fuerte si todos somos fuertes. Si el rugby mundial es fuerte. Así pues, ¿cómo nos ayudamos los unos a los otros? Creo que Nueva Zelanda colabora con los demás países porque comparte sus ideas cuando envía a sus jugadores y entrenadores por todo el mundo. Somos generosos con nuestro conocimiento del juego.»

Y es en este aspecto donde otros países podrían tener algo que aprender aquí:

Un país como Inglaterra podría reflexionar y decir: «Está bien, compartiremos un poco de los ingresos». Pero no, no quieren hacer eso porque podría darle una ventaja a Nueva Zelanda o a otro país. Yo no lo veo así; no necesitas una ventaja. Solo necesitan ayudarse mutuamente para que el juego se fortalezca. Porque, si el juego desaparece, ninguno de nosotros tendrá trabajo.

Por eso duele ver a Australia donde está. Por mucho que nos guste vencerlos, igual que a ellos les encanta vencernos, tenemos un respeto enorme por ellos y queremos que sean fuertes. Sinceramente, creo que la New Zealand Rugby realmente se preocupa por este deporte. Se preocupa por su futuro en todos los sentidos. Asistimos a las conferencias de la World Rugby, pero no vamos para defender nuestros intereses, vamos porque tenemos un interés común. Pero todos los que asisten están ahí por sus propios intereses.

No podemos permitirnos ir allí solo por nosotros mismos. Tenemos que ir allí por nuestro deporte. Luego, nos adaptaremos y ajustaremos a lo que sea. Quien se adapte mejor estará en la cima. Pero no hay que ir por allí diciendo: «Quiero hacer esto porque esto es lo correcto para Nueva Zelanda, Australia o Inglaterra». Eso no es bueno para el deporte.

Las opiniones de Hansen son importantes en este contexto porque los entrenadores de los países de rugby son quienes gestionan gran parte de la agenda y dirigen el juego de la manera que consideran propicia.

Pero un momento… ¿En el pasado Nueva Zelanda no ha sido tan introvertida como cualquier otro país? ¿No es esa una razón importante por la que la World Rugby no ha podido desarrollar el juego adecuadamente durante los treinta años que han transcurrido desde el primer Mundial? Como dice Alan Jones, los que lleguen a los cuartos de final en el próximo Mundial de Japón serán prácticamente los mismos que en el primer torneo en 1987. No importa si el rugby comenzó en las islas Gilbert, en la Antártida o en el este de Mongolia, este deporte no ha hecho ningún progreso serio más allá de sus países clásicos. Es más, hasta cierto punto, esas naciones «fuertes» son culpables de ello. ¿Cuándo votaron por última vez dar una porción más grande del pastel a los países más pequeños?

Andy Haden, por ejemplo, dice:

Si no has tenido una oposición terriblemente bien organizada, es fácil ser el mejor. Otros países han querido ganar, pero no lo han enfocado con la minuciosidad que lo hace Nueva Zelanda. Los jugadores jóvenes que tiene Nueva Zelanda han crecido en un buen sistema escolar.

Es cierto que algunos países menos conocidos como Kenia han encontrado cierto ímpetu, en su caso a través del rugby a siete. Pero en el juego de quince ha habido muy pocos signos de progreso. Puedes mirar países como Italia y Japón, y sí, es un paso adelante para el juego. Pero muy pocos están mejorando mucho. A uno le gustaría medir la mejora con algo tangible, algo de éxito. Pero eso no sucede. Argentina ha mejorado, pero…

Haden culpa a la World Rugby por esta situación. Cree que no ha cambiado nada desde la primera Copa del Mundo en 1987.

Países como Italia, Canadá, Estados Unidos, Samoa y Japón realmente están ahí solo para hacer que los números sean realistas. Más allá de algún extraño resultado, como Japón venciendo a Sudáfrica en la Copa del Mundo 2015, ha habido muy poco progreso en estas naciones. Más de cien países juegan al rugby, pero la mayoría son irrelevantes.

Por lo tanto, Nueva Zelanda no ha tenido el incentivo para mejorar. Si quieres que el deporte sea mejor y más influyente, entonces, países como Nueva Zelanda tienen que hacer mucho más. No ha sido muy difícil ser terriblemente bueno en el rugby, pues no hay mucha oposición.

Haden sugiere que esta situación no cambiará mientras la distribución de las finanzas se mantenga como está: «Lo que el deporte necesita es gastar su dinero de la Copa del Mundo de una manera mucho más imparcial». En la actualidad, los ocho equipos principales obtienen alrededor del 80 por ciento de los ingresos: «Eso permite mantener el *statu quo*, y no estimula el juego en el resto del mundo. Si realmente quieren hacer crecer el juego, el dinero que se recauda debería distribuirse de manera mucho más equitativa».

Hansen no evita el asunto: «Creo que todos los países han sido culpables de eso en el pasado. Tuve la suerte de haber estado involucrado en el Torneo de las Seis Naciones [con Gales], pero lo primero que noté fue que éramos "nosotros contra ellos". Luego vuelvo aquí y también lo estoy viendo. Voy a decir: "Chicos, se trata del deporte"».

También lamenta el hecho de que, cuando elogió a Inglaterra por sus éxitos en 2016, la gente pensó que no estaba siendo sincero: «Realmente, lo dije en serio. Son una gran nación de rugby y necesitamos que sean buenos. Irlanda nos derrotó en Chicago y nos hemos hecho cargo de esa responsabilidad. Pero fue bueno para el deporte».

Lejos de este pequeño país ubicado en una esquina del mundo, Conrad Smith ha estado jugando en el suroeste de Francia durante los últimos tres años. Smith jugó noventa y cuatro veces para los All Blacks en una carrera de once años. ¿Es muy importante el tipo de entrenamiento que se hace en Nueva Zelanda?

La influencia de los buenos entrenadores es enorme. Cuando entré en el equipo, Wayne Smith era el entrenador de *backs*, pero rápidamente se convirtió en un mentor. Era el tipo al que podía pedirle cualquier cosa. Smith es duro, desafiante. Hubo momentos en que lo insulté. Pero él solo quiere sacar lo mejor de cada uno y realmente se preocupa por los All Blacks y sus jugadores. Es un hombre singular. Solo puede haber un Wayne Smith en los All Blacks; si hubiera más como él, se crearía un ambiente demasiado intenso y no funcionaría.

En Nueva Zelanda, no se trata solo de ganar, sino de jugar como creemos que se debe jugar. Sin duda, esto se suma a la presión que soportan los jugadores, pero recae especialmente en los entrenadores. En un país como Francia, solo quieren ganar, y es una batalla. Pero en Nueva Zelanda es diferente. Podemos ganar un partido, pero, si no se juega de la manera correcta, el público se quedará en silencio. Ganar no es suficiente. Si ganas sin anotar ensayos, nadie está contento.

Esa es la expectativa. Sé que el equipo es muy consciente de eso. Hemos afrontado ese desafío durante más de cien años y esa es la motivación para que todos los equipos de los All Blacks sigan el mismo camino.

Hay que decir que los All Blacks han tenido éxito gracias a su trabajo duro. No es suerte. Hay una historia de más de cien años de pasión. Los All Blacks son el buque insignia de la nación. Representan todo lo bueno del país. El equipo se apoya en esa idea. A veces es difícil ver cómo eso te hace ganar partidos. Pero creo que te da una ventaja. Pero la presión que tenemos cuando usamos esta camiseta es inmensa. Es parte del desafío. Esa presión proviene de los seguidores, de un país que motiva a un equipo.

Es la presión bajo la cual todos los entrenadores de Nueva Zelanda deben trabajar. En realidad, es una búsqueda interminable.

No hay duda de que la excelencia del entrenamiento y la gestión de Nueva Zelanda ocupa un lugar destacado en la lista de razones para el dominio neozelandés en el mundo del rugby. Desde 2004, Nueva Zelanda ha tenido un grupo de gestión excepcional.

El conocimiento y la organización que estos hombres han aportado a sus respectivas áreas de trabajo ha sido de primer nivel. Ningún otro país ha gozado ni remotamente de esta cantidad de sabiduría. No solo en el deporte, sino también en el aspecto cultural y popular de Nueva Zelanda. Los jugadores que pasaron bajo su tutela nunca sabrán lo afortunados que han sido de vivir en esta era.

Nueva Zelanda tuvo grandes jugadores antes. Muchísimos. También tenía buenas rachas ganadoras. Pero rara vez lograban un éxito tan sostenido. ¿Por qué? Antes de 2004, el enfoque era demasiado impredecible. Todavía persistían muchos elementos de la cultura *amateur*, que frenaban la profesionalidad. Y el personal, especialmente su cuerpo técnico, cambiaba con demasiada frecuencia. La inconsistencia fuera del campo se reflejó en él. Eso no debería haber sido una sorpresa.

Que haya habido un éxito sostenido en esta era responde principalmente al enorme esfuerzo de los hombres y las mujeres que conforman el grupo de entrenamiento y gestión de los All Blacks. Han demostrado ser altamente talentosos; de lejos, los mejores del mundo, y tal vez han logrado una combinación única en la vida. No podrían haberlo hecho bajo las estructuras de la década de 1990 o principios de la década de 2000, cuando los entrenadores de Nueva Zelanda cambiaban constantemente. Pero el rugby de Nueva Zelanda aprendió las lecciones de los fracasos pasados. Y siguieron los consejos de gente con buen juicio como sir Brian Lochore.

Otros países han tenido sus momentos desde el profesionalismo, pero a menudo han destituido o cambiado a los responsables. Nueva Zelanda, por otro lado, ha establecido desde 2004 una plantilla para el futuro. La clave de su plan maestro está en la continuidad y la consistencia del personal de entrenamiento, junto con la participación de jugadores de talla mundial. Parece que no hay ninguna razón para que rompan esta dinámica después del Mundial de 2019, con la inevitable partida de algunos miembros de este grupo especial. Por eso Ian Foster debería convertirse en el próximo entrenador de los All Blacks.

En cuanto a los jugadores y a una línea de producción que simplemente no falla, nunca debemos pasar por alto la contribución de personas desconocidas, como el entrenador de la escuela de secundaria que se quedaba hasta bien entrada la noche para ofrecer consejos a Dan Carter, o el entrenador asistente regional que vio de inmediato el potencial de Beauden Barrett y trabajó sin descanso para garantizar que su talento se desarrollara. Estos ejemplos, entre otros muchos más, describen cómo la gente de un país de 4,8 millones contribuyó a la conquista de este deporte. Cada uno ha tenido su papel en este exitoso proceso.

Los equipos deportivos son como grandes empresas. Tienen a su alcance talentos de todo tipo. Pero si las personas encargadas de guiarlas no están totalmente comprometidas y planifican y se preparan para casi cualquier eventualidad, entonces no se logra nada. La inercia se impone y la empresa empieza a declinar.

Los equipos nacionales de rugby son iguales. Demasiados países han fallado porque un personal poco preparado ha tomado decisiones equivocadas y no ha logrado crear una plantilla adecuada para seleccionar y entrenar una plantilla en condiciones. A menudo, su elección de entrenadores ha sido muy pobre. En algunos casos, se ha empleado gente muy mal preparada. Y los resultados han sido decepcionantes.

Nueva Zelanda es una excepción muy significativa. Ha trabajado constantemente para encontrar a las personas adecuadas y ubicarlas en los roles correctos. No es un proceso fácil; requiere perspicacia, fe y buen juicio. Pero la recompensa ha sido esta increíble racha de éxitos desde 2004 hasta la actualidad, que aún podría ampliarse en Japón con el tercer Mundial de Rugby consecutivo.

16

La camiseta

Con contribuciones de, entre otros,
GARY PLAYER, IAN FOSTER, KIERAN READ, NICK FARR-JONES,
BEAUDEN BARRETT, sir COLIN MEADS, JOHN HART,
WAYNE SMITH, RYAN CROTTY, DANE COLES, LIAM MESSAM,
ALAN JONES, DOUG HOWLETT, BOB DWYER, JEROME KAINO,
GILBERT ENOKA, CRAIG DOWD, JOEL STRANSKY,
DAN CARTER, WYATT CROCKETT e IAN SMITH.

¿Cómo explicar el aura de los All Blacks? Su historia y su patrimonio son tan bellos… Todo se ha conseguido a través de trabajo duro, planificación y entrenamiento. Ha habido buenos jugadores y la conjunción de diversos elementos. A todo eso, se le debe añadir una insaciable sed de victoria y de amor a unos colores. Algo que te lleva a vencer una y otra vez.

Sir BRYAN WILLIAMS, antiguo ala
de los All Blacks (113 partidos, 38 *test*)

*A*ntes de cada partido, Richie McCaw ocultaba su cabeza en ella. Cuando la tuvo en sus manos, otro de los jugadores no pudo más que echarse a llorar. Luego se sonó la nariz con ella para recobrar la compostura. «Pensé que estaría llena de sangre y barro. No creo que fuera una falta de respeto», dijo Wayne Smith.

Cuando Ryan Crotty debutó con los All Blacks, en Sídney, sus padres volaron hacia la ciudad para asistir al partido. Su padre casi muere de orgullo cuando su hijo le regaló la camiseta con la que disputó ese primer partido. «Después de mi debut y de darle mi camiseta a mi padre, me aferré a cada una de las diez siguientes que utilicé. Enfundarse la camiseta es un regalo del cielo. Si consigues defenderla en un partido oficial, es que eres un gran jugador», dijo Crotty.

Cuando era joven, Dane Coles vivía en un pequeño pueblo en la costa de Kapiti. Christian Cullen, el antiguo *full back* de los All Blacks, no vivía lejos de allí. Cierto día, Coles, de doce años, visitó la casa de Cullen y pudo ver su colección de camisetas: «Entrar en esa habitación fue alucinante. Me probé una camiseta de los All Blacks. Me dije a mí mismo que quería que una de esas fuera mía». Siguieron años de sacrificio y sudor para conseguirlo. Y todo por habérsela probado una sola vez.

Wayne Smith regaló cada una de las suyas. Pensó que el maná viviría mejor con los demás. Él había tomado todo lo que necesitaba de esa camiseta mágica.

Porque estamos hablando de «la camiseta». De la camiseta de los All Blacks. Si hay alguna prenda deportiva venerada en este mundo, es esta. Es difícil calcular el valor que ha adquirido para los neozelandeses.

Tal vez su misticismo tan solo puede compararse con otra prenda deportiva, aunque de un deporte que se practica en cualquier parte del mundo, y no como sucede con el rugby (o con el críquet, por ejemplo), que no es tan popular. Estamos hablando de la famosa chaqueta verde del Masters de Augusta. Aunque, por supuesto, hay una gran diferencia: la chaqueta es una recompensa por ganar, mientras que la camiseta te da la oportunidad de jugar. Solo eso. No obstante, ambas indican que has llegado a la cima en el mundo del deporte.

¿Quién podría compararlas? El legendario jugador de golf sudafricano Gary Player ganó en el Augusta National en 1961, 1974 y 1978. Le pregunté si entendía la reverencia casi religiosa que los neozelandeses sienten por la camiseta negra de los All Blacks.

Sí, por supuesto. Para tener éxito en los negocios o en el deporte, uno debe tener pasión. Como todos sabemos, es algo que a los neozelandeses no les falta, especialmente en el rugby. Sin pasión, no tienes energía, y nada grandioso se ha logrado sin pasión. Incluso en un deporte que no sea de equipo, como el golf, sin ella no alcanzarás las cotas más altas.

Definitivamente, ponerme la chaqueta verde en Augusta es uno de los hitos de mi vida. La primera vez que soñé con ganar una chaqueta verde fue cuando tomé un palo de golf entre mis manos. Estoy seguro de que, la primera vez que un jugador de Nueva Zelanda toma una pelota de rugby entre las suyas, sueña con ponerse su camiseta nacional.

Es algo con lo que todos los jóvenes neozelandeses fantasean; casi salivan ante tal perspectiva. Es el sueño de sus vidas. Quien lo cumple rezuma un orgullo tan grande que es difícil imaginarlo si no lo sientes en tu propia piel.

Beauden Barrett cuenta que ciertos compañeros de los Hurricanes regresaron a Wellington tristes por no tener en sus manos la prenda sagrada. «He tenido suerte —dice—. Todavía no me han dejado fuera de la selección.» Pero los jugadores que sí han sufrido esa circunstancia han vuelto diciendo que es lo más difícil a lo que se han enfrentado: perder la posibilidad de ponerse la camiseta.

No ser parte de eso los hirió. Haces todo lo posible para seguir en el equipo. Intentas aprovechar cada oportunidad. Pero lo cierto es que ninguno de nosotros sabe si nos van a seleccionar la semana siguiente. Todo depende de las actuaciones y de cómo te va en ese momento en concreto. No deja lugar a la autocomplacencia.

Siempre estás alerta, siempre hay que mejorar y ponerse retos. Sientes la enorme competencia que hay por ponerse una de las camisetas de los All Blacks. No importa quién seas. La gente de otros equipos puede relajarse porque no hay tanta presión. Y puede que por eso no lleguen a nuestro nivel. Quienes juegan con los All Blacks son unos privilegiados. Es una oportunidad que hay que aprovechar al máximo. El sueño podría desvanecerse en cualquier momento. Sientes la fuerza de la camiseta, toda la historia que hay detrás de ella. Uno lo da todo por ella.

Aperturas que corren libres, o un viejo pilar que se lanza hacia delante con unas orejas que parecen un par de rodajas de hígado de ternera... Sea quien sea... No importa. Todos sienten el mismo miedo de quedar fuera de la selección.

El pilar de los Crusaders, Wyatt Crockett sabe que ya no es un niño pequeño, que ya no hay tiempo para lloros:

> Yo mismo me he visto en esa situación. Es muy emocional. Uno siente que nunca volverá a los All Blacks. No pensé que sería un All Black después de 2010, y luego me seleccionaron de nuevo.
>
> Trabajas muy duro para volver allí porque te das cuenta de cuánto lo amaste y cuánto significa para ti. Cuando ves a otros jugadores regresar a sus franquicias después de ser descartados por los All Blacks, comprendes lo difícil que es llegar a tener el privilegio de defender esta camiseta.

Quizá no haya nadie que lo explique mejor que Crockett. Después de temer en 2010 que sus días como All Black hubieran terminado, todavía llevaba la camiseta en noviembre de 2017 (con treinta y cuatro años), su *cap* número setenta y uno.

Eso es longevidad. O, más exactamente, una historia de amor eterno por una prenda y un símbolo. Ian Stanley Talbot *Spooky* Smith, un ala de los All Blacks de la década de los sesenta, dijo que el día que lo dejaron fuera del equipo nacional fue el peor de su vida: «Tuve una buena racha desde 1963 hasta 1966 [veinticuatro partidos, nueve *test*]. Pero sentí un enorme dolor cuando terminó. Lo sigo sintiendo».

Sí, pero han pasado cincuenta y un años. ¡Cincuenta y un años! ¿No se supone que el tiempo cura las heridas? Pues no.

Enfundarte una camiseta de los All Blacks en Nueva Zelanda es especial. Mi número era el 644, y uno de mis vecinos todavía me llama así. Estoy bastante contento de haberlo logrado. Fue increíble haber jugado para mi país. El dinero no te llueve del cielo porque jugaste con los All Blacks. Pero la gente está dispuesta a darte más oportunidades.

Siempre recordaba las palabras de advertencia de Wilson Whineray tras disputar su primer partido internacional: «Solo disfrútalo, porque nunca es igual», le dijo el capitán. Y tenía razón. Ian Smith aseguró que ese primer partido fue un momento que condicionó el resto de su vida.

Los viejos All Blacks son como las ramas de los grandes árboles kauri del país. Observan la escena desde hace mucho tiempo, custodios de los valores que sustentan su sociedad. Brad Johnstone, con cuarenta y cinco apariciones y trece *caps*, es solo uno de ellos. Si se le pregunta por la mayor diferencia entre Nueva Zelanda y el resto del mundo, arruga el ceño y dice: «La marca All Blacks, la cultura que los All Blacks han creado durante más de cien años. Cuando te enfundas la camiseta de los All Blacks, te enfrentas al mundo y temes decepcionar a los que te precedieron».

Nick Mallett apunta: «No creo que los jugadores de otros países tengan esta misma mentalidad. No creo que sientan la presión de los All Blacks. Esa es otra diferencia. Es una de las claves».

¿Qué hay de Australia? Están orgulloso de su deporte. Especialmente cuando los odiados «Poms» están en la ciudad. Sus pintas de cerveza rebosan orgullo nacional. Pero tal vez el pensamiento más revelador sobre «la camiseta» proviene de ese lado del Tasman. En Sídney, Nick Farr-Jones se confesó y fue a la raíz de la cuestión:

¿Si se puede decir que teníamos a la camiseta de la selección australiana en la misma estima que los All Blacks tenían a la suya? Pues lo dudo mucho. No al menos en el sentido del compromiso, del privilegio que sentían al ponerse su camiseta. La importancia que tiene en su historia, en su cultura y en su dominio de juego es enorme.

Pocos hombres se han puesto la camiseta negra con tanto orgullo como el difunto sir Colin Meads. Su vida no se entiende sin tener en cuenta la devoción que sentía por el rugby de su país. Solía hablar con orgullo de sus moratones y de su sangre de guerrero.

Cuando le pedí que expresara con palabras su respeto y sus sentimientos por la camiseta, suspiró con devoción. Tal vez sabía que estábamos pisando terreno sagrado.

El atractivo de la camiseta de los All Blacks ha continuado todos estos años. Incluso los jugadores modernos lo piensan. Escuchas historias de jugadores que duermen con su camiseta la noche anterior a su primer *cap*. Algunos All Blacks entrenaban con ella. Pero eso no me gustaba. Yo honré la camiseta. Siempre.

Sentía que solo te la podías poner cuando jugabas para tu país. Nunca usé camisetas de rugby fuera del campo.

Solo me enfundaba una camiseta All Blacks para librar una batalla, cuando sabía que el cuerpo iba a llevarse una paliza. Cuando me la iba a poner por primera vez, temí romperme una pierna antes de disputar mi primer partido. Si eso pasaba, tal vez nunca podría decir que era un All Black. Es algo que le ha sucedido a más de uno. Nunca los seleccionaron de nuevo y jamás podrían llamarse a sí mismos «All Black».

Ser un All Black fue, de lejos, el mayor logro de mi vida. Tienes a tu familia y tu carrera, pero es diferente. Estás orgulloso de lo que tienes y de tus hijos. Pero siempre tendrás esa camiseta en un pedestal.

¿Qué importancia tiene para los jóvenes neozelandeses en comparación con los jugadores de cualquier otra parte del mundo? Meads dice: «Creo que es más importante para los jóvenes de Nueva Zelanda usar esta camiseta que para los jóvenes de Francia o Inglaterra usar la suya. En Inglaterra, el rugby ni siquiera es el deporte número uno. Francia también tiene muchos otros deportes».

Es una opinión compartida por sir Brian Lochore: «Antes de volver a colaborar con los All Blacks, pensaba que la importancia de la camiseta ya no era tan fuerte. Sin embargo, descubrí que nada ha cambiado. La camiseta de los All Blacks continúa siendo igual de importante. Significa mucho más para nuestros jóvenes que para otros jóvenes del resto del mundo».

Es un tema central. Otra pieza crítica en el rompecabezas que explica el rugby de Nueva Zelanda y su supremacía mundial. Dudo que los jugadores de otros países puedan entender las emociones, el creciente orgullo que siente un joven neozelandés cuando se endosa su camiseta nacional. Por supuesto, todos están orgullosos de representar a su país. Pero en el caso neozelandés es algo que va más allá. Como dice John Hart: «No creo que haya nada comparable en el mundo del deporte. En Nueva Zelanda, es nuestra cultura, nuestra identidad. Todavía comemos, dormimos y bebemos este deporte. Es una pasión que no tiene límites».

Ponerte la camiseta deja en nada cualquier trofeo o cualquier medalla individual. El segunda línea Brodie Retallick es solo uno de los grandes All Blacks que confiesa que los trofeos y las medallas quedan relegadas a oscuros rincones de su hogar: «No están en la sala de mi casa —dice el mejor jugador del año de la IRB en 2014—. Acabo de poner un pequeño estante en el garaje con algunas cosas como trofeos y placas».

Cogiendo polvo, se supone.

Cuando Richie McCaw se mudó de su casa, el nuevo propietario se sorprendió al encontrar algunos recuerdos personales, invitaciones a cenas especiales, eventos de entrega de premios y demás. Todo descartado, abandonado. A McCaw no le interesaban tales cosas y había seguido adelante, en todos los sentidos. Eso sí, el nuevo inquilino de la casa no encontró ninguna camiseta de los All Blacks por ahí.

McCaw explicó su respeto por la camiseta con las siguientes palabras:

Es solo una pequeña cosa, pero mira el fútbol. Tienen su propio número, esa es su camiseta [con su nombre]. En el rugby o con los All Blacks no pasa lo mismo. La camiseta número siete es la camiseta de los All Blacks. Solo estás allí para cuidarla y dar lo mejor de ti. Luego sigues adelante, algún otro se la enfunda y sigue haciendo el trabajo. Era un sentimiento que estaba allí cuando llegué y que nunca cambió. Si empiezas a pensar que es tuya, te equivocas. La camiseta es más grande que cualquier individuo.

Lo es, pero provoca algo más. Un sentido de camaradería, una causa o un propósito común. McCaw explica:

Es ese momento: no vas a encontrarlo en ningún otro sitio; las únicas personas con las que realmente lo compartes y que lo entienden están sentadas en el vestuario después del partido, a tu lado. Conocen el esfuerzo de cada compañero.

Es la parte que nunca podrás reemplazar. Es lo que añoras. No echas de menos salir al campo y que te den duro. La sensación en el vestuario es lo más especial. Es difícil expresarlo con palabras. A menudo, es solo una mirada. Eso es lo que extraño. Siempre fue el sentimiento posterior lo que fue tan especial.

O como dice Ian Foster:

¿La magia de la camiseta? Es la presión que todos sentimos, al ser guardianes del legado de los All Blacks. Sentimos que tenemos que crear un ambiente y una forma de jugar que guste a la gente, que no quieran abandonar. Hemos de asegurarnos de ser lo mejor posible, en relación con el ambiente y con cómo afrontar los desafíos.

Algunas personas me preguntan cuánto tiempo más podremos seguir teniendo a los mejores jugadores. Acepto que estamos librando una batalla que cada día que pasa es más complicada. Pero todavía tenemos la camiseta negra a nuestro favor. Ese deseo de ser un All Black sigue siendo poderoso.

Cuando se trata de enfundarse la camiseta, la edad no marchitará la emoción. Wayne Smith jugó su partido final con los All Blacks en 1985. Pero su perspicacia como entrenador líder y altamente influyente ha superado sus logros como jugador. Sir Graham Henry dice que es «el mejor entrenador que he visto con los All Blacks». Sin embargo, Smith no acepta siquiera discutir sobre qué es lo más importante de su carrera.

He participado en más de doscientos partidos con los All Blacks. Actué en treinta y cinco encuentros como jugador; diecisiete de ellos fueron *test*. Pero nada se puede comparar con la primera camiseta de los All Blacks que te pones. De todo lo que he hecho en el rugby, ese es el cénit. Recuerdo haber llevado la camiseta a la cama esa primera noche, porque solían entregárnosla la víspera del partido. Resultó un momento crucial en mi vida. Fue en 1980. Y treinta y ocho años después, ese momento continúa siendo único.

Siempre le digo a la gente que los mejores años de tu vida son los de jugador. El trabajo de entrenador me encanta, pero me metí en él porque es lo más cerca que pude estar de la competición una vez que me retiré. Pero no hay nada mejor qué jugar. Esos fueron mis mejores años.

Sin embargo, Smith hizo algo más que una confesión sobre los diferentes méritos de jugar y entrenar. Me explicó el proceso psicológico que implica enfundarte la camiseta y me habló de cómo a ciertas personas les afecta:

> Lo que pasa con la camiseta es que tomas tu maná de la forma que quieres. Si tienes la camiseta puesta, se convierte en una parte de ti y le quitas todo el maná. He regalado todas mis camisetas, porque sentí que ya les había quitado el maná que necesitaba. Mi club ha recibido algunas, y el resto fueron a caridad, porque para mí habían cumplido su propósito.
>
> No puedes guardar una camiseta de los All Blacks en un armario. Si puedes dársela a alguien que está en un hospital o a alguien que pueda sacar su propio maná, la camiseta seguirá ayudando.

Al respecto, Jerome Kaino decía:

> Habló de cuando entregó su camiseta. Él la había recibido de Jerry Collins, y desde entonces se esforzó por mejorar su rendimiento. Pero no cree que lo lograra. Toda su vida trató de que esa camiseta siguiera ligada a Jerry. Es un legado que pasará a otro jugador y luego a otro que aceptará el mismo desafío que en su día él mismo asumió. Es algo hermoso.

La primera vez que te unes a los All Blacks, dice Smith, el foco no está en *scrums*, *lineouts* o no sé qué jugadas.

> Se trata de saber para quién juegas y qué significa. Eso es lo primero que haces con un equipo de All Blacks. Otros equipos con los que he estado involucrado dicen: «No tenemos tiempo para ha-

cer esas cosas, necesitamos seguir y aprendernos las tácticas para el partido».

En nuestra opinión, es tan importante que no podemos darnos el lujo de pasarlo por alto. Comprender el significado de lo que haces es clave para entender por qué los equipos de All Blacks han sido geniales. Si te preocupas tanto por algo que llegas a un punto en que estás preparado para arriesgar tu físico, entonces vas a jugar mejor.

Es un deporte que premia la actitud, la valentía y el coraje. Por lo tanto, debes crear eso, y la camiseta para nosotros es parte de todo ello.

Si juegas para los All Blacks o los entrenas, tendrás miles de ojos observándote. La presión es enorme. Pero también serás de los pocos que podrás ganar con los All Blacks, ser protagonista. Tienes la oportunidad de ser parte de esa historia. Es algo gigantesco y que no tiene punto de comparación.

Por supuesto, la presión y las expectativas intimidan. Conrad Smith admite que a veces te puede superar. Los nervios solían sobrevenirle los lunes o los martes de la semana de *test*. Con el tiempo, se enseñó a sí mismo que solo hay ciertas cosas que puedes dominar. Así pues, ahora, cuando llega el viernes o el sábado, está tranquilo.

Obtuve esa forma de pensar del equipo. Así es como manejas la presión. Teníamos quince tipos así, con ese estado de ánimo, cuando estábamos en nuestro mejor momento. Hay que reconocer la presión y dar lo mejor de ti. En realidad, es todo lo que puedes hacer, con o sin presión.

La presión que sientes cuando usas esa camiseta es gran parte del desafío. Esa presión para actuar proviene de los seguidores, de un país que está empujando a su equipo. La gente se preocupa mucho por la selección y cualquier All Black lo sabe.

El respeto por la camiseta es de cemento armado. El exentrenador de Australia, Alan Jones, dice: «Los neozelandeses están orgullosos de su camiseta. Eso sí, la mística se ha diluido un poco por ciertos cambios en las reglas; puedes obtener una camiseta entrando en la cancha un par de minutos al final del partido. No me parece bien. Pero el orgullo por la camiseta sobrevive».

Escuché al líder de los Chiefs, Liam Messam, hablar sobre el tema. ¿De dónde procede la magia de la camiseta?

Es la energía de la camiseta negra. No estarías jugando Super Rugby si no quisieras ser un All Black. Todos se esfuerzan por llegar a enfundarse la camiseta negra, llena de maná y prestigio. Finalmente, cuando alcanzas la meta, peleas con uñas y dientes por mantener tu posición privilegiada. Dicen que es difícil vestir internacionalmente la camiseta de los All Blacks, pero lo más complicado es quedarse en el equipo. Cuando entras en ese entorno, aprendes bastante rápido lo duro que tienes que trabajar para permanecer allí.

Siempre que me ponía la camiseta pensaba que podría ser la última. Así que siempre quise salir y darlo todo.

Lo que hay detrás de las palabras de Messam es el «miedo al fracaso» que se cierne sobre el más exclusivo de los clubes. Este temor a ser abandonado y quizás excluido para siempre los impulsa constantemente. Los persuade a machacar cada músculo y a torturar cada tendón. Se acerca a la paranoia. Siempre hay un rival, un depredador cerca, buscando una grieta, una oportunidad para llevarse la camiseta.

Andy Haden lo admite: «El miedo al fracaso siempre ha estado ahí. El deseo de ser un All Black de éxito es gigantesco. Pero ni uno de cada mil llega».

Comprender la psicología y las emociones que carcomen a estos jóvenes es asunto de Gilbert Enoka. Hábilmente, han conseguido transformar algo negativo en algo positivo.

Son tan respetuosos con la camiseta que quieren ponérsela el máximo tiempo posible. Así que siempre están mirando por encima del hombro para ver quién puede reemplazarlos. Creo que, en el pasado, la gente jugaba lesionada para no perder su camiseta. Algunos me preguntan: «¿Cuál es la emoción más común que experimentan los All Blacks?». Yo diría que lo que se siente cuando ganamos es… alivio. Hemos mejorado porque entendemos que el miedo es algo bueno. No tememos enfrentarnos a grandes desafíos, porque el mayor miedo de todos es el de no poder defender tu camiseta nunca más.

El miedo ha sido un gran motivador de muchos jugadores. O te mueves hacia él, o te alejas de él. Quizá Doug Howlett lo explicó mejor que nadie:

Anoté cuarenta y nueve ensayos en sesenta y dos *test* para los All Blacks [posee hasta el día de hoy el récord con Nueva Zelanda]. Pero no hubo una sola vez en que me sintiera completamente seguro de mi lugar.

No se encontrará el mismo miedo en un jugador de ningún otro equipo de rugby. Sería muy difícil infundir ese miedo en un equipo francés, australiano o inglés. ¿Les importa tanto a los jóvenes de esos países como a los jóvenes neozelandeses enfundarse y mantener su camiseta nacional?

Se ha de considerar lo que ciertos jugadores de Inglaterra dijeron, según un informe compilado por la Rugby Football Union, sobre el fracaso de Inglaterra en el Mundial de Rugby de 2011. El informe se refería al 90 por ciento de los jugadores de Inglaterra. Uno alegó que después de la derrota contra Francia en los cuartos de final, un compañero de equipo dijo: «Treinta y cinco mil libras acaban de irse por el retrete». El jugador que lo reveló dijo: «Me enfermó. El dinero ni siquiera debería entrar en la mentalidad de un jugador».

Pero lo hace, y constantemente. También se supo que ciertos jugadores de Inglaterra discutieron por las primas del Mundial antes de salir para Nueva Zelanda en ese mismo año 2011. Luego se citó al directivo de la RFU Rob Andrew: «Creo que esto aumentó la inquietud del equipo justo antes de la partida; el equipo amenazó con no asistir a la cena de despedida del Mundial en Twickenham. Algunos de los veteranos estaban más centrados en el dinero que en lo que podía pasar en el terreno de juego».

Podemos imaginar cómo reaccionarían Steve Tew y Steve Hansen si eso pasara en los All Blacks. Los empaquetarían a casa en el primer avión. Y nunca volverían a ser seleccionados para Nueva Zelanda. Incluso si los All Blacks tuvieran que perder un Mundial por ello. Es lo que la RFU debería haber hecho. Pero no lo hizo.

Como dijo el exentrenador de Australia Bob Dwyer al respecto: «El dinero no es la motivación número uno para los jugadores de Nueva Zelanda, como sí sucede en la mayor parte del mundo».

Richie McCaw es el mejor ejemplo de eso. Si su agente se hubiera acercado a los mejores clubes franceses en 2015 para abordar su fichaje después del Mundial, McCaw podría haber pedido un salario de entre 1,5 y 2 millones de euros por temporada. Quizá más. Un contrato mínimo de dos temporadas, con una opción a un tercer año.

En total, entre 4,5 a 5 millones de euros. Pero ¿qué hizo McCaw? Le dio la espalda: «No tenía ganas de hacer eso, para nada. Si hubiera ido allí…, bueno, no hubiera podido hacerlo. Hubiera sido todo inercia…, coger el gran cheque. Me hubiera planteado si esa era la razón por la que jugaba al rugby».

Sí, pero ¿por cuatro o cinco millones de euros? Había muchos que lo habrían hecho. McCaw es único, seguro. Pero, en realidad, se trata de aquello que deseas.

¿Podrían los aspectos económicos haber sido un elemento importante en los pensamientos del *back* inglés Steffon Armitage? El exjugador del London Irish ganó tres Copas de Europa con el Toulon; en 2013-2014, fue elegido jugador europeo del año de ERC. No te dan ese premio si no sabes jugar.

En la preparación para el Mundial de Rugby 2015, parecía obvio que Armitage debería jugar con Inglaterra. No tenían un *forward back* tan hábil con la pelota y técnicamente tan bueno quebrando a los rivales. Sin embargo, Inglaterra se negó a elegirlo porque estaba jugando en un club francés. Si quería jugar, le dijeron, tendría que volver a casa.

Armitage no cedió. No solo se quedó en Toulon, sino que, cuando llegó el momento de seguir adelante, se unió a otro club francés: el Pau. ¿La idea de volver a enfundarse la camiseta de Inglaterra y sumar alguna más a sus escasas cinco *caps* con Inglaterra (ganadas entre 2009 y 2011) resultó poco interesante? ¿Había triunfado el dinero sobre su deseo de ponerse la elástica nacional?

Es cierto que varios All Blacks se han ido al extranjero; últimamente, la cifra ha aumentado. Pero no se podría decir que la mayoría le dio la espalda a la camiseta. Jugadores como Jerome Kaino, Liam Messam, Victor Vito, Ben Franks, Tawera Kerr-Barlow, Brad Shields, Aaron Cruden, Malakai Fekitoa, Lima Sopoaga, etcétera, tenían pocas posibilidades de ser seleccionados de nuevo (si los hubieran convocado, habrían sido suplentes). Ninguno formaría parte del equipo inicial para jugar *test* con su selección.

Si a McCaw no le motivaba el dinero, tampoco lo estaba Kieran

Read cuando le pregunté por el tema. A principios de 2018, Read había obtenido 108 *caps*, pero para él no había diferencia entre la primera y la última: «Cada vez que sales a jugar para Nueva Zelanda, es una gran sensación. Parece que te crecen un brazo y una pierna cuando te pones esa camiseta. Tienes que darte cuenta del privilegio, porque no estará allí para siempre».

El expilar de los All Blacks, Craig Dowd, advirtió a aquellos que pensaban irse. Especialmente poco después de que el *full back* Ben Smith anunciara que había rechazado un contrato lucrativo con el Pau francés para permanecer en Nueva Zelanda. Dowd, que jugó en el extranjero con el London Wasps durante varios años, dijo:

> En algún momento, los jugadores que se hayan ido verán un partido de los All Blacks en la televisión, en algún lugar del mundo. Y si no estás listo para renunciar a esa camiseta, no entrarás en la sala de vídeo pensando: «Me gustaría seguir jugando con ellos».

Ben Smith todavía tiene hambre. Le quedan muchos años y estoy seguro de que está muy bien en Nueva Zelanda. Podría haber ganado más dinero, pero se mantuvo en una cultura ganadora con un equipo que posiblemente podría ganar tres Mundiales sucesivos. No encontrarás esa mentalidad en ningún otro lugar del mundo. Todo viene de la camiseta.

Quizá la pregunta clave es: ¿el rugby realmente le importa tanto a la población en general en otros países? El springbok ganador del Mundial de Rugby de 1995, Joel Stransky, no tiene dudas:

> La respuesta es no. En Sudáfrica, nuestras estructuras son pobres y hemos tenido una cultura perdedora desde hace un tiempo. Pero ¿afecta al país en su conjunto, como lo haría en Nueva Zelanda? No creo. En otros países, no es el principio ni el final de nada, cosa que sí sucede en Nueva Zelanda.

El rugby en Nueva Zelanda es cuestión de orgullo nacional. En el Reino Unido, el fútbol siempre será más grande y mucho más importante. En Nueva Zelanda, las cosas son diferentes que en el resto del mundo. Es el deporte número uno, indiscutiblemente. Pero ese no es un factor tan importante como podría pensarse, porque, aun así, tienen menos jugadores que Inglaterra o Sudáfrica. Lo que sucede es que producen grandes jugadores constantemente. Los chavales se sienten atraídos desde pequeños por el juego, y eso es excepcional.

Hay otro elemento asociado con la camiseta: la humildad. Es algo inherente a quien se la pone. Dan Carter recuerda que es clave saber que debes conservar la humildad y estar agradecido. A los jugadores se les enseña a comprender que no deben adelantarse ni pensar que son mejores que los demás. Los contrastes con el equipo australiano de críquet de los últimos tiempos no podrían ser más esclarecedores. Según Carter:

> Tiene que ver con nuestra educación. Es algo que se te machaca aún más al más alto nivel, que es probablemente cuando más lo necesitas. [...] El equipo de los All Blacks representa a Nueva Zelanda. En el seno del equipo tienes a maoríes, a pakehas y a pasifikas; diferentes culturas. Pero hay una cosa que nos une: la camiseta de los All Blacks.

Un extraño podría pensar que, como todos los neozelandeses contemporáneos ya han visto «la camiseta» toda su vida, casi como algo que forma parte del paisaje o del día a día, su aura podría haber comenzado a decaer. Pero nada más lejos de la realidad. ¿Por qué? Según Wayne Shelford:

> Porque por cada diez tipos que van al extranjero, uno se queda, y ese es el mejor. Los que se van ya no están a la altura. Esa camiseta es la marca de rugby más exitosa del mundo. Cada joven kiwi sueña con ponerse la camiseta de los All Blacks. Es algo único. También impulsa estándares de excelencia.

Curiosamente, Gilbert Enoka vincula esta pasión por la camiseta con algunos de los peores excesos del rugby neozelandés. Con eso me refiero a los padres dementes que gritan y gritan a los niños, o que lanzan insultos a los árbitros en el rugby de las categorías de formación.

Un amigo de Nueva Zelanda me dijo: «Hace poco vi un partido interregional de juveniles de la escuela y me horrorizó el comportamiento de las familias de los niños; son violentos e insultan al árbitro».

Enoka está de acuerdo:

Veo más mal comportamiento en las bandas en partidos de niños de cinco y seis años, por parte de madres y padres, que en partidos oficiales; tal vez porque todos los padres piensan: «¿Mi hijo va a ser un All Black?». El sueño de todo niño es convertirse en un All Black, enfundarse la camiseta. Cuando se la ponen, se sienten superhombres.

Estoy de acuerdo con Colin Meads en que ponerse la camiseta significa más para los jóvenes neozelandeses que para los jóvenes de otras partes del mundo. Creo que es porque hay una conexión profunda con el alma de esta tierra, algo identitario. La marca de esa camiseta es especial. He estado allí diecisiete años y la gente dice: «Mantenga limpia la camiseta». Entienden que la camiseta no es nada hasta que tiene el helecho plateado. Entonces es especial. Hemos podido mantener el encanto de la camiseta porque la gente quiere sumar más al legado. Entienden que no es de ellos. Simplemente, ellos son los encargados de cuidar la camiseta por un periodo de tiempo y desean sumar algo a eso.

La mística nunca se erosionó. Si el «yo» se vuelve más poderoso que el «nosotros», el poder de la camiseta mengua.

Parte del razonamiento de Ben Smith para rechazar un contrato lucrativo en Francia era continuar con una camiseta de All Blacks, y sir Bryan Williams entendió fácilmente su decisión.

La magia de la camiseta fue lo que lo mantuvo en casa. Todavía quiere seguir usándola. Al principio, sea quien sea, es difícil. Pero con el tiempo lo valoras cada vez más. Así es como es, no importa cuán grande pueda llegar a ser una estrella. Todo joven kiwi quiere convertirse en un All Black. Muchos neozelandeses que han triunfado en otros campos lo han reconocido.

Como dice el ex primer ministro sir John Key: «Practicamos muchos deportes. Pero, en nuestra psique nacional, el rugby nos importa más que cualquier otro».

Es poco probable que se escuche a un primer ministro de cualquier otro país decir algo así. Key continúa: «Lo que explica el éxito es la mentalidad. Esa camiseta está rodeada de una mística muy especial. No solo se la ponen porque les pagan. Se pondrían esa camiseta por nada; significa mucho para ellos».

La cultura que rodea a estos hombres de rugby es poderosa y exigente. «El público de Nueva Zelanda quiere que ganen, pero es que es algo que se espera. No van a ningún lado pensando que podrían quedar segundos. Esperan ganar», añade Key.

En otras palabras, la presión es grandísima. Se espera que se entreguen. Sin excusas. Desde hace tiempo, el público de Nueva Zelanda se acostumbró a que ganaran. Ahora es ya una obligación.

Le pregunté a ese hombre de setenta y cinco años sentado a mi lado si todavía tenía su camiseta. Al instante, se le encendieron los ojos. Aburridos y cansados un instante antes, ahora brillaban como faros en la oscuridad. Sin decir una palabra, Ian *Spooky* Smith se levantó y caminó con paso decidido fuera de la habitación.

Cuando regresó, tenía los hombros y la espalda erguidos como un sargento. Llevaba una vez más el Silver Fern en una camiseta negra. Los grandes números (el catorce) relucían en la parte de atrás. Un orgullo tranquilo hacía que brillara. Y no solo porque la camiseta todavía le quedara bien tantos años después.

Unos meses más tarde, Ian Smith falleció. Se unió en los campos elíseos a otros como Dave Gallaher, Bobby Black, sir Colin Meads, sir Wilson Whineray, Jonah Lomu, Jerry Collins, etcétera.

Hace cien años, en la undécima hora del undécimo día del undécimo mes de 1918, las armas finalmente cesaron de disparar; era el final de la Gran Guerra y de aquella terrible matanza. En noviembre de 2018, un siglo más tarde, cuando la lluvia y el lodo vuelven a dominar esta tierra, los neozelandeses honrarán una vez más el recuerdo de sus caídos en la guerra. Hombres como Black y Gallaher, cuya inspiración como capitán del primer equipo nacional de Nueva Zelanda en recorrer las islas británicas en 1905 fue fundamental en la leyenda de los All Blacks.

Los restos mortales de Gallaher reposan en una pequeña parcela de tierra de un solitario cementerio, en una pequeña pista cerca de Passchendaele, en Bélgica.

Lejos, muy lejos de su tierra natal. Gallaher y otros muchos que ya partieron llevaron el espíritu de los All Blacks hasta el final de sus vidas. Muy pocos hombres en la historia lograron lo que ellos: lucir la camiseta de los All Blacks.

Agradecimientos

*F*ui por primera vez a Nueva Zelanda en 1975. No fue el tipo de experiencia que uno olvida.

Tardé casi cinco años en llegar allí, y luego casi me ahogo durante el infame *test* entre Nueva Zelanda y Escocia en el Eden Park en Auckland. Es más, esto fue durante los días del infame «*six o'clock swill*» (el último instante para comprar alcohol en el bar de los hoteles) y de «Loosehead Len» (personaje cómico creado en 1973 que pretendía ser un jugador de rugby): dos íconos de la historia social de Nueva Zelanda.

He ido varias veces desde entonces.

Finalmente, en 2017, pasé casi cinco meses en el país investigando para este libro. Durante ese tiempo, tuve tiempo de degustar esos deliciosos mejillones de labio verde; eso lo puedo asegurar. Sin mencionar el suministro de Sauvignon Blanco de Nueva Zelanda: el mejor del mundo.

Muchas personas, no solo de toda Nueva Zelanda, sino del mundo entero, me han ayudado inmensamente con el libro. Quiero expresarles mi más sincero agradecimiento.

El proyecto me ha llevado tres años. En total, he entrevistado a más de noventa personas por todo el mundo. Incluso así, dudo que el libro hubiera cruzado la línea sin el gran compromiso de mi agente en Londres, David Luxon, y también de Ian Long, anteriormente en la New Zealand Rugby. Les estoy profundamente agradecido por su paciencia y esfuerzo.

Lo mismo sucede con Steve Tew, CEO de la New Zealand Rugby, y con Steve Hansen, entrenador de los All Blacks. Sin el apoyo de Tew al proyecto, cuyo origen se remonta al Mundial de 2015, probablemente este libro no hubiera visto la luz. Lo mismo sirve para Steve Hansen.

A continuación, detalló la larga lista de gente del rugby que me hechó una mano. A cada uno de ellos, les agradezco su ayuda, por no hablar de su hospitalidad. Amigos tanto en Nueva Zelanda como en otros lugares contribuyeron de mil maneras, leyendo algunos capítulos, ofreciendo sugerencias y consejos, o simplemente dándome comida y/o alojamiento.

De aquellos que leyeron capítulos del libro y/o hicieron muchas valiosas sugerencias, quiero agradecer al ex All Black Conrad Smith, al exentrenador de Sudáfrica Nick Mallett, a Murray y a Sharon Deaker, a Jeremy Hapeta (profesor de Educación Física de la Universidad de Massey), a Tracey Kai de la New Zealand Rugby, a Peter Franklyn, a David Mayhew, a Roger Payne, a Ian Malin, a Serge Manificat, a Tim Arlott, a Brian Lawrence y a Liz Griffiths. Todos fueron sabios y considerados consejeros de principio a fin.

En Sudáfrica y luego en el Reino Unido, Mark Baldwin brindó una supervisión inmensamente importante de todo el proyecto, por la cual estoy más que agradecido.

Otros en Nueva Zelanda que contribuyeron de múltiples formas al libro fueron Roger y Diane Hall, Ross y Tricia McKay, Mary y Andrew Collow, Margaret Kennedy, Mike y Ben Dormer, Will Fairbairn y Gary Carter. Sarah McDonald, del excelente hotel Southern Cross en Dunedin, también resultó de enorme ayuda. No fue menor el gran apoyo de Vic y de su equipo de Ace Rentals en todo Nueva Zelanda, de lejos las mejores y más amables personas que se dedican al alquiler de coches. Gracias a todos.

En cuanto a la gente del rugby, les doy las gracias al entrenador jefe Steve Hansen y a sus compañeros técnicos Ian Foster, Wayne Smith y Gilbert Enoka (mánager de Liderazgo); todos ellos me recibieron en sus hogares para someterse a largas entrevistas. Así como también sir Brian Lochore, sir Graham Henry, sir Bryan Williams, John Hart, Graham Mourie y Andy Haden.

El mánager de los All Blacks Darren Shand me brindó una ayuda incalculable tanto en Nueva Zelanda como en Ciudad del Cabo durante el Rugby Championship 2017. Grant Fox me llevó a partidos de Super Rugby para explicar su papel como seleccionador de los All Blacks y se sentó conmigo para mantener una larga entrevista de vuelta en Auckland. Brad Johnstone fue un amable anfitrión en North Shore RFC, al igual que Frank Bunce en Manukau.

Muchos otros fueron igual de generosos con su tiempo y sus opiniones. De los All Blacks de la era actual, debo dar las gracias a Ryan Crotty, Dane Coles, Waisake Naholo, Jerome Kaino, Aaron Smith, Beauden Barrett, Brodie Retallick, Damian McKenzie, Kieran Read y Wyatt Crockett. También a Liam Messam, Digby Ioane, Richie McCaw, Andy Dalton, Chris Laidlaw, Reuben Thorne, Kees Meeuws, Wayne Shelford, Craig Dowd, Scott Robertson, Tony Brown, Brent Impey, Tony Johnson, sir John Key, Hamish Riach, Richard Kinley, Jeremy Knowler, Dale Stanley, Merv Aoake, Andy Hunter, Judy Clement, Melissa Ruscoe, Anne Blackman, Grant Hansen, Steve Cole, David Galbraith, Ceri Evans y Dave Askew.

De las franquicias del Super Rugby de Nueva Zelanda, quisiera dar las gracias a los responsables de prensa: Juliet Cleaver, de Crusaders; Nikita Hall, de Chiefs; Amanda Gould, de Highlanders; y Glenn McLean, de Hurricanes.

En Australia, Brad Burke, June Catchpole, John Connolly, Bob Dwyer, John Eales, Alan Jones, Nick Farr-Jones, Andrew Slack, Wayne Smith y Ed Jolly fueron inmensamente serviciales. En Sudáfrica, Victor Matfield, Gary Player, Joel Stransky, Brendan Veter, Ali Bacher, Ashwin Willemse y Steve Nell me ayudaron muchísimo.

En el Reino Unido, Dick Best me ofreció sus opiniones más sensatas.

En Francia, Dan Carter me brindó su valioso punto de vista sobre las cosas, como sir Tony O'Reilly en Normandía. En el sudoeste, en el corazón del rugby francés, Conrad Smith, Pierre Berbizier, Pascal Ondarts, Andre Boniface, Francois Moncla, Fabien Pelous y Thierry Dusautoir me concedieron su valioso tiempo y su ayuda.

Por último, en Irlanda, otro antiguo All Black, Doug Howlett, me ofreció muchas ideas en su base en Munster; Willie John McBride y Tony Ward también ayudaron mucho. Rebecca Winfield, colega de David Luxton, de David Luxton Associates, también merece mi agradecimiento. Gracias también a Robin Harvie, Laura Carr, Chloe May, Alex Young, Paul Martinovic y a todo el equipo de Macmillan. Espero que el producto recompense su fe.

Por último, pero no menos importante, quiero agradecer a Averil, quien me ha sido de gran ayuda de principio a fin, como también ha brindado valiosísimas sugerencias.

Lamentablemente, dos ex All Blacks murieron durante el proceso de escritura de este libro. Sir Collin Meads e Ian Smith, que me brindaron una gran ayuda abriendo las puertas de sus casas. Fallecieron pocos meses más tarde.

No puedo fingir que esta es la obra definitiva sobre el rugby de Nueva Zelanda. Ha habido excelentísimos tomos anteriores como para poder afirmar tal cosa. Pero creo que este libro ofrece nuevas perspectivas, diferentes ángulos e ideas originales en cuanto al rugby neozelandés, así como una nueva visión del periodo más exitoso de la historia del rugby de Nueva Zelanda.

Este es el punto de vista de alguien ajeno al rugby de ese maravilloso país, aunque haya contado con la ayuda de muchos All Blacks, pasados y presentes, y de figuras importantes dentro del rugby de Nueva Zelanda. Los editores opinan que este es un punto a favor de la obra, lejos de suponer una desventaja.

Espero que esta obra logre contestar a la pregunta origen del proyecto: ¿qué demonios hizo un país de solo 4,8 millones de habitantes para conquistar un deporte que se practica en todo el mundo? Las muchas respuestas a esta cuestión y las razones por las que los All Blacks se han convertido en el equipo más exitoso del mundo se han desparramado generosamente a lo largo del libro, como migajas de pan sobre una mesa. Digiéranlas con cuidado. Necesitan mucho debate.

PETER BILLS
Ciudad del Cabo, abril de 2018

Este libro utiliza el tipo Aldus, que toma su nombre
del vanguardista impresor del Renacimiento
italiano Aldus Manutius. Hermann Zapf
diseñó el tipo Aldus para la imprenta
Stempel en 1954, como una réplica
más ligera y elegante del
popular tipo
Palatino

* * *

* *

*

Los All Blacks se acabó de imprimir en
un día de invierno de 2021, en los
talleres gráficos de Liberdúplex, s. l. u.
Crta. BV-2249, km 7,4.
Pol. Ind. Torrentfondo
Sant Llorenç d'Hortons
(Barcelona)

* * *

* *

*